LITURGIA
E VIDA ESPIRITUAL

Jesús Castellano

Liturgia
e vida espiritual

Teologia, celebração, experiência

Paulinas

Dados Internacionais de Catalogação na Publicação (CIP)
(Câmara Brasileira do Livro, SP, Brasil)

Castellano, Jesús
    Liturgia e vida espiritual : teologia, celebração, experiência / Jesús Castellano ; [tradução Antonio Efro Feltrin]. — São Paulo : Paulinas, 2008 — (Coleção liturgia fundamental)

    Título original : Liturgia y vida espiritual : teología, celebración, experiencia.
    Bibliografia.
    ISBN 84-9805-094-4 (ed. original)
    ISBN 978-85-356-2140-2

    1. Celebrações litúrgicas 2. Experiência religiosa 3. Igreja Católica - Liturgia 4. Igreja Católica - Liturgia - Teologia 5. Vida cristã 6. Vida espiritual I. Título. II. Série.

07-8574   CDD-264.02

Índice para catálogo sistemático:
1. Liturgia e espiritualidade : Igreja Católica : Cristianismo 264.02

Título original da obra: *Liturgia y vida espiritual: Teología, celebración, experiencia*
© Centre de Pastoral Litúrgica, Barcelona, 2006.

1ª edição – 2008
2ª reimpressão – 2024

Direção-geral: *Flávia Reginatto*

Conselho Editorial: *Dr. Afonso M. L. Soares*
Dr. Antonio Francisco Lelo
Dr. Francisco Camil Catão
Luzia M. de Oliveira Sena
Dra. Maria Alexandre de Oliveira
Dr. Matthias Grenzer
Dra. Vera Ivanise Bombonatto

Editores responsáveis: *Vera Ivanise Bombonatto e Antonio Francisco Lelo*
Tradução: *Antonio Efro Feltrin*
Copidesque: *Cristina Paixão Lopes*
Coordenação de revisão: *Marina Mendonça*
Revisão: *Ruth Mitzuie Kluska*
Direção de arte: *Irma Cipriani*
Gerente de produção: *Felício Calegaro Neto*
Projeto gráfico, capa e editoração: *Manuel Rebelato Miramontes*

Nenhuma parte desta obra poderá ser reproduzida ou transmitida por qualquer forma e/ou quaisquer meios (eletrônico ou mecânico, incluindo fotocópia e gravação) ou arquivada em qualquer sistema ou banco de dados sem permissão escrita da Editora. Direitos reservados.

Cadastre-se e receba nossas informações
paulinas.com.br
Telemarketing e SAC: 0800-7010081

Paulinas
Rua Dona Inácia Uchoa, 62
04110-020 – São Paulo – SP (Brasil)
📞 (11) 2125-3500
✉ editora@paulinas.com.br

© Pia Sociedade Filhas de São Paulo – São Paulo, 2008

SUMÁRIO

Introdução 7

PARTE I

A liturgia: fonte, ápice e escola de espiritualidade

1. Para uma visão unitária 17

2. Liturgia e vida espiritual. Noções e relações 29

3. O culto espiritual cristão. A vida como liturgia 61

4. Celebração litúrgica e experiência espiritual 87

Conclusão da primeira parte 113

PARTE II

Grandes temas de uma teologia espiritual litúrgica

5. Presença e ação de Cristo em seu mistério pascal 129

6. Culto e santificação no Espírito Santo 189

7. Assembleia litúrgica, comunidade sacerdotal 221

8. A presença da Virgem Maria: comunhão e exemplaridade 263

9. Palavra de Deus e oração da Igreja. O diálogo da salvação 283

10. Antropologia e simbolismo. Uma espiritualidade encarnada 315

Parte III

Grandes temas de espiritualidade em chave litúrgica

11. Liturgia, oração pessoal, contemplação 345

12. O caminho espiritual cristão: ascética e mística 369

13. Liturgia e piedade popular à luz do novo Diretório 389

14. Liturgia e compromisso social.. 415

Conclusão: Por uma liturgia viva.. 441

Bibliografia geral 448

INTRODUÇÃO

"**C**oncedei que por toda a sua vida (...) sejam fiéis ao sacramento do Batismo que receberam professando a fé." Essas palavras da oração coleta para os neófitos da segunda-feira da semana da Páscoa, citada parcialmente pela *Sacrosanctum Concilium* 10, é uma das fórmulas mais antigas da Igreja que resumem a unidade entre a liturgia e a vida cristã.

Mesmo afirmando que a tradução não é fácil e que existem diversas interpretações nas diversas línguas, as palavras da Mãe Igreja na liturgia — pascal, batismal e eucarística ao mesmo tempo — resumem toda a lógica da comunhão com Cristo, expr-essa na teologia mística de João e de Paulo sobre a fidelidade existencial à Palavra e ao sacramento. É a lógica que Cirilo de Jerusalém lembrava aos neófitos quando lhes explicava nas catequeses mistagógicas o sentido dos ritos da iniciação cristã e a obrigação de conservar e desenvolver a graça recebida. Ou o que Ambrósio propunha aos recém-batizados ao exortá-los a conservarem a graça recebida.

A liturgia da Mãe Igreja, expressa nesta oração coleta, recorda aos neófitos a graça recebida nos sacramentos iniciais e iniciáticos, primordiais e originais da economia cristã (*sacramentum*), a dimensão da fé proclamada e celebrada na liturgia da vigília pascal (*quod fide perceperunt*), a lógica de uma fidelidade na vida quotidiana ao que receberam como um dom (*vivendo teneant*). Fé e vida, liturgia e experiência, dom e resposta de fidelidade.

Nosso livro, com o título simples de *Liturgia e vida espiritual*, não é mais que uma glosa teológica, litúrgica e experiencial deste princípio de unidade e dinamismo que irmana estas duas expressões. Poderíamos ter-lhe dado o título de "Liturgia e vida cristã", de "Culto e vida no Espírito", e até de "Espiritualidade litúrgica". Não teria mudado muito. Talvez assim seja mais atraente e, ao mesmo tempo, mais real.

Coloca-nos em contato com uma questão que foi debatida nas primeiras décadas do século XX e até as vésperas do Vaticano II, pela necessária recuperação, na elaboração da espiritualidade, de sua raiz sacramental e litúrgica. E continuou como tema de interesse, sobretudo quando, a partir da renovação litúrgica, se sentiu a necessidade, nas duas especializações respectivas — a litúrgica e a espiritual —, de formular cientificamente as relações e propor, de modo sistemático, cursos que cobrissem este tema apaixonante das relações entre liturgia e vida no Espírito.

Há anos, dediquei-me a esta tarefa e aos poucos fui elaborando este livro, que tem o "seio maternal" da escola, do contato com os alunos, da criatividade que se realiza com o diálogo, com as objeções e com as perguntas. E, por isso, é uma teologia solitária, mas eclesial, ritmada com a experiência da vida litúrgica. Mas é também vivida, experimentada e passada pela peneira da celebração litúrgica quotidiana. Neste, como em outros livros, descubro e ofereço o que me parece ser a característica de minha contribuição específica: a de querer unir a sensibilidade teológica e litúrgica com a dimensão espiritual de minha família

INTRODUÇÃO

carmelita, a da vida teologal como chave e a do caminho ou itinerário cristão como perspectiva.

E é aqui que procuro oferecer, mais além dos temas que fazem parte deste livro, temas mais que obrigatórios, uma chave de compreensão e de exposição da liturgia: a seriedade do pensamento teológico, a fidelidade à liturgia como fonte primária da vida da Igreja — mistagogia quotidiana e imprescindível —, a exigência de uma assimilação contemplativa e vital e um compromisso pessoal, comunitário e social.

Nessas águas primordiais da teologia espiritual litúrgica encontram-se os tesouros da inspiração bíblica, a regra segura de fé do Magistério da Igreja, a riqueza dos textos patrísticos, a beleza dos testemunhos das liturgias do Oriente e do Ocidente, a necessária referência à liturgia oriental.

Hoje, mais que nunca, tendo passado os "quarenta anos" bíblicos que nos separam da aprovação do primeiro documento conciliar — *Sacrosanctum concilium* — e tendo presentes as exigências que João Paulo II propôs para o futuro da renovação litúrgica a partir da espiritualidade, da mistagogia, da beleza e da contemplação, chegou também a hora deste livro: um momento em que a Igreja estreia o ministério pastoral de um papa teólogo e liturgista, que desde pequeno, em pleno movimento litúrgico, saboreava a liturgia com os missais em língua alemã, e por suas antigas e recentes obras sobre a liturgia da Igreja, com sua marca característica de interioridade e dignidade, herdada de seu mestre neste campo, que foi e continua sendo R. Guardini.

Talvez tenhamos aqui, em um momento de crise saudável da liturgia, o segredo de seu futuro: a lucidez de uma teologia litúrgica, a beleza de uma celebração digna, a verdade de uma experiência que parte da celebração e leva para a vida, para depois voltar da experiência vivida para a celebração.

Por seu caráter pastoral e pedagógico, o livro quis manter certa clareza na exposição. Por seu possível destino aos centros de estudo de liturgia e espiritualidade, quis ser também de caráter científico. Uma bibliografia completa, uma documentação sóbria nas notas e uma série de livros e artigos ao fim de cada capítulo abrem horizontes para o estudo e o aprofundamento.

Quero lembrar aqui também meus mestres da família do Carmelo, que me ajudaram a compreender a liturgia da Igreja, em uma visão espiritual, contemplativa e mística.

Penso, sobretudo, na irmã Isabel da Trindade — com sua espiritualidade batismal e eucarística —, por estar ela próxima de nosso tempo, quando já começava a se vislumbrar a renovação litúrgica que culminou no Concílio. Uma de suas últimas cartas, a Françoise de Sourdon, no mês de setembro de 1906, foi considerada uma pequena síntese magistral de espiritualidade bíblica e litúrgica.

E não posso deixar de me referir a Edith Stein, essa mulher considerada "superlitúrgica", por sua sensibilidade de neófita, enamorada da liturgia da Igreja — percebida com a profundidade de uma fenomenóloga —, como o foi desde criança da liturgia judaica, que posteriormente soube valorizar como raiz da liturgia cristã. Partícipe do entusiasmo do movimento litúrgico alemão, era fiel frequentadora da abadia de Beuron, centro da renovação do culto na Alemanha, junto com a abadia de Maria Laach. Edith Stein é mestra dessa nobre fusão da piedade objetiva da celebração dos mistérios e da piedade, necessariamente também subjetiva, da oração e da contemplação. Ela que escreveu, em grande sintonia com Romano Guardini, *A oração da Igreja*, para equilibrar as tendên-

INTRODUÇÃO

cias opostas do movimento litúrgico na Alemanha, é também hoje uma mestra de espiritualidade litúrgica.

Com este trabalho quisemos tomar consciência e dar uma resposta eclesial a quanto João Paulo II desejava, ao celebrar o 40º aniversário da *Sacrosanctum concilium*, nas palavras com as quais conclui a Carta apostólica *Spiritus et sponsa* (n. 16), do dia 4 de dezembro de 2003, e que é um programa para o futuro da liturgia:

> É preciso que neste início de milênio se desenvolva uma "espiritualidade litúrgica", que leve a tomar consciência de Cristo como primeiro "liturgo", o qual age sem cessar na Igreja e no mundo em virtude do mistério pascal continuamente celebrado, e associa assim a Igreja, para louvor do Pai, na unidade do Espírito Santo.

Roma, 16 de julho de 2005

Festa de Nossa Senhora do Carmo

Parte I

A LITURGIA: FONTE, ÁPICE E ESCOLA DE ESPIRITUALIDADE

A s relações entre a vida cristã e a celebração dos mistérios cristãos são tão íntimas que podem ser estabelecidas com a mesma metodologia desenvolvida pelo *Catecismo*.

Com efeito, a fé proclamada e professada (primeira parte) transforma-se em fé celebrada ou atualização desses mesmos mistérios da fé na economia sacramental (segunda parte) e em fé vivida como vida em Cristo (terceira parte) apoiada constantemente em uma relação pessoal e comunitária de oração (quarta parte).

Esta união íntima nos oferece a chave para esboçar os capítulos fundamentais desta primeira parte, que tem um caráter introdutório e procura esclarecer algumas questões que se abrem para a vivência do mistério cristão e nos ajudam a colocar com clareza o sentido de uma vida litúrgica e de uma liturgia verdadeiramente espiritual, celebrada no Espírito, com uma plenitude de vida teologal, na síntese da contemplação e do compromisso.

Trata-se, em primeiro lugar, de oferecer, a partir de uma perspectiva unitária, o sentido dinâmico da liturgia como exigência própria de uma transmissão da vida divina, da comunicação da vida em Cristo, do sentido existencial que a torna já experiência e celebração dos mistérios cristãos. Nesta perspectiva, orientam-se os caminhos de um método teológico para tratar o tema em seu conjunto (cap. I).

Em segundo lugar, e embora com certa abundância, são propostas as noções e relações que aproximam e fundem os conceitos de liturgia e vida espiritual em uma melhor compreensão do caráter teológico e existencial, com todas as suas consequências (cap. II).

Um aprofundamento posterior do tema nos leva até a raiz das relações entre o celebrado e o vivido, entre o sentido do culto cristão e sua novidade, à luz da cristologia, e nos mostra a íntima e intrínseca relação entre culto e vida, na perspectiva unitária dos primeiros séculos do cristianismo (cap. III).

Abordamos, em um capítulo especial, o sentido do que é uma espiritualidade litúrgica a partir das exigências da participação interior e teologal, sensível e comunitária, para descobrir e orientar o verdadeiro problema de uma interação mais fecunda entre a celebração e a vida concreta (cap. IV).

Uma "Conclusão da primeira parte" nos ajuda a delinear melhor as relações e a orientar nossa compreensão das notas características de uma espiritualidade litúrgica autêntica.

Capítulo I
PARA UMA VISÃO UNITÁRIA

Para entrar plenamente na compreensão da unidade entre a liturgia e a vida espiritual cristã, vamos partir de uma explicação simples sobre a importância que a liturgia tem na experiência dos cristãos, a partir de sua própria essência. Fazêmo-lo sublinhando três conceitos iniciais e fundamentais da liturgia da Igreja que têm um forte sentido vital, capaz de nos fazer entrar em cheio na compreensão dessa vivência da liturgia que é a fé celebrada, festejada e assumida na vida cotidiana.

Pedagogia, experiência, celebração da vida espiritual

No âmbito dos temas relativos à teologia espiritual, a liturgia ocupa um lugar privilegiado, por muitas razões: *a liturgia é a escola da vida espiritual da Igreja.*

Em um sentido real, trata-se não de uma simples escola de espiritualidade, mas da "primeira escola de nossa vida espiritual". Assim disse Paulo VI no dia 3 de dezembro de 1963, quando aprovou a SC com algumas palavras cheias de unção e entusiasmo, uma vez que via no primeiro documento do Vaticano II uma série de valores fundamentais: "Deus em primeiro lugar, a oração, nossa primeira obrigação; a liturgia, a primeira fonte da vida divina que nos é comunicada, a primeira escola de nossa vida espiritual".[1]

Com efeito, por meio da palavra, dos sinais, da catequese, da participação, das orações e das festas do ano litúrgico, a Igreja exibe todo o seu poder de pedagogia espiritual e celebrativa para instruir o povo de Deus em sua vida espiritual. O Concílio chama a liturgia, seguindo a intuição de Pio X, "a primeira e necessária fonte, da qual os fiéis haurem o espírito verdadeiramente cristão" (SC 14).

Encontramos um exemplo claro desta realidade nas Igrejas do Oriente, que durante muitos séculos conservaram uma liturgia mais próxima da participação do povo; em algumas Igrejas, inclusive na ausência de teólogos, as verdades da fé e da vida cristã foram transmitidas, durante muito tempo, por meio da participação litúrgica. Com razão alguém escreveu no Oriente: "O coro de nossas Igrejas é uma cátedra de teologia", e alguém disse no Ocidente: "A liturgia é a didascália da Igreja".[2]

Não há dúvida de que a dimensão pedagógica da liturgia tem sua chave nos conteúdos e no método.

A liturgia é "mistagogia". Segundo a expressão da catequese litúrgica primitiva, a experiência dos mistérios caracteriza a vida dos

---

[1] Cf. VATICANO II, Mensagens, discursos, documentos. 2. ed. São Paulo, Paulinas, 2007.

[2] A frase é do teólogo eslavo C. Kern e faz alusão ao Magistério litúrgico que a Igreja oriental realiza por meio do Magistério de seus textos litúrgicos, que de geração em geração expressam a doutrina da prece cristã. Sabemos a importância que tem na Igreja a interação entre a lei da oração e a lei da fé (cf. o adágio do *Indiculus* de Celestino I: "ut legem credendi lex statuat supplicandi". In: *Denzinger*, 246). Ficou célebre a expressão de Pio XI em uma audiência privada aos monges de Montserrat: "A liturgia é o órgão mais importante do Magistério ordinário da Igreja [...] A liturgia não é a didascália de um ou outro indivíduo, mas a didascália da Igreja", citado por VAGAGGINI, C. *El sentido teológico de la liturgia*. Madrid, BAC, 1959, pp. 467-468. Sobre este tema, cf. JUNGMANN, J. A. La liturgia, escuela de la fe. *Cuadernos Phase,* Barcelona, CPL, n. 138, 2003.

cristãos, como repetiram constantemente os Padres da Igreja e o Magistério recordou com frequência nas últimas décadas.[3] Nisto, porém, a vida espiritual litúrgica deve distinguir-se da pura "teologia" litúrgica por ser não uma reflexão sobre os mistérios, como a teologia, mas uma *experiência dos mistérios*. O Sínodo extraordinário de 1985 revalorizou esta expressão, já consagrada na terminologia do *Catecismo da Igreja Católica* (CIC 1075).

A liturgia é celebração da existência cristã. "Toda liturgia é uma festa", a festa da fé;[4] portanto, tem o caráter de celebração prazerosa da vida cristã, do amor de Deus, da ação de Cristo, da fraternidade e da esperança dos cristãos. Deste modo, se a existência cristã — a vida espiritual dos cristãos — é vivida nas circunstâncias ordinárias ou extraordinárias da vida, na liturgia é celebrada, é festejada. Além disso, na liturgia o cristão assume o compromisso de viver como e quanto celebrou.

Eu gostaria que esta nota existencial, contida nos conceitos de "escola", "mistagogia", "celebração", fosse a nota característica de um livro sobre *Liturgia e vida espiritual*. Não pura especulação teológica sobre o fato litúrgico, mas a busca da inserção vital da liturgia na existência cristã e da existência cristã na liturgia.

---

[3] Cf. JOÃO PAULO II. *Vicesimus quintus annus*, n. 21; Id. *Spiritus et sponsa*, n. 12. O tema da mistagogia, antigo e novo, começa a ser a chave de interpretação da espiritualidade litúrgica, como poderemos ver no quarto capítulo. Cf., por exemplo, o verbete novo de D. Sartore, "Mistagogia", no novo dicionário de liturgia em italiano em sua edição renovada: Liturgia, *Dizionari San Paolo*. Cinisello Balsamo, San Paolo, 2001, pp. 1208-1215, com bibliografia abundante.

[4] SÃO JOÃO CRISÓSTOMO. *De Anna Sermo* 5,1: PG 54. 669. A festa da fé é o título de um dos primeiros livros de caráter litúrgico de RATZINGER, J. *La fiesta de la fe;* ensayo de teología litúrgica. 2. ed. Bilbao, Desclée de Brouwer, 2005. Uma série de estudos sobre o sentido festivo da liturgia pode ser encontrada em: *La liturgia es una fiesta. Cuadernos Phase*, Barcelona, CPL, n. 27, 1991, com artigos de vários autores: J. Aldazábal, J. Martín Velasco, Carlos Castro, Max Thurian, J. López e bibliografia sobre o tema.

Liturgia e vida espiritual, tema importante em busca de sua identidade

Em uma visão sistemática de teologia espiritual não pode faltar um tratamento explícito das relações que acontecem entre a liturgia e a vida espiritual, como, por outro lado, hoje não falta, no âmbito dos estudos de especialização litúrgica, um curso de espiritualidade da liturgia ou espiritualidade litúrgica.

Não é fácil, porém, determinar qual é a fisionomia deste curso, e ainda hoje, em um tratamento ordenado da espiritualidade ou da liturgia, os professores que ministram este curso se veem diante da busca de uma identidade específica por meio de uma reflexão metodológica apropriada, como sempre afirmou o saudoso mestre e liturgista A. M. Triacca († 2002), em algumas de suas contribuições.[5]

Podemos dizer, depois, que mesmo na formulação do título do curso há flutuações. Alguns preferem falar de *espiritualidade litúrgica*; outros, ao contrário, como no nosso caso, de *liturgia e vida espiritual*. Poderíamos, inclusive, falar de uma *teologia espiritual litúrgica*, no sentido de oferecer uma visão completa da teologia espiritual em uma perspectiva litúrgica. Certamente, nem a teologia pode prescindir do recurso a essa fonte, nem a espiritualidade pode ser explicada e vivida sem o conhecimento e a experiência dos santos mistérios (cf. SC 16, quando fala sobre o método de estudo da teologia).[6] Uma *teologia espiritual litúrgica* constituiria um ensaio de teologia espiritual cristã na qual os fundamen-

---

[5] Cf. Per una definizione di spiritualità cristiana dall'ambiente liturgico. *Notitiae*, *25*: 7-18, 1989; Soler, J. M. La liturgia fuente de la vida espiritual. *Cuadernos Phase*, Barcelona, CPL, n. 106, 2000.

[6] Paulo VI recorda na constituição *Laudis canticum*, n. 8: "A vida inteira dos fiéis, durante cada uma das horas do dia e da noite, constitui como uma *leitourghia...*".

PARA UMA VISÃO UNITÁRIA

tos de tal teologia, seus caminhos e seus temas específicos, são medidos constantemente com o recurso às fontes da liturgia.

A questão terminológica não será tão importante se soubermos nos entender sobre os conteúdos das palavras. Por outro lado, seria oportuno, já desde o primeiro momento, insistir sobre a indissolúvel unidade atribuída pelos termos "liturgia e vida espiritual", "liturgia e espiritualidade", ou então "espiritualidade litúrgica". É oportuno recordar aqui o bom princípio metodológico de J. Maritain: "distinguir para unir". Distinguimos, em um primeiro momento, o próprio sentido de liturgia e de vida espiritual, para ver, depois, suas implicações mútuas.

Com efeito, na rica reflexão bíblica, teológica e especialmente litúrgica sobre o conteúdo destes vocábulos e do que significam, temos que chegar praticamente a certa identificação dos conceitos em sentido lato para depois precisá-los em sentido específico. Com efeito, a liturgia é *vida*: mais ainda, é o momento fontal e culminante da vida espiritual dos indivíduos e da comunidade; a vida espiritual é *liturgia*, culto espiritual: efetivamente, toda expressão genuína da vida espiritual do cristão (a oração, a caridade, o compromisso no trabalho, o apostolado etc.) é, em sentido amplo, *leitourghia*, culto espiritual, continuidade de vida e coerente explicitação do que se celebrou na liturgia.[7]

Uma espiritualidade cristã autêntica não pode deixar de ser litúrgica; ainda mais, como alguém observou, a insistência em uma espiritualidade "litúrgica" levantaria a possibilidade de existir uma espiritualidade especificamente cristã não necessariamente litúrgica, isto

---

[7] São muitos os autores que, a partir de várias perspectivas, fizeram uma história das relações entre liturgia e espiritualidade; trata-se de uma história que, em parte, coincide com as próprias vicissitudes da liturgia em seus momentos de esplendor e de decadência. Em nosso estudo, não abordamos explicitamente este tema, que requer um tratamento amplo e paralelo com a mesma história da liturgia e da espiritualidade. Limitamo-nos apenas a oferecer alguns títulos na bibliografia geral.

é, enraizada no mistério de Cristo presente na Igreja e comunicado na liturgia. Ou então, ao contrário, que há uma liturgia que não deve ser "espiritual", no sentido mais óbvio e autêntico do termo, isto é, culto e santificação "no Espírito Santo" ou "culto espiritual".

Se insistimos na terminologia é precisamente para unir as duas palavras em questão e para sublinhar que a espiritualidade cristã é espiritualidade da Igreja, e que da liturgia recebe as fontes objetivas da graça e as formas características com seus conteúdos mistéricos (palavra, oração, sacramentos, ano litúrgico), deixando-se plasmar pelos mistérios celebrados.

Em busca de um método

Sob o título *Liturgia e vida espiritual*, este livro, que reúne os ensinamentos de um curso sistemático, tenta apresentar a liturgia como fonte, ápice, escola e celebração da vida cristã (cf. SC 10). No âmbito dos estudos dedicados à *liturgia*, ocupa um lugar próprio. Embora em certos aspectos a matéria nele tratada coincida com temas desenvolvidos pela *teologia ou pela pastoral litúrgica*, ele reivindica uma identidade própria no modo de abordar esses temas. De fato, se a *teologia litúrgica* nos oferece uma reflexão exaustiva sobre a natureza do culto cristão, a *história litúrgica* nos revela seus processos históricos, a *pastoral litúrgica* nos oferece a chave para uma adequada e pastoralmente autêntica celebração dos santos mistérios, a *espiritualidade litúrgica* quer nos dar a visão da liturgia como mistério que deve ser celebrado e vivido, assimilado e tornado visível no processo da vida cristã no nível individual, comunitário e social. Portanto, supõe e integra os dados da teologia litúrgica, da história e da pastoral, mas quer acrescentar também sua contribuição, sem a qual a liturgia não alcançaria seu objetivo.

PARA UMA VISÃO UNITÁRIA

No que se refere aos temas e aos tratados de *espiritualidade*, nosso curso reivindica também uma posição particular no conjunto da reflexão teológica sobre a vida espiritual. Oferece, com efeito, a chave para compreender quais são os fundamentos objetivos, mistéricos, da vida cristã, tanto em seus fundamentos — como é a vida batismal e eucarística e, em geral, a vida sacramental — quanto em seus vértices — como podem ser a contemplação e a mística, o martírio e o apostolado; propõe os momentos celebrativos culminantes da vida cristã no nível pessoal e comunitário, apresenta o lugar onde a revelação bíblica e a reflexão teológica sobre os mistérios tornam-se "mistagogia", comunicação e experiência dos mistérios. Além disso, desenvolve a sensibilidade própria da teologia espiritual levando tal experiência litúrgica a uma continuidade na vida, a um aprofundamento na experiência, a um amadurecimento e crescimento, que transcorre paralelo com o processo da vida cristã.

Nossas reflexões sobre a espiritualidade litúrgica pressupõem uma metodologia baseada em uma série de convicções.

Antes de tudo, trata-se de *viver a liturgia*: vinculá-la com a vida espiritual da qual é fonte e cume. Cultivar uma espiritualidade litúrgica requer: *conhecer* o sentido bíblico e teológico da liturgia e de seus componentes; *viver* as celebrações em plenitude de experiência teologal; *levar a graça* da liturgia para a existência concreta, no nível pessoal, comunitário e social; *fazer convergir* na celebração litúrgica, ápice da vida cristã, a experiência pessoal e comunitária dos fiéis.

Tudo isto exige conhecer e *estudar a liturgia*, uma vez que é necessário um enfoque teórico que ajude a experimentá-la concretamente, com um tratamento articulado de alguns temas como: a introdução ao problema das relações entre liturgia e vida espiritual no nível de princípios e na experiência histórica da Igreja; o estudo dos grandes princípios teológicos da liturgia na perspectiva existencial: Cristo, Espírito Santo, a assembleia litúrgica, a Palavra de Deus, os sinais litúrgicos; a apresentação dos grandes temas da vida espiritual cristã na dimensão litúrgica: oração, ascese, mística, testemunho e compromisso.

Destas duas premissas metodológicas brotam o enfoque, a temática, a divisão deste livro. Um método que procura ser fiel às próprias fontes da liturgia: a inspiração bíblica, os textos litúrgicos, a doutrina do Magistério, as orientações dos teólogos mais importantes da liturgia, a experiência espiritual cristã.

Uma proposta concreta

O enfoque concreto do nosso tratado de *Liturgia e vida espiritual* privilegia, por assim dizer, uma opção na qual prevalece uma atenção ao estudo teológico-espiritual da liturgia, orientado para a consecução de uma visão sintética correta da vida espiritual em seu fundamento e dinamismo estritamente litúrgico.

Claro, estabelecemos uma distinção entre "espiritualidade litúrgica vivida" e "espiritualidade litúrgica estudada". Portanto, nosso curso é uma iniciação à experiência concreta de vida litúrgica, que não fica no nível da simples teologia, mas supõe, em cada capítulo, a dimensão da continuidade (para a vida concreta) e a dimensão do aprofundamento e do crescimento espiritual, isto é, o difícil caminho da experiência litúrgica.

Três pontos referenciais

São três, na minha opinião, os problemas que estão na base de um tratamento adequado das relações entre liturgia e vida espiritual, depois

PARA UMA VISÃO UNITÁRIA

de já haver indicado o vínculo necessário entre teologia espiritual e vida litúrgica.

Um primeiro problema, que ainda hoje se apresenta com o mesmo enfoque do título, é o histórico, às vezes exposto com um aspecto polêmico. Durante várias décadas, sobretudo no começo do século XX, o tema foi tratado com atitude polêmica: a espiritualidade prevalente na Idade Média e na época moderna, a partir do século XVI, parecia ter perdido o alento bíblico e litúrgico que havia caracterizado a época patrística. Hoje, as polêmicas se acalmaram mediante uma serena integração teórica e prática entre a liturgia e a vida espiritual dos cristãos. Portanto, deve-se estabelecer, desde o começo, os termos da questão e ilustrar algumas vicissitudes históricas dessa velha controvérsia que parece já quase totalmente superada.[8]

Um segundo problema é o teológico. Não se poderia falar de espiritualidade litúrgica sem garantir uma boa base de teologia litúrgica, posto que se trata de acolher e de viver as realidades que a teologia litúrgica nos descobre, desde uma teologia geral do culto cristão até a reflexão sobre alguns temas específicos, como podem ser: a presença de Cristo, a dimensão eclesial da liturgia, a ação do Espírito Santo na liturgia. Nisto, uma nota de espiritualidade parece dar a esses temas teológicos um caráter existencial que orienta para a vida.

Um terceiro problema é o pastoral-espiritual, uma vez que se trata de estudar alguns setores que a espiritualidade privilegiou como próprios — ontem e hoje —, quase os separando de sua necessária referência à liturgia: a oração, a vida mística, a ascese, o compromisso no mundo, o apostolado e a religiosidade popular. É justo projetar sobre estes

---

[8]   Conforme nota 7 deste capítulo, limitamo-nos somente a oferecer alguns títulos na bibliografia geral.

temas, que não podem deixar de ter raízes litúrgicas, a luz que procede precisamente de uma lúcida teologia da liturgia, como, por outro lado, a Igreja fez no primeiro capítulo da Constituição sobre a liturgia, quando tentou vincular à vida eclesial todos os aspectos da vida cristã com a inspiração litúrgica (cf. SC 2.9-14).

Tendo presente, portanto, esta tríplice problemática, exporemos ordenadamente alguns temas de índole geral, sobre as relações entre liturgia e vida espiritual.

Ainda falta um tratamento metodológico esmerado sobre a tarefa específica, os temas característicos, a forma especial ao falar de "espiritualidade litúrgica" ou de "liturgia e vida espiritual", para uma autonomia deste pequeno tratado: tanto dentro de um vasto curso sistemático de teologia espiritual, como em uma ampla programação de uma especialização em teologia espiritual, ou em uma também vasta programação de liturgia em uma instituição especializada.

Nossa tentativa leva em conta especialmente a programação específica de uma reflexão adequada na programação deste tema em um instituto de espiritualidade ou em um instituto superior de liturgia, sem declinar da responsabilidade de tratar alguns temas de caráter teológico, próprios de uma boa base de teologia litúrgica. Os diversos ensaios de um curso sistemático sobre este tema dão testemunho de que ainda estamos em busca de uma identidade própria nos conteúdos e na metodologia.

A reflexão sistemática que aqui desenvolvemos quer ser também uma boa introdução à experiência litúrgica em algumas perspectivas de caráter teológico que interpretam e valorizam as grandes lições do Magistério da Igreja e desse estupendo e quotidiano Magistério eclesial que é a própria liturgia celebrada.

PARA UMA VISÃO UNITÁRIA

Nossa opção, já indicada anteriormente, apresenta, além desta breve introdução metodológica, a tentativa de esclarecer as relações entre liturgia e vida espiritual a partir dos próprios conceitos fundamentais, o aprofundamento no tema do culto espiritual e da vida e suas consequências e as orientações para uma verdadeira experiência espiritual cristã na celebração dos mistérios.

Bibliografia

AUGÉ, M. *Spiritualità liturgica*. Cinisello Balsamo, San Paolo, 1998. [Ed. bras.: *Espiritualidade litúrgica*. São Paulo, Ave-Maria, 2004.]

CASTELLANO, J. *Liturgia y vida espiritual*. Madrid, Instituto de Espiritualidad a Distancia, 1984.

DUCASSE, Ignacio, ed. *Liturgia;* espiritualidad de la Iglesia. Santiago de Chile, Seminario Pontifício de Santiago, 1994.

LANG, O. *Spiritualità liturgica;* questioni e problemi scelti di spiritualità liturgica. Einsiedeln, s.ed., 1977.

LODI, E. La liturgia, sinergia dello Spirito e della Chiesa. In: *Liturgia della Chiesa*. Bologna, Dehoniane, 1981. pp. 84-134.

RIVISTA LITURGICA. Formare la comunità nello spirito della liturgia. Padova, nn. 2-3, mar.-jun., 2002. Número especial.

RIVISTA LITURGICA. Liturgia e vita spirituale. Padova, mar.-jun., 1974. Número especial.

SOLER CANALS, J. M. La liturgia, fuente de vida espiritual. *Cuadernos Phase*, Barcelona, CPL, n. 106, 2000.

TRIACCA, A. M. *Spiritualità liturgica;* questioni fondamentali e principi. Roma, UPS, 1974.

_____. *Contributi per la spiritualità liturgico-sacramentaria*. Roma, PUG, 1979.

LITURGIA E VIDA ESPIRITUAL

VV.AA. *Espiritualidad litúrgica;* semanas de teología espiritual. Madrid, CETE, 1986.

VV.AA. Liturgia y vida espiritual. *Cuadernos Phase*, Barcelona, CPL, n. 52, 1994.

Capítulo II
LITURGIA E VIDA ESPIRITUAL – NOÇÕES E RELAÇÕES

O objeto de nosso livro é o estudo da espiritualidade litúrgica, ou das relações entre liturgia e vida espiritual. Desde o começo deve-se afirmar que não se trata de uma *nova espiritualidade*, representativa de tantas escolas que adotam este nome, mas de expor apenas como a vida cristã se alimenta, amadurece, se expressa e se realiza plenamente por meio da liturgia da Igreja. Portanto, falar de espiritualidade litúrgica é referir-se à espiritualidade da Igreja, ao modo ordinário e sublime de levar à realização o desígnio salvífico de Deus Pai sobre nós, em Cristo e na Igreja, por meio das ações litúrgicas.

Esta afirmação, que pode até parecer demasiado simplista, é fruto de uma série de esclarecimentos doutrinais que atualmente se transformaram no ensinamento oficial da Igreja, sobretudo a partir dos documentos do Concílio Vaticano II. Para compreender o sentido e o alcance de tais afirmações, devem ser esclarecidos os termos fundamentais do curso, *espiritualidade* ou *vida espiritual* e *liturgia*.

Nossa reflexão agora tenta apresentar sinteticamente as duas realidades que estão em jogo: a vida espiritual e a liturgia. Desta primeira apresentação depende o enfoque dos capítulos seguintes, nos quais falaremos de suas relações.

É normal pressupor, neste ponto de nossa exposição específica, tanto uma boa síntese sobre o que é a vida espiritual como também uma noção teológica clara de liturgia.

Não é o momento, portanto, de nos ocuparmos de uma explicação exaustiva dos termos, embora digamos alguma coisa mais próxima da noção de liturgia à luz dos recentes documentos do Magistério.[1]

O objetivo das páginas seguintes é este: oferecer uma breve síntese do conceito de *vida espiritual* e de *liturgia*, sublinhando, em especial, como deve ser concebida a vida espiritual, com uma sensibilidade de liturgista e, simetricamente, como o amplo conceito de liturgia da Igreja é acolhido com uma sensibilidade especial pelo teólogo espiritual, que com razão destaca a antropologia teológica, isto é, a vida teologal de fé, esperança e caridade na qual toda comunidade eclesial e todo cristão se realiza, celebra e vive a santificação e o culto.

É precisamente neste compromisso teologal — que é sempre dom da graça e "sinergia" com a ação em nós do Espírito Santo — que a liturgia é celebrada, vivida e assimilada. Portanto, examinemos breve-

---

[1] Para um primeiro contato com o tema, como é o que propomos neste capítulo, é suficiente remeter a estudos de caráter geral, como o de MARSILI, S. Liturgia. In: *Dicionário de liturgia*. São Paulo, Paulinas, 1992; NEUNHEUSER, B. *Espiritualidad litúrgica*. Ibid., pp. 676-702. Para evitar os extremismos nos quais um liturgista ou um espiritualista poderia cair, procuro expor o conceito de espiritualidade em uma perspectiva litúrgica que enfatize a objetividade da vida cristã, fundamentada na revelação e nos sacramentos, ou a vivência litúrgica em uma perspectiva de sensibilidade espiritual que enfatize a necessária participação teologal.

LITURGIA E VIDA ESPIRITUAL – NOÇÕES E RELAÇÕES

mente estes dois conceitos fundamentais, com esta especial sensibilidade metodológica.[2]

Espiritualidade, vida espiritual

Vida no Espírito. Vida em Cristo

Ambos os termos — vida espiritual e espiritualidade no âmbito cristão — têm um sentido amplo, existencial, sem sombra de misticismo desencarnado. Trata-se da vida da pessoa humana, guiada pela parte mais nobre de si mesma: o espírito (*nous*). No sentido mais estritamente cristão, é a vida "no Espírito" (*pneuma*); nela o Espírito torna-se princípio vital da existência da pessoa redimida ("todos os que são conduzidos pelo Espírito de Deus são filhos de Deus": Rm 8,14). A vida espiritual é a vida no Espírito e segundo o Espírito.

É sinônimo, portanto, de vida cristã e esta no sentido mais significativo da tradição cristã, isto é, "vida em Cristo", enraizada na comunhão sacramental com o Senhor; expressão que chamamos: santidade, perfeição cristã, tanto em seu cumprimento como em sua busca e em sua realização parcial. É o sentido mais forte da visão "cristocêntrica" da vida dos fiéis segundo a teologia paulina e joanina.

A santidade, porém, consiste no cumprimento, em cada um de nós, do desígnio expresso na revelação como uma assimilação ao mistério de Cristo ("Porque os que de antemão ele conheceu, esses também predestinou a serem conformes à imagem do seu Filho, a fim de ser ele o primogênito entre muitos irmãos": Rm 8,29). Este desígnio salvífico

---

[2] Para uma visão sobre os temas, a metodologia e as exigências da teologia espiritual hoje, cf. RUIZ, F. *Caminos del Espíritu*; compendio de teología espiritual. Madrid, Espiritualidad, 1998.

se realiza por parte de Deus, primeiro, com a predestinação, a vocação à vida cristã, a justificação ou santificação, a glorificação final (cf. Rm 8,30). Por parte do fiel, responde-se com uma acolhida consciente e comprometida desse desígnio: conversão à Palavra, aceitação na fé e no Batismo, luta contra o pecado, busca e cumprimento da vontade de Deus, perfeição no amor, imitação de Cristo, configuração a Cristo... Assim, chega-se a uma realização do desígnio de Deus: os cristãos transformam-se em verdadeiros "filhos do Pai", "guiados pelo Espírito", plenamente inseridos em Cristo e na Igreja.

Vocação comum e pessoal

A vida espiritual cristã, realização do desígnio de Deus, atualizada por meio de palavras, dos sacramentos e da vida teologal, compreende, podemos dizer, duas dimensões, unificadas depois na existência concreta. *Uma comum e comunitária*: reflete o plano salvífico de Deus sobre seu povo; é uma "microrrealização" da história da salvação em cada um de nós, e com isso poderíamos chamar o esquema salvífico do plano de Deus: a mesma revelação, a mesma graça batismal de filhos de Deus com seus dons, as mesmas exigências de vida segundo o Evangelho... É a vocação universal à santidade, manifestada pelo Vaticano II e pelos documentos pós-conciliares (LG, cap. V e *Christifideles laici* nn. 10-13, em dimensão trinitária). *Outra pessoal*, que é a encarnação do desígnio comum de salvação nas características próprias e irrepetíveis de cada um, segundo as diversas circunstâncias (caráter, tempo, lugar, mentalidade, cultura), a partir da graça reservada a cada um em particular, a especial vocação e missão na Igreja e o compromisso concreto no mundo.

A espiritualidade consiste na busca e na realização do desígnio salvífico de Deus (dimensão comum) na vida e nas circunstâncias concretas de cada um (dimensão pessoal).

A liturgia, lugar da revelação e da resposta

Deve-se notar que a realização da santidade se completa, como a história da salvação, em um verdadeiro diálogo de palavras e de ações por parte de Deus, que sempre toma a iniciativa; no mesmo diálogo a pessoa humana deve intervir com sua resposta pessoal e livre. Não aconteceria uma verdadeira história da salvação se faltasse, por parte dos crentes, a resposta às palavras e às obras de Deus: a revelação exige uma acolhida livre, uma aceitação responsável, uma assimilação, uma correspondência; a ação salvadora de Deus exige uma assimilação e uma "reação" livre por parte da pessoa humana.

Essa resposta especificamente cristã é a fé, a esperança e a caridade, com todas as virtudes humanas e evangélicas, que não podem ser mais que uma explicitação da caridade.

O modo habitual, no entanto, como o mistério da salvação nos é revelado ou comunicado é pela palavra e pelo sacramento da Igreja em suas diversas expressões; daí o nexo indissolúvel existente entre liturgia e vida espiritual cristã.

Notas de vida espiritual à luz da liturgia

Resumindo, podemos dizer que a vida cristã, na perspectiva da liturgia e da história da salvação e no chamado à santidade, que brota desta realidade mistérica (cf. LG 42), destaca: o sentido *trinitário* da vida espiritual em sua realização concreta na economia da salvação; a *plenitude dos aspectos da vida espiritual* que estão vinculados à Palavra

LITURGIA E VIDA ESPIRITUAL

e aos sacramentos, com todas as exigências concretas de vida e de testemunho; o sentido *dinâmico progressivo* de sua realização, como dinâmica e progressiva é a história da salvação e o crescimento do Reino. Eis o fundamento do sentido dinâmico da vida espiritual, expresso como caminho, amadurecimento e perfeição; o *caráter pascal* da santidade, isto é, a configuração necessária da vida espiritual ao mistério de Cristo morto e ressuscitado, expresso no simbolismo batismal como uma contínua morte-ressurreição: "o cristão tem que ser um *staurophoros* (portador da cruz) para ser um *pneumatophoros* ou portador do Espírito".[3]

A estes aspectos deve-se acrescentar o da *eclesialidade* da vida espiritual, como nota essencial da santidade cristã: aspecto comunitário, inserção no corpo eclesial, necessidade da vida sacramental e de comunhão fraterna, orientação decididamente apostólica do viver para a Igreja, plena participação na realidade histórica eclesial, dinâmica, como sinal inequívoco de uma espiritualidade cristã autêntica.

A liturgia é colocada no contexto normal da vida cristã como ponto de inserção concreto nessa história da salvação, contínua celebração do mistério de Cristo e do Espírito, caminho que acompanha a experiência do mistério cristão, desde o Batismo até o último momento da passagem pascal da morte.

Espiritualidade batismal e eucarística

Toda a vida espiritual está inicialmente marcada pela realidade do Batismo-Confirmação e pela Eucaristia. Por isso, a espiritualidade das origens, em suas diversas expressões, nas exigências da contemplação, da virgindade ou do martírio, é essencialmente uma espiritualidade

---

[3] Este jogo de palavras do teólogo ortodoxo O. Climent foi acolhido por João Paulo II na exortação apostólica *Vita consecrata* n. 6.

batismal; espiritualidade que a Eucaristia confirma, alimenta e amadurece levando-a ao cumprimento, e que outros sacramentos e ritos (Ordem, Matrimônio, Consagração virginal e religiosa) determinam.

O Batismo é colocado como realidade fundamental que caracteriza a vida cristã; como *fonte e causa* inicial da vida cristã: viver em razão do Batismo; como *conteúdo essencial*: viver a virtualidade do Batismo com toda a riqueza trinitária e com o tríplice "múnus" do cristão: sacerdotal, profético e real; como *causa exemplar*, modelo do viver cristão, que é: viver sempre "à imagem" do Batismo recebido, em um dinamismo contínuo de morte-ressurreição. O Batismo e a Confirmação transformam-se, assim, nos sacramentos iniciais e iniciáticos da vida em Cristo e segundo o Espírito.[4]

O *Catecismo da Igreja Católica* confirma esta visão da vida espiritual cristã quando usa, no começo da terceira parte, as expressões "vida em Cristo" ou "vida segundo o Espírito" e descreve essa vida na dimensão trinitária (CIC 1691-1696.1699). Neste sentido, define a santidade cristã (CIC 2012) e a própria mística cristã, distinguindo claramente a vocação comum à mística, como participação nos mistérios, e o carisma dos místicos, como carisma de testemunho "em vista de manifestar o dom gratuito feito a todos" (CIC 2014).

---

[4] Cf. meu artigo *Iniciación cristiana*. In: *Nuevo Diccionario de Espiritualidad*. Madrid, Paulinas, 1983. pp. 706-721. Cf. também minha contribuição: La mistica dei sacramenti dell'iniziazione cristiana. In: VV.AA. *La mistica*; fenomenologia e riflessione teologica, II. Roma, s.ed., 1984. pp. 77-111. Nesta perspectiva, podemos afirmar que depois da tradição dos Padres em suas catequeses sobre a iniciação cristã, o grande autor que soube harmonizar Bíblia, liturgia, moral cristã e espiritualidade foi o leigo do século XIV, Nicolas Cabasilas, em sua obra clássica, sempre atual: *La vida en Cristo*. Madrid, Rialp, 1952. Seguindo sua terminologia, inspirada na mística de João e de Paulo, o *Catecismo da Igreja Católica* intitula a terceira parte sobre a moral cristã: *A vida em Cristo*.

A espiritualidade cristã é essencialmente uma espiritualidade enraizada nos sacramentos da iniciação cristã: Batismo, Confirmação e Eucaristia. E desenvolve todas as suas virtualidades em um constante crescimento na adesão ao mistério pascal e ao mistério de Pentecostes, que nos comunica por meio do Batismo e da Confirmação e se renova na Eucaristia. Os outros sacramentos são o fundamento objetivo do caminho de conversão (Penitência), da configuração a Cristo sofredor e ressuscitado no tempo da enfermidade e na experiência da fragilidade. O sacramento da Ordem está na própria base de uma espiritualidade ministerial do diácono, do presbítero e do bispo, assim como o sacramento do Matrimônio é a causa e o modelo da espiritualidade matrimonial e familiar.

Liturgia

O conceito de liturgia é entendido aqui em um sentido teológico mais exato e profundo. Foram necessárias muitas décadas de discussão para se chegar a uma descrição satisfatória da liturgia. Será interessante, certamente, conhecer alguns dos conceitos errôneos ou incompletos sobre o culto da Igreja, pela relação imediata com a vida espiritual.

Etimologia

Sem incidir em coisas já conhecidas, recordemos como a versão dos LXX expressou pelo termo *leitourghia* e afins, derivados da raiz *leit* (*laos*, povo) e *ergon* (ação, obra), os conceitos de serviço, obra pública, ação cultual, que em hebraico pertencem às palavras *abodáh* ou *sherét*. O primeiro termo refere-se à obra realizada; o segundo, aos sentimentos com os quais é realizada.

No NT, o termo "liturgia", que não é o único a designar o serviço divino, é usado com vários significados que vão desde o ministério cultual da Antiga Aliança (Lc 1,23) até o ministério cultual de Cristo (Hb 8,1-2), o ministério de Paulo (Rm 15,16), a oração da comunidade (At 13,2) e as obras de caridade (Fl 2,29-30).

O *Catecismo da Igreja Católica* resume este significado etimológico e as variantes de significado com as seguintes palavras que conferem à liturgia sua plenitude vital de culto litúrgico e existência cristã: "A palavra 'liturgia' significa originalmente 'obra pública', 'serviço da parte do povo e em favor do povo'. Na tradição cristã quer significar que o Povo de Deus toma parte na 'obra de Deus' [...]" (CIC 1069). E depois acrescenta:

> A palavra "liturgia", no Novo Testamento, é empregada para designar não somente a celebração do culto divino, mas também o anúncio do Evangelho e a caridade em ato. Em todas essas situações, trata-se do serviço de Deus e dos homens. Na celebração litúrgica, a Igreja é serva à imagem do seu Senhor, o único "liturgo", participando de seu sacerdócio (culto) profético (anúncio) e régio (serviço de caridade) [...] (CIC 1070).

Definições inexatas

Desde que o termo liturgia entrou, um pouco tardiamente, no Ocidente, para designar o culto da Igreja, apareceram várias definições, nem sempre exatas.

A liturgia-coreografia. É um conceito de liturgia herdeiro da época decadente do barroco, quando no culto da Igreja se insistia na pompa e suntuosidade das cerimônias, embora a participação dos fiéis fosse quase nula. Uma definição polêmica da liturgia neste sentido foi dada pelo jesuíta J. Navatel, para diminuir o valor santificante que os pioneiros da renovação litúrgica atribuíam à "piedade eclesial": "No sentido

LITURGIA E VIDA ESPIRITUAL

mais habitual", escrevia Navatel, "a liturgia é para todo o mundo a parte sensível, cerimonial e decorativa do culto católico". Desta definição inexata tirava a seguinte conclusão sobre as relações da liturgia com a vida espiritual: "Posto que a liturgia não é mais que uma expressão sensível e figurativa do dogma e da fé, seu poder sobre as almas é proporcional, antes de tudo, à medida maior ou menor de fé e de devoção e, em segundo lugar, à riqueza emotiva dos assistentes".[5]

A liturgia-código de rubricas. É o conceito que sofre a influência da primeira codificação do direito canônico no século XX: "A liturgia é o conjunto de leis que regulam o culto público da Igreja". Este conceito leva a um "jurisdicismo" que nada tem a ver com a vida espiritual, a não ser o mérito da obediência pela esmerada observância das leis canônicas.

A liturgia-culto natural. É a definição que parte da observação do fenômeno religioso universal e do culto das religiões naturais para aplicá-los à vida cristã: "A liturgia é o culto tributado a Deus". Nesta definição há um acentuado sentido antropocêntrico, já que tudo parece partir da humanidade, e não leva em conta a novidade absoluta da religião cristã, na qual a iniciativa parte de Deus; falta nesta noção a atividade salvífica de Deus que se revela e se dá e, portanto, precede todo culto nosso.

O conceito de liturgia na *Mediator Dei* (1947)[6]

Pio XII, depois de haver criticado as falsas noções de liturgia às quais aludimos, descreve a verdadeira natureza do culto cristão. Antes

---

[5] Sobre as discussões entre o jesuíta J. Navatel e o beneditino M. Festugière, na segunda década do século XX, cf. a recente edição da obra do monge beneditino e a reconstrução da controvérsia por A. Grilo em: FESTUGIÈRE, M. *La liturgia cattolica*. Padova, Messagero, 2002.

[6] *Mediator Dei.* n. 122.

de tudo, sublinha que "a Igreja continua o ofício sacerdotal de Jesus Cristo sobretudo com a sagrada liturgia", e propõe a seguinte definição: "A sagrada liturgia é, portanto, o culto público que nosso Redentor tributa ao Pai, como cabeça da Igreja, e é o culto que a sociedade dos fiéis presta à sua cabeça e, por meio dele, ao Eterno Pai; é, em poucas palavras, o culto integral do Corpo Místico de Cristo, isto é, da cabeça e de seus membros".

Esta definição, que significava um passo adiante na valorização da natureza íntima da liturgia, foi considerada incompleta por alguns autores, especialmente por C. Vagaggini; de fato, nela se sublinha o aspecto de culto, essencial para a liturgia, mas se esquece o conceito de santificação, à qual visam todos os sacramentos, que fazem parte essencial e primária da própria liturgia, embora a encíclica fale deste aspecto em outro lugar.

Deve-se observar que já o famoso liturgista italiano do século XVIII, L. A. Muratori, havia acertado o alvo definindo a liturgia assim: "Liturgia est cultus Ecclesiae, tum ad Dei honorem testandum, tum ad ipsius in homines beneficia derivanda" (a liturgia é o culto da Igreja tanto para prestar honra a Deus como para comunicar os benefícios de Deus aos homens).

Depois da *Mediator Dei*, desenvolveu-se o conceito de liturgia como *diálogo entre Deus e seu povo*; Deus santifica seu povo, este responde à ação de Deus prestando-lhe o devido culto; esse diálogo se realiza em Cristo e na Igreja, por meio de sinais sensíveis e eficazes. Portanto, com este conceito de liturgia, o culto eclesial adquire a dignidade de lugar máximo do encontro entre Deus e seu povo. Este conceito, unido a uma mais acentuada consciência da ação de Cristo e a uma redescoberta da história da salvação e da participação de todo o povo sacerdotal, orientou a reflexão teológico-litúrgica para a descrição do conceito de liturgia no Vaticano II.

A descrição da *Sacrosanctum concilium*

No número 7 da Constituição litúrgica do Vaticano II encontramos uma descrição da liturgia que, em parte, repete a da *Mediator Dei*, completando suas deficiências teológicas:

> Com razão, pois, a liturgia é tida como o exercício do múnus sacerdotal de Jesus Cristo, no qual, mediante sinais sensíveis, é significada e, de modo peculiar a cada sinal, realizada a santificação do homem; e é exercido o culto público integral pelo Corpo Místico de Cristo, cabeça e membros.

Observemos os elementos mais importantes desta definição, que deve ser considerada no contexto dos nn. 5 e 6, sobre os quais voltaremos a falar na segunda parte.

Exercício do sacerdócio de Jesus Cristo

É o conceito fontal da liturgia, vinculado, nos números anteriores, às categorias de "história da salvação", "maravilhas de Deus", "mistério pascal", "presença e ação de Cristo". Segundo as expressões da carta aos Hebreus, Cristo é, desde o momento de sua entrada no mundo, o sacerdote, o pontífice, o mediador; aquele que restabelece a união entre Deus e os homens (cf. Hb 10,5).

Esse sacerdócio exercido por Cristo durante sua vida tem sua culminância no mistério pascal "de sua bem-aventurada paixão, ressurreição dentre os mortos e gloriosa ascensão"; porém, em virtude de sua Páscoa — passagem gloriosa da morte à vida —, Cristo continua, no

LITURGIA E VIDA ESPIRITUAL – NOÇÕES E RELAÇÕES

santuário do céu, o exercício deste sacerdócio, à direita do Pai "sempre vivo para interceder por nós" (cf. Hb 7,25; Rm 8,34).

Na economia da salvação que vai desde o Pentecostes até a parúsia, o sacerdócio celestial de Cristo nos atinge no tempo, realiza e torna-se presente na Igreja e, por meio dela, na liturgia. O sacerdócio e a mediação do *Kyrios* glorioso têm um duplo movimento, característico de sua função pontifical.

Cristo traz aos homens a salvação: santifica-os por meio de sua humanidade — fonte do Espírito —, prolongada agora nos sacramentos da Igreja, segundo as expressões personalistas dos Padres: "o que era visível em Cristo passou para os sacramentos da Igreja";[7] "Tu, ó Cristo, te revelaste a mim face a face; encontro-te nos teus sacramentos".[8]

Cristo presta eternamente ao Pai o verdadeiro culto de amor e de obediência filial: ele continua sendo no céu o que foi em sua vida terrena: o maior adorador do Pai, a realização absoluta e suprema da religiosidade. Neste movimento cultual, Cristo se associa à Igreja, por meio dela conduzindo todos a Deus. Por Cristo, temos acesso ao Pai em um só corpo e em um só Espírito.

O duplo movimento do sacerdócio de Cristo se expressa sinteticamente nos textos da SC em várias ocasiões: "Em Cristo ocorreu a perfeita satisfação de *nossa reconciliação* e nos foi comunicada *a plenitude do culto divino*" (SC 5, que cita o *Sacramentário veronense*). A liturgia é definida como "a obra pela qual *Deus é perfeitamente glorificado e os homens são santificados*" (SC 7). A inserção concreta dos cristãos no mistério pascal, por meio do Batismo, efetua-se quando "recebem o

---

[7] São Leão Magno. *Serm.* 74: PL 54, 398. In. *Sermões*. São Paulo, Paulus, 1996 (Patrística 6).

[8] Santo Ambrósio. *Ap. Proph. Dav.* 12,58: PL 14, 916.

espírito de adoção de Filhos [...] e se tornam os verdadeiros adoradores procurados pelo Pai" (SC 6).

Santificação e culto

A *santificação* é o primeiro passo no diálogo da salvação; a iniciativa parte de Deus; realiza-se com palavras e com obras (DV 2); também a Palavra proclamada e acolhida pertence à ordem sacramental da santificação; é movimento de libertação do pecado (com todas as suas consequências) e dom da vida divina com toda a sua plenitude.

O *culto* é a resposta à ação salvífica; é expressão de sentimentos filiais para com o Pai: fé, esperança, amor, adoração, ação de graças, arrependimento, louvor, intercessão, realização concreta do desígnio de Deus para a salvação do mundo.

Ambos os aspectos estão intimamente conectados: não poderemos prestar a Deus o culto agradável se antes não tivermos sido santificados (prevenidos na revelação e na graça) por ele. O culto é a *irradiação* da santificação e divinização realizada por Deus em nós. As ações litúrgicas destacam este duplo aspecto, embora um ou outro predomine em algumas ações. Na *liturgia da oração* é mais evidente o aspecto cultual; é, porém, também santificante, como sublinha a *Instrução geral sobre a Liturgia das Horas* (IGLG 14). Na *liturgia dos sacramentos* destaca-se mais a santificação; porém não se pode esquecer que os sacramentos são também "sinais da fé" (*sacramenta fidei*) e, portanto, têm como essencial o movimento de culto (SC 59). Na *Eucaristia* temos, ao mesmo tempo, o ápice da santificação e do culto.

O Corpo Místico

A Igreja participa sempre nas ações litúrgicas em sua plenitude de Corpo Místico: "Cristo sempre associa a si a Igreja, sua esposa

LITURGIA E VIDA ESPIRITUAL – NOÇÕES E RELAÇÕES

diletíssima" (SC 7). O mistério da Igreja — povo de Deus hierarquicamente constituído — determina em parte a natureza da liturgia como ato comunitário, hierarquicamente organizado, público, encarnado em cada uma das realizações da Igreja universal — as igrejas locais ou particulares —, com a consequente tensão entre a unidade e a diversidade.

Toda a Igreja exerce o culto com Cristo, porque é Corpo sacerdotal. Por isso se pode dizer: "Toda a celebração litúrgica, como obra de Cristo sacerdote, e de seu Corpo que é a Igreja, é uma ação sagrada por excelência, cuja eficácia, no mesmo título e grau, não é igualada por nenhuma outra ação da Igreja" (SC 7).

Atividade simbólica e eficaz

A visibilidade da Igreja e o sentido antropológico e social da salvação cristã exigem que o duplo movimento santificação-culto se realize de maneira visível. O conjunto de sinais eficazes que constitui a liturgia não é senão a expressão dessa mútua comunicação entre Cristo e sua Igreja.

Palavra, oração, ação, sinais e coisas, objetos, gestos, atitudes, lugares, tempos que fazem parte da liturgia devem ser percebidos como expressão sensível, em sua rica polivalência de símbolos, da autocomunicação de Cristo e da Igreja no mútuo encontro santificante e cultual da liturgia. Celebra-se sempre "per ritus et preces" (SC 48), com gestos, orações e palavras.

Deve-se observar que este elemento está parcialmente sujeito a vicissitudes históricas, geográficas, culturais e exige, para sua compreensão, tanto uma válida catequese prévia, a catequese mistagógica, como uma adaptação adequada à mentalidade e à cultura dos povos segundo as necessidades e com um esmerado discernimento. Símbolos, gestos e linguagem têm que ser transparentes para a ação da graça e para a comunicação humana; daí a tensão existente entre a fidelidade às fontes e a necessária adaptação litúrgica.

Balanço e perspectivas

À luz desta explicação superficial do conceito de liturgia podemos adentrar em uma compreensão melhor do conceito de liturgia no conjunto da doutrina conciliar.

A definição de liturgia dada pela SC, como se descreveu, não é suficiente para oferecer uma noção teologicamente perfeita. Deve-se entendê-la à luz dos outros documentos conciliares para aperfeiçoar e explicitar alguns de seus elementos. Só nesta perspectiva podemos esclarecer ainda mais as relações existentes entre a liturgia e a espiritualidade.

No conjunto da doutrina conciliar, a SC é o primeiro documento, com todos os méritos e defeitos de tal primazia.

Uma exegese adequada nos pede interpretar sua teologia no conjunto da teologia conciliar. Parece-nos que são três os campos nos quais a definição da SC 7 deve ser mais bem explicitada.

A dimensão trinitária

O cristocentrismo da SC 7 deve ser completado com uma atenção maior à economia trinitária da liturgia. Antes de tudo, no que se refere ao Pai: fonte de toda santificação, termo absoluto de todo culto de Cristo e dos cristãos. Em segundo lugar, no que se refere ao Espírito Santo. A ausência de uma pneumatologia adequada é por demais evidente na teologia litúrgica da SC. Os orientais e os teólogos mais sensíveis perceberam-no logo durante os trabalhos conciliares. Algum leve retoque ao texto da constituição litúrgica (SC 5 e 6), falando do Espírito Santo, foi introduzido na última redação. Não há, porém, um enfoque de fundo que leve em conta a pneumatologia. O Espírito está ausente na própria definição de liturgia (n. 7). Esta lacuna foi sanada em parte na *Lumen gentium* (cf. LG 4); a união Espírito Santo-liturgia foi explicitada em alguns textos conciliares posteriores (LG 50.51; PO 5). No entanto, a necessária dimensão pneumatológica da liturgia é tão evidente que se pôde afirmar: "nenhuma liturgia sem o Espírito Santo"; "sem o Espírito Santo o culto é uma simples evocação".

Com efeito, o Espírito Santo impregna os protagonistas da liturgia, as dimensões do culto e da santificação, os componentes das ações litúrgicas: o Espírito Santo é o Espírito do Pai e de Cristo. O Espírito Santo impregna assembleia, ministros e povo: a assembleia é o lugar onde "floresce o Espírito"[9] e o transforma em "Igreja", templo do Espírito. A santificação se realiza no Espírito, que é santo e santificador. O culto cristão é culto "espiritual", porque é suscitado pelo Espírito e, por isso, só nessa dimensão é capaz de chegar até o Pai. Palavra, oração e sacramentos são, de fato, os veículos de comunicação entre Cristo e sua Igreja, porque estão necessariamente envolvidos na ação do Espírito Santo.

Felizmente, a liturgia pós-conciliar teve presente esta dimensão e tenta explicitá-la dentro dos limites da eucologia romana. Assim, temos sublinhada a ação do Espírito Santo na dupla epiclese eucarística das anáforas ou orações eucarísticas novas, no prefácio de bênção da água para o Batismo, em todo o rito da Confirmação, em especial na fórmula renovada, nos prefácios das ordenações, na nova fórmula do sacramento da Reconciliação, na fórmula renovada da Unção dos enfermos e do Matrimônio, na última edição típica do Ritual. A *Instrução geral sobre a Li-*

---

[9] Cf. a *Tradição apostólica* n. 35. [Ed. bras.: GIBIN, Maucyr. *Tradição apostólica de Hipólito de Roma*; liturgia e catequese em Roma no século III. São Paulo, Vozes, 2004.]

turgia das Horas também sublinha este papel indispensável do Espírito na oração, chegando a afirmar: "Não pode haver oração cristã sem a ação do Espírito Santo, que unifica a Igreja inteira, levando-a pelo Filho ao Pai" (IGLG 8).

Recupera-se, assim, plenamente a dimensão trinitária da liturgia segundo as antigas fórmulas da fé e do culto: o Pai, por meio de Cristo, nos santifica no Espírito. No Espírito Santo prestamos nosso culto ao Pai.

Uma confirmação autorizada da melhor compreensão da liturgia em chave trinitária nos é oferecida pelo *Catecismo da Igreja Católica*, na primeira seção da segunda parte, dedicada à liturgia. Com efeito, apresenta a liturgia de maneira nova, e certamente mais completa que outros documentos do Magistério, como "obra da Santíssima Trindade". Neste sentido, apresenta, antes de tudo, o *Pai como fonte e fim da liturgia* (CIC 1077-1083). É uma teologia da bênção que expressa muito bem a dupla dimensão da liturgia: desde o Pai e para o Pai, a santificação e o culto. Centra a atenção na *obra de Cristo na liturgia* (CIC 1084-1090). É o mistério de Cristo glorificado, que se faz presente na Igreja e age nela de modo especial por meio da liturgia e a faz participante da *assembleia celestial*. Finalmente, e com amplitude, apresenta a obra do *Espírito e da Igreja na liturgia* (CIC 1091-1109). A ação do Espírito é apresentada de modo ainda mais amplo, em "sinergia" com a Igreja, e se sublinham em sentido progressivo as diversas ações do Espírito Santo que *prepara* para acolher Cristo, *recorda* o mistério de Cristo, *atualiza*-o e nos *edifica na comunhão eclesial e trinitária*.

A dimensão eclesial

Também a dimensão eclesial da SC deve ser ampliada na visão do conjunto da doutrina conciliar. A Igreja na qual se realiza a liturgia é sempre a Igreja, Corpo Místico de Cristo (SC 7), mas em sua dimensão de igreja local e assembleia litúrgica, onde se torna presente e se realiza concretamente a Igreja universal (LG 26). A Igreja é também essa comunidade sacerdotal, na qual todos os batizados são membros ativos, cada um segundo seu próprio ministério na liturgia, mas em virtude do sacerdócio comum recebido por meio do Batismo e da Confirmação (LG 9-11). A SC fala desse sacerdócio no n. 14, mas quase às escondidas (o tema do sacerdócio dos fiéis, considerado muito delicado no início do Vaticano II, foi confiado à Comissão doutrinal e não à litúrgica).

A dimensão antropológica

A visão global da *Gaudium et spes* e da *Lumen gentium* abriu perspectivas antropológicas para a liturgia, embora se trate da dimensão ainda menos estudada, no conjunto da renovação litúrgica. A Igreja se apresenta na liturgia como sacramento universal de salvação, que em sua atividade cultual assume o esforço de todos os homens, o louvor de todos os povos.[10] A Igreja, além disso, sentindo-se histórica, geográfica e culturalmente implantada entre os homens nos diversos povos, permanece aberta para o recebimento de todos os elementos étnicos de cada uma das igrejas locais (cf. SC 37-40). Por outro lado, cada vez mais os cristãos sentem que a liturgia deve assumir e promover as exigências da vida concreta, cotidiana, na inclusão social e nos problemas da comunidade humana.

---

[10] Há maior amplitude e universalidade na visão da liturgia da Igreja e de seu alcance na *Instrução geral sobre a Liturgia das Horas* nn. 6.17.27, que apresenta Cristo como cabeça da Igreja e de toda a humanidade.

Também esta dimensão é amplamente desenvolvida pelo *Catecismo da Igreja Católica*: antes de tudo, na preciosa exposição sobre os sinais e símbolos sacramentais com os quais celebra a liturgia (CIC 1145ss). São sinais do mundo dos homens, sinais da Aliança, sinais adotados por Cristo que finalmente se transformam em sinais sacramentais. Entre os sinais temos a Palavra, o canto e a música, os ícones sagrados, mas também o tempo e o espaço litúrgicos. Esta consciência da dimensão antropológica e social leva a afirmar a necessidade da adaptação cultural da liturgia, a variedade dos ritos, isto é, a diversidade litúrgica da Igreja Católica na unidade do mistério celebrado.

A dimensão teologal da liturgia

Além de supor as linhas de uma ampliação apropriada da visão da liturgia em uma perspectiva teológica, parece oportuno proporcionar — com sensibilidade de "teólogo espiritual" — uma chave de compreensão da liturgia como celebração "espiritual". Esta chave é precisamente a vida teologal (fé, esperança, caridade), que reveste e torna possível o diálogo de salvação, de santificação e de culto, que é a liturgia.

Sem vida teologal na Igreja não há acolhida nem da Palavra nem da comunicação sacramental; não existe verdadeira participação no diálogo da comunhão de Deus com seu povo, de Cristo com seu Corpo. Embora a própria vida teologal seja um dom de Deus — e isto acentue o sentido de "graça" e de "gratuidade" da história da salvação e de sua atualização na liturgia —, é também verdade que é igualmente um ato do *christifidelis*, o fiel de Cristo e da Igreja, que suscita, inclusive no nível antropológico, os sentimentos mais nobres do coração humano, em uma participação teologal real, que implica também toda a expressividade interior e exterior.

LITURGIA E VIDA ESPIRITUAL – NOÇÕES E RELAÇÕES

Mesmo tudo isto sendo óbvio, isto é, que não pode acontecer uma autêntica celebração litúrgica que não implique a "espiritualidade" do crente e da comunidade, ou seja, sua vida teologal, certas contraposições entre liturgia e vida espiritual, entre piedade objetiva e piedade subjetiva, pareciam ignorar esta chave de compreensão.

Assim, por exemplo, acontecia na definição de J. Navatel sobre a liturgia, que antes recordamos, ou também na própria definição que nos proporciona, em um esquema escolástico, J. Maritain, que, em seu livro, *Liturgia e contemplação*, situa a liturgia no âmbito da virtude da religião e, portanto, a considera uma virtude moral: "Não é uma virtude teologal, mas moral, embora excelente, e, por isso, é inferior às virtudes teologais e aos dons do Espírito Santo".[11]

Por sua vez, a proposta do Magistério da Igreja é diferente, afirmando o sentido teologal óbvio da vida litúrgica; assim, por exemplo, na *Marialis cultus*, n. 16, Paulo VI indica a Virgem Maria como modelo da Igreja no culto divino, precisamente enquanto modelo de vida divina, isto é, "daquela disposição interior com a qual a Igreja, esposa diletíssima, intimamente associada a seu Senhor, o invoca e por meio dele presta culto ao eterno Pai" (cf. SC 7).

O estudo da espiritualidade litúrgica não pode, portanto, deixar de prestar atenção à própria vida teologal com seu dinamismo e suas provas, com as necessárias purificações e também com as inevitáveis exigências de continuidade na vida, claramente expressas por toda a doutrina bíblica.

É precisamente nesta relação entre liturgia e vida teologal que se apresenta o problema e se oferece a solução das relações entre liturgia

---

[11] MARITAIN, J. e R. *Vita di preghiera*; liturgia e contemplazione. Città di Castello, Borla, 1979. p. 90.

e vida espiritual ou espiritualidade e liturgia. Podemos dizer algo mais. Na liturgia acontece o pleno encontro entre a dimensão objetivo-mistérica (conteúdo mistérico e mediações simbólicas) e a dimensão subjetivo--teologal, enquanto plena participação dos que celebram com a graça e o esforço pessoal das virtudes teologais.

Neste sentido, pela própria natureza da liturgia, as celebrações são um autêntico exercício e uma escola de vida teologal da Igreja. Somos levados pela pedagogia eclesial a não ficar nas ações e nas mediações visíveis, mas a caminhar mais além e contemplar as coisas invisíveis e o Invisível por meio da visibilidade dos sinais. Por isso, a liturgia não pode deixar de ser uma escola e um exercício de contemplação.

Nas próprias entranhas da liturgia celebrada estão também a abertura para a experiência mística e o fato que acompanha sempre o caminho de santidade do cristão e da comunidade eclesial, plasmando-o dia após dia.

Esforçamo-nos no sentido de oferecer uma visão rica e objetiva da realidade da vida espiritual à luz da liturgia; a vida em Cristo e no Espírito está vinculada indissoluvelmente à história da salvação, aos sacramentos e à vida cristã em todas as suas riquezas e em todos os seus dinamismos na Igreja.

De modo parecido, na rica proposta do conceito de liturgia, segundo o Magistério da Igreja, sublinhamos a plenitude de aspectos trinitários, eclesiais e antropológicos, com referência ao duplo movimento da santificação e do culto na mediação simbólica. Além disso, descobrimos na acolhida e na resposta teologal — fé, esperança, caridade — a chave da espiritualidade litúrgica. Poder-se-ia formular a seguinte conclusão: "Sem vida litúrgica, a espiritualidade cristã corre o risco de se transformar em experiência psicológica individualista ou em moralismo; como

LITURGIA E VIDA ESPIRITUAL – NOÇÕES E RELAÇÕES

também, sem participação interior nas ações litúrgicas, a liturgia transformar-se-ia em vão ritualismo".[12] Deve-se recordar o sábio princípio da Regra de são Bento, n. 19: "Mens concordet voci" ("a mente concorde com a voz"), que vale para toda participação litúrgica e não só para o Ofício divino. Mas também serve o grande princípio da oração da Igreja: "Ut sacramento vivendo teneant quod fide perceperunt" ("conservem em sua vida o que receberam na fé"; cf. SC 10).

Relações entre liturgia e vida espiritual

Passemos agora da teologia à vida. Depois de haver exposto, em síntese, as noções de vida espiritual e liturgia, tentamos agora estabelecer quais são suas relações. Nas últimas décadas, as relações liturgia-vida espiritual foram propostas em uma perspectiva histórica, teológica e prática e frequentemente em tom mais polêmico, por falta de uma visão exata da liturgia e da espiritualidade ou por uma redução de uma ou outra a aspectos marginais ou não completos (por exemplo, como quando se reduz a vida espiritual a devoções, ascese ou orações). Para esclarecer melhor a questão do ponto de vista doutrinal, e remetendo a visão histórica do problema ao Apêndice da primeira parte, apresentamos as posições do Magistério da Igreja e a perspectiva atual, que nos parece que devemos sublinhar para uma mais íntima interação entre liturgia e espiritualidade. Os padres conciliares não evitaram a questão das relações entre liturgia e espiritualidade no momento de examinar a Constituição sobre a liturgia. O tema havia sido amplamente debatido nas décadas anteriores e não podia ser ignorado. Pio XII havia falado

---

[12] LODI, E. *Liturgia della Chiesa*. Bologna, Dehoniane, 1981. pp. 92-93.

sobre ele em sua encíclica *Mediator Dei*; na continuidade do Magistério era preciso fazer uma referência explícita a este tema.

Na SC 9-13 fala-se sobre ele, tanto do ponto de vista de uma primeira formulação de tipo geral, como é a relação da liturgia com as outras atividades da Igreja e do cristão, quanto enfatizando concretamente as disposições devidas para a participação, as relações com a oração e a ascese e a referência aos exercícios de piedade.[13]

Podemos estabelecer as relações entre liturgia e espiritualidade partindo de alguns princípios enunciados pela SC.

"Fonte e cume"

À vida espiritual dos cristãos pode ser aplicado tudo o que o Concílio afirma sobre as atividades da Igreja: "A liturgia é o cume para o qual tende a ação da Igreja e, ao mesmo tempo, é a fonte donde emana toda a sua força" (SC 10). É fácil vincular estas afirmações à definição dada no n. 7. A liturgia é fonte e cume de toda a atividade da Igreja porque é a realização da santificação (fonte) e do culto (cume).

Com efeito, o Concílio continua: "Da liturgia, portanto, mas principalmente da Eucaristia, como de uma fonte, deriva a graça para nós e com a maior eficácia é obtida aquela santificação dos homens em Cristo e a glorificação de Deus, para a qual, como a seu fim, tendem todas as demais obras da Igreja" (SC 10).

---

[13] Podem ser encontradas referências a estes números nos diversos comentários à Constituição sobre a liturgia. Como ótima visão de conjunto, cf. MARSILI, S. Liturgia. In: *Dizionario del Concilio Ecumenico Vaticano II*. Roma, s.ed., 1968. pp. 1294-1343; cf., do mesmo autor, a palavra "liturgia" em *Dicionário de liturgia*, op. cit., pp. 638-651.

A liturgia é fonte da vida espiritual

Esta afirmação é clara quando aplicada aos sacramentos. Com efeito, toda a vida cristã começa com o Batismo e com a Confirmação, é restaurada com a Penitência, alimenta-se da Eucaristia. Toda vida espiritual inicial amadurece em contato com Cristo; Cristo, porém, entra em contato com os homens por meio dos sacramentos, de modo objetivo e real. Todos os outros meios para aumentar a vida espiritual (ascese, oração, devoções, trabalho) têm na liturgia sua fonte, especialmente no Batismo-Confirmação, que por seu caráter sacramental constitui um estado "litúrgico", cultual e permanente. A mesma coisa vale para a Eucaristia que, como atualização do mistério pascal de Cristo e presença real dele, é a fonte de toda graça. Isto não quer dizer, no entanto, que fora da liturgia os fiéis não possam receber graças especiais e realizar uma proposta efetiva para a graça recebida. Todas essas graças não são senão uma explicitação posterior da graça fundamental do Batismo e da Eucaristia ("vida em Cristo") ou então, como no caso de uma conversão, tendem a ela.

A liturgia é o cume de toda vida espiritual

A finalidade da vida espiritual é a realização da resposta existencial ao dom de Deus, realizada em uma conformação à imagem e aos sentimentos de Cristo, segundo a própria vocação particular na Igreja.

Essa resposta se realiza, como dissemos, nos sentimentos especificamente cristãos que são a fé, a esperança, o amor, o louvor, a ação de graças... Porém, todos esses sentimentos encontram expressão mais adequada na liturgia da Igreja, em especial no supremo ato de culto e glorificação que é a Eucaristia, na qual Cristo nos associa à adoração que ele presta ao Pai.

Deve-se observar que o cristão pode ter momentos fortes de experiência espiritual fora das ações litúrgicas, nos quais sua resposta a Deus chega a um verdadeiro cume (por exemplo, no martírio, na contemplação, em um momento de oração intensa, de oferecimento de si mesmo, de amor ao próximo etc.). Porém, aqui devemos perceber que esta resposta procede da graça batismal atualizada ao máximo, e tende ao culto de glorificação prestado ao Pai por Cristo na Eucaristia e à direita do Pai com seu corpo glorioso. Sem dúvida encontra aí a expressão mais genuína, na coesão do Corpo Místico.

As atividades extralitúrgicas

Com o próprio Concílio deve-se afirmar: "A vida espiritual não se restringe unicamente à participação da sagrada liturgia" (SC 12).

Entre a "fonte" e o "cume" da vida espiritual há uma margem ampla de existência concreta, na qual entram, com pleno direito, todas as outras atividades espirituais, sem as quais seria inconcebível uma espiritualidade concreta e comprometida de todas essas atividades. O Concílio recorda algumas em especial: a observância dos mandamentos, as obras de caridade, de piedade e de apostolado, sobretudo a evangelização que precede toda liturgia (cf. SC 9); a preparação próxima e remota para uma participação consciente, ativa e frutuosa na liturgia (cf. SC 11); a oração pessoal e a ascese (cf. SC 12).

Ninguém pode colocar em dúvida a importância fundamental de todas essas realidades. A liturgia é o momento fontal e culminante da vida espiritual, mas seria puro ritualismo se não fosse vivida com as exigências intrínsecas da vida teologal e não tivesse uma influência concreta na vida; o culto transformar-se-ia em algo abstrato se não levasse para Deus os anseios e as preocupações de uma existência concreta, vivida

LITURGIA E VIDA ESPIRITUAL – NOÇÕES E RELAÇÕES

no dia a dia. O Concílio afirma explicitamente: "A própria liturgia, por seu turno, impele os fiéis que, saciados dos 'sacramentos pascais', sejam 'concordes na piedade'; reza que 'conservem em suas vidas o que receberam pela fé'" (SC 10).

Esta é uma exigência da dimensão dialogal da história da salvação e da própria liturgia, como sublinhamos anteriormente. O fiel deve responder ao dom de Deus e realizá-lo em sua existência concreta. De todo modo, estas afirmações não diminuem a importância e a centralidade da liturgia na vida espiritual. Dela recebe luz e força qualquer compromisso de ascese e de apostolado; a ela tende todo exercício de virtude e toda obra de caridade. "Pois", afirma o Concílio, "os trabalhos apostólicos se ordenam a isto: que todos, feitos filhos de Deus pela fé e pelo Batismo, juntos se reúnam, louvem a Deus no meio da Igreja, participem do sacrifício e comam a ceia do Senhor" (SC 10).

Por outro lado, não há qualquer dúvida de que, para acolher e assimilar a santificação que nos é dada na liturgia, e para aprofundar o sentido do verdadeiro culto a Deus, tem importância decisiva a práxis do encontro pessoal com Deus, a oração privada; oração que nasce, de fato, de nossa condição de filhos de Deus, recebida no Batismo e que realiza nossa união com Cristo, fruto da Eucaristia, sem a qual é difícil criar o clima teologal necessário para uma consciente e profunda participação na liturgia.

Os exercícios de piedade

Outro elemento característico da vida espiritual são os exercícios de piedade que gozam da aprovação da Igreja e são muito apreciados pelo povo cristão. Embora a imensa maioria desses exercícios tenha nascido à margem da liturgia, e frequentemente como substitutivos de uma piedade que não podia se alimentar da própria liturgia, nunca se poderá colocar em dúvida o bem que exerceram na vida espiritual do povo de Deus.

O Concílio admite sua legitimidade, mas exorta: "Esses mesmos exercícios devem ser organizados de tal maneira que condigam com a sagrada liturgia, dela de alguma forma derivem, para ela encaminhem o povo" (SC 13).

Com tais princípios, o Concílio queria reintroduzir os exercícios de piedade em um esquema teológico e espiritual que permitisse ver a harmonia dos princípios dogmáticos e sua aplicação à vida espiritual.

Quanto ao modo concreto de encontrar uma renovada forma inspirada na liturgia, o problema não é muito fácil. Deve-se evitar o "liturgismo a todo custo", que poderia prejudicar, às vezes, a própria piedade dos fiéis. A prudência e o sentido pastoral saberão dar a medida justa, seguindo as pegadas de tantas iniciativas de sucesso, ou então fracassadas (por exemplo, a "via-sacra" com textos bíblicos, o aumento dos mistérios do rosário distribuídos nos diversos tempos do ano litúrgico, as celebrações marianas da Palavra durante o mês de maio etc.).

Recentemente, a partir da revalorização da piedade popular feita por Paulo VI na *Evangelii nuntiandi*, 48, a atenção dedicada ao tema da piedade popular destacou suas vantagens.

Em 2002, depois de um longo trabalho de anos, a Congregação para o Culto Divino e os Sacramentos deu cumprimento às indicações do n. 13 da SC com o *Diretório sobre piedade popular e liturgia* (São Paulo, Paulinas, 2003).[14] Nesse documento encontramos as pautas de uma

---

[14] Sobre os exercícios de piedade, cf. o longo artigo de Koser C. *Pietà liturgica e "pia exercitia"*. In: *La liturgia rinnovata dal Concilio*. Torino-Leumann, 1964. pp. 229-277. O tema dos exercícios de piedade reaparece hoje com bibliografia abundante como problema de "religiosidade popular" e liturgia; cf. Devozioni e liturgia. *Rivista Liturgica*, n. 2, 1976; Religiosidad popular. *Phase*, n. 89,

LITURGIA E VIDA ESPIRITUAL – NOÇÕES E RELAÇÕES

leitura atualizada sobre as relações entre piedade popular e liturgia do ponto de vista histórico, doutrinal e pastoral, dentro do marco, sobretudo, do ano litúrgico, celebração do mistério de Cristo.

Para uma nova formulação das relações entre liturgia e vida espiritual

A doutrina da SC que explicitamos conserva sua vigência. Parece oportuno, porém, propor uma reflexão mais profunda sobre a relação entre vida espiritual e liturgia no conjunto da doutrina conciliar, partindo também de outros princípios, especialmente teológicos e bíblicos.

A sensibilidade existencial de nosso tempo quer, antes de tudo, dar à liturgia, ou melhor, recuperar para a celebração dos mistérios, aquela continuidade existencial que a abre espontaneamente à vida. A liturgia não está fechada em si mesma; é celebração e compromisso de vida; não é um "refúgio escatológico", mas o lugar da celebração da existência cristã que orienta para a existência quotidiana, para levar à própria força renovadora do mistério pascal celebrado. De tal visão brota o necessário dinamismo de *continuidade*.

Com a sensibilidade que lhe é própria, o teólogo espiritual também traz sua reflexão neste campo para manifestar que a vida cristã está sujeita a uma dimensão de interiorização e a um processo de crescimento para a maturidade e a plenitude da vida em Cristo. Nessas dimensões está implicada a participação na liturgia. Aí encontramos, portanto, uma dimensão de aprofundamento ou de interiorização aberta à experiência

---

1975. Tratamos amplamente o tema no verbete Religiosidade popular e liturgia II em: *Dicionário de liturgia*, op. cit., pp. 1006-1021; para uma primeira abordagem ao novo *Diretório*, cf. Facciamo il punto sulla pietà popolare? *Rivista Liturgica*, n. 6, 2002, com várias contribuições; VV.AA. *Piedad popular y liturgia*. Madrid, Secretariado Nacional de Liturgia, 2002; VV.AA. La piedad popular y la liturgia. *Cuadernos Phase*, Barcelona, CPL, n. 134, 2003; GONZÁLEZ, R. Piedad popular y liturgia. *Dossier CPL*, Barcelona, CPL, n. 105, 2005. 366 pp.

do mistério litúrgico. A unidade entre a relação de continuidade e a de interiorização acha-se na ação do Espírito Santo, a quem está confiada a continuidade do momento litúrgico para um "culto espiritual" na vida ordinária, e a ação interior de maturidade para um crescimento na vida em Cristo em uma "experiência espiritual", que é comunicada nos mistérios celebrados.

A liturgia, portanto, não será um momento passageiro ou fugaz de encontro com Cristo; exigirá, ao contrário, uma continuidade. A celebração não poderá ser um contato superficial e epidérmico, mas profundo em crescimento e amadurecimento constantes; exigirá, pois, uma interiorização.

Por isso, no duplo dinamismo está a nova formulação das relações entre liturgia e vida espiritual. Nos capítulos seguintes abordaremos o dinamismo de continuidade na visão do culto espiritual (no capítulo terceiro). Sobre o que se refere ao dinamismo de interiorização, trataremos especificamente no capítulo quarto, ao falar da experiência espiritual na liturgia.

Bibliografia

Sobre o conceito de liturgia e suas relações com a espiritualidade:

Jossua, J. P. La Constitución "*Sacrosanctum concilium*" en el conjunto de la obra conciliar. In: VV.AA. *La liturgia después del Vaticano II*. Madrid, Taurus, 1969. pp. 127-167.

Marsili, S. La liturgia, momento nella storia della salvezza. In: *Anamnesis*, [Ed. bras.: *A liturgia: momento histórico da salvação*. São Paulo, Paulus, 1986.]

_____. Liturgia. In: VV.AA. *Dicionário de liturgia*, op. cit., pp. 638-651.

Sobre as relações entre liturgia e espiritualidade:

CASTELLANO, J. Liturgia, teologia spirituale e spiritualità. *Teresianum*, *52*: 513-533, 2001.

GARCÍA, C. Liturgia y espiritualidad. Hacia una fecunda integración. *Burgense*, *45*: 267-305, 2004.

VV.AA. *Liturgia e spiritualità*. Roma, ELV, 1992.

VV.AA. La liturgia en el Catecismo de la Iglesia Católica. *Cuadernos Phase*, Barcelona, CPL, n. 73, 1996.

VV.AA. *Espiritualidad y liturgia*. Barcelona, Regina, 1998.

VV.AA. *Liturgia e santità*. Roma, Cal, 2005.

Para uma visão do tema a partir da perspectiva mais unitária da tradição oriental:

ANDRONIKOF, C. *El sentido de la liturgia*. Valencia, Edicep, 1992.

MATZARIDES, G. *Etica e vita spirituale*; una prospettiva ortodossa. Bologna, Dehoniane, 1989.

PETRÁ, B. Liturgia e spiritualità nella tradizione orientale. *Rivista di Pastorale Liturgica*, *4*: 53-58, 1992.

VALENZIANO, Crispino, org. *Spiritualità cristiana orientale*. Milano, OR, 1986.

TAFT, R. *Oltre l'Oriente e l'Occidente: per una tradizione liturgica viva*. Roma, Lipa, 1999.

VV.AA. *Santità, vita nello Spirito*. Bose, Qiqajon, 2003.

YANNARAS, C. *La libertà dell'ethos*. Bologna, Dehoniane, 1984.

Capítulo III
O CULTO ESPIRITUAL CRISTÃO – A VIDA COMO LITURGIA

A liturgia, como celebração de santificação e de culto, permanece aberta à existência do cristão, no lugar onde ele tem que viver sua própria vocação. Seus sentimentos devem estar impregnados daquele dom que teve sua fonte na liturgia, mas que exige uma continuidade existencial. Com efeito, a liturgia é dinâmica, já que impele os fiéis a que "exprimam em suas vidas e aos outros manifestem o mistério de Cristo e a genuína natureza da verdadeira Igreja" (SC 2), segundo aquela límpida frase da liturgia romana, síntese de uma autêntica espiritualidade litúrgica: "ut sacramentum vivendo teneant quod fide perceperunt" (conservem em sua vida o que receberam pela fé) (cf. SC 10).

É neste nível existencial que se apresentam os problemas da relação da liturgia com o *antes* e o *depois* concreto da vida dos cristãos, ou o "aspecto ético" do culto cristão, ou a *dimensão litúrgica* e cultual de toda a vida dos crentes; são estes os elementos fortemente sublinhados hoje, dado o estímulo da teologia bíblica do culto cristão, aplicado de modo concreto à liturgia.

O tema merece ser desenvolvido, embora esquematicamente, pressupondo já toda a informação no nível de introdução à liturgia e à teologia bíblica do culto. Com efeito, a relação de continuidade entre a liturgia e a vida hoje se aprofunda em uma múltipla direção, a ponto de ser assumida pelos textos do Magistério eclesial mais recente.

Indicamos algumas linhas de desenvolvimento que se referem à perspectiva bíblica do culto espiritual cristão, ao enfoque teológico do fundamento cristológico da novidade do culto no Novo Testamento, a uma ilustração da continuidade entre liturgia e vida à luz da tradição cristã primitiva, a uma breve reflexão sintética sobre o culto da vida na teologia e no Magistério da Igreja, com suas implicações de piedade e de compromisso.

A perspectiva cultual do Novo Testamento

O vocabulário cultual: novidade de conteúdos no NT

Os estudos mais recentes sobre a teologia do culto no NT e a análise do vocabulário cultual dos escritos apostólicos insistem hoje em algumas conclusões fundamentais.

O NT usa os termos cultuais referindo-os à vida de Cristo, especialmente à sua passagem da morte à glória, e também à vida dos cristãos.

Os termos técnicos do culto — sacerdócio, sacrifício, liturgia, culto, vítima, libação etc. — aplicam-se à existência concreta dos cristãos:

O CULTO ESPIRITUAL CRISTÃO – A VIDA COMO LITURGIA

a caridade fraterna, a esmola, a oração, o ministério da pregação, o trabalho quotidiano realizado na fé. Há um texto clássico que reflete esta atitude fundamental: "Exorto-vos, portanto, irmãos, pela misericórdia de Deus, a que ofereçais vossos corpos como sacrifício vivo, santo e agradável a Deus: este é o vosso culto espiritual" (Rm 12,1). Neste contexto, temos uma utilização impressionante de termos cultuais técnicos aplicados à vida cristã concreta.

As razões de tal novidade de linguagem devem ser buscadas talvez na tensão crítica dos cristãos diante daquilo que eles julgavam um ritualismo vazio e caduco do culto pagão e judaico; crítica clássica já no período profético, continuada por Cristo e proposta novamente pela comunidade apostólica. Há uma mudança de perspectiva que pode ser resumida nesta afirmação: o verdadeiro culto é a vida cristã concreta, como a de Jesus. A vida torna-se liturgia, culto espiritual. Para evitar equívocos sobre a natureza dos atos cultuais novos e dos ministros do novo culto, a comunidade primitiva criará uma *nova linguagem*, com o fim de evitar uma aproximação perigosa entre o novo e o velho culto.

A razão mais profunda desse fenômeno pode ser encontrada, seguindo Schillebeeckx, nos seguintes pontos progressivos, expressos, talvez, com certa rudeza realista.

Com a encarnação do Filho de Deus, inaugura-se um novo culto. Com efeito, a vida de Jesus e sua morte não são por si mesmas ações "litúrgicas", rituais, mas são interpretadas por ele mesmo e pela comunidade apostólica como verdadeira, única e definitiva liturgia. Com um texto um tanto rude pode-se afirmar:

> Jesus não deu sua própria vida em uma celebração litúrgica. [...] O Calvário não é uma liturgia religiosa, mas um pedaço de vida humana vivida por Cristo como culto. Aí está nossa redenção. Não fomos redimidos por

um serviço especial de culto litúrgico, mas por um ato da vida humana de Jesus, situado histórica e temporalmente.[1]

A vida dos cristãos, pela comunhão com Cristo — mediante o Batismo, a Eucaristia, a fé e a caridade —, e em virtude da assimilação de seus próprios sentimentos, transforma-se também ela em verdadeiro culto cristão: "Baseando-se no sacrifício da vida de Jesus, também a própria vida temporal do crente pode se transformar em culto. Em sua vida de fé no mundo, o mesmo povo de Deus é agora e por tudo um 'povo de Deus sacerdotal'".[2]

Isto não exclui a celebração de novos ritos especificamente cristãos, instituídos pelo próprio Cristo. Mais ainda, são esses novos ritos que celebram o mistério de Cristo, tornando-o presente, e realizam a comunhão dos cristãos com seu Senhor, para que também sua vida se transforme em culto:

> Os cristãos dos primeiros séculos celebram uma liturgia eclesial intimamente vinculada a seu culto profano. Na origem, este e aquela se entremeavam no banquete do amor, o ágape, no qual a liturgia profana da mesa comunitária [...] se transformava em celebração litúrgica, tornando difícil estabelecer onde terminava uma e começava a outra. Em qualquer caso, a realidade de culto profano era celebrada explicitamente segundo sua profunda dimensão cristã, com louvores e ações de graças a Deus, além da pregação, do ensinamento e das exortações; em outras palavras, com uma liturgia eclesial, na qual tudo tinha que se desenvolver segundo a ordem da Igreja.[3]

---

[1] Cf. Culto profano e celebrazione liturgica. *Rivista di Pastorale Liturgica*, 7: 215-234, 1969; texto citado na p. 221.

[2] Ibid., p. 222.

[3] Ibid., p. 225. Cf. La novedad del culto Cristiano. *Cuadernos Phase*, Barcelona, CPL, n. 145, 2004. Trata-se de dois artigos magistrais de S. Lyonnet e L. Cerfaux que mostram com clareza a novidade da linguagem e da realidade do culto cristão da comunidade apostólica primitiva.

O CULTO ESPIRITUAL CRISTÃO – A VIDA COMO LITURGIA

A novidade do sacerdócio cristão

O tema da relação entre culto e existência cristã também está ligado ao aprofundamento sobre o sacerdócio dos fiéis à luz do único sacerdócio de Cristo e da relação entre sacerdócio real dos batizados e sacerdócio ministerial.

A linguagem sacerdotal da primeira carta de Pedro (2,4-5.9), da carta aos Hebreus e do Apocalipse (Ap 1,6; 5,10) manifesta a novidade do culto tal como aparece em Jesus e nos cristãos.

São duas as afirmações que agora nos interessa sublinhar: a) todos os batizados pertencem ao povo sacerdotal e são sacerdotes em Cristo e segundo a novidade de seu culto; b) esse sacerdócio permite fazer da própria vida uma oferenda, um sacrifício espiritual agradável a Deus, em comunhão com Cristo e segundo seu modo de agir diante do Pai dos irmãos.

Na novidade do culto e do sacerdócio de Cristo não se trata de fazer uma sacralização das coisas e muito menos de realizar uma separação entre o culto e a existência; mais ainda, seguindo a linha mais autêntica do verdadeiro culto da Aliança, a vida de acordo com a vontade de Deus é o verdadeiro culto, e este modo de viver transforma a existência cristã e também o mundo. Portanto, uma profunda convicção impregna esse modo de viver: o culto novo não é separação; não é setorial. Por um lado, o novo culto cristão abrange toda a existência dos cristãos, como em Cristo que é seu fundamento e sua condição permanente de vida, e não se situa em uma dialética de separação da vida, mas é a própria vida.

Uma bela síntese de A. Vanhoye nos ajuda a captar este significado profundo da novidade do culto cristão:

65

LITURGIA E VIDA ESPIRITUAL

Em Cristo todas as separações foram abolidas. Cristo não precisou buscar uma vítima fora dele: ele mesmo se ofereceu (Hb 7,27; 9,14.25). Em vez das imolações de animais, ele ofereceu sua obediência pessoal que chegou até a morte (Hb 10,5-10). Não buscou cerimônias simbólicas, convencionais, mas assumiu sua própria existência. Portanto, em Cristo se apaga a distinção entre o sacerdote e a vítima, entre o culto e a existência. Por outro lado, esse sacrifício, cumprimento da vontade de Deus, transforma a humanidade de Cristo e a une perfeitamente a Deus. E assim se suprime a distância que existe entre a vítima e Deus, e também, no mesmo momento, entre o sacerdote e Deus. A última separação, a que acontece entre o sacerdote e o povo, foi igualmente abolida, porque o sacrifício de Cristo é um ato de solidariedade extrema com os homens, em que ele toma sobre si mesmo a morte de pecadores.[4]

Em síntese: como a vida de Jesus, também a vida dos cristãos é o novo culto e o novo sacerdócio.

O culto cristão não consiste, portanto, em ritos materiais, mas em sacrifícios que são, ao mesmo tempo, espirituais e reais, isto é, em sacrifícios que partem do fundo da alma, dócil ao Espírito Santo (sacrifícios espirituais) e se estendem a toda a existência (sacrifícios reais, existenciais). Em outros termos, trata-se de assumir, segundo a inspiração de Deus, todas as responsabilidades concretas (pessoais, familiares, sociais, internacionais).[5]

Tudo isto deve ser entendido à luz de dois princípios: a) a possibilidade de ser sacerdotes nos vem da comunhão com Cristo mediante o Batismo e se conserva viva mediante a vida litúrgica da Igreja; b) para a

---

[4] VANHOYE, A. Sacerdoce commun et sacerdoce ministériel ; distinction et rapports. *Nouvelle Révue Théologique*, 97: 196, 1975.

[5] Ibid., p. 197.

O CULTO ESPIRITUAL CRISTÃO – A VIDA COMO LITURGIA

realização da mediação sacramental da Igreja existe o sacerdócio ministerial, que garante a presença e a ação de Cristo cabeça.[6]

Implicações cristológicas e teológicas

Procuremos agora aprofundar, a partir destes dados, a novidade do culto e suas implicações sacramentais e existenciais.

Temos dois fenômenos literários importantes que nos guiam para a descoberta de uma profunda teologia do culto cristão na existência dos fiéis, em ruptura polêmica com as instituições judaicas do Antigo Testamento.

O primeiro fenômeno, como observamos, é a curiosa aplicação da linguagem cultual do AT e das instituições pagãs e cultuais até a vida e à existência de Cristo, especialmente a sua morte e, depois, à própria vida dos cristãos. Por trás desse fenômeno literário ocultam-se estas razões profundas, que se afirmam com clareza no âmbito da comunidade cristã, a qual se distancia progressivamente em relação a certos atos do culto judaico e à totalidade do culto pagão. Vai-se a fundo na crítica profética às instituições cultuais do AT, quando lhes faltam a conversão, a misericórdia, a obediência fundamental à Aliança; esta crítica é clara e profundamente explorada por Jesus, quando anuncia a caducidade do templo de Jerusalém e de suas instituições. De fato, a morte de Jesus, como afirma toda a teologia da carta aos Hebreus, tornou caducas e inúteis todas as instituições cultuais do AT vinculadas ao templo de

---

[6] Sobre este tema, cf., além do artigo citado, VANHOYE, A. *Prêtres anciens, prêtre nouveau selon le Nouveau Testament*. Paris, Seuil, 1980. Cf. a síntese sobre o tema da Comissão Teológica Internacional no documento *Temi scelti di Ecclesiologia*, publicado, em 1985, em *Enchiridion Vaticanum*, v. 9, pp. 1685-1689; CASTELLANO, J. Sacerdozio dei fedeli. In: *Dizionario Enciclopedico di Spiritualità*. Roma, Città Nuova, 1990. pp. 2199-2202; Sacerdocio de los fieles. In: ANCILLI, E. *Diccionario de Espiritualidad*. Barcelona, Herder, 1984. v. III. pp. 312-316.

Jerusalém. Portanto, na linha profética e na confirmação evangélica dessa tendência, a vida cristã evangélica é o verdadeiro culto agradável a Deus; e é esta vida, como a vida de Jesus, que pode se apropriar de toda a terminologia cultual, porque se transformou na verdadeira *leitourghia*.

O segundo fenômeno é o da existência de novos atos de liturgia cultual, mas não vinculados às instituições sagradas do templo, como a Palavra, a oração, o Batismo, a fração do pão etc. Na acentuação dessa novidade, os cristãos destacam *a novidade dos conteúdos* — é um culto vinculado indissoluvelmente ao nome, à pessoa e à obra de Cristo; *a novidade do lugar* (não o templo, mas a sinagoga para a pregação e as casas para a Eucaristia); *a novidade da terminologia* com a qual são designados os novos ministros desse culto (não são chamados sacerdotes, mas presbíteros, bispos, diáconos, apóstolos...).

Por trás desse fenômeno está a novidade expressa por Cristo também nos novos ritos instituídos por ele para sua recordação: Batismo, fração do pão, oração em seu nome, unção, imposição das mãos etc.

Este segundo fenômeno literário e de conteúdo não é suficientemente destacado, ou é até negado pelas afirmações de alguns teólogos da "secularização", como W. Hamilton, quando afirmam de modo injusto: "Não vejo como podem ser levados a sério, por parte da teologia radical, a pregação, a liturgia, a oração, o ministério e, em geral, os sacramentos". Não se pode exaltar o dado inquestionável da existência cultual do cristão, ignorando seu necessário vínculo com a celebração da comunhão com Cristo nos novos ritos sacramentais e nos novos momentos cultuais estritamente cristãos.

Torna-se indispensável, portanto, uma posterior reflexão sobre o vínculo entre o culto da vida e as ações cultuais cristãs que

O CULTO ESPIRITUAL CRISTÃO – A VIDA COMO LITURGIA

fundamentam uma existência cultual cristã ligada essencialmente ao mistério de Cristo.

São dois os pontos que devem ser aprofundados nesta reflexão teológica, atrás da qual se acha toda uma compreensão bíblica do mistério de Cristo e da vida cristã: a) a novidade do culto cristão é o próprio Cristo; b) a vida dos cristãos exige a comunhão com Cristo por meio dos atos da nova liturgia cristã. Tentemos explicar estes dois pontos da reflexão teológica.

A novidade do culto cristão é o próprio Cristo

Para aprofundar o primeiro princípio, podemos falar de uma *cristologia litúrgica* como chave de interpretação do próprio mistério de Jesus. E, ao mesmo tempo, de uma *liturgia cristológica* como atitude da comunidade cristã dos inícios antes de Cristo.

Uma cristologia litúrgica. Diante de toda a relação com Deus, expressa e celebrada em Israel, Jesus constitui um ponto de chegada na continuidade, uma ruptura notável com as instituições caducas, uma novidade pessoal. Na realidade, é o templo, a tenda, a revelação, a Aliança, a lei, o sacerdócio, o cumprimento, em suma, de todas as realidades cultuais do AT. Interpretada a vida de Jesus em chave litúrgica, podemos dizer que, em sua pessoa e em sua existência, se realiza o ápice do diálogo cultual entre Deus e seu povo.

Em Jesus de Nazaré, Filho de Deus, está presente Deus, que fala, age, comunica-se com seu povo levando à sua culminância a dimensão descendente de amizade, benevolência, familiaridade, misericórdia, em palavras e em obras; nele, em seus milagres, culminam as *mirabilia Dei*.

Em Jesus de Nazaré, filho do Homem, porém,culmina também o verdadeiro culto, a resposta total, a religiosidade mais intensa e filial, a obediência, o louvor e a oferenda sacrifical de si mesmo ao Pai.

Assim, podemos considerar toda a vida e existência de Cristo como o verdadeiro culto, o verdadeiro sacrifício, a verdadeira liturgia agradável a Deus, iniciada com sua entrada no mundo (cf. Hb 10,4), para fazer a vontade do Pai, e culminada no sacrifício pascal. Ele é nossa figura. Ele é nosso liturgo (cf. Hb 8,2) na dupla dimensão descendente e ascendente, de dom e de oferenda, de revelação ao Pai e de resposta ao Pai. Sua vida e, especialmente, sua morte podem com razão ser apresentadas envolvidas nas mais expressivas categorias culturais do AT: sacrifício, expiação, propiciação, cordeiro pascal.

Uma liturgia cristológica. A seus discípulos, Jesus deixou em testamento palavras para recordar e viver, orações para dirigir ao Pai em seu nome, gestos para realizar, o memorial de sua morte para celebrar em cada fração do pão.

Portanto, a recordação, a memória histórica, mas também a comunhão de vida com Cristo passam por meio desses sinais de sua pessoa e de sua vida. Ele, porém, não é um personagem só do passado. É o vivente, é o Senhor ressuscitado, presente em sua Igreja, que é invocado na oração, com o qual entramos em comunhão por meio de sua Palavra, seus gestos salvíficos (Batismo, Eucaristia), na força de seu Espírito. A liturgia cristã é essencialmente cristológica.

Deste duplo enfoque seguem-se duas consequências da máxima importância para a perspectiva da vida cristã.

A vida do cristão, como a de Jesus, é verdadeiro culto, liturgia autêntica de obediência à vontade do Pai e prolongamento de seu amor

O CULTO ESPIRITUAL CRISTÃO – A VIDA COMO LITURGIA

misericordioso aos irmãos; é aí que encontra seu fundamento o fenômeno literário destacado por S. Lyonnet, que tem um significado teológico profundo: a vida cristã prolonga a vida mesma de Cristo em sua resposta de culto verdadeiro ao Pai em espírito e verdade.

Diante do mistério de Cristo morto e ressuscitado presente em sua Igreja, o cristão é chamado a viver com ele, confessar seu nome, invocá-lo como Senhor e Mediador; é convidado a participar de modo sacramental em seu mistério no Batismo; a se unir ao corpo e sangue de Cristo na Eucaristia para receber constantemente a efusão de seu Espírito, que ele nos dá junto com o Pai. Isto ele faz participando na "nova liturgia eclesial", que tem uma referência cristológica essencial.

Ambas as coisas são necessárias; mais ainda: entre ambas as atitudes há um vínculo indissolúvel.

A vida dos cristãos exige a comunhão com Cristo por meio dos atos da nova liturgia cristã

Também aqui tentamos captar os matizes de um discurso teológico complexo. A vida do cristão está em constante referência com Jesus Cristo Senhor, com a realidade do Cristo dos evangelhos e com o mistério do Cristo da glória na unidade indissolúvel de sua Pessoa divina, que vive com o Pai no Espírito Santo.

De Jesus de Nazaré, de suas palavras e mandamentos, de seu exemplo, o cristão aprende sua vida, seus ensinamentos, conserva sua memória, para ser um discípulo, um seguidor, alguém que vive segundo seus ensinamentos evangélicos, alguém que imita sua vida.

Em sua relação com esse Jesus de Nazaré, que morreu e ressuscitou, o cristão é um crente que se insere em Cristo mediante o Batismo e

LITURGIA E VIDA ESPIRITUAL

está em comunhão vital com ele e, portanto, na comunidade dos crentes que é a Igreja, Corpo de Cristo. Ele o confessa presente e o acolhe em seu comunicar-se por meio dos sacramentos, invoca-o como *Kyrios*, sabe permanecer nele e para ele no dom do Espírito Santo, que é o Espírito filial do Ressuscitado, no qual também sua vida se transforma em oblação espiritual.

Não se pode romper, portanto, esta dupla relação: os cristãos são discípulos de Jesus de Nazaré: relação de seguimento. Porém, pela comunhão real com seu Senhor na vida e nos sacramentos, são membros do *Kyrios* glorioso: relação de comunhão. Não se pode fragmentar essa relação sem romper, ao mesmo tempo, a continuidade entre o "Jesus histórico" e o Cristo da Páscoa e da glória.

O cristão acolhe a mensagem de fé em Cristo, que é Jesus de Nazaré e *Kyrios* glorioso, indissoluvelmente unidos, na fé da Igreja e na comunhão do Espírito Santo. Aí ele está presente; mais ainda, é a cabeça do Corpo celestial. Mas o cristão não pode deixar de ser, ao mesmo tempo, discípulo e crente.

Entre o cristão e Jesus de Nazaré, o Senhor ressuscitado, não há somente uma relação de memória, mas uma relação de presença e de comunhão que é atualizada na comunidade cristã, a Igreja, nos atos característicos da liturgia cristã nova: Palavra, oração, Batismo, Eucaristia. Mais ainda: ninguém pode presumir ou pretender viver *como Cristo* (ser discípulo) se não viver *em Cristo* (se não receber seu Espírito).

Pois bem, esta última e necessária relação com o Senhor é atualizada na liturgia eclesial. Porém, igualmente, ninguém pode pretender viver *em Cristo* se não viver *como Cristo*, isto é, se não medir sua própria vida segundo a vida e as palavras do próprio Jesus de Nazaré, ou seja, "sendo" um discípulo do Evangelho.

O CULTO ESPIRITUAL CRISTÃO – A VIDA COMO LITURGIA

Nessa lógica apertada está precisamente a necessidade intrínseca da relação entre liturgia e vida. Não há nenhuma relação de comunhão íntima com Cristo e seu Espírito sem a liturgia. Não há nenhuma vida em Cristo sem referência à vida evangélica. É impossível que a vida se transforme em culto espiritual agradável ao Pai sem a comunhão com Cristo e seu Espírito por meio da liturgia.

Não há, porém, nenhuma ilusão de que a liturgia dispense o viver integramente o Evangelho como culto espiritual.

A liturgia da Igreja é mediação sacramental entre Cristo e o cristão; sem ela o cristão não será discípulo, não será crente. A liturgia da Igreja remete constantemente a viver o Evangelho, à vida de Jesus, a suas palavras; sem esta vida evangélica, a vida cristã não será um culto espiritual agradável a Deus. Por isso, desde o dia de Pentecostes, no anúncio querigmático do fato da morte e ressurreição de Jesus, depois do convite à conversão, obviamente também há o de se fazer batizar "em nome de Jesus Cristo" para o perdão dos pecados e para receber o Espírito Santo.

Não basta, portanto, a Palavra anunciada e a conversão confessada. É necessária também a iniciação sacramental ao próprio mistério de Cristo para obter a comunhão com ele no dom de seu Espírito (cf. At 2,37-41).

Concluindo: parece-me que nesse enfoque bíblico-teológico que fundamenta a unidade entre liturgia e existência cristã podemos descobrir algumas indicações esclarecedoras sobre o tema da espiritualidade litúrgica em um enfoque radical. Eis algumas conclusões.

1) Parece obrigatória a recuperação da cristologia litúrgica, isto é, do sentido cultual litúrgico de toda a vida de Jesus que culmina

LITURGIA E VIDA ESPIRITUAL

em seu mistério pascal; é revelação e comunicação da graça para a humanidade e resposta definitiva cultual ao Pai no Espírito Santo.

2) É muitíssimo importante recuperar o sentido cristológico da liturgia da Igreja. Para os primeiros cristãos, como para a Igreja de todos os tempos, a novidade da liturgia está no conteúdo novo, totalmente referido ao mistério de Cristo. A liturgia cristã é memória, celebração, invocação, comunhão, presença de Cristo, de seu mistério e de seus mistérios. A liturgia realiza, por assim dizer, a pregação de Jesus na liturgia da Palavra, sua oração filial da liturgia das preces eucarísticas, seus gestos milagrosos e salvíficos nos sacramentos, os diversos momentos de sua vida na celebração do ano litúrgico.

3) A vida cristã — de discípulos e de crentes em Jesus — passa necessariamente por essa celebração litúrgica do mistério de Cristo, sem a qual é impensável uma relação de comunhão-vida com ele, com o Pai e com o Espírito Santo.

4) A comunhão com Cristo e com o Espírito remete essencialmente ao Evangelho, à vida em Cristo e segundo o Espírito que, na caridade, no serviço, na evangelização torna-se culto em Espírito e verdade.

Sem a liturgia da Igreja, a vida evangélica transforma-se em uma ética impossível, porque se vê privada da comunhão com Cristo e com seu Espírito; seria como uma presunção de viver a lei evangélica sem a graça e a novidade do Espírito.

Sem referência à vida evangélica, a liturgia cristã é uma religiosidade vazia, porque não se acolhe o compromisso de viver em Cristo segundo as exigências de obediência ao Pai e de serviço aos irmãos.

O CULTO ESPIRITUAL CRISTÃO – A VIDA COMO LITURGIA

Recupera-se, assim, a urgência de uma vida litúrgica comprometida e a necessidade de uma vida evangélica verdadeira.[7]

O testemunho da Igreja primitiva

Nos testemunhos da liturgia primitiva podemos observar o fenômeno de uma continuidade íntima entre a celebração litúrgica e a vida dos cristãos: o âmbito cultual é o centro das relações concretas de fraternidade, caridade, testemunho; a vida cristã em suas expressões mais genuínas de comunhão de bens, trabalho, hospitalidade e testemunho de fé até o martírio é a lógica do prolongamento de sua vida cultual.

A comunidade dos Atos dos Apóstolos já dá esse testemunho de união entre liturgia e caridade, como resulta de At 2,42-48.[8]

A comunhão dos bens materiais, exigida pela comunhão dos bens sobrenaturais, está estabelecida na *Didaquê*: "Se compartilhamos os bens celestiais, por que não compartilharíamos também os bens materiais?".[9]

Sinal da comunhão dos bens realizada na liturgia é a "liturgia da caridade", que integra a narração da celebração eucarística dominical, segundo o testemunho de Justino.[10]

---

[7] Para aprofundar esses conceitos, cf. GONZÁLEZ DE CARDEDAL, O. Cristologia y liturgia; reflexión en torno a los ensayos cristológicos contemporáneos. *Phase, 18*: 213-258, 1978; cf. também meu artigo: Celebración litúrgica y existencia cristiana. *Revista de Espiritualidad, 38*: 49-69, 1979.

[8] Cf. LYONNET, *La novedad... op. cit.*, pp. 5-20.

[9] IV,8: Patres Apostolici, Ed. Funk, I, p. 13.

[10] *Apologia*, I, 67.

LITURGIA E VIDA ESPIRITUAL

Um esplêndido testemunho dessa conexão é sistematicamente dado por A. Hamman[11] sobre o comportamento social dos cristãos (com os meios e as necessidades correspondentes à época) em virtude de sua vida litúrgica. Nessa linha de sociabilidade eucarística mover-se-ão os grandes bispos dos séculos posteriores para sublinhar as exigências cristãs da justiça social, como Basílio e João Crisóstomo.

Alguns textos característicos dos Padres sobre liturgia e vida

Na cristandade dos inícios é bem clara a consciência de viver o culto espiritual e o sacrifício espiritual na própria experiência cristã. Marsili, por exemplo, escreve:

> Sabe-se que a Igreja primitiva teve que se defender, entre outras coisas, da acusação de "ateísmo" e de "impiedade", precisamente porque nela não existiam nem templos, nem altares, nem sacrifícios com os quais honrar a Deus. Para os cristãos, esses termos tinham adquirido uma dimensão totalmente nova, porque expressavam um culto que se move em um plano totalmente diferente, e assim, enquanto os negavam no significado corrente que haviam adquirido entre os pagãos e os judeus, sentiam-se impelidos a conservá-los no sentido de culto espiritual.[12]

Tudo isto acontece em um momento em que já era exuberante a nova vida litúrgica (celebração dos sacramentos, celebração eucarística, tempos destinados à oração...), como atestam os textos litúrgicos dos

---

[11] *Vie liturgique et vie sociale*. Paris, Desclée, 1968. Interessante estudo sobre as relações entre a vida litúrgica e a vida social, entre o ministério diaconal da liturgia e da caridade, entre a Eucaristia e os ágapes de caridade. Cf. também RIVISTA LITURGICA. Liturgia e carità. n. 5, 1990. Número monográfico.

[12] *A liturgia: momento histórico da salvação*. São Paulo, Paulus, 1986. (Anámnesis, I.)

76

O CULTO ESPIRITUAL CRISTÃO – A VIDA COMO LITURGIA

séculos II e III, desde a *Apologia* de Justino até a tradição apostólica de Hipólito de Roma.

Como já se observou, a continuidade entre liturgia e vida é sublinhada em três campos característicos da experiência cristã.

O martírio e a ascese

Nessas dimensões específicas, o cristão consuma seu sacrifício e exerce seu sacerdócio espiritual. Os textos são muitos. Inácio de Antioquia, na carta aos Romanos, expressa o sentido eucarístico de sua oferenda: "Sou trigo de Deus, e pelos dentes das feras hei de ser moído, a fim de ser apresentado como pão puro de Cristo".[13] Policarpo de Esmirna, na narração de seu martírio e na oração eucarística que o acompanha, dá-nos o testemunho de uma interpretação litúrgica e eucarística de seu martírio, sublinhando a continuidade entre a liturgia e a vida: "Eu te bendigo, porque me julgaste digno desta hora, a fim de tomar parte, contado entre teus mártires, no cálice de Cristo. [...] Que eu seja com eles recebido hoje em tua presença, como sacrifício abundante e aceitável".[14]

A caridade fraterna e o sacramento do irmão

A caridade, inclusive com precisos compromissos sociais, torna-se exigência para celebrar bem a Eucaristia e é a forma normal de prolongar seus efeitos. A seguir, um belo texto de João Crisóstomo, que compara o gesto sacerdotal do culto com o da caridade:

---

[13] *Ad Rom.* IV, 1.

[14] *Martírio de Policarpo*, XIV, 2.

LITURGIA E VIDA ESPIRITUAL

Não vês que só ao sacerdote é permitido apresentar o cálice do sangue do Senhor? [...] Embora sejas leigo — Cristo parece dizer — não o rejeito e não peço o que eu mesmo dei, não exijo sangue, mas um pouco de água fresca. Pensa a quem dás de beber e treme. Percebe que te tornas sacerdote de Cristo ao oferecer com tua mão, não carne, mas pão; não sangue, mas um copo de água fresca.[15]

E também:

Tu que honras o altar sobre o qual está o Corpo de Cristo, depois ultrajas e desprezas em sua indigência aquele que é o próprio Corpo de Cristo. Esse altar podes encontrá-lo por toda parte em qualquer rua, em qualquer praça e podes em todo momento oferecer sobre ele um sacrifício verdadeiro. Assim como o sacerdote colocado em pé diante desse altar invoca o Espírito Santo, assim também tu o invocas diante desse altar, não com as palavras, mas com os atos, posto que nada atrai e alimenta tanto o fogo do Espírito como a abundante efusão do óleo da caridade.[16]

É evidente que, ainda no século IV, João Crisóstomo se compraz em conservar o paralelismo verbal e efetivo entre liturgia e vida de caridade, como demonstra o eloquente fragmento a seguir: "Cada vez que vês diante de ti um irmão, pensa que tens diante de ti um altar e, em lugar de desprezá-lo, venera-o e defende-o dos insultos dos demais. Se agires assim, agradarás ao Senhor e merecerás os bens que prometeu".[17] Estamos na raiz daquilo que foi chamado "o sacramento do irmão" ou "do pobre", na linguagem de João Crisóstomo. Sem dúvida, a dissociação entre "sacramento eucarístico" e "sacramento do irmão" é nociva para a Igreja, ao reduzir a Eucaristia a uma devoção sem influência na vida,

---

[15] *In Matth.*, 45,2-3: PG 58, 474.

[16] *In Ep 2 ad Cor., Hom.* 20,3: PG 61, 540.

[17] Ibid.

O CULTO ESPIRITUAL CRISTÃO – A VIDA COMO LITURGIA

e seculariza a relação com o irmão que não fica mais iluminada pela visão eucarística do outro no qual Cristo está presente. O vínculo entre evangelização, celebração litúrgica e diaconia era muito acentuado na Igreja das origens, como mostram os textos citados de João Crisóstomo.

Este grande Padre da Igreja cunha a expressão atrevida falando da caridade, que é concretamente a aplicação das exigências evangélicas propostas por Jesus no capítulo 25 de Mateus sobre o juízo final e as obras de misericórdia. Vivendo a caridade deste modo, *a terra se transforma em céu*.[18] A expressão é bela e apropriada. Recorda o vínculo necessário entre a liturgia e a vida. Com efeito, se esta for "o céu na terra", segundo a frase dos eslavos primitivos que viram a liturgia cristã, é interessante observar que já muitos séculos antes se dissera que, com a caridade e as obras de misericórdia, "a terra transforma-se em céu".

Com uma visão social de grande alcance, Basílio Magno constrói em Cesareia uma cidadela da caridade, chamada Basilíade, como ação social coerente que nasce da mensagem do Evangelho e da comunhão dos bens que tem como ápice a celebração da Eucaristia.[19] De modo parecido, Agostinho tinha ao lado de sua catedral uma *Domus caritatis* para os necessitados.

A oração cristã

A oração é o exercício do sacerdócio cristão e sacrifício espiritual. Basta ter presente um texto de Tertuliano:

---

[18] Cf. o estudo de Brox, N. "Hacer de la tierra un cielo"; diaconia en la Iglesia primitiva. *Concilium*, *24* (218): 53-61, 1988.

[19] Cf. Basiliade, la città satellite della carità. In: *Storia della Chiesa*; duemila anni di cristianesimo. I, Cinisello Balsamo, San Paolo, p. 86.

LITURGIA E VIDA ESPIRITUAL

A oração é um sacrifício espiritual, que aboliu os antigos sacrifícios [...] Nós somos os verdadeiros adoradores e os verdadeiros sacerdotes que, orando no Espírito, no Espírito oferecemos o sacrifício da oração, vítima apropriada e agradável a Deus, vítima que ele mesmo solicita e provê. Essa vítima, dedicada com todo o coração, alimentada pela fé, custodiada pela verdade, íntegra pela inocência, limpa pela castidade, coroada pela caridade, é a que devemos levar para o altar de Deus com o decoro das boas obras entre salmos e hinos, e ela nos alcançará tudo de Deus.[20]

Não é difícil encontrar nos Padres expressões nas quais toda a vida do cristão é considerada uma liturgia ou um sacrifício de louvor: "A vida em contínuo acordo com o divino Logos não é uma festa parcial, mas a festa completa e ininterrupta".[21]

Quem verdadeiramente conhece Deus, não o honra em um lugar ou em um tempo determinado, nem em dias de festa preestabelecidos, mas em todas as partes e em todo tempo, tanto sozinho, como com outros irmãos na fé... Por isso, nossa vida se transforma numa celebração contínua, animada pela fé na onipresença divina que por toda parte nos rodeia: trabalhamos a terra e louvamos a Deus, navegamos pelo mar e o cantamos, e em qualquer outra ação guia-nos a mesma sabedoria. O homem espiritual frequenta Deus como um amigo íntimo, de coração para coração, por isso conserva em toda ocasião sua mente vigilante e alegre. Vigilante, porque está diante de Deus; e alegre, porque pensa em todos os dons que lhe prodigalizou em sua bondade. Este é o homem real. Este é o sacerdote santo de Deus.[22]

---

[20] *De oratione*, 28: CCL, 1, 273.

[21] Orígenes. *Contra Celsum*, 8, 23: PG 11, 1551.

[22] Clemente de Alexandria. *Strom.* VII: PG 7, 451.

O CULTO ESPIRITUAL CRISTÃO – A VIDA COMO LITURGIA

O grande artífice de uma longa reflexão sobre a vida cristã como culto é, sem dúvida, Orígenes, que não duvida em aplicar toda a doutrina do Antigo Testamento sobre o culto à vida dos cristãos, transformados em si mesmos em templo de Deus e para toda sua vida em sacerdotes espirituais que se oferecem a si mesmos como sacrifício espiritual. Uma frase vale por toda a sua rica doutrina:

O santuário não deve ser buscado em um lugar, mas nos atos, na vida e nos costumes. Se estes são segundo Deus e conformes ao preceito de Deus, mesmo que estejas em casa, mesmo que estejas na praça [...], mesmo que te encontres no teatro, se estiveres servindo ao Verbo de Deus, não duvides de que estás no santuário.[23]

A mesma ideia de continuidade é sublinhada com satisfação pela teologia moderna com a mudança em sua visão antropológica, tentando superar as dicotomias e integrar o valor da experiência cristã no mundo. Com efeito, a teologia, tanto no nível pessoal-existencial como na dimensão política-operacional, sem desprezar a questão fundamental sobre a definição da graça e dos sacramentos, pergunta-se como esta graça pode ser vivida, quais são as consequências pessoais e sociais da vivência da celebração sacramental. Trata-se de um deslocamento complementar da atenção (que teria de ser integrativo e não exclusivo) do *sacramentum* para a *res sacramenti* (para usar a terminologia escolástica), da celebração para a vivência da graça da celebração.

A aplicação à liturgia torna-se evidente; busca-se não só saber o que é a liturgia no nível teológico, mas ver quais são as exigências

---

[23] *In Lev. Hom.* 4. Sources Chrétiennes, 287, pp. 62-70. Para este belo tema que supõe toda uma espiritualização na vida das instituições do Antigo Testamento, cf. ROSETTI, Carlo Lorenzo. *"Sei diventato tempio di Dio"*; il mistero del tempio e dell-abitazione divina negli scritti di Origene. Roma, PUG, 1998.

LITURGIA E VIDA ESPIRITUAL

pessoais e comunitárias, em uma visão global da história da salvação e do destino da graça, inclusive com compromissos sociais definidos.

Eis um belo texto teológico de Panayotis Nellas, teólogo ortodoxo, sobre o sentido da liturgia:

> A liturgia (eucarística), sendo fundamentalmente uma adoração e uma oferenda, é também uma reestruturação ativa e responsável do mundo por parte dos cristãos [...] tem uma dimensão fundamentalmente "política". Pode restaurar o tempo, o espaço, as relações das pessoas humanas entre si, a relação do ser humano com a natureza. Seu caráter eucarístico, isto é, a capacidade de receber a vida, os outros, os frutos de nosso trabalho, a natureza, como dons, de no-los oferecer mutuamente e de oferecê-los juntos a Deus [...] na alegria e na gratuidade, é diametralmente oposto ao modo egoísta segundo o qual se organiza nossa civilização do consumo. Se este modo eucarístico de viver se difundisse por meio dos cristãos de nossa civilização, esta poderia se libertar de suas insuficiências radicais, abrir-se à esperança, à caridade, à fé e ser novamente cristianizada.[24]

---

[24] Citado por O. Clément, em seu livro *La rivolta dello Spirito* (Milano, Jaca Book, 1980, pp. 135-139); ele mesmo oferece considerações sugestivas no capítulo intitulado "El sacramento del hermano" e afirma que a separação dessas duas verdades foi nefasta para a Igreja. Sem a caridade fraterna, a piedade eucarística pode degenerar em puro pietismo ou devocionismo; sem a inspiração eucarística, as obras de serviço aos irmãos podem permanecer simples filantropia. Como escreveu João Paulo II em sua Carta *Mane nobiscum Domine*, n. 28: "Não podemos ter ilusões: pelo amor mútuo e especialmente pelo amor aos necessitados, serão reconhecidos como verdadeiros discípulos de Cristo [...] Com base nesse critério será comprovada a autenticidade de nossas celebrações eucarísticas".

O CULTO ESPIRITUAL CRISTÃO – A VIDA COMO LITURGIA

Os documentos conciliares e pós-conciliares

Estas perspectivas bíblicas e teológicas encontraram eco nos documentos conciliares e pós-conciliares. Mais ainda: neles encontramos uma progressiva tomada de consciência dessa abertura existencial da liturgia.

Na SC, junto com expressões felizes que falam da liturgia como "fonte e cume" (SC 10), encontramos enfoques que não conseguem superar a dicotomia entre liturgia e vida ou, pelo menos, não contemplam sua integração e dependência. Assim, as frases "A sagrada liturgia não esgota toda a ação da Igreja" (SC 9), "a vida espiritual não se restringe unicamente à participação da sagrada liturgia" (SC 12), indicam a distinção, sem fazer ver a interconexão.

Na LG encontramos um caminho de solução; por meio da noção de "sacerdócio dos fiéis" e de "culto espiritual", vincula-se fortemente a liturgia com a vida inteira dos fiéis:

> Os batizados, pela regeneração e unção do Espírito Santo, são consagrados como casa espiritual e sacerdócio santo para que *por todas as obras do homem cristão* ofereçam sacrifícios espirituais [...] Os fiéis, em virtude de seu sacerdócio régio, concorrem na oblação da Eucaristia e o exercem na recepção dos sacramentos, na oração e na ação de graças, no testemunho de uma vida santa, na abnegação e na caridade ativa (LG 10).
>
> A índole sagrada e organicamente estruturada da comunidade sacerdotal efetiva-se tanto por meio dos sacramentos, como por meio do *exercício das virtudes* (LG 11).
>
> Todas as suas obras, preces e iniciativas apostólicas, vida conjugal e familiar, trabalho cotidiano, descanso do corpo e da alma, *se praticados no Espírito*, e mesmo os incômodos da vida pacientemente suportados,

tornam-se "hóstias espirituais, agradáveis a Deus, por Jesus Cristo" (1Pd 2,5), hóstias que são piedosamente oferecidas ao Pai com a oblação do Senhor na celebração da Eucaristia (LG 34 e ChL 14).

A mesma linha de pensamento impregna outros documentos pós--conciliares:

Toda a vida dos cristãos, em cada hora do dia e da noite, constitui como uma *leitourghia* com a qual se oferecem em serviço de amor a Deus e aos homens, aderindo à ação de Cristo, que com sua estada entre nós e a oferenda de si mesmo (ao Pai) santificou a vida de todos os homens.[25]

Alguns textos conciliares destacam também o nexo necessário entre liturgia e obras de caridade, inclusive no nível das realizações sociais. Lemos em PO 6:

Não se edifica nenhuma comunidade cristã se ela não tiver por raiz e centro a celebração da santíssima Eucaristia: por ela, há de iniciar-se, por isso, toda educação do espírito comunitário. Para essa celebração, no entanto, realizar-se de maneira sincera e plena, deve constituir-se, da mesma forma, em canal para as múltiplas obras de caridade e auxílio mútuo, para a ação missionária, como ainda para as várias formas de testemunho cristão.

Com a perspectiva da presença dos cristãos no mundo e de seu testemunho de fé, a GS 21 recorda a força evangelizadora do "amor fraterno dos fiéis". Do mesmo modo, garante que a celebração eucarística autêntica é sinal de fraternidade que antecipa a esperança do reino dos céus (cf. GS 38) e exorta a dar um claro testemunho de vida na preocupação com a promoção dos bens temporais, uma vez que a vida de fé

---

[25] Cf. PAULO VI. Const. Apost. *Laudis canticum*, n. 8.

O CULTO ESPIRITUAL CRISTÃO – A VIDA COMO LITURGIA

não se reduz a alguns atos de culto e à observância de determinadas obrigações morais (cf. GS 43).

Sobre a liturgia e suas relações com a justiça, falou também o II Sínodo dos Bispos, de 1971, em seu documento sobre a justiça no mundo, no fim do parágrafo dedicado à educação para a justiça. Na *Sollicitudo rei socialis*, n. 31, João Paulo II recordou os testemunhos patrísticos que unem a vida litúrgica com a vida social.

Recordemos, no entanto, que na instrução *Libertatis nuntius* (1984) condena-se a tendência a politizar a Eucaristia e os sacramentos (XI, 16).

Em sua carta apostólica sobre o Grande Jubileu do ano 2000, *Tertio millennio adveniente*, João Paulo II, com uma sensibilidade nova, destacou o nexo indissolúvel entre a vida litúrgica dos cristãos, manifestada nas celebrações jubilares, e o profundo sentido de uma comunhão de bens própria da espiritualidade jubilar tanto do AT como do NT e da vida da Igreja primitiva.

Conclusão

Culto e existência cristã estão unidos, como nos recorda também o *Catecismo da Igreja Católica*, n. 1072, recuperando a grande tradição bíblica e patrística da Igreja, com os Padres da Igreja, a dimensão social da Eucaristia e a preocupação pelos pobres (n. 1397). Portanto, a espiritualidade litúrgica tem fundamentalmente este significado: vivendo como Cristo no dom de si mesmo e no serviço do próximo, podemos crescer de modo harmonioso no dom da vida.

Bibliografia

Sobre as relações entre culto e existência cristã no NT:

CERFAUX, L. *Vida y liturgia de la comunidad apostólica*. In: VV.AA. *La novedad del culto cristiano*. Barcelona, CPL, 2004. pp. 45-61.

LYONNET, S. *La naturaleza del culto en el Nuevo Testamento*. In: VV.AA. *La novedad del culto cristiano*, Barcelona, CPL, 2004. pp. 5-43.

MALDONADO, L. *Secularización de la liturgia*. Madrid, Marova, 1970. pp. 19-30.

MATEOS, J. *Cristianos en fiesta*. Madrid, s.ed., 1972. pp. 79-121.

Outros estudos:

AUGÉ, M. *Spiritualità liturgica*. Cinisello Balsamo, San Paolo, 1998. pp. 20-34 [Ed. bras: *Espiritualidade litúrgica*. São Paulo, Ave Maria, 2004.]

GRELOT, P. *La liturgia nel Nuovo Testamento*. Roma, Borla, 1992.

Sobre a relação entre liturgia e vida espiritual por meio do conceito do sacrifício espiritual e do culto espiritual, cf. os estudos de caráter bíblico, patrístico e litúrgico contidos nos livros:

CLEMENT, O. *Alle fonti con i padri*; i mistici cristiani delle origini; testi e commento. Roma, Città Nuova, 1988. (Especialmente sobre a liturgia [pp. 93-126] e o martírio [pp. 252-257].)

VV.AA. Culto divino-liturgia. In: *Dizionario di spiritualità biblico-patrística*. n. 12. Roma, Borla, 1996;

Sobre a aceitação sistemática do tema na reflexão litúrgica atual:

MAGRASSI, M. Promoção humana e liturgia. In: VV.AA. *Dicionário de liturgia*, op. cit. pp. 971-977.

PISTOIA, A. Compromisso. In: Ibid. pp. 196-209.

SARTORE, D. Liturgia e carità nelle testimonianze della tradizione. *Rivista Liturgica*, Padova, 5: 510-525, 1990.

_____. *Liturgie et charitè fraternelle*. Conférences Saint Serge, 1998. Roma, ELV, 1999.

CAPÍTULO IV

CELEBRAÇÃO LITÚRGICA E EXPERIÊNCIA ESPIRITUAL

O dinamismo de interiorização, ao qual aludimos no capítulo anterior, permite-nos agora tratar amplamente o tema sob o aspecto da experiência espiritual.

A celebração litúrgica é fonte e cume da vida da comunidade cristã e de cada um dos fiéis. A especificação concreta da liturgia como celebração implica múltiplos significados, personagens, ações e condições. Com efeito, fala-se da liturgia em ato, em um *celebrar* que exige dos fiéis mais que um simples participar, sentindo-se plenamente implicados e entrando em cheio no diálogo da salvação que é a liturgia. Supõe a misteriosa presença dos protagonistas da liturgia: o Pai, o Filho e o Espírito; a Igreja-comunidade na variedade dos ministérios; as pessoas que se envolvem na totalidade de seu ser; e também todo o universo simbólico que expressa adequadamente essa singular comunhão da santificação e do culto. E, por último, uma celebração autêntica exige, de maneira não dicotômica, a intensidade das atitudes teologais — fé, esperança, amor

LITURGIA E VIDA ESPIRITUAL

— e a plena participação de todo o nosso ser, a colaboração pessoal e a atenção a toda a assembleia celebrante.

É também verdade que em sua indissolúvel unidade a liturgia, como momento fontal e culminante da vida da Igreja, exige que se celebre a vida dos crentes e se transforme em lugar privilegiado da experiência cristã.

Já o saudoso teólogo espiritual italiano G. Moioli havia descoberto na osmose entre celebração e experiência cristã o segredo de uma autêntica espiritualidade litúrgica, pontuando: "Tendo presente que a segunda (a experiência cristã) realiza o contexto da primeira e lhe garante vitalidade. Em certo sentido, 'servem-se' mutuamente: em todo caso, porém, é a celebração que deve passar para a experiência vivida; não vice-versa".[1]

A atual atenção à espiritualidade litúrgica é colocada não tanto no plano dos princípios quanto no da verdade do celebrar. Superadas, em parte, as polêmicas sobre a história, damo-nos conta de que nem sempre a uma época como a nossa, mais feliz que outras no que se refere à riqueza litúrgica, corresponde uma espiritualidade mais forte, mais significativa; mais ainda: comprova-se que a liturgia não consegue ainda modelar a espiritualidade de toda a Igreja e que muitos "refluxos" de todo tipo tendem a relegar a liturgia à marginalidade. Para muitos, a expressão "cume e fonte" do Concílio Vaticano II, é retórica e verdadeira apenas no nível dos princípios, mas não marca profundamente a experiência global das comunidades eclesiais. Por outro lado, onde se acredita na centralidade da liturgia e se orienta o fluxo e refluxo da comunidade cristã desde o altar da Palavra e da Eucaristia para a vida

---

[1] Liturgia e vita spirituale. *Rivista Liturgica*, *51*: 325-336, 1974.

cotidiana, a tensão se desloca da novidade de textos e de ritos para o compromisso celebrativo. O problema hoje — e talvez tenha sido sempre — é a comunidade celebrante e seu modo de celebrar.

Nesta linha se apresenta hoje o tema da espiritualidade litúrgica ou a relação orgânica e não dicotômica entre liturgia e vida espiritual, com uma atenção particular por parte dos teólogos, liturgistas e antropólogos. A pergunta que emerge hoje é o *como se celebra*. A atenção é colocada no acontecimento celebrativo. A espiritualidade litúrgica — como fonte e cume dessa experiência cristã —, que obviamente tem que redundar em todos os aspectos da vivência cristã, é hoje uma *espiritualidade da celebração*.

Da experiência espiritual à experiência litúrgica

Quando nos perguntamos por nossa experiência espiritual, a que fazemos na celebração da liturgia e dos sacramentos, de repente percebemos uma coisa muito importante. Todos temos uma experiência concreta da celebração e da participação litúrgica, mas ao nos perguntar sobre ela somos convidados a refletir diretamente sobre a qualidade do nosso saber, do nosso saborear e do nosso perceber o que celebramos. Saber, saborear, no sentido de sabedoria ou de ciência saborosa, perceber, parecem ser os vocábulos que explicam essa palavra tão usada e abusada como é experiência.

Pedem-nos para valorizar o que é concretamente nossa experiência e o que poderia ou deveria ser, a partir das próprias exigências da celebração e das possibilidades que tem nossa pessoa de entrar em comunhão com os mistérios litúrgicos. São mistérios que, por um lado, superam nossa capacidade de compreensão e de experiência natural; por outro, são-nos oferecidos, por meio das mais elementares realidades do mundo e dos gestos mais simples de nosso viver quotidiano: palavras e ações, elementos como a água, o azeite, o vinho e o pão.

Trata-se, pois, de tomar consciência do que vivemos, de como percebemos, da diferença que existe entre a experiência normal do quotidiano na vida ordinária de relação com os outros e aquilo que é específico do mistério litúrgico vivido e experimentado, isto é, nosso contato com o mundo sobrenatural. Por isso, hoje, volta a ser atual essa palavra do vocabulário antigo dos Padres e da liturgia — mistagogia — com ressaibos de pedagogia necessária para conhecer realidades escondidas que devem ser reveladas somente aos iniciados, os mistérios; são as verdades e ações que nos são oferecidas na dimensão da fé e na capacidade que supõe essa primeira iniciação que é a "iluminação batismal"; mas ações que devem ser reiteradas constantemente na vida cristã e que precisam de algumas atitudes muito concretas e muito íntimas, de grande valor espiritual, para participar na liturgia.

Por isso, para uma autêntica experiência espiritual, exige-se uma mistagogia, no sentido de iniciação catequética, participação sobrenatural e continuidade existencial, se quisermos entrar pelos caminhos de uma participação ou de uma celebração que se transforme em experiência positiva de saber, de saborear, de viver uma dimensão de mudança e transformação que traz consigo a experiência sacramental e litúrgica. Esse antes e esse depois da liturgia é importante, pois a ela se chega com uma preparação necessária para conhecer e se continua com um compromisso de vida; a mistagogia é exigência fundamental de uma ritualidade cristã que nasce da vida, leva à vida e tem na liturgia seu ponto de chegada e seu ponto de partida.

CELEBRAÇÃO LITÚRGICA E EXPERIÊNCIA ESPIRITUAL

Toda comunidade celebrante deveria fazer uma pausa no caminho e se perguntar sobre os meios que emprega para favorecer um dinamismo de criatividade litúrgica perseverante, necessário para conservar viva a fidelidade ao caminho quotidiano, semanal e anual dos mistérios que Deus nos oferece para que cada dia seja um *kairós* de salvação; porém, deveria perguntar-se também, e sobretudo, pela própria qualidade espiritual de suas celebrações, pelo compromisso de vida teologal crescente que as preside, pelos meios que emprega para despertar essa inquietude, pelo discernimento que realiza sobre o valor da liturgia como experiência espiritual que acompanha o caminho de nossa história de salvação e nosso caminho de santidade.

A complexidade da experiência litúrgica

A experiência litúrgica distingue-se de outras formas de experiência pela diferença que existe em relação às pessoas que intervêm nesse diálogo salvador de palavras e gestos. Concretamente, a experiência litúrgica no âmbito cristão distingue-se de outras experiências de tipo religioso, centradas mais em uma linha cultual ascendente, ou em uma dimensão ascensional orante ou de purificação ascética do que em uma convicção da acolhida do Deus que nos amou primeiro, revelou-se por sua própria iniciativa com palavras e obras e se nos comunicou em Cristo no mistério e nos mistérios de sua humanidade, que passaram agora para os sacramentos da Igreja, segundo a feliz expressão de são Leão Magno. A experiência litúrgica supõe uma atualização das próprias estruturas da revelação cristã: iniciativa de Deus que fala e age, presença salvadora do mistério de Cristo na força do Espírito, relação pessoal da Trindade com a humanidade na Igreja, Corpo de Cristo e templo do Espírito, lugar e ambiente da experiência litúrgica.

91

E, no entanto, não temos experiência imediata da pessoa que nos fala e se comunica conosco, à qual respondemos e cuja ação salvadora nós acolhemos. Trata-se sempre de uma experiência "mediada", por meio de pessoas vivas e de sinais que nos remetem ao mistério do Deus pessoal, da Trindade. É o princípio da experiência cristã: do visível ao invisível.

Na experiência litúrgica, não consumamos o encontro em uma intimidade espiritual, como poderia ser a da lembrança, ou a do silêncio orante, mas é-nos pedida uma participação total de todo o nosso ser, em uma dimensão de interação comunitária com outras pessoas, interpeladas igualmente a viver essa experiência, comprometidas a entrar nesse mesmo jogo de relações simbólicas e reais ao mesmo tempo, em uma profundidade de atitudes que são as únicas que podem abrir a relação com o mistério invisível: as atitudes de vida teologal.

Assim, a experiência espiritual litúrgica supõe, por prévia iniciação catequética e mistagógica a partir da Palavra reveladora e da fé, que entramos em comunhão com a Trindade, que nos fala pelo Pai, age em Cristo, e nos envolve com sua ação pelo Espírito Santo; supõe que formamos juntos uma comunidade que é a Igreja, e que os sinais que modulam esta relação estão todos envoltos na força divina que Deus mesmo lhe concedeu para se comunicar conosco; as palavras, os sinais sacramentais, o pão e o vinho da Eucaristia. Os gestos de acolhida e de expressividade com os quais nós respondemos estão também envoltos em nossos sentimentos humanos e elevados a esse diálogo superior mediante a fé que crê nas palavras, a esperança que confia nas promessas, o amor que responde ao amor.

Tudo isto supõe que a experiência litúrgica e sacramental seja vivida desde o pressuposto essencial, do qual a comunidade celebrante e cada um dos fiéis estão convencidos e acolhem com certeza absoluta, isto é, uma presença e uma ação dos protagonistas do diálogo da salvação, o Pai, Cristo e seu Espírito. E essa mesma convicção, garantida pela fé da Igreja, compromete e convoca a uma participação plena, a fim de acolher e responder nesse diálogo.

Essa fé garante a experiência *objetiva* do mistério celebrado e nos assegura a verdade das palavras e dos gestos humanos como veículos da autocomunicação de Deus em Cristo e expressão do que ele exige de nós. Não nos oferece muito mais; porém, aquilo que nos assegura é mais que suficiente, é superabundante. Toda a experiência *subjetiva* depende do registro de nossa experiência humana, envolta nas atitudes sobrenaturais da vida teologal, em suas expressões orantes, com seus gestos rituais.

É possível que Deus mesmo faça sentir gratuitamente algo mais que essa ação objetiva, mediatizada pelos sinais sacramentais, até o caso de uma experiência contemplativa ou mística da celebração litúrgica, como a história da espiritualidade documenta. Porém, isto pertence à gratuidade de seus dons pessoais. Cipriano nos deixou a lembrança de sua gratificante experiência batismal; Agostinho se comovia, antes de sua conversão, com os cantos da Igreja; Gertrudes de Elfta nos transmitiu uma série de experiências místicas do ano litúrgico; Inácio de Loyola recebeu, durante a celebração da missa, muitas graças místicas trinitárias; Teresa de Jesus contemplou, na comunhão eucarística, seu encontro com Cristo ressuscitado; Serafim de Sarov viu, com seus olhos, Cristo tornar-se presente na liturgia quando o sacerdote fazia a pequena entrada com o livro do Evangelho, característica da liturgia bizantina; Paul Claudel nos deixou a lembrança de sua experiência emotiva de conversão em Notre-Dame de Paris; André Frossard, falecido recentemente,

93

percebeu seu encontro com Deus em uma capela onde estava exposto o Santíssimo. A história da espiritualidade está cheia de experiências de contemplação e de revelações místicas acontecidas durante a liturgia. Trata-se de graças carismáticas.

Pode ser também que a experiência litúrgica alcance vibrações estéticas, sentimentais, emotivas; porém isto já depende do funcionamento humano e social da ritualidade e, portanto, do jogo da própria celebração com suas leis simbólicas e suas possibilidades expressivas; em maior grau depende, talvez, da percepção subjetiva das pessoas, de sua preparação e de sua sensibilidade, sem que isto signifique sempre uma perfeição na vivência do mistério.

Ambiguidades e desafios

A celebração litúrgica, por sua natureza e por suas exigências intrínsecas, pela participação comunitária e por suas qualidades de harmonia, de beleza, de espiritualidade, poderia e deveria ser capaz de suscitar sempre esses sentimentos nobres da experiência cristã sacramental e litúrgica. Mais ainda: uma promoção autêntica da liturgia hoje deveria educar, elevar e proporcionar uma experiência cristã de qualidade.

Neste caso, porém, a experiência espiritual subjetiva não se livra de suas próprias ambiguidades: pode haver celebrações vibrantes onde tudo se consuma no que D. Bonhöffer chamaria de experiência sentimental ou "psíquica", sem chegar a ser uma experiência "pneumática", já que há momentos intensos de participação litúrgica que não passam de uma vivência em pura fé teologal, convencida e substanciosa, sem que haja vibrações emotivas particulares. A experiência subjetiva não é, portanto, o critério de perfeição da vivência litúrgica, nem se realiza do mesmo modo nas mesmas pessoas que participam em uma celebração

CELEBRAÇÃO LITÚRGICA E EXPERIÊNCIA ESPIRITUAL

idêntica; é mais a vivência teologal a que dá a medida da participação e a que pode suscitar na assembleia uma percepção autêntica dos "frutos" do Espírito — paz, alegria, mansidão, benignidade — critério este de grande valor na hora de julgar a qualidade da participação e a bondade da experiência.

Provavelmente, a experiência litúrgica, do ponto de vista subjetivo, siga os passos da experiência espiritual das pessoas e das comunidades; há momentos de maior intensidade emotiva que se alternam com períodos de normalidade ferial; há momentos em que se sente um chamado a crescer na dimensão teologal e contemplativa, com uma busca constante do modo de elevar o tom e a qualidade da participação, a beleza da celebração, a intensidade da vivência comunitária, na interação de todos os que compõem a assembleia.

Nos momentos em que tal participação passa por fases de atonia e de insensibilidade, convirá perguntar-se e aplicar critérios concretos e remédios de discernimento espiritual para ver se se trata de alguma aridez que purifica sentimentos e motivações para potencializar os recursos teologais, ou depende de uma decadência teologal e celebrativa; pode ser que dependa da preguiça, da pouca preparação, da falta de fervor ou do cansaço espiritual, da falta de animação espiritual e de promoção litúrgica; trata-se de atitudes que impedem um funcionamento normal das potencialidades expressivas. Se assim for, terá chegado o momento de intervir convenientemente, antes que seja tarde e as atitudes se endureçam por rotina ou por esmorecimento espiritual, por falta de interesse ou por desalento pessoal ou comunitário, uma vez que no longo prazo essa atonia pode subestimar o próprio sentido da liturgia no caminho da vida espiritual e minguar o fervor e o convencimento espiritual da participação.

LITURGIA E VIDA ESPIRITUAL

Quando hoje se reclama maior vigor na experiência litúrgica e se denuncia certo esgotamento dos recursos da reforma pós-conciliar, provavelmente devamos refletir se se trata, na realidade, de uma necessidade peremptória de enfrentar o tema da experiência espiritual da liturgia. E isso em várias frentes que a estão urgindo como desafios de experiência religiosa.

O gosto pela interioridade oriental pode ameaçar a credibilidade de uma liturgia fria e sem profundidade de participação; a atração das seitas, que a seu modo provocam experiências epidérmicas e gratificantes com suas formas celebrativas, interpela-nos sobre a força evangelizadora da liturgia; os inconfessados, mas evidentes, sentimentos de fome e sede de experiência religiosa autêntica, que fazem vibrar "o ânimo e a alma" em uma sociedade que tem saudade do sagrado, remetem-nos à capacidade que a liturgia pode apresentar com sua beleza e sua expressividade; a própria revalorização da religiosidade e piedade popular cristãs, a seu modo e por razões sociorreligiosas que não abordaremos no momento, parece ter maior capacidade evocativa e comovedora que a própria liturgia eclesial de nossas paróquias, e é um desafio para os pastores.

Impõe-se, portanto, uma volta à experiência espiritual litúrgica e uma educação adequada para uma melhor celebração capaz de forjar aquilo que chamamos "experiência".

Algumas condições indispensáveis

Na releitura fecunda dos textos da *Sacrosanctum concilium*, no que se refere ao nosso tema, deve-se ter presente o n. 11, onde se augurava, e é uma tarefa nunca totalmente realizada: "É dever dos sagrados pastores vigiar que, na ação litúrgica, não só se observem as leis para a

CELEBRAÇÃO LITÚRGICA E EXPERIÊNCIA ESPIRITUAL

válida e lícita celebração, mas que os fiéis participem dela com conhecimento de causa, ativa e frutuosamente" (cf. 14. 48). Em que condições?

Antes de tudo, "celebrar"

Hoje se afirma que se deve superar a mentalidade de uma simples participação para entrar em uma autêntica celebração, ou melhor, "concelebração". A liturgia, que é o mistério de Cristo presente em sua Igreja, exige um total envolvimento. Não se participa em alguma coisa, mas se celebra Alguém. Não se delega a outros o compromisso de responder plenamente ao dom da Palavra, dos sacramentos e da Eucaristia, mas se é interpelado, de modo pessoal, a agir em "sinergia" com Cristo e com seu Espírito e escutar a própria voz no coro da Igreja assembleia.

Uma vez renovados os livros litúrgicos, deve-se empreender uma pedagogia do celebrar em Espírito e verdade, isto é, na dimensão do Espírito e na total verdade dos sinais, a partir do primeiro sinal que é a assembleia celebrante, que deve ser "verdadeira".

A raiz do celebrar na "vida teologal"

Dentro da celebração, somos interpelados a nos abrir ao mistério que se faz presente e no qual somos co-participantes. Não se pode pensar em uma liturgia que seja diálogo da salvação em ato sem escutar o chamado forte e decidido a viver o encontro na fé, na esperança e no amor: as virtudes teologais que *abrem* todo o nosso ser ao mistério de Deus. A liturgia é acolhida, comunhão e resposta. A vida teologal da assembleia, suscitada e mantida pelo Espírito Santo, é o *clima* que permite a plena santificação e o culto agradável. Será essa vida teologal que "animará", como a alma anima o corpo, toda a corporeidade na qual

LITURGIA E VIDA ESPIRITUAL

se "expressa", celebrando, o fiel e toda a comunidade dos crentes, com palavras, orações e ritos.

O compromisso pessoal e comunitário

Para a participação plena não há delegações de nenhum tipo. Cada um é interpelado como pessoa na comunidade. A liturgia celebra e exige esse frágil e árduo equilíbrio entre o pessoal e o comunitário. Cada um vai à celebração disposto a oferecer o melhor de sua resposta teologal pessoal, na escuta, no canto e na oração. É o dom que pode fazer a Deus... e aos demais. A graça da celebração passa certamente pelo clima de fé que se cria, pela comunhão de caridade que reina entre os participantes, pelo fervor da oração que se contagia, pela atmosfera de paz que é fruto de silêncio e de atenção. Portanto, cada um é chamado a criar as melhores condições do celebrar, segundo a variedade oportuna de ministérios. E toda a comunidade, como um corpo, é chamada a manter a solidariedade no único Espírito, sem cismas nem personalismos, com atenção recíproca, manifestando a harmonia com a qual se celebra, deixando-se unificar pelo canto comum, pelas respostas em coro, pelos movimentos e gestos harmoniosos.

A verdade da expressividade ritual

Hoje estamos mais inclinados a interpretar de modo global o áureo princípio da Regra beneditina, tantas vezes citado pela Igreja: "sintonizem a sua alma com as palavras" (SC 11. 90): esteja em consonância, concorde com a voz. A participação litúrgica não exige apenas a sintonia entre a mente e a palavra, escutada ou orada, mas uma unificação total dos celebrantes e da assembleia em um conjunto de palavras, ritos e orações, no qual se entreteçam a ritualidade que dá corpo, "encarna" a

Celebração Litúrgica e Experiência Espiritual

relação entre o Deus invisível e a Igreja em sua humanidade, chamada toda ela a acolher e expressar a comunhão com o mistério.

Se, como se observou muitas vezes, o primeiro sinal a ser renovado é a assembleia celebrante, é precisamente da plena e verdadeira expressividade ritual das palavras e das ações litúrgicas que deverá partir essa *espiritualidade da celebração*. É, de fato, necessária a profundidade teologal e a unificação espiritual; porém isso comporta a participação total, segundo o universo simbólico no qual se realiza o mistério litúrgico que remete ao "que era visível em Cristo" e em seus mistérios: olhos para ver, ouvidos atentos na escuta, gestos de receptividade e expressividade; a voz que faz todo o corpo cantar, as mãos tornadas linguagem de oração; e toda a pessoa afetada em sua corporeidade pelos gestos santificantes sacramentais, também eles realizados na corporeidade que se faz transparente à presença de Cristo e à ação do Espírito.

O famoso texto de Tertuliano revela eloquentemente as estupendas implicações da sacramentalidade e da ritualidade litúrgica:

> A carne é lavada para que a alma fique purificada. A carne é ungida, para que a alma fique consagrada. A carne é selada para que a alma fique protegida. A carne recebe a sombra da imposição das mãos para que a alma fique iluminada pelo Espírito. A carne se alimenta com o corpo e o sangue de Cristo para que a alma fique cheia de Deus.[2]

O sentido de uma *espiritualidade* autêntica (em que a redução verbal alusiva ao espírito não deve nos despistar, pois se trata da vida inteira guiada pelo Espírito do Senhor), como vida em Cristo e no Espírito que abraça todo o homem e todas as realidades de sua existência, aponta para a fonte da liturgia, plenamente vivida na corporeidade, nas

---

[2] *De ressurrectione mortuorum*, VIII, 3: CCL 2, p. 931.

LITURGIA E VIDA ESPIRITUAL

implicações e nos compromissos da graça de Cristo que é sempre "graça na visibilidade".[3]

O caminho da "mistagogia litúrgica"

É interessante observar que a palavra "mistagogia", tão apreciada pela tradição litúrgica e espiritual da antiguidade cristã, tornou-se familiar no âmbito da teologia espiritual e da teologia litúrgica e entrou, inclusive no documento do Sínodo extraordinário de 1985, como chave de aprofundamento da participação litúrgica do povo de Deus no presente e no futuro:

> É evidente que a liturgia deve favorecer e fazer resplandecer o sentido do sagrado [...] Tem que se impregnar do espírito da reverência, da adoração e da glória de Deus [...] As catequeses, como já acontecia nos inícios da Igreja, têm que voltar a ser um caminho que introduza na vida litúrgica (catequese mistagógica).[4]

Por ocasião do 40º aniversário da aprovação da SC, João Paulo II repetiu na Carta *Spiritus et Sponsa*, n. 12:

> Diante deste desejo de encontro com Deus, a liturgia oferece a resposta mais profunda e eficaz. Fá-lo especialmente na Eucaristia, na qual nos é permitido unir-nos ao sacrifício de Cristo e alimentar-nos de seu corpo e de seu sangue. No entanto, os pastores devem procurar que o sentido do mistério penetre nas consciências, redescobrindo e praticando *a arte "mistagógica"*, tão apreciada pelos Padres da Igreja (Cf. *Vicesimus quintus annus*, 21).

---

[3] Schillebeeckx, E. *Cristo sacramento del encuentro con Dios*. San Sebastián, Dinor, 1965. pp. 246-247. [Ed. bras.: *Cristo, sacramento do encontro com Deus*. Petrópolis, Vozes, 1968.]

[4] *Relação final*, B,b, 1-2.

CELEBRAÇÃO LITÚRGICA E EXPERIÊNCIA ESPIRITUAL

A feliz convergência neste termo por parte de liturgistas e teólogos da espiritualidade é indicadora de renovada harmonia na visão da vida espiritual cristã que não pode deixar de estar enraizada no mistério e nos mistérios de Cristo.

Para captar as implicações deste novo modo de enfocar o sentido da "espiritualidade litúrgica" a partir da celebração em chave mistagógica, parecem-nos oportunas as seguintes considerações fundamentais, que apenas esboçamos.

Iniciação, celebração, assimilação

A mistagogia litúrgica, no sentido global de *iniciação ao mistério*, compreende indissoluvelmente estes três momentos característicos que devem ser propostos e atualizados se quisermos qualificar a participação nos mistérios litúrgicos.

Antes de tudo, a *iniciação catequética*, ou catequese mistagógica, que oferece aos fiéis, já fundamentalmente *iniciados* nos mistérios de iluminação (mediante o catecumenato e o Batismo), a possibilidade de entrar no "conhecimento" não meramente intelectual dos ritos, das orações, das palavras, da complexidade do mistério litúrgico, como pode ser, por exemplo, o do ano litúrgico e de seus tempos e celebrações. A metodologia das catequeses *a posteriori* — evocação de uma experiência depois de ter sido vivida, como no caso das catequeses de Cirilo de Jerusalém — sublinha que não se trata apenas de uma catequese doutrinal, mas de um convite ao "conhecimento global", total, em que até a alusão a símbolos cheios de significado — a pia batismal, por exemplo, como "sepulcro e seio materno" — tende a envolver toda a profundidade da "psique" humana.

Em segundo lugar está a celebração mesma, que é propriamente mistagogia ou "experiência dos mistérios". Para salvaguardar o sentido teológico e mistérico de tal celebração na qual a primazia pertence a Deus que nos introduz nos seus mistérios, será útil reproduzir a descrição que dela oferece T. Federici:

> A mistagogia é a operação da graça divina gratuita e transformante, por meio da qual o Pai, mediante Cristo Senhor, no Espírito Santo, "cuida" de seus filhos amados em sua Igreja, a Una Santa, a Esposa do Senhor, a Mãe dos viventes, e servindo-se dela, para conduzir ao longo de um êxodo doloroso, mas decisivo, e *in crescendo* para a plenitude nupcial da Vida divina.[5]

Aparecem aqui os traços fundamentais da experiência litúrgica no sentido trinitário, eclesial e antropológico, na dimensão sacramental, histórica e escatológica. Sublinha-se a iniciativa e a gratuidade do dom por parte de Deus. Os celebrantes, os concelebrantes desta mistagogia trinitária e eclesial são os fiéis em sua dignidade batismal, na expressividade de sua antropologia concreta e nas dimensões históricas e culturais da vida cristã.

O momento mistagógico fundamental é, portanto, a própria celebração, o contato vivo com o mistério, a experiência pessoal e comunitária desse dom divino. Porém, para evitar equívocos, espelhismos ou desenganos no campo da "experiência", devem ser observadas algumas coisas. Antes de tudo, que não somos nós os que ditamos as leis ou determinamos as formas e os graus da percepção experiencial. Trata-se,

---

[5] *La mistagogia della Chiesa*; ricerca spirituale. In: VV.AA. *Mistagogia e direzione spirituale*. Milano, O.R., 1985. p. 163. Cf. do mesmo autor: La santa mistagogia permanente de la Iglesia. *Phase*, 3: 9-34, 1993.

Celebração Litúrgica e Experiência Espiritual

já sublinhamos, de um dom gratuito. Deus é o primeiro mistagogo, por Cristo, em seu Espírito.

Embora seja importante a resposta do indivíduo e da comunidade para a ação santificante, a liturgia manifesta que é Deus quem "faz experiência" ou provoca a experiência em nós, sendo ele o mistagogo, e não nós os que fazemos experiência sobre ele. Ele é o sujeito que nos oferece sua palavra divina, sua graça que é comunhão de vida, e acolhe nossas respostas. E é ele quem soberanamente estabelece as normas e as regras de sua autodoação a nós no mistério litúrgico. De nós espera acolhimento pleno e resposta perseverante.

Em terceiro lugar, a mistagogia litúrgica é a assimilação lenta dos conteúdos do mistério, a passagem gradual da liturgia à vida, a tomada de posse progressiva de nosso ser e de nosso agir por parte de Cristo, em um compromisso reiterado de viver em conformidade com o que celebramos, para que aconteça aquela desejada osmose entre celebração e experiência cristã da qual falava G. Moioli.

Salvaguardada a objetividade do dom, está claro que Deus continua livre de dar uma intensidade maior à sua comunicação sacramental, como pode passar ou pelo dom gratuito que quer realizar, ou pela intensidade da vida teologal dos que participam na liturgia.

Também aí nos é oferecida uma luz de realismo espiritual por parte da própria liturgia contra toda ilusão e contra todo desânimo. Como dissemos repetidas vezes, a liturgia é uma típica e qualificada experiência cristã. É vivida em uma *quotidianidade* reiterativa, na dimensão do *mistério* que só pode ser captado na fé. Porém, é experiência qualificada e *qualificante* porque indica que também a vida espiritual concreta é vivida no quotidiano, desenvolve-se no mistério, realiza-se por meio de outras "mediações" sacramentais da presença de Cristo no mundo, na

103

LITURGIA E VIDA ESPIRITUAL

história e nos irmãos. A experiência litúrgica educa para a experiência quotidiana.

Normalidade, perseverança, gratuidade da experiência litúrgica

Nestas três palavras encontramos uma dimensão necessária da espiritualidade litúrgica.

Deus nos educa para a *normalidade* de nossa relação com o mistério da existência. Na liturgia, como na vida quotidiana, ele não rompe o diafragma da fé; pede-nos para celebrar e viver com quem vê o invisível; a visibilidade, porém, é somente a dos sinais; e o crescimento da visão só pode vir da fé. Na liturgia, Deus dá-se a nós por meio da fragilidade dos sinais litúrgicos, como na vida quotidiana se faz presente nos sinais da história e da criação. Permanece sempre o "véu" da fé; não podemos esperar da liturgia visões, revelações, êxtases; mas somente na relação da vida teologal, cada vez mais acentuada, podemos crescer no conhecimento e na experiência das coisas invisíveis por meio das coisas visíveis.

Uma lição estupenda para a vida cristã de cada dia. A liturgia é normativa para a fé e para a vida dos cristãos em seus conteúdos e em seus compromissos. É, porém, exemplar para a vida de fé que possui a totalidade do mistério sem necessidade de outras experiências "subjetivas", "apócrifas" e, sem dúvida, frágeis e privadas, em relação com a experiência fundamental cristã que a liturgia da Igreja nos oferece.

Na liturgia, Deus nos educa para a *perseverança*. Oferece-nos a possibilidade de uma mistagogia ou experiência permanente do mistério que expressa sua fidelidade em relação com o homem e *aquilata* a mesma fidelidade do homem litúrgico. O encontro litúrgico não acontece uma vez para sempre — a não ser no caso dos sacramentos *iniciais* e iniciáticos —, mas a cada dia, cada semana, cada ano. Na Palavra e na Eucaristia, na estupenda sinfonia mistérica do ano litúrgico, Deus se dá "todo em cada um dos fragmentos", em uma plenitude objetiva e em uma polivalente experiência da multiforme graça de Cristo.

A necessária *reiteração* dos encontros sacramentais expressa e celebra a permanente presença e ação de Cristo em sua Igreja *sempre e em todas as partes*, o caráter precioso e concreto do quotidiano que acolhe a salvação em uma existência pessoal que se transforma, a cada dia, em história salva, história de salvação, presença do eterno no temporal, do divino com o humano.

A *novidade* da ação de Deus, porém, exclui a possibilidade de a reiteração litúrgica ser uma "repetição" monótona; como, por outro lado, a *novidade* que Deus pede em cada ação litúrgica, por parte da assembleia celebrante e dos indivíduos, exclui a possibilidade de se tratar de um estéril retorno cíclico dos momentos litúrgicos. Trata-se mais de uma nova e inédita experiência do mistério, em uma dimensão circular em "espiral" — como Marsili gostava de sublinhar —, em tensão de esperança para o momento escatológico.

É esta, por exemplo, a novidade do quotidiano na Eucaristia, a realidade inédita de cada ano litúrgico, na novidade do hoje *de Cristo* e também do hoje *da Igreja*. A repetição ou reiteração, além de oferecer o poder de captar aspectos novos e ressonâncias inéditas da graça inesgotável de Cristo, permite inserir no mistério a historicidade do quotidiano, as novidades das experiências da vida dos indivíduos e da comunidade.

Por meio da liturgia, Deus finalmente nos educa para uma das leis fundamentais da espiritualidade cristã: a lei da *gratuidade*.

A experiência da liturgia nos faz entrar de modo único na fidelidade e na gratuidade do dom de Deus. A cada dia ele nos oferece a possibilidade de entrar em comunhão consigo; embora não tenhamos assimilado e vivido a graça do dia anterior, ele renova a cada dia sua aliança com a Igreja-Esposa. A liturgia é a expressão admirável de uma graça que nos precede, acompanha e segue sempre. Muitas vezes sentimos "de nossa parte" a inutilidade ou a ineficácia da experiência litúrgica, não apenas para resolver os problemas humanos e sociais, mas com frequência também os espirituais e eclesiais.

Não se "sente" que a santidade aumenta na vida, mesmo quando, com toda a boa vontade, a cada dia, se entra em contato com o Santo. Parece que não acontece nada de novo, que nada muda, pelo menos se medirmos os efeitos da liturgia com nossa experiência psicológica, dentro e fora da liturgia.

Essa experiência, no entanto, é preciosa. Deus — escreveu-se — é gratuito, mas não supérfluo. A vida cristã é graça, na gratuidade de um dom que não merecemos, no assombro de ver que Deus não se cansa de nós e que, ao contrário, se confia a nós em sua Palavra e em seus sacramentos. A resposta a este dom deve estar impregnada ao mesmo tempo de compromisso e de sentido de gratuidade.

O *compromisso* para expressar nosso desejo de resposta, feita de obras e não somente de palavras, realizada na vida quotidiana e não apenas no âmbito da liturgia. *Gratuidade* porque nossa resposta a Deus nunca deve ser interesseira, ainda que com o interesse sutil de nos ver crescer em santidade para satisfazer nosso egoísmo. A gratuidade diante de Deus leva a uma celebração litúrgica na qual emergem os mais puros sentimentos de louvor, adoração, reconhecimento, até pelo simples motivo de sermos admitidos à presença do Senhor "para cumprir nosso

CELEBRAÇÃO LITÚRGICA E EXPERIÊNCIA ESPIRITUAL

serviço sacerdotal", como a *Tradição Apostólica* dizia e a anamnese da segunda oração eucarística recorda.

Gratuidade, porém, como santo-e-senha, que dá à vida e à ação do cristão o sentido mais vivo de uma participação no mistério e no amor de Deus. Gratuidade do serviço e do compromisso que é a palavra mais elevada da espiritualidade cristã. E somente se aprende — em certos níveis de heroicidade até o martírio — graças à gratuidade quotidiana experimentada na liturgia.

Conclusão:
Celebrar e viver no Espírito Santo

O caminho da autenticidade da experiência litúrgica encontra--se na dimensão "espiritual" que não é um adjetivo sem apoio, mas uma referência necessária ao Espírito Santo no qual se deve celebrar e viver, com o qual, de alguma maneira, somos chamados a concelebrar. Ele garante a consistência de nossa participação pessoal, une-nos na comunhão, impregna todas as ações rituais, assegura a vitalidade da assembleia na unidade do sacerdócio e na variedade dos ministérios e tarefas.

Celebrar no Espírito é uma fórmula que evidencia uma experiência concreta, prenhe de conteúdos e de exigências. Em um escrito nosso sobre o Espírito Santo na liturgia, há alguns anos, apontamos várias exigências concretas do celebrar com sensibilidade pneumatológica, aludindo à abertura ao mistério, às atitudes de uma liturgia "filial", a uma assembleia que cria espaços nos quais florescem os dons do Paráclito, manifesta-se a comunhão hierárquica e se conserva a comunhão espiritual entre os celebrantes. Resumimos, assim, alguns corolários para uma autêntica liturgia no Espírito:

> Com estas condições, a liturgia poderá assumir a variedade de expressões suscitadas pelo Espírito: a beleza, a sobriedade e a dignidade dos sinais litúrgicos; a força unificadora da contemplação, a prazerosa explosão festiva do canto; a participação de todo o corpo em uma liturgia que pede o olhar, o gesto orante, a atenção à Palavra, a alegria do canto, o perfume das flores e do incenso. Porém, o humano entrelaçar-se-á com o divino onde as expressões externas forem vividas na pobreza e na confiança, na paz e no amor, em uma sóbria embriaguez do Espírito que nunca faz prevalecer o "carnal" ou o "psíquico" sobre a dimensão espiritual da liturgia.[6]

O tema do celebrar "no Espírito" foi autorizadamente retomado há pouco com ricas indicações bibliográficas e amplas perspectivas pastorais e espirituais, insistindo, por exemplo, em algumas condições básicas: a mistagogia e o silêncio sagrado, a acolhida recíproca e a beleza do espaço feliz da celebração, a circularidade da Palavra e a amplitude e concreção da oração dos fiéis que ampliam os horizontes, a inculturação da liturgia e o chamado à expansão missionária.

A simples enumeração de tais perspectivas abre caminhos novos para a espiritualidade litúrgica que agora é enfocada a partir de uma adequada celebração *no Espírito* e é dilatada e interiorizada no culto espiritual (em Espírito e Verdade) de toda a existência pessoal, comunitária, rica em densidade eclesial e social.

São os caminhos do futuro, se quisermos que a afirmação do Vaticano II, "liturgia culmen et fons", não se cristalize em um princípio

---

[6] Presenza ed azione dello Spirito nella liturgia. In: VV.AA. *Lo Spirito Santo nella vita spirituale.* Roma, Teresianum, 1981. pp. 113-142; o texto citado encontra-se na p. 141.

CELEBRAÇÃO LITÚRGICA E EXPERIÊNCIA ESPIRITUAL

teórico ou em uma utopia a ser salvaguardada constantemente com o condicional "deveria" ser fonte e cume... mas não é.

Em um de seus últimos escritos, como um testamento espiritual sobre o tema da espiritualidade litúrgica, S. Marsili suspirava por essa renovada unidade mistagógica entre liturgia e experiência espiritual com estas palavras que revelam sua atenção para a dimensão espiritual da liturgia. Escrevia em um conhecido ensaio sobre a experiência litúrgica: a celebração

> tem que se desenvolver em um nível de fé e de consequente atenção interior de tal categoria que permita descobrir, ao mesmo tempo, a presença operante de Cristo e a abertura de cada um a esta divina presença e ação. Com semelhantes condições, a liturgia pode se transformar, e certamente se transformará, em cada situação, em uma experiência espiritual absolutamente válida, isto é, capaz de dar aquele conhecimento-união de amor ao mistério de Cristo, que não se reduz a uma sensação fugidia da presença de Cristo, mais ou menos externa a nós, mas que se torna, cada dia mais em nossa intimidade, exigência de progressiva inserção na realidade de Cristo. Desta forma, a experiência litúrgica e sacramental não é somente fonte e cume, norma e forma da vida espiritual, mas a acompanha e a vai amadurecendo até levá-la à plenitude, com essa objetividade do mistério que exclui toda ilusão subjetiva e essa riqueza inesgotável do mistério de Cristo na qual se deve aprofundar sempre sem jamais esgotá-la. E essa inesgotabilidade é também característica da experiência litúrgica, aberta sempre ao dom gratuito e generoso do Deus da história da salvação.[7]

Este é o caminho da autêntica experiência espiritual litúrgica, mas na dimensão do Espírito, na comunhão eclesial, na plena implicação do

---

[7] MARSILI, S. La liturgia, experiencia espiritual cristiana primordial. In: VV.AA. *Problemas y perspectivas de espiritualidad*. Salamanca, Sígueme, 1986. pp. 263-293.

homem litúrgico, com sua corporeidade e com sua existência histórica, assumida pela liturgia e nela elevada como história de salvação.

Bibliografia

BAROFFIO, B. Liturgia ed esperienza di Dio; riflessioni liturgico pastorali. In: VV.AA. *Liturgia soglia dell'esperienza di Dio?* Padova, Messaggero, 1982. pp. 17-38.

COSTA, E. Prassi liturgica odierna e spiritualità; limiti e potenzialità. In: VV.AA. *Liturgia e spiritualità*. Roma, ELV, 1992. pp. 169-178.

_____. *Celebrare in Spirito e verità*; sussidio teologico-pastorale per la formazione liturgica. Roma, Liturgiche, 1992.

FANTINI, N. & CASTANETTO, D. Ritualità, autentica esperienza spirituale? In: VV.AA. *Liturgia e spiritualità*. Roma, ELV, 1992. pp. 117-167.

MAGGIANI, S. Celebrare/partecipare nello Spirito; per un pieno coinvolgimento nel mistero celebrato. In: VV.AA. *I laici nella liturgia*; un popolo sacerdotale nel dinamismo dell'azione liturgica. Milano, O.R., 1987. pp. 72-106.

VV.AA. *Liturgia soglia dell'esperienza di Dio?* Padova, Messaggero, 1982.

Sobre a mistagogia como iniciação, celebração e assimilação, cf.:

SARTORE, D. Mistagogia. In: *Liturgia. Dizionari San Paolo*. Cinisello Balsamo, San Paolo, 2001. pp. 1208-1215. (Com ampla bibliografia.)

Expus este tema, com algumas novidades, em meu artigo:

CASTELLANO, J. La liturgia quotidiana, mistagogia universale della Madre Chiesa. *Rivista di Vita Spirituale*, 57: 440-463, 2003.

_____. Mistagogia; la liturgia nos guía al misterio. *Phase*, n. 193, 1993. (Com várias contribuições sobre mistagogia litúrgica e sacramental.)

_____. *Mystagogie*; pensée liturgique d'aujourd'hui et liturgie ancienne. Conférences Saint Serge, 1992. Roma, ELV, 1993.

MAZZA, E. *La mistagogia*; le catechesi liturgiche del quarto secolo e il loro metodo. 2. ed. Roma, ELV, 1996.

CELEBRAÇÃO LITÚRGICA E EXPERIÊNCIA ESPIRITUAL

Sobre as catequeses mistagógicas, cf.:

AMBRÓSIO DE MILÃO. *Explicação do símbolo*, São Paulo, Paulus, 1996.

CABASILAS, N. Explicación de la divina liturgia. *Cuadernos Phase*, Barcelona, CPL, n. 151, 2005.

CIRILO DE JERUSALÉM. *Catequeses mistagógicas*, Petrópolis, Vozes, 2004.

CONCLUSÃO
DA PRIMEIRA PARTE

Chegamos, assim, ao final de um longo caminho, no qual encontramos a unidade entre liturgia e vida. Também aqui teremos que distinguir para unir.

Toda a vida do cristão é liturgia quando "se vive no Espírito", enquanto realização existencial da santificação e do culto litúrgico.

Nem todas as ações, porém, são liturgia em sentido estrito, enquanto ações santificantes e cultuais por Cristo e no Espírito Santo, mas somente as que satisfazem algumas condições: celebração do mistério de Cristo, realizadas pela comunidade eclesial e como tais reconhecidas pela Igreja.[1]

Essas ações santificantes e cultuais da Igreja como tal abrem-se para a vida inteira dos cristãos, e são tanto mais genuínas — por parte

---

[1] Cf. MARSILI, S. Liturgia e não-liturgia. In: *Anamnesis*, I pp. 167-192 e especialmente no verbete "Liturgia" do *Dicionário de liturgia*. São Paulo, Paulinas, 1992, pp. 638-651), embora sejam muitos os autores que não aceitam essas conclusões do grande liturgista beneditino porque ampliaria excessivamente o marco da liturgia, quase admitindo, como atos litúrgicos, celebrações que hoje não são reconhecidas juridicamente pela Igreja como liturgia.

da participação da Igreja — quanto mais expressivas do compromisso existencial dos fiéis na vida teologal no meio do mundo.

Esclarecidos sinteticamente estes conceitos, que a seguir teremos ocasião de desenvolver, podemos resumir as relações entre liturgia e vida espiritual em alguns princípios.

Toda espiritualidade verdadeiramente cristã tem na liturgia da Igreja seu manancial, sua escola, seu ápice; a vida espiritual dos cristãos nos é transmitida, desenvolvida, amadurece e chega à sua perfeição sobretudo por meio da liturgia. A vida espiritual é exercida em um amplo campo da existência concreta (oração, ascese, deveres da própria vocação na Igreja, apostolado, compromisso no mundo); todas estas atividades devem tomar impulso vital na liturgia e referir-se a ela como a seu fim, como expressões concretas da santificação e do culto. Como atesta a história, pode-se ter uma intensa vida espiritual sem uma referência explícita à plena participação litúrgica, tanto por uma falta de educação, como por defeito de compreensibilidade da própria liturgia; não se deve esquecer, porém, que toda vida espiritual tem no Batismo sua fonte e tende à Eucaristia, enquanto "consumação de toda vida espiritual", como diz são Tomás.[2] Uma vida espiritual sem contato profundo e assíduo com a liturgia da Igreja será muito incompleta e empobrecida, com o risco de perder sua própria identidade cristã. Dentro do legítimo pluralismo na acentuação de um aspecto da vida espiritual que caracteriza as diversas escolas de espiritualidade, a liturgia, por seu conteúdo e sua forma, desempenha um papel unificador; por sua vez, as diversas escolas de espiritualidade contribuem para o aprofundamento do mistério cristão contido na liturgia. Uma espiritualidade é verdadeiramente

---

[2] *S. Th.*, III, 73, 3.

CONCLUSÃO DA PRIMEIRA PARTE

litúrgica quando concorda de modo pleno com o conteúdo, o estilo e o ritmo da liturgia da Igreja.

Neste sentido, podemos falar também de "espiritualidade litúrgica".

Definição de espiritualidade litúrgica

Alguns autores tentaram expressar em uma breve definição o conteúdo da espiritualidade litúrgica.

G. Brasó, insistindo na totalidade da vida espiritual, apresenta a seguinte descrição: "Espiritualidade litúrgica é aquela que em seu método e em seu estilo de santidade privada procura imitar total e exclusivamente o método e o estilo usados pela Igreja em suas relações oficiais com Deus, isto é, na liturgia".[3]

C. Vagaggini refere-se à organização de todos os elementos da vida espiritual e a define assim: é "aquela espiritualidade na qual a concreção específica e o relativo ordenamento sintético próprio dos vários elementos comuns a toda espiritualidade católica, como meios para a perfeição cristã, estão determinados pela própria liturgia".[4]

B. Neunheuser, em uma visão mais sintética, porém também mais complexa, propõe:

> A espiritualidade litúrgica é o exercício (dentro do possível) perfeito da vida cristã, com o qual o homem, regenerado no Batismo, cheio do Espírito Santo, recebido na confirmação, participando na celebração eucarística, marca toda a sua vida com estes três sacramentos, para crescer no quadro das celebrações repetidas no ano litúrgico, de uma oração

---

[3] Brasó, G. *Liturgia e spiritualità*. Roma, Liturgiche, 1958. p. 28.
[4] Vagaggini, C. *El sentido teológico de la liturgia*. Madrid, BAC, 1959. p. 620.

contínua — concretamente: a oração ou liturgia das horas — e das atividades da vida quotidiana, na santificação mediante a conformação com Cristo crucificado e ressuscitado, na esperança da última consumação escatológica, para louvor da glória de Deus.[5]

Todas estas definições tentam expressar o sentido da espiritualidade litúrgica, cada uma do seu ponto de vista. Em todas se observa o desejo de sublinhar que a liturgia deve ter uma influência real na vida espiritual concreta. Para conseguir este fim, não basta uma simples exposição dos princípios e, muito menos, uma série de aplicações práticas.

Deve-se unir a exposição teórica dos elementos da liturgia capazes de criar uma verdadeira espiritualidade ao estudo do modo de inserir tais princípios na vida espiritual concreta. Em suma, como se expressou no capítulo anterior, é preciso uma verdadeira mistagogia.

A espiritualidade litúrgica reivindica, de fato e de direito, ser a espiritualidade da Igreja universal. Possui algumas notas características que a fazem plenamente eclesial.

Por um lado, podemos afirmar, com S. Marsili, que se trata de uma espiritualidade universal, válida para todos os cristãos de todos os tempos e de todas as vocações. Além disso, é, enquanto realidade objetiva de santificação e de culto, expressão do dado revelado no mistério de Cristo e da Igreja.[6]

Com R. Taft podemos afirmar, como ele faz a propósito da espiritualidade da liturgia das horas, que é, antes de tudo, tradicional, no sentido genuíno da palavra, enquanto transmite os tesouros da tradição

---

[5] Espiritualidad litúrgica. In: *Nuevo Diccionario de liturgia*. Madrid, Paulinas, 1983. p. 677.

[6] MARSILI, S. *I segni del mistero di Cristo*. Roma, Liturgiche, 1987. pp. 507-509. [Ed. bras.: *Os sinais do mistério de Cristo*, São Paulo. Paulinas (no prelo).]

da Igreja; é eminentemente bíblica e remete constantemente à Palavra de Deus e à história da salvação. É também objetiva, completa e equilibrada nos aspectos que a compõem, remédio contra toda unilateralidade e exagero.[7]

Algumas notas de uma espiritualidade litúrgica

A enumeração de algumas notas características de uma "espiritualidade litúrgica" será especificada segundo os conceitos que expressamos. Na realidade, toda espiritualidade cristã é sempre litúrgica; portanto, a liturgia caracteriza, com algumas notas próprias, a vida espiritual da Igreja. A enumeração pode parecer prolixa, mas tem a vantagem de oferecer, ao mesmo tempo, uma síntese e complemento da exposição feita anteriormente. É um método seguido por S. Marsili, que caracteriza a espiritualidade litúrgica não com uma definição, mas com algumas notas próprias. Na realidade, não se trata só de notas características da espiritualidade litúrgica, mas da espiritualidade cristã que na liturgia tem sua fonte, seu ápice e seu modelo.

Nota trinitária

A espiritualidade litúrgica, em sua dimensão trinitária, é *teocêntrica*, porque reconhece o máximo relevo da ação de Deus e de sua iniciativa gratuita de salvação, e tudo afinal refere a ele, em uma atitude na qual prevalece o louvor, o reconhecimento e a ação de graças. Reconhece, finalmente, o Pai como fonte e termo de toda ação.

---

[7] Cf. TAFT, R. *La liturgia delle ore in Oriente ed in Occidente*. Roma, Paoline, 1988. pp. 469-472.

É *cristocêntrica* porque no centro da própria experiência coloca Cristo, em seu mistério pascal; vê nos sacramentos e especialmente na Eucaristia uma presença ativa e real de Cristo, que comunica sua graça na multiforme riqueza sacramental, e leva os fiéis a uma comunhão de vida com ele, morto e ressuscitado; na oração e no louvor une-se a Cristo, que "roga por nós como sacerdote, roga em nós como cabeça, e é rogado por nós como nosso Deus".[8]

É *pneumatológica* porque em todos os seus aspectos de santificação e de culto, em seus componentes — Palavra, sacramento, sinais — o Espírito do Pai e de Cristo impregna a liturgia para se comunicar à Igreja e a cada fiel e realizar, no Corpo Místico, o mistério da unidade em um só Espírito e, em cada cristão, a total assimilação a Cristo. Porém, por Cristo e no Espírito, a fonte última e o termo definitivo das ações litúrgicas são sempre o Pai, que Cristo nos revelou e o Espírito nos impele a invocar com ousadia: Abbá, Pai!

Nota eclesial

Na dimensão eclesial, a espiritualidade litúrgica é comunitária, porque sublinha o aspecto social do desígnio salvífico, a união e a solidariedade de todos no pecado e na salvação, a unidade do povo de Deus, a comunhão do Corpo Místico, a necessária *sanctorum communio* ("comunhão das coisas santas", segundo a expressão primitiva) de todas as legítimas assembleias locais, espalhadas pela terra; do ponto de vista espiritual, este aspecto comunitário reafirma a exigência da caridade recíproca em Cristo e a interdependência de todos no crescimento comum para a santidade.

---

[8] Cf. Santo Agostinho. *Enarrat. in Psalm.* 85,1: CCL 39, 1176. [Ed. bras.: *Comentários aos salmos*. São Paulo, Paulus, 1996.]

CONCLUSÃO DA PRIMEIRA PARTE

A liturgia é também eclesial já que suas expressões de culto e de santificação estão regulamentadas e estabelecidas pelas legítimas autoridades eclesiais, as quais velam, no respeito das tradições e culturas de cada uma das igrejas locais, pela pureza e pela ortodoxia das fórmulas e das formas de culto e de santificação na unidade da mesma fé apostólica.

Nota bíblica e mistérica

A espiritualidade litúrgica, em referência a seus elementos constitutivos, é, antes de tudo, bíblica; a Palavra de Deus ocupa um lugar eminente na liturgia, como componente essencial dos atos litúrgicos, como inspiradora do sentido de todos os sacramentos e orações; com efeito, a liturgia é a atualização da história da salvação no hoje proclamado pelas palavras e realizado nos sacramentos.

É mistérica, já que a experiência litúrgica passa pelos mistérios e pelos sinais litúrgicos. A fé e a catequese ajudam a perceber o significado dos símbolos litúrgicos; estes nos ajudam a estabelecer, em uma riqueza inesgotável de sentido, a comunhão no mistério de Cristo. Por meio deles, toda a pessoa é assumida na participação da vida divina, e o próprio cosmos, em suas criaturas, transforma-se em meio e expressão da comunhão da humanidade com Deus.

Deste ponto de vista, a espiritualidade litúrgica é essencialmente sacramental. Tem seu fundamento nos sacramentos da iniciação cristã — Batismo, Confirmação e Eucaristia; cresce e se aprofunda por meio dos outros sacramentos que renovam a vida em Cristo, como a Penitência; é o fundamento de uma nova vocação e missão na Igreja, como a Ordem e o Matrimônio; configura a Cristo padecente e ressuscitado no momento da enfermidade e diante do perigo da morte. O Vaticano II já havia descrito com acerto o sentido desta espiritualidade eclesial e sacramental da liturgia (LG 11).

Nota cíclica

A espiritualidade inspirada na liturgia, enquanto marcada pelo ritmo temporal das celebrações da Igreja, é cíclica.

Nos diversos ciclos litúrgicos (diário, semanal, anual), com celebrações comemorativas próprias e específicas, o fiel submerge sua própria experiência e sua existência concreta no mistério de Cristo. A oração quotidiana com a santificação e a oferenda do tempo, com seu ponto culminante na Eucaristia, introduz o fugaz tempo humano, as fadigas e o trabalho, no tempo salvífico de Deus e na eternidade. A comemoração semanal da ressurreição de Cristo, no dia do Senhor, o domingo (*Kyriaké emera*), renova na festa e no descanso o mistério da criação e da "nova criação" de Cristo ressuscitado, na espera de sua parúsia, o definitivo "dia do Senhor" (*emera tou Kyriou*). Assim, podemos fazer de nosso trabalho e de nossa própria vida uma preparação do Reino que vem. No ciclo anual dos mistérios do Senhor, o cristão entra em contato com as realidades salvíficas dos mistérios da vida de Cristo e de sua morte gloriosa, às quais ele tem que conformar sua própria vida.

Nota antropológica e social

A espiritualidade litúrgica é, além disso, pessoal, mesmo sendo também comunitária. A comunidade, a assembleia litúrgica, é composta de pessoas vivas, nas quais o desígnio de salvação se realiza com ressonâncias especiais, com dons e missões particulares. A espiritualidade litúrgica será tanto mais rica quanto mais for pessoal, isto é, quanto mais pessoalmente for vivida e assimilada nas circunstâncias concretas

CONCLUSÃO DA PRIMEIRA PARTE

de cada membro da comunidade cristã com seus dons de natureza e de graça (caráter, mentalidade, dotes, carisma, compromisso na Igreja e no mundo). Assim, a liturgia realiza, por meio da santificação e do culto, o mistério da unidade no Espírito e a variedade nos dons e nos carismas.

Nota missionária e escatológica

Por seu dinamismo, a espiritualidade litúrgica é missionária, isto é, impele a manifestar ao mundo a graça recebida. Depois de haver envolvido o mundo em sua intercessão, a Igreja, que na liturgia se manifesta como "comunidade convocada" (*ekklesia*), tende a se tornar *epiphania*, manifestação do mistério de Cristo ao mundo com palavras e obras. Na liturgia, o povo de Deus vive seu ritmo palpitante, como um coração: da sístole na comunhão expande-se no mundo em um movimento de diástole; a *leitourghia* tende à *diakonia*, ao serviço dos irmãos na caridade.

Finalmente, a espiritualidade litúrgica é escatológica, tende à sua plena realização na glória; a santificação e o culto tendem a sua expressão final e perfeita na Jerusalém celestial. Toda celebração litúrgica, mesmo sendo uma pregustação misteriosa das realidades escatológicas, permanece como esperança e espera. Todo encontro com Cristo na Igreja remete, na esperança, ao encontro definitivo com ele e à plena realização da comunidade escatológica do Reino. A liturgia suscita a "bem-aventurada esperança"; os textos litúrgicos insistem com frequência nesta espera que, nos sacramentos, já é promessa parcialmente realizada. Toda celebração é um *Maranatha* da Igreja e do cosmos, postos em tensão com a esperança da consumação final.

Nota mariana

Em um sentido bem concreto, a espiritualidade litúrgica, à luz da *Marialis cultus*, n. 16, recorda a exemplaridade de Maria para a Igreja na fé e na caridade em que devem ser vividos os sagrados mistérios. Por isso, toda liturgia é essencialmente eclesial no perfil mariano da Igreja, que, ao celebrar os mistérios, se apropria das mesmas atitudes de Maria, como propõe a MC 17-20, na escuta da Palavra, na oração, na oblação, na santificação. Como mestra espiritual e modelo do culto cristão, ela une a comunhão nos mistérios com a continuidade de uma vida feita consagração à vontade do Pai (MC 21).

Setores amplos da espiritualidade litúrgica

A partir desta série de notas características da espiritualidade litúrgica, podemos também abrir um necessário espaço de aplicação para esta vivência espiritual objetiva, sacramental e eclesial.

Há, certamente, uma espiritualidade sacramental que pode e deve ser explicada e vivida a partir da mesma liturgia com seus componentes de palavras bíblicas, orações, ritos e estruturas celebrativas. Pode-se, desta maneira, a partir da mistagogia litúrgica, abrir caminhos para a exposição e vivência de uma *espiritualidade batismal*, ou da *confirmação*, ou da mesma *celebração eucarística*.[9] O mesmo se pode dizer do sacramento da *Reconciliação ou Penitência* e da *Unção dos enfermos*, das *Ordens sagradas* ou do *Matrimônio*. A celebração desses sacramentos é a base e fundamento de uma espiritualidade terapêutica da penitência

---

[9] Cf., por exemplo, como método, meu artigo: Espiritualidad de la celebración eucarística. *Phase, 36*: 101-120, 1996.

CONCLUSÃO DA PRIMEIRA PARTE

e da doença; sobretudo a liturgia das Ordens sagradas e do Matrimônio — a mistagogia das palavras e ritos e a graça sacramental específica — é fundamento e modelo da espiritualidade do próprio estado de vida.

A chave desta espiritualidade é a vivência do sacramento com todas as suas exigências, a partir dos mesmos textos e ritos litúrgicos, como expressão da verdade e vida do sacramento e de sua graça.

A espiritualidade do ano litúrgico tem também um amplo desdobramento na vivência dos tempos, das festas, dos mistérios de Cristo, da Virgem Maria e dos santos a partir das mesmas celebrações.

A liturgia das horas tem também sua própria espiritualidade no sentido de uma vida que se enriquece e tem o ritmo da oração da Igreja.

Tudo o que propomos aqui, em uma visão teológica e vivencial ampla, pode e deve ser o modelo de uma ampla aceitação da liturgia como fonte de vida e de compromisso, como expressão prazerosa e fecunda da vida em Cristo e no Espírito, em comunhão com a Igreja para o mundo.

Bibliografia

Oferecemos, com estes títulos, uma seleção do interesse manifestado por vários autores nas últimas décadas sobre o controvertido tema das relações entre liturgia e espiritualidade:

CALATI, B. Teologia ascetico-mistica. *Rivista Liturgica*, Padova, 58: 219-237, 1971.

CASTELLANO, J. Liturgia ed esercizi spirituali. IV CORSO PER DIRETTORI DI ESERCIZI. Roma, 1972, lez. 42, pp. 1-15.

CAVAGNOLI, G. La liturgia come "culmen et fons": significato e sviluppo di un tema conciliare. In: VV.AA. *Liturgia e spiritualità*. op. cit. pp. 51-70.

COSTA, E. La celebrazione fonte e culmine della vita spirituale. *Rivista Liturgica*, Padova, 69: 372-380, 1974.

GUERRA, A. Liturgia y espiritualidad. *Revista de Espiritualidad*, 30: 439-451, 1971.

JIMÉNEZ DUQUE, B. Liturgia y espiritualidad. *Teología Espiritual*, II, pp. 351-393, 1967.

LLABRÉS, P. Lo litúrgico y lo no litúrgico; la superación de un binomio por la unidad del culto y de la vida cristiana. *Phase*, 11: 167-184, 1971.

MOIOLI, G. Liturgia e vita spirituale. *Rivista Liturgica*, Padova, 69: 325-336, 1974.

NEUNHEUSER, B. Geistliche Theologie und eigentliche Wirklichkeit der Liturgie. *Seminarium*, 1: 79-93, 1974.

ORTUÑO, R. La liturgia fuente de la vida espiritual. *Teología Espiritual*, 8: 178-206, 1964.

PELLEGRINO, M. A proposito di un argomento vivamente dibattuto: Liturgia e spiritualità. *Rivista Litúrgica*, 49: 187-195, 1962.

POLFLIET, J. A la recherche d'une spiritualitàté de la célebration liturgique. *Questions Liturgiques-Studies in Liturgy*, 83: 217-299, 2002.

ROSSATO, PH. Linee fondamentali e sistematiche per una teologia etica del culto. In: *Liturgia, etica della religiosità*. Op. cit., pp. 11-73.

SANTANTONI, A. *La liturgia, culto della Chiesa*. Op. cit, pp. 71-86.

TASSI, I. Liturgia e vita spirituale. *Divinitas*, 75: 239-248, 1968.

TENA, P. Liturgia y espiritualidad ¿Cuestión actual? *Phase*, 11: 157-166, 1971.

Parte II

GRANDES TEMAS DE UMA TEOLOGIA ESPIRITUAL LITÚRGICA

Vamos dedicar esta ampla segunda parte de nosso livro aos grandes temas teológicos da liturgia. Uma espiritualidade litúrgica não é um apêndice de sua teologia, mas a vivência mesma do mistério na plena compreensão da ação trinitária e da ação eclesial conjunta. É um diálogo da salvação de palavras e ações, de ritos e gestos que, vivificados pela vida teologal, realizam o mistério da comunhão de vida que a Igreja, comunidade sacerdotal e cultual, vive na celebração e prolonga na existência.

A nota característica de nossa exposição dos temas teológicos, comuns a qualquer bom tratado de teologia litúrgica, é precisamente essa atenção ao dom e à resposta, à revelação e à aceitação, à comunhão divina em uma acolhida humana e sobrenatural que exige uma plena participação nos mistérios celebrados.

Em uma perspectiva trinitária — que é sempre a dimensão essencial da liturgia — vamos enfatizar a presença e a ação de Cristo e de seu mistério pascal, uma vez que é tema inovador da teologia litúrgica do Vaticano II. Porém, dentro deste centro da dimensão descendente e ascendente da liturgia, embora brevemente e dentro do mesmo capítulo cristológico, não podemos deixar de dar algum relevo à presença e à ação do Pai, fonte e meta de toda ação litúrgica. É esta a novidade teológica que o *Catecismo da Igreja Católica* oferece (nn. 1077-1083) para recuperar a intrínseca dimensão trinitária da liturgia na qual tudo parte do Pai e nos chega por meio de Cristo e no Espírito; tudo volta ao Pai por meio de Cristo a partir da sinergia divino-humana da Igreja com o Espírito Santo. E a este silencioso, e muitas vezes silenciado, protagonista da liturgia, o Santo Pneuma, dedicamos, como ao mistério de Cristo, todo um capítulo, dada a importância da reflexão teológica contemporânea.

LITURGIA E VIDA ESPIRITUAL

A estas necessárias perspectivas trinitárias acrescentam-se, com uma lógica própria da liturgia, dois aspectos de caráter eclesial: o tema da assembleia litúrgica e a dimensão eclesiológica e mariana da celebração na qual Maria, a Mãe do Senhor, é presença de comunhão e exemplaridade interior da celebração.

Outros capítulos procuram oferecer o dinamismo da comunicação litúrgica em sua dimensão de diálogo salvador, com a Palavra de Deus e a oração da Igreja, e com a dimensão antropológica e simbólica da celebração, que passa por meio do mundo dos sinais, que é mundo da antropologia, e da inserção do cosmos nesse diálogo total da salvação que atinge a pessoa humana em sua corporeidade, e assume a criação neste diálogo total que tem seu início na criação e terá seu final na renovação do cosmos no fim dos tempos.

Capítulo V
PRESENÇA E AÇÃO DE CRISTO EM SEU MISTÉRIO PASCAL

Introdução

O coração da teologia e da espiritualidade litúrgica é o mistério de Cristo, atualizado, comemorado e comunicado, mistério que é ao mesmo tempo a presença e a ação salvífica de Cristo, em seu poder de *Kyrios* glorioso e em sua qualidade de Mediador e Salvador. Quando na reflexão teológica e na consciência dos fiéis se obscurece esta realidade fundamental, a liturgia entra em crise, perde sua própria razão de ser e transforma-se em pura fenomenologia religiosa. Para a comunidade cristã primitiva, como para a Igreja de hoje, a liturgia não é mais que o contato vivo com a pessoa do Ressuscitado por meio dos sinais sacramentais, para participar em sua vida e para espalhar pelo mundo a salvação que brota do mistério da Páscoa.

Falamos de presença e de ação de Cristo, isto é, daquela presença dinâmica que é autocomunicação de sua vida na Igreja. Sublinhamos que essa presença pertence ao mistério pascal de Cristo, fonte e fundamento da liturgia cristã, realidade eternamente presente e operante no

Kyrios da glória. Obviamente, essa ação de Cristo deve ser vista em sua referência trinitária ao Pai e ao Espírito Santo. Com tal doutrina, queremos evidenciar um aspecto fundamental da espiritualidade litúrgica que é precisamente cristocêntrica e pascal.

Na trama do discurso teológico-espiritual que pretendemos desenvolver, queremos confiar à teologia litúrgica a tarefa de evidenciar e aprofundar, com seu método característico, o mistério da presença e as variadas e progressivas manifestações dessa presença de Cristo.

À espiritualidade litúrgica é confiada a missão de favorecer a resposta a esse dom que nos é revelado pela teologia e oferecido no mistério. Isto é: celebrar a presença de Cristo, com uma grande atenção a todos os sinais de sua presença; acolher o dom santificante de Cristo e de seu Espírito; manifestar no culto da vida essa presença do Senhor para levá-la a uma epifania no mundo.

Em nosso discurso teológico-espiritual, queremos, finalmente, centrar a atenção no fato de que Cristo é, ao mesmo tempo, sujeito da liturgia e objeto do culto. Objeto, se assim pudermos nos expressar, no sentido de que para ele se dirige a atenção da Igreja ao acolher sua presença e ao responder à sua ação. Sujeito no sentido de que está presente e operante em toda expressão da liturgia da Igreja.

Assistimos, nos últimos anos, a uma recuperação notável deste tema. No tratamento deste capítulo fundamental de teologia litúrgica, podemos distinguir três períodos de atenção progressiva por parte dos autores no século XX.

O primeiro é o período clássico que parte da grande intuição de Odo Casel em seu livro *O mistério do culto cristão*, sobre a presença dos mistérios e do mistério de Cristo, com toda a discussão teológica que

PRESENÇA E AÇÃO DE CRISTO

segue e que chega, praticamente na linha do Magistério, ao texto da *Mediator Dei*, de Pio XII, sobre a presença de Cristo na liturgia, e na linha teológica da reflexão de E. Schillebeeckx em seu conhecido livro, *Cristo sacramento do encontro com Deus.*[*]

O segundo é o período conciliar e pós-conciliar que parte da visão da SC 5-7, à qual dedica uma atenção especial o Congresso de Teologia do Vaticano II em 1966. O tema é desenvolvido nas diversas propostas para chegar a uma síntese entre o realismo objetivo da presença litúrgica e a analogia com a presença psicológica, para dar razão das múltiplas presenças ou modos de presença.

Há um terceiro período, com o retorno do tema, depois de anos de relativo esquecimento, a partir do interesse pela cristologia. Concretiza-se em várias publicações de congressos sobre o tema, de diversos estudos teológicos, de teses de doutorado, de retorno a uma reflexão sistemática sobre a SC 7, aos vinte e cinco anos da promulgação da SC.

Para uma exposição suficientemente completa sobre este tema, podemos fazer as seguintes observações: repetir as afirmações do Magistério mais recente sobre o tema, propor algumas reflexões bíblicas para nos aproximarmos da descoberta do mistério da presença de Cristo, completando-as com textos patrísticos, e tentar uma síntese teológica, partindo das afirmações do Magistério. Além disso, oferecer alguns apontamentos sobre a riqueza cristológica e pascal da espiritualidade litúrgica em uma perspectiva existencial.[1]

---

[*]   Petrópolis, Vozes, 1968. (N.T.)

[1]   Para um aprofundamento sobre este tema tão importante, cf. as comunicações e conferências de A. Ciam, B. Duda, J. A. Jungmann, G. A. Martimort, B. Neunheuser, K. Rahner. In: *Acta Congressus Internationalis de Theologia Concilii Vaticani II*. Roma, 1968, pp. 271-338 (versão também em castelhano. Barcelona, Flors, 1972, pp. 281-351) que vamos citar em suas contribuições mais importantes; CASTELLANO, J. La presenza di Cristo nella Liturgia. In: VV.AA. *Gesù Cristo, mistero e presenza*. Roma, Teresianum, 1971. pp. 257-278; GONZÁLEZ DE CARDEDAL, O. Presencia del Señor

A presença de Cristo nas afirmações do Magistério

O mistério de Cristo e a liturgia na SC

Para expor aos fiéis como se realiza na Igreja a obra da redenção, o Concílio descreve em quatro densos parágrafos os momentos essenciais do acontecimento salvífico, colocando as bases de uma teologia litúrgica. Estes são: o mistério de Cristo (SC 5); a realização da salvação por meio dos apóstolos (SC 6); a presença de Cristo e de seu mistério na liturgia da Igreja (SC 7); a dimensão escatológica dessa presença (SC 8).

O mistério de Cristo (SC 5)

Devem-se observar nesse parágrafo algumas ideias fundamentais: o desígnio universal da salvação, a conexão com a revelação anterior, a economia trinitária ("Deus Pai... enviou seu Filho, o Verbo feito carne, ungido pelo Espírito Santo..."); o papel de Cristo, verdadeiro homem, como mediador e salvador dos homens; a dimensão total da salvação ("médico corporal e espiritual"); a importância da humanidade de Cristo; a redenção como santificação e plenitude de culto. A salvação preanunciada nas maravilhas de Deus com seu povo cumpriu-se especialmente no mistério pascal. Por mistério pascal entende-se a paixão, morte, ressurreição e ascensão, como momentos inseparáveis de um

---

en la comunidad cultual. In: *La Eucaristía en la vida de la religiosa*. Madrid, PPC, 1971. pp. 57-77; GOENAGA, J. A. *Palabra de Dios y Cuerpo de Cristo*. Ibid., pp. 91-112; CUVA, A. *La presenza di Cristo nella liturgia*. Roma, ELEV, 1973; Id. Jesucristo. In: *Nuevo Diccionario de Liturgia*. Madrid, Paulinas, 1987. pp. 1071-1093; POVILUS, J. M. *La presenza di Gesu tra i suoi nella teologia di oggi*. Roma, Città Nuova, 1977. A este tema sempre atual os professores de liturgia da Espanha dedicaram uma semana de estudos: VV.AA. *La presencia de Cristo en la liturgia*. Grafite, 2004; GARCÍA MORALES, A. "Christus Ecclesiae suae semper adest". La presencia de Cristo en las celebraciones litúrgicas. In: VV.AA. *La liturgia en los inicios del tercer milenio*; a los XL años de la *Sacrosanctum concilium*. Baracaldo, Grafite, 2004. pp. 79-140.

PRESENÇA E AÇÃO DE CRISTO

único mistério: suprema oferenda de Cristo ao Pai e a suprema glorificação de Cristo por parte do Pai. A redenção é descrita como mistério de morte-vida: libertação da morte-doação da vida. E como fruto primigênio e fontal da salvação: "o admirável sacramento de toda a Igreja".

A realização da salvação por meio dos apóstolos (SC 6)

Sublinha-se em especial: a missão dos apóstolos como continuação da missão do Filho (com a mesma economia trinitária), para anunciar a salvação com a pregação e realizá-la com os sacramentos e o sacrifício, especialmente com o Batismo com o qual se aplica toda a redenção (inserção no mistério pascal de morte e de vida, doação do espírito de filiação e adoração na verdade) e com a ceia do Senhor, que é proclamação do mistério de Cristo até seu retorno. Os apóstolos realizaram essa missão de batizar e celebrar a ceia desde o dia de Pentecostes. A Igreja, através dos tempos, nunca deixou de celebrar este mistério: na leitura da Escritura, na celebração da Eucaristia e no louvor prestado ao Pai, por Cristo, no Espírito.

A presença de Cristo e de seu mistério na liturgia da Igreja (SC 7)

Chegamos, assim, à afirmação central do n. 7:

> Para levar a efeito obra tão importante, Cristo está sempre presente em sua Igreja, sobretudo nas ações litúrgicas. Presente está no sacrifício da missa, tanto na pessoa do ministro, "pois aquele que agora oferece pelo ministério dos sacerdotes é o mesmo que outrora se ofereceu na cruz", quanto sobretudo sob as espécies eucarísticas. Presente está pela sua força nos sacramentos, de tal forma que, quando alguém batiza é Cristo mesmo que batiza. Presente está pela sua Palavra, pois é ele mesmo que fala quando se leem as Sagradas Escrituras na Igreja. Está presente,

finalmente, quando a Igreja ora e salmodia, ele que prometeu: "Onde dois ou três estiverem reunidos em meu nome, aí estarei no meio deles" (Mt 18,20). [...] Com razão, pois, a liturgia é tida como o exercício do múnus sacerdotal de Jesus Cristo.

Este texto repete quase literalmente uma passagem da encíclica de Pio XII, *Mediator Dei*, e é a quintessência das intuições teológicas e pesquisas patrísticas do primeiro iniciador da teologia litúrgica nos últimos tempos, Odo Casel.

A presença escatológica de Cristo (SC 8)

Com um toque final, o n. 8 nos recorda que Cristo na glória está sentado à direita do Pai como ministro do santuário e do tabernáculo verdadeiro (Ap 21,2; Cl 3,1; Hb 8,2) esperando sua vinda definitiva no final dos tempos.

Outros textos do Vaticano II e dos documentos pós-conciliares

A afirmação da presença de Cristo na liturgia impregna toda a teologia do Vaticano II, coerentemente com a primeira e fundamental afirmação da SC. Aparece em diversos contextos, às vezes se referindo em sentido amplo ao texto evangélico de Mateus 18,20,[2] outras vezes em referência à presença de seu mistério, comunicado na Palavra ou nos sacramentos, em especial na Eucaristia.[3]

Na encíclica *Mysterium fidei* (1965), Paulo VI quis explicitar e precisar este tema em relação à presença eucarística. A afirmação mais

---

[2] Cf. UR 8; PC 15; AA 18.

[3] Cf. LG 7; UR 15. 22; PO 5; AG 9 etc.

PRESENÇA E AÇÃO DE CRISTO

notável é a seguinte: "Esta presença (eucarística) se chama 'real' não por exclusão, como se as demais não fossem reais, mas por excelência, porque é também corporal e substancial, e em virtude da mesma Cristo, Homem-Deus, se torna presente por inteiro...".

Afirmações semelhantes são encontradas na instrução *Eucharisticum mysterium* (1967), nn. 9 e 55.

Na *Instrução Geral sobre o Missal Romano* (na *tertia editio typica*), n. 27, encontramos a mesma afirmação global sobre a presença de Cristo na assembleia litúrgica, na Palavra e na Eucaristia. Afirmação idêntica, no que se refere à liturgia das horas, encontramos na respectiva *Instrução Geral sobre a Liturgia das Horas*, nos nn. 9 e 13.

Estas afirmações tão claras criaram a convicção de que a presença de Cristo na assembleia litúrgica foi um dos temas-chave da teologia do Vaticano II e, precisamente a propósito disto, o Congresso Internacional de Teologia do Concílio (setembro-outubro de 1966) dedicou uma atenção especial a este tema.

A redescoberta do tema, porém, não é fácil, posto que requer uma atenção especial a todas as implicações que a categoria da presença tem no âmbito da teologia litúrgica. Recentemente, o *Catecismo da Igreja Católica* retomou de maneira sistemática, mas em um enfoque mais trinitário, todas as afirmações do Vaticano II sobre a presença de Cristo na liturgia, reelaborando e reafirmando o que agora já é uma doutrina adquirida do Magistério, proposta como catequese litúrgica autorizada.

Estas são as linhas essenciais de sua exposição no parágrafo que tem por título: "A obra de Cristo na liturgia": Cristo glorificado... (CIC 1084-1085)... a partir da Igreja dos apóstolos... (CIC 1086-1087)...

está presente na liturgia terrestre... (CIC 1088-1089)... que participa da liturgia celeste (CIC 1090).

O *Catecismo* cita abundantemente a SC 6-8. Oferece, no entanto, um aprofundamento teológico de grande valor na linha do que nós proporemos na exposição teológica, precisando assim o fato da permanência das ações salvíficas de Cristo em virtude de seu mistério pascal (CIC 1085), um texto que analisaremos a seguir.

A presença de Cristo e de seu mistério pascal é o eixo da teologia pós-conciliar da liturgia cristã.

Uma teologia bíblico-patrística da presença de Cristo na liturgia

Na compreensão do mistério da presença de Deus na liturgia confluem algumas linhas de teologia bíblica, que sinteticamente podemos recordar como etapas progressivas da manifestação do Deus amigo que fala com os homens e se comunica com eles. Estas três linhas progressivas e convergentes são: a presença de Deus no meio de seu povo no culto do Antigo Testamento; a presença de Cristo, bênção do Pai para os homens e glorificação do Pai em sua divindade-humanidade, durante sua vida terrena, que culmina em seu mistério pascal; a continuada presença do Ressuscitado no meio de seus discípulos depois da ressurreição, demonstração e garantia de sua proximidade operante para seus discípulos na Igreja. Recordemos brevemente os momentos progressivos que na liturgia encontram sua realização.

A presença de Deus na tenda, no templo, no povo

Uma das linhas mais sugestivas da teologia do culto no Antigo Testamento é a da presença de Javé no meio de seu povo. O Deus de Israel é precisamente *Javé*. Nas palavras de sua revelação — "Eu sou aquele que é" (Ex 3,14) — está envolvido o significado do ser, mas também o da presença, da assistência, do ser *com* e *para* Israel. Sua presença transformar-se-á em uma "morada", a *shekinah* de Javé no meio de seu povo, expressa com ternura em textos como Lv 26,11-12, que encontrará amplos desenvolvimentos na teologia de Ezequiel: "Estabelecerei minha morada no meio de vós e não os rejeitarei. Caminharei entre vós, serei vosso Deus e vós sereis o meu povo".

Essa presença de Javé permite uma comunhão cultual com o Deus próximo no lugar de sua morada.

Deus está presente na *tenda* do encontro, onde se encontra a arca da Aliança e onde o povo é convocado para escutar, orar, sacrificar (Ex 29,42-43). A glória do Senhor (*Kabod Yahveh*) é a manifestação tangível dessa misteriosa presença na nuvem que cobre a morada de Deus, como soberbamente expressam os últimos versículos do livro do Êxodo, para dar sentido a toda a longa peregrinação do povo pelo deserto: "A nuvem cobriu a Tenda da Reunião, e a glória de Javé encheu a Habitação. Moisés não pôde entrar na tenda da Reunião porque a nuvem permanecia sobre ela, e a glória de Javé enche a Habitação" (Ex 40,34-35; cf. Nm 9,15-22).

Em um segundo momento da história cultual de Israel, o templo substitui a tenda como lugar da morada de Deus. O relato da inauguração do templo de Salomão tem seu momento culminante ao referir como Deus toma posse desta nova morada, isto é, o santuário: "Quando os sacerdotes saíram do santuário, a Nuvem encheu o templo de Javé e os sacerdotes não puderam continuar sua função, por causa da Nuvem: a glória de Javé enchia o templo de Javé" (1Rs 8,10-11). É verdade: Deus habita os céus dos céus; sua presença não está limitada a uma morada construída pelo homem, mas, como sinal sacramental de sua presença, o templo é a morada que Deus escolheu para estar com seu povo (cf. 2Cr 5,5-14).

O mistério da presença de Javé no meio de seu povo sofre posteriormente uma crise. É a mesma crise da prevaricação por parte do povo, da transgressão da Aliança. Até o lugar da morada de Deus será destruído e profanado. Deus parecerá "ausente" de seu povo. Porém, por meio desta terrível prova será expressa a grande verdade que prepara a realidade dos tempos messiânicos, especialmente por meio da teologia profética de Ezequiel. Deus, na realidade, não está sujeito a um lugar; ele quer morar com seu povo. Estando este exilado, Deus, com sua glória, vai até onde está o seu povo. É o povo que se transforma em templo verdadeiro, morada de Deus; mais ainda: é o coração purificado e santificado que será o lugar da presença de Javé (Ez 36,26-27). E, ao mesmo tempo, Deus habitará no meio de nós:

> Porei o meu santuário no meio deles para sempre. A minha Habitação estará no meio deles: eu serei o seu Deus e eles serão o meu povo. Assim saberão as nações que eu sou Javé, aquele que santifica Israel, quando o meu santuário estiver no meio deles para sempre (Ez 37,26-28).

Estamos no ápice da revelação. Quando o templo é reconstruído, Javé continua morando nele, mas o povo já está convencido de sua admirável presença entre os que são fiéis à sua lei. Um dito rabínico, que pode remontar aos tempos de Jesus, expressa paradoxalmente esta convicção com algumas palavras que, como veremos, serão retomadas pelo mesmo Cristo com um significado específico: "Se duas pessoas

PRESENÇA E AÇÃO DE CRISTO

estão reunidas sem falar da Torá (a Lei ou Ensinamento), é uma reunião de zombadores. Mas se duas pessoas estão reunidas e falam da Torá, a *Shekinah* habita no meio delas". Deus se faz presente no meio de dois ou mais reunidos, por amor à lei. Estamos no limiar de uma revelação definitiva.

Jesus Cristo, cume da presença

No mistério de Jesus culmina a presença de Deus no meio de seu povo. Este mistério, tão rico, podemos apenas tocá-lo nesta exposição para vinculá-lo com tudo o que dissemos sobre a presença de Deus no Antigo Testamento e sobre a humanização específica em Cristo da relação salvífica de Deus com o homem. E a resposta, também humana, que impregna a liturgia da Igreja.

A teologia joanina da encarnação

Basta agora recordar como, na perspectiva de João, os momentos expressivos da presença de Deus com seu povo no Antigo Testamento culminam na encarnação.

Jesus é a *tenda* da presença de Deus, porém agora em sua carne feita verdadeira e definitiva morada divina para a humanidade: "E o Verbo se fez carne e habitou entre nós; e nós vimos a sua glória, glória que ele tem junto do Pai como Filho único, cheio de graça e de verdade" (Jo 1, 14). Em Jesus, Deus pôs em nosso meio a nova tenda do encontro; mais ainda, ele é a *tenda*. A glória de Deus que resplandecia na nuvem agora se manifesta humanamente em Cristo, em suas palavras e nos sinais de sua divindade.

Jesus é o *templo*; seu corpo é o verdadeiro santuário: "Destruí este santuário, e em três dias eu o levantarei" (Jo 2,19; cf. 21-22). Nada

LITURGIA E VIDA ESPIRITUAL

poderá mais atentar contra este templo de Deus; ele poderá ser destruído com a morte, mas será reedificado com a ressurreição. Será o verdadeiro e definitivo lugar do culto em espírito e verdade.

O loghion de Mateus 18,19-20

Neste contexto de experiência pascal, deve-se recordar o texto de Mateus tantas vezes citado para apoiar a doutrina da presença de Cristo no meio da comunidade reunida: "Em verdade ainda vos digo: se dois de vós estiverem de acordo na terra sobre qualquer coisa que queiram pedir, isso lhes será concedido por meu Pai que está nos céus. Pois onde dois ou três estiverem reunidos em meu nome, ali estou eu no meio deles" (Mt 18,19-20).

O contexto doutrinal é interessante. Trata-se do discurso sobre a Igreja, uma série de ensinamentos que têm como referência comum a comunidade eclesial. No texto rabínico que citamos, contemporâneo do evangelho de Mateus, encontramos um texto paralelo que projeta uma luz especial para captar sua importância doutrinal: "Quando dois falam juntos da Torá, a *Shekinah* (a glória de Deus e a manifestação de sua presença) está no meio deles". Em Mateus, Jesus confirma esta tradição que espiritualiza ao máximo o espaço da presença de Deus e a constituição da comunidade escatológica de salvação, mas reserva para si mesmo e para sua Igreja o lugar e a manifestação definitiva da presença de Deus. Em outras palavras, Jesus afirma que o mistério da Igreja se realiza onde os discípulos se reúnem em seu nome. Esta afirmação está ligada a outra que fecha o primeiro evangelho: "E eis que eu estou convosco todos os dias até a consumação dos séculos" (Mt 28,20). É interessante observar: a) a referência ao texto do Êxodo, capítulo 3, sobre o nome divino "Eu sou (ou estou)", com sua carga de revelação de presença e assistência; b) o aspecto dinâmico desta presença prometida:

PRESENÇA E AÇÃO DE CRISTO

presença de mediação sacerdotal, posto que Cristo se associa à oração de sua Igreja, feita em unidade, tornando-a eficaz (cf. Jo 15,16).

Obviamente, o ponto culminante da presença salvífica e cultual de Cristo é o mistério de sua bem-aventurada paixão, ressurreição da morte e gloriosa ascensão ao céu, mistério que a Igreja chama com propriedade mistério "pascal", na realidade complexa que esta palavra evoca no nível bíblico, patrístico, litúrgico. Com efeito, é por este mistério que a presença de Jesus, Verbo encarnado, morto e glorificado, torna-se definitiva e participante, portanto, da presença divina.[4]

É precisamente o mistério pascal da morte e da ressurreição que faz com que toda a existência divino-humana de Jesus se concentre e se recapitule em sua condição eterna de Verbo encarnado, crucificado, ressuscitado e que seja ele, na condição gloriosa de sua humanidade, a presença permanente de toda a sua obra de salvação.

O Ressuscitado no meio de seus discípulos para sempre

O mistério da presença torna-se novo, operante, prazeroso e misterioso, ao mesmo tempo, no dia da ressurreição. Cristo está lá vivo e presente. É o vivente. Em seu corpo se acumularam, por assim dizer, todos os mistérios vividos na carne. É ele, Jesus de Nazaré; é, porém, o

---

[4] Para a exegese de Mt 18,20, cf. HAMER, J. *L'Église est une communion*. Paris, Cerf, 1964. pp. 213-220; ROSSÉ, G. *Gesù in mezzo*; Matteo 18,20 nell'esegesi contemporanea. Roma, Città Nuova, 1972; CUVA, A. op. cit., pp. 38-41. Deve-se observar que este texto de Mateus, depois de séculos de esquecimento, aparece constantemente na teologia litúrgica conciliar e pós-conciliar e nos documentos do Magistério. A presença de Jesus constitui também o fundamento da igreja local (LG 26). Uma teologia da presença de Deus no clássico livro de CONGAR, Y. M. *El misterio del templo*; economía de la presencia de Dios en su criatura, del Génesis al Apocalipsis. Barcelona, Estela, 1964; mais indicações na bibliografia no fim do capítulo.

Crucificado que mostra suas chagas, o Ressuscitado que se faz presente com seu corpo glorificado.

Ele continua sendo próximo, com uma proximidade cheia de humanidade. Experimentaram-no as mulheres, os discípulos de Emaús, envolvidos em um diálogo que revela ao coração e aos olhos sua nova presença na palavra, nos gestos de amizade, na fração do pão.

Deixa que se aproximem e o toquem; retoma com os discípulos aquela misteriosa relação de convivência que Pedro recorda com assombro: "[...] a nós que comemos e bebemos com ele, após sua ressurreição dentre os mortos" (At 10,41). O relato da manifestação aos discípulos de Emaús (Lc 24) sublinha de modo específico que Cristo se torna presente a seus discípulos e revela sua presença de modo dinâmico e progressivo, especialmente por meio dos sinais da palavra e da fração do pão.

Esta presença do Ressuscitado fundamenta a convicção de fé dos discípulos, em continuidade com aquela experimentada antes de sua paixão: o Ressuscitado está sempre em sua Igreja.

> As aparições de Cristo não significam que queira continuar, algumas semanas mais, sua vida terrena, mas que inicia seus discípulos e sua Igreja em uma nova maneira de sua presença. [...] O Senhor ressuscitado é a nova criação entre nós. As aparições são indícios tácitos de sua presença permanente.

Jesus estará sempre com seus discípulos de modo invisível; agora lhes oferece uma prova visível. P. Evdokimov, ilustrando o ícone da ascensão, afirma: "A ascensão significa que a presença de Cristo muda de modalidade, é interiorizada. Não está mais diante de seus discípulos,

PRESENÇA E AÇÃO DE CRISTO

diante deles (apenas biofisicamente); está presente em cada manifestação do Espírito, como está presente na Eucaristia".[5]

O sentido profundo desta presença vem do Cristo ressuscitado. Ele aparece e desaparece em uma intermitência que será interrompida com a ascensão. Porém, como diz Leão Magno ao comentar este mistério: "O Senhor, elevando-se ao céu sob o olhar dos discípulos, pôs fim à sua presença corporal para ficar à direita do Pai. [...] O que era visível de nosso Redentor passou para os sacramentos".[6] O tempo da Páscoa do Senhor é também o da divina pedagogia que propõe os sinais de sua presença na Igreja, os sacramentos, e que dá a efusão do Espírito e a habitua, assim, à certeza e à eficácia de sua presença e comunhão salvífica de ressuscitado, que deve ser imediatamente acolhida por meio da fé.

Toda a experiência da Igreja apostólica é uma experiência de comunhão com Cristo que se faz presente misteriosamente na comunhão fraterna, no dom do Espírito, na Palavra vivificante, nos sacramentos que são uma misteriosa identificação com ele e com seu mistério; de modo especialíssimo, na fração do pão eucarístico e na comunhão no cálice, que são, como diz Paulo: "comunhão com o sangue", "comunhão com o Corpo de Cristo".[7]

Por isso, a missão dos apóstolos, como recorda a SC 6, não se esgota no anúncio do mistério de Cristo, mas com sua comunicação por meio dos sacramentos; é essencialmente uma atualização e uma comunicação eficaz desse mistério no qual ele mesmo está presente.

---

[5] *Nuevo Catecismo para adultos*. Barcelona, Herder, 1969. p. 179; EVDOKIMOV, P. *Teologia della belezza*. Roma, Paoline, 1981. p. 304.

[6] *Sermo* 74,2: PL 54, 358. [Ed. bras.: LEÃO MAGNO. *Sermões*. São Paulo, Paulus, 1996. (Patrística 6.)

[7] Cf. 1Cor 10,16.

Temos, finalmente, as palavras reproduzidas por Mateus no fim do seu evangelho como síntese de toda a progressiva teologia bíblica da presença: "E eis que eu estou convosco todos os dias, até a consumação dos séculos" (Mt 28,20). Agora, Cristo, o Vivente, está para sempre com sua Igreja, em sua Igreja. Os cristãos não são apenas seguidores de um certo Jesus de Nazaré que viveu e morreu, e que eles creem que ainda vive, como ceticamente declarava o procurador romano Festo (cf. At 25,19) e como dizem, desde sempre, os incrédulos deste mundo. Para os cristãos, Jesus é o vivente, o Senhor, aquele que não permanece no passado de sua história, por mais brilhante que seja, mas que está no hoje de Deus Pai; é o Ressuscitado e se comunica na Igreja por meio dos sinais sacramentais com todos os que acolhem, na fé, sua pessoa e sua inefável presença viva e vivificante.

O Deus próximo do Antigo Testamento, o Filho de Deus encarnado, o Ressuscitado que apareceu aos seus e comeu e bebeu com eles, é o Deus próximo que se faz presente na Igreja por meio da sacramentalidade da liturgia.

A presença de Cristo à direita do Pai

Outro elemento bíblico, que nos permite aprofundar o mistério da presença e da ação sacerdotal de Cristo, é a referência à sua existência gloriosa. A visão da carta aos Hebreus mostra Cristo na atualidade de sua mediação pontifical: "Está sempre vivo para interceder por nós" (Hb 7,25). Quando Cristo se faz presente na assembleia, ele o faz na qualidade de Cabeça da Igreja, Senhor Ressuscitado e doador do Espírito junto com o Pai.

PRESENÇA E AÇÃO DE CRISTO

A este respeito, J. A. Jungmann afirma:

Se desejarmos revitalizar o conceito da presença do Senhor, precisamos voltar ao mistério pascal e à vida gloriosa do Senhor. Daí devemos partir também para explicar as diversas formas pelas quais Cristo se faz presente para nós. Pois, a forma primária e própria da existência do Senhor, depois da sua ressurreição e ascensão, é aquela que tem na glória à direita do Pai, pela qual vive e reina com o Pai e é e continua sendo sempre a cabeça vivente do corpo místico. As restantes formas de presença são formas secundárias que devem ser explicadas a partir daquela. São algo como projeções, nas quais se multiplica e aplica, embora em graus diversos, aquela presença gloriosa.[8]

Perspectiva patrístico-litúrgica sobre a presença e a ação de Cristo na liturgia

Um primeiro filão é o dos comentários patrísticos ao texto de Mt 18,20, em linha litúrgica, referido à assembleia.

Um primeiro e significativo texto é a *Didascália dos apóstolos* (escrita na Síria no século III):

Ao ensinar, ó bispo, manda e anima o povo a frequentar a assembleia e a nunca faltar a ela, mas a assistir sempre à reunião e a não ir poucas vezes à Igreja. Quando deixam de ir, diminuem os membros do Corpo de Cristo. [...] Sois membros de Cristo. Por isso, não os afasteis da Igreja, ao participar das reuniões. Cristo, com efeito, é a Cabeça que, segundo sua promessa, está sempre presente e os reúne. Portanto, não vos descuideis nem façais do Salvador um estranho em relação a seus membros nem dividais seu corpo nem o disperseis.[9]

---

[8] JUNGMANN, J. A. Sobre la presencia del Señor en la comunidad cultual... In: *Actas del Congreso Internacional de Teología del Vaticano II*. Barcelona, Flors, 1972. pp. 308-309.

[9] II, 59, 1-3; citado também pelo Concílio Vaticano II, PO 6, nota 31.

LITURGIA E VIDA ESPIRITUAL

João Crisóstomo, que pode perfeitamente ser chamado o "doutor da assembleia", fará um uso particular do texto de Mateus para convidar para a celebração e a oração em comum:

O mesmo Senhor soberano do mundo está no meio de nós. Ele mesmo afirma: "onde dois ou três...". Se é verdade que onde se reúnem duas ou três pessoas, lá está Jesus no meio delas, com maior razão encontrar-se-á onde estiverem reunidos tantos homens e tantas mulheres [...] Se Pentecostes (a quinquagésima pascal) passou, a festa, no entanto, não passou. Cada assembleia é uma festa. De onde se entende isto? Das próprias palavras de Cristo, que diz: "Onde dois ou três...". Se Cristo está no meio dos fiéis na assembleia, que prova maior podes ter de que é uma festa?[10] Cada um faz isto (a oração comum) confiando não só em suas forças, mas no consentimento de muitos, que atrai sumamente o olhar de Deus e influi nele, aplacando-o. Com efeito, "onde dois ou três estão reunidos em meu nome, lá estou eu no meio deles...". Se onde dois ou três estão reunidos em seu nome, ele está no meio deles, muito mais ele está no meio de vós. [...] Por que dizes dois? Por que não estarias onde houvesse só um que te pedisse? Porque quero que todos estejam reunidos e não separados.[11]

Também santo Ambrósio aplica este texto à assembleia litúrgica: "Creio que, invocado pelas orações dos sacerdotes, está presente o Senhor Jesus que disse: 'Onde dois ou três estão reunidos, lá estou também eu'. Quanto mais se digna participar sua presença onde está a Igreja, onde são celebrados os mistérios".[12]

---

[10] De Anna *Sermo* 5,1: PG 54, 669; In Gen. *Sermo* 6,1: PG 54, 605.

[11] *In Epist. II ad Thes.* Hom. 4,4: PG 62, 491.

[12] *De myster.*, n. 27: PL 16, 414. [Ed. bras.: Ambrósio de Milão. *Explicação do símbolo*. São Paulo, Paulus, 1996. (Patrística 5.)

PRESENÇA E AÇÃO DE CRISTO

Orígenes também havia comentado esta passagem evangélica com acentos de misticismo, insistindo especialmente nas condições dos que estão reunidos: "Porque Cristo, quando vê dois ou três reunidos na fé de seu nome, vai lá e está no meio deles, atraído por sua fé e impelido por sua concórdia".[13]

Em outro nível, temos toda a teologia paulina dos sacramentos e da vida de Cristo no cristão por meio da presença, ou melhor, da *koinonia* de Cristo com o cristão e sua Igreja por meio da Eucaristia e do Batismo, nos quais se expressam, de modo variado, os momentos de comunhão com Cristo e com seu mistério pascal. Isto será expresso pelos Padres em várias terminologias: memorial, imitação, semelhança, tipo.

Um terceiro filão característico é o da consciência da presença de Cristo e de seus mistérios em autores como Leão Magno e Ambrósio. Estes textos são citados não por serem os únicos, mas por serem os que mais impressionaram O. Casel e influenciaram sua teologia da presença dos mistérios.

Os sacramentos da Igreja — começando pelo sacramento primário e lugar dos demais sacramentos, que é a Igreja-assembleia — são a presença viva e gloriosa de Cristo, comunicado a nós segundo o testemunho dos Padres. Ambrósio afirma: "Não estou mais na sombra, na figura e no tipo, mas na realidade: Tu, ó Cristo, não por via de espelhos e de enigmas, mas face a face, te revelaste a mim; e eu te encontro em teus sacramentos".[14]

---

[13] *Comm. al Cant.*, n. 1, 3-4. Outras indicações patrísticas, In: CUVA, A. Op. cit., pp. 46-49; LUBICH, C. *Dove due o tre...* Roma, Città Nuova, 1976, que reúne muitos textos patrísticos em comentário a Mt 18,19-20.

[14] *Apol. Proph. David* 12, 58: PL 14, 916.

LITURGIA E VIDA ESPIRITUAL

Leão Magno conclui:

O Senhor, depois de haver realizado tudo o que convinha para a pregação do Evangelho e para os mistérios da Nova Aliança, quarenta dias depois da ressurreição [...] pôs fim à sua presença corporal para ficar à direita do Pai até que se cumpram os tempos divinamente preestabelecidos para multiplicar os filhos da Igreja [...] O que era visível de nosso Redentor passou para os sacramentos.[15]

Nas fórmulas litúrgicas aparece claramente esse sentido da presença do mistério: "A cada vez que se oferece este sacrifício se realiza a obra de nossa redenção".

Finalmente, deve-se recordar a consciência de certa presença do mistério nas expressões litúrgicas clássicas com as quais se diz que o mistério se realiza "hoje". É uma teologia ao mesmo tempo ocidental, como a expressa por Leão Magno em muitos sermões das festas, em especial a propósito do Natal, e também oriental, como na oração de Sofrônio de Jerusalém na bênção das águas no dia do Batismo do Senhor ou Epifania, segundo a celebração oriental.

É da máxima importância a forma concreta de evocar e realizar esta presença que os Padres da Igreja desenvolvem na mistagogia dos sacramentos. Recordemos, por exemplo, a leitura que E. Mazza faz dos cinco momentos da mistagogia desenvolvidos pelos Padres da Igreja, como Cirilo de Jerusalém nas catequeses sobre o Batismo, a Confirmação e a Eucaristia: 1) a evocação dos ritos da iniciação; 2) a referência ao ato bíblico que fundamenta o rito; 3) a teologia que aplica o mistério bíblico à sua atualização sacramental; 4) a afirmação do mesmo fato que agora se realiza por meio do sacramento; 5) a característica sacramental,

---

[15] *Sermo* 74, 2: PL 54, 358. [Ed. bras.: LEÃO MAGNO. *Sermões*. São Paulo, Paulus, 1996. (Patrística 6.)

PRESENÇA E AÇÃO DE CRISTO

uma vez que tudo isto se realiza no mistério, no sacramento, no sinal. Esses momentos atualizam em dimensão sacramental o fato salvador e são concedidos ao cristão para que os guarde na mente e os acrescente à vida.[16]

A reflexão teológica contemporânea

A consciência da presença do Senhor na liturgia foi-se ofuscando, com o correr do tempo, por várias razões. A teologia medieval perde algo desse realismo, embora não totalmente, já que são Tomás é invocado como teólogo da presença do mistério e dos mistérios de Cristo. No entanto, a tendência é restringir a presença à Eucaristia; alguma ação e alguma graça aos sacramentos. Uma espécie de memória representativa aos mistérios celebrados. Falta uma teologia que aprofunde o modo dessas várias presenças; teme-se, inclusive, uma teologia que fale da presença de Cristo na Assembleia ou na Palavra, enquanto pode tirar alguma coisa da presença eucarística. Acentua-se mais a graça que Cristo dá com os sacramentos ou também com a Palavra do que a graça como doação ou comunicação do próprio Cristo e de sua vida, de seu Espírito.

---

[16] O tema pode ser desenvolvido no nível bíblico, partindo da teologia da Páscoa: MARSILI, S. A liturgia, presença de Cristo. In: *Anamnesis*, I, pp. 112-115; para a teologia paulina da participação nos mistérios de Cristo: CERFAUX, L. *Le Christ dans la théologie de saint Paul*. Paris, s.ed., 1962. pp. 302-309. Os textos litúrgicos antigos, tanto da celebração eucarística, como da liturgia das horas, evocam essa presença do mistério salvífico no tempo: NOCENT, A. Il mistero eucaristico nel mistero del tempo. *Rivista Litúrgica*, *61*: 562-578, 1974; PINELL, J. L'"Hodie" festivo negli antifonari latini. Ibid., pp. 579-592; MAZZA, E. Les raisons et la mèthode des cathéchèses mystagogiques de la fin de IV siècle. In : VV.AA. *La prédication liturgique et les commentaires de la liturgie*. Conférences Saint Serge. XXXVIII Semaine d'études liturgiques, Paris, 1991. Roma, CLV, 1992. pp. 153-156. Recordemos, finalmente, como, na parte final ou epílogo da homilia pascal de Melitão de Sardes, é o próprio Cristo quem se dirige à Assembleia com expressões como estas: "Eu sou o vosso perdão, vossa Páscoa da salvação, o Cordeiro por vós imolado, a água que vos purifica, a vossa vida, a vossa ressurreição, a vossa luz, a vossa salvação e o vosso Rei. Eu vos conduzirei para as alturas, vos ressuscitarei, e vos mostrarei o Pai que está nos céus. Eu vos levantarei com a minha mão direita..." (Édition Sources Chrètiennes 123, n. 122; versão em português no Ofício de Leituras da segunda-feira da oitava da Páscoa).

LITURGIA E VIDA ESPIRITUAL

Manifesta-se a perspectiva de uma relação com o "ontem" de Cristo — o momento em que os atos de Cristo eram meritórios — mais do que com o "hoje" de Cristo que afeta o hoje da Igreja, mas que inclui o ontem de sua vida terrestre, de sua paixão gloriosa.

Precisamente nesta base, acontece agora uma recuperação notável na teologia sacramentária e, em geral, na teologia litúrgica, que parte da intuição de O. Casel e se aperfeiçoa, até em nossos dias, em um aprofundamento teológico, que tenta tomar consciência das afirmações do Magistério sobre a presença de Cristo na liturgia.

Para um enfoque teológico moderno do tema da presença e da ação de Cristo na liturgia, parece-nos que são interessantes estas três perspectivas: 1) A perspectiva teológica de E. Schillebeeckx sobre a presença de Cristo na Igreja e nos sacramentos, como presença do mistério de Cristo na Páscoa-Pentecostes, que inclui em si os "mistérios" de Cristo (*mysteria carnis Christi*) e os torna, em si mesmos, presentes e operantes na Igreja por meio da atuação diversa e específica de cada sacramento. 2) A reflexão filosófico-teológica sobre a presença como comunhão e comunicação, com diversos graus de intensidade e de significado, na perspectiva personalista de abertura e de relação interpessoal, com uma aplicação analógica à progressiva comunicação de Cristo nos sacramentos. 3) A síntese teológica de K. Rahner, que tenta oferecer uma explicação satisfatória do fato da única presença de Cristo, que se revela progressivamente e se oferece em vários graus de sacramentalidade até no momento culminante da Eucaristia, que inclui em si todos os graus da presença.

A reflexão teológica sobre a presença de Cristo na assembleia leva a sério os pontos da teologia bíblica e os textos do Magistério que antes expusemos para construir uma síntese especulativa. As fórmulas do

PRESENÇA E AÇÃO DE CRISTO

Magistério são mais gerais e não oferecem uma distinção esperada dos diversos modos de presença, nem dão uma visão global do problema, nem reúnem os diversos pontos de vista para uma síntese harmônica.

A síntese teológica que pretendemos oferecer aqui não é fácil. Nem tudo está claro — porque no fundo trata-se de um mistério de fé, que deve ser acolhido com simplicidade e docilidade à Palavra de Deus —, porém, supõe também um desejo de penetrar o plano de Deus e de oferecer, de algum modo, respostas válidas para problemas novos, que se apresentam por uma realidade como a da presença de Cristo na assembleia, recém-descoberta pela teologia litúrgica.

Para poder proceder com maior clareza, oferecemos estas considerações progressivas: a) uma tomada de consciência das implicações teológicas; b) a presença de Cristo e de seu mistério de salvação como realidade eternamente atual; c) diversas e progressivas realizações sacramentais da única presença do *Kyrios* glorioso; d) destinação existencial e escatológica da presença do Senhor.

Algumas implicações teológicas

Para compreender o alcance das afirmações do Concílio, a propósito do mistério de Cristo na liturgia, deve-se notar o seguinte: os textos conciliares tentam explicar o conteúdo da liturgia, segundo as orientações mais seguras da teologia moderna, que propõe precisamente os sacramentos como uma "presença do mistério de Cristo". Isto indica que há outros modos de explicar este ponto doutrinal para expressar a relação entre salvação, realizada no mistério pascal, e a atual aplicação nos sacramentos.

O problema era apresentado habitualmente nos seguintes termos: Que relação existe entre o momento atual da Igreja e as ações de Cristo em sua vida terrena? Perguntava-se como as ações salvíficas de Cristo, realizadas então na Palestina, podiam acontecer e perdurar "agora" na Igreja. A resposta podia ser: os sacramentos são os símbolos eficazes, que nos trazem os benefícios da redenção; ou então: os sacramentos são o nexo temporal que une a Igreja com os acontecimentos da salvação e os aplica neste momento histórico.

Hoje, a questão é apresentada nos seguintes termos: Que relação existe entre Cristo, que está atualmente na glória (que compreende em si suas ações terrestres), e a obra salvífica atual da Igreja? Pergunta-se, de fato, como Cristo, que é o mesmo "ontem, hoje e para sempre" (Hb 13,8), age hoje nas ações da Igreja. Eis a resposta: é ele quem exerce seu sacerdócio para a santificação dos homens e para o culto ao Pai.

A teologia moderna trouxe novamente à luz este aspecto, por demais esquecido, por várias razões, e aplicado apenas de certo modo à Eucaristia. A recuperação desta doutrina em seu aspecto bíblico e patrístico foi mérito de O. Casel e dos esclarecimentos feitos às suas opiniões.

Deve-se dizer que este tema não encontrou a teologia clássica preparada. Com efeito, antes se falava apenas da presença em relação com a Eucaristia. Mesmo excluindo o problema de outros modos de presença do Senhor na Igreja, como podem ser a assistência prometida para toda a eternidade, a presença nos que estão constituídos em autoridade, nos pobres etc., o tema apresenta-se árduo e cheio de interrogações. Com efeito, pergunta-se: é uma presença ou são várias? Que relação existe entre esses diversos modos de presença? Que relação há entre a presença eucarística e as outras? Qual é a relação entre a presença de Cristo no céu e na Igreja? E entre a presença sacramental e a espiritual no coração dos fiéis? Todas estas dificuldades explicam o esforço que deve

PRESENÇA E AÇÃO DE CRISTO

ser feito pela teologia para integrar as novas aquisições em um esquema harmonioso e coerente.

Quando falamos da presença de Cristo na liturgia, como faz o Concílio, afirmamos algo mais que uma simples assistência prometida por Cristo: "Eis que eu estou convosco todos os dias até a consumação dos séculos" (Mt 28,20). Parte-se da afirmação de que Cristo está sentado à direita do Pai, para concluir que o exercício de seu sacerdócio celeste torna-se próximo de nós como uma presença de sua pessoa e de seu mistério nos sinais sacramentais.[17]

O mistério redentor de Cristo como realidade eternamente atual. Observações teológicas

A afirmação central é esta: Cristo, na liturgia, torna-se presente na atualidade de seu mistério de paixão e de glória como aquele que sofreu, morreu e ressuscitou para a salvação do mundo e agora está sentado à direita de Deus, constituído pelo Pai, Senhor de todo o universo (*Kyrios*) e dador do Espírito. A partir desta afirmação chega-se a sintetizar a exposição feita por Schillebeeckx em seu livro *Cristo, sacramento do encontro com Deus*.

A encarnação do Filho de Deus, expressa em termos de tempo, é o ingresso pessoal do Eterno nos limites do tempo, da própria eternidade

---

[17] De um ponto de vista mais teológico, E. SCHILLEBEECKX expressou-se muito bem em *Cristo, sacramento do encontro com Deus*. Petrópolis, Vozes, 1968, cujas perspectivas expomos a seguir, para nós ainda não superadas, e mais ainda, assumidas recentemente, a nosso ver, pelo *Catecismo da Igreja Católica*, CIC, 1085. Cf. CASEL, O. *El misterio del culto cristiano*. San Sebastián, Dinor, 1953. Para uma exposição clara do problema suscitado por Casel, e sobre as soluções propostas, cf. *La Iglesia en oración*. Barcelona Herder, 1967. pp. 245-254. (Nova ed., 1987, pp. 290-295.) [Ed. bras.: *A Igreja em oração*, 1-4. Petrópolis, Vozes, 1988.] Um discípulo de O. Casel, o beneditino B. Neunheuser, foi o encarregado de traçar a história da descoberta progressiva da presença do mistério pascal na teologia da Igreja no Congresso de Teologia do Vaticano II: La presencia en la comunidad cultual: Evolución histórica y dificultad específica de esta cuestión. In: *Actas del Congreso Internacional de Teología del Vaticano II*. Op. cit., pp. 327-340.

em uma forma de aparição temporal. Desta realidade fundamental, isto é, de que os atos temporais de Jesus são pessoalmente os atos do Filho eterno de Deus em uma forma de manifestação humana histórica, tiram--se as consequências a seguir.

O princípio da irreversibilidade

Os atos de Cristo participam da irreversibilidade dos atos históricos: são limitados, irrepetíveis; passam sem a possibilidade de serem repetidos no futuro. Com esta afirmação se rejeita a teoria, atribuída a O. Casel, da "presença dos mistérios", como uma "nova presença dos mistérios de Cristo em sua dimensão também histórica".

A única possibilidade de uma presença dos mistérios salvíficos de Cristo, no tempo atual, consiste na existência de um elemento trans--histórico nos mesmos atos, capaz de se sacramentalizar no tempo da Igreja, em um ato visível. E esse elemento existe precisamente nas ações de Cristo.

O princípio da permanência eterna dos atos e dos efeitos salvíficos

No Homem Jesus, Deus-Filho está presente de modo pessoal. Nos atos vitais de Jesus, esta presença pessoal de Deus-Filho é realizada de maneira plena. Os atos históricos de Jesus são contemporaneamente atos do Filho de Deus e, por isso, participam, de algum modo, da eternidade de Deus: transcendem a dimensão temporal e histórica e gozam da dimensão eterna de Deus. Porque a raiz desses atos encontra-se na Pessoa divina de Cristo, são indestrutíveis e eternamente atuais. Pois bem, se isto se afirma dos atos mais vitais de Cristo, deve-se aplicá-lo aos atos salvíficos, ao mistério de nossa redenção. A oferenda total que Cristo faz de si ao Pai para a salvação do mundo, levada até a paixão cruenta e à morte, e a glorificação concedida a Cristo com sua humanidade como resposta do Pai à sua oferenda, permanecem eternamente atuais no céu, onde Cristo está sentado à direita de Deus.

O princípio da presença do temporal no eterno

A humanidade glorificada de Cristo, que conserva as chagas gloriosas de sua paixão, e que foi o princípio da santificação do mundo com a doação do Espírito Santo, permanece eternamente no céu como o sinal da oferenda de Cristo, da glorificação por parte do Pai, da santificação realizada pelo Espírito. Portanto, temos um mistério eterno de Páscoa e um mistério eterno de Pentecostes, cujo sinal celeste permanentemente fixado para a eternidade é o corpo glorificado de Cristo. Por isso, a carta aos Hebreus podia falar de um altar celestial e de um sacrifício celestial, e afirmar com força que a redenção realizou-se "uma vez por todas" (*ephapax*, Hb 7,27).

O princípio da presença do eterno no tempo

Esse mistério de Cristo eternamente atual pode atingir a todos nós, seja quem formos ou estejamos onde estivermos. Com efeito, Cristo está presente em nós com sua graça. Porém, nosso estado não glorificado impede que essa atividade de Cristo seja visivelmente presente em nós. Na economia da salvação, depois da ascensão e na linha com a dimensão visível da encarnação, a salvação nos é oferecida por meio da Igreja nos sacramentos. Os sacramentos não são mais que os atos salvadores pessoais de Cristo, que tomam a forma de manifestações sacramentais da Igreja. Embora nas diversas manifestações sacramentais haja um fundamento distinto, é sempre verdade que Cristo se faz presente em seu mistério eterno e único.

O princípio da mediação sacramental

Não há contradição ao afirmar que toda a força dos sacramentos vem da paixão de Cristo e, por outro lado, que Cristo age nos sacramentos. "É a mesma e única atividade de salvação em sua forma permanente." Os sacramentos contêm uma referência ao passado histórico (ao sacrifício da cruz), porque na cruz histórica, e somente nesse momento histórico, Deus sacrificou por nós sua vida humana. Os sacramentos são também uma celebração desse acontecimento histórico, mas não devem ser concebidos como um vínculo entre o sacrifício historicamente passado da cruz e nosso mundo do século XXI, mas como um vínculo entre Cristo que agora vive no céu e nosso mundo humano. Mais exatamente: nos sacramentos realiza-se o encontro imediato entre o *Kyrios* vivente e nós. Os sacramentos são esse mesmo encontro.

Desse encontro pessoal com Cristo, que "é o mesmo ontem, hoje e para sempre" (Hb 13,8), deriva a tríplice dimensão do sacramento: celebração comemorativa do sacrifício passado, realização temporal do ato terno de salvação e referência ao cumprimento da salvação na parúsia.

Depois da apresentação desta reflexão teológica (certamente não fácil), podemos captar a profundidade de sentido que tem a doutrina do Concílio, quando afirma: "Para levar a efeito obra tão importante, Cristo está sempre presente em sua Igreja, sobretudo nas ações litúrgicas..." (SC 7).

Compreende-se também que a liturgia seja definida como "o exercício do sacerdócio de Cristo", em referência ao sacerdócio eterno e à atualidade do mistério de redenção. É também o pensamento que ressoa neste texto conciliar: "Cristo [...] estando assentado à direita do Pai, opera continuamente no mundo para conduzir os homens à Igreja e por

PRESENÇA E AÇÃO DE CRISTO

ela ligá-los mais estreitamente a si e fazê-los participantes de sua vida gloriosa nutrindo-os com o próprio Corpo e Sangue" (LG 48).

O *Catecismo da Igreja Católica*, no entanto, parece assumir , neste ponto, a tese antes exposta para indicar o sentido da presença de Cristo e da permanência de seus atos salvíficos na liturgia da Igreja e nos sacramentos, quando escreve:

> Na liturgia da Igreja Cristo significa e realiza principalmente seu mistério pascal. Durante sua vida terrestre, Jesus anunciava seu mistério pascal por seu ensinamento e o antecipava por seus atos. Quando chegou a sua hora, viveu o único evento da história que não passa: Jesus morre, é sepultado, ressuscita dentre os mortos e está sentado à direita do Pai "uma vez por todas" (Rm 6,10; Hb 7,27; 9,12). É um evento real, acontecido em nossa história, mas é único: todos os outros eventos da história acontecem uma vez e depois passam, engolidos pelo passado. O mistério pascal de Cristo, ao contrário, não pode ficar somente no passado, já que por sua morte destruiu a morte, e tudo o que Cristo é, fez e sofreu por todos os homens participa da eternidade divina, e, por isso, abraça todos os tempos e nele se mantém presente. O evento da cruz e da ressurreição *permanece* e atrai tudo para a vida (CIC 1085).

A presença de Cristo: dimensão psicológica e real

Uma vez estabelecida a presença atual do Senhor e de seu mistério pascal, que se torna presente no tempo por meio dos sinais sacramentais, podemos passar agora ao estudo mais esmerado do tema, insistindo em duas instâncias fundamentais da reflexão moderna. A primeira, de ordem *filosófica*, diz respeito à própria noção de "presença", aplicada a este mistério. A segunda refere-se à qualificação de tal presença, aplicada a seus diversos modos de realização, à diferença existente e à relação intrínseca que pode acontecer entre os diversos modos de presença de Cristo em sua Igreja: é uma instância *teológica*.

Reflexão filosófico-teológica

A noção de presença tem na filosofia existencial um significado profundo. Trata-se de uma relação interpessoal entre dois seres, de uma abertura mútua que permite a intercomunicação dos espíritos. Supera-se simplesmente a noção de presença espacial ou local, ou, ao máximo, essa classe de presença que constituía a base de toda reflexão filosófica anterior, e é relegada à categoria de meio, de mediação para a relação interpessoal. As coisas presentes transformam-se, deste modo, em sinais de uma relação de pessoa para pessoa e ficam implicadas no fluxo de intimidade, que supõe a comunicabilidade dos espíritos por meio da corporeidade. Estamos diante de uma noção antropológica de presença que parece responder à experiência humana primigênia.

Pôde-se observar, a respeito, que é possível acontecer a experiência de uma verdadeira ausência entre pessoas material e espacialmente presentes, enquanto existe uma verdadeira presença entre pessoas materialmente ausentes. Em todo caso, a presença mais perfeita no âmbito da corporeidade de nossa condição presente realiza-se por meio de uma comunicação espacial de pessoa para pessoa, tanto por meio de uma coisa tomada como símbolo de comunhão, como por meio de uma relação por meio da corporeidade.

Todas essas noções foram aplicadas para esclarecer o mistério da presença do Senhor na assembleia. A própria teologia sacramental e a teologia da graça estão se desenvolvendo nessa direção. No que se refere a nosso tema, podemos indicar as linhas seguidas por alguns autores. São pontos de vista que nos poderiam parecer arriscados, e que

PRESENÇA E AÇÃO DE CRISTO

poderiam desconcertar aqueles que não sabem raciocinar com outro esquema senão o da teologia escolástica tradicional. Sem dúvida, são necessários alguns esclarecimentos para compreender o mistério da assembleia cristã, dos sacramentos e da própria presença eucarística.

A escolástica tentou purificar a noção de presença local para aplicá-la à presença de Cristo na Eucaristia. Hoje temos que provar um procedimento inverso: partir da noção de presença, no sentido de comunicação de pessoa para pessoa, de doação que admite progresso e intensidade.

Os pontos de referência teológicos, que nos levam ao mistério atual da presença de Cristo na Igreja, são bem conhecidos. A encarnação do Verbo constitui a dimensão nova da presença de Deus entre os homens; uma presença pessoal e divina, mas ao mesmo tempo tangível, sensível, espaço-temporal, por meio da natureza humana, que é o sinal da manifestação e da comunicação de Deus aos homens. Desde o momento da ressurreição e da ascensão ao céu, a humanidade de Cristo torna-se "espiritual", "pneumática", perde sua relação espacial e adquire uma nova dimensão e relação referindo-se aos homens: é uma presença divinizada, estendida, profunda. Cristo ressuscitado está presente na assembleia de seus fiéis e no coração de todo discípulo que o aceita com fé. A psicologia do amor justifica a reflexão do teólogo holandês: "O amigo, embora ausente, está presente em mim, porque o amo. Cristo torna-se presente porque é ele quem me ama. É o Senhor que se faz presente ativamente em mim". A promessa de sua presença e de sua assistência na assembleia cumpre-se infalivelmente, porque Cristo ama sua Igreja e está unido indefectivelmente a ela.[18]

---

[18] Algum ponto de reflexão sobre a presença encontra-se em RAHNER, K. La presencia del Señor en la comunidad cultual; síntesis teológica. In: *Actas del Congreso Internacional de Teología del Vaticano II*. Op. cit., pp. 341-351; especialmente sobre a noção existencial de presença, nas pp.

Resumindo e sintetizando. Quando aplicamos à presença do Senhor as noções modernas de presença, fazêmo-lo para enriquecer seu conceito, mas transcendendo-o, pelo sentido específico que esta tem de ser presença do *Kyrios* glorioso, fundamentada em sua promessa e em sua vontade. Para evitar equívocos, notemos que se trata sempre de uma presença objetiva, isto é, baseada em sua promessa, e não de um simples sentimento subjetivo nosso; depende da gratuidade e iniciativa do amor de Cristo. O âmbito dessa presença é a assembleia litúrgica, sinal fundamental da presença do Senhor, segundo sua promessa. É lá que encontramos o primeiro sinal e o âmbito de toda realização sacramental da presença de Jesus Senhor. Esse âmbito supõe uma atmosfera de fé em sua Palavra, e também o dom do Espírito, que "faz descobrir" essa presença. Os sinais que manifestam a presença do Senhor são precisamente os diversos sinais sacramentais, cada um com seu significado específico, sua eficácia particular, sua intensidade ontológica: todos, porém, inseridos no fluxo de relação interpessoal entre Cristo e sua Igreja, em uma múltipla e rica diversidade de aspectos.

Finalmente, assim como a presença tende para a comunhão interpessoal, exige-se a abertura de fé e de amor da Igreja e dos indivíduos, para que possa alcançar toda a sua intensidade.

Presença única, real, dinâmica

Seguindo a exposição de K. Rahner, podemos atribuir algumas qualidades a todas as manifestações sacramentais da presença de Cristo.[19]

341-342; HAES, R. de. Les présences du Christ Seigneur; différentes modes d'actualisation dans la liturgie. In: *Lumen Vitae, 20*: 148-157, 1965; FRAIGNEAU-JILIEN, B. Présence du Christ glorifié dans le genre humain. *Revue des Sciences Religieuses, 45*: 305-338, 1971; uma boa síntese do problema em: SARTORE, D. La molteplice presenza di Cristo nella recente riflessione teológica. In: VV.AA. *Cristologia e liturgia*, pp. 231-245.

[19] Cf. RAHNER, art. cit., pp. 345-346.

PRESENÇA E AÇÃO DE CRISTO

Única: isto é, a presença do Filho de Deus unigênito, Verbo encarnado, que sofreu e foi glorificado. Não podemos dividir Cristo; por isso, é inconcebível uma presença do Senhor que não corresponda ao seu estado atual glorioso no céu. Deve-se evitar, portanto, em nossa linguagem e mentalidade, o que são os "perigos de monofisismo e de nestorianismo" verbal em relação com a figura de Cristo. Com efeito, acontece certo monofisismo quando se insiste demais na divindade de Cristo, com prejuízo de sua humanidade. O perigo de nestorianismo é ainda mais forte; acontece quando se fala da natureza humana de Cristo, sem levar em conta sua divindade e o fato de que agora ele está glorificado no céu. Igualmente, deve-se rever a tendência oposta, que se compraz vendo só a humanidade gloriosa de Cristo, esquecendo que é uma humanidade transpassada pelo mistério da paixão e da morte no dom de si. O Vaticano II e a liturgia enfatizam o duplo aspecto do único mistério quando falam de Cristo Verbo encarnado, que sofreu e foi glorificado ("Cristo passo atque glorificato": LG 7; UR 15).

Real: não simbólica ou metafórica. Se esta expressão foi aplicada à Eucaristia, não quer dizer que nos outros casos tenhamos uma presença não "real". Na encíclica *Mysterium fidei*, Paulo VI afirma que também nos outros modos temos uma presença real. Isto não significa que se trata de uma presença como a que pode ser percebida no nível físico. A humanidade de Cristo pertence ao mundo glorificado, onde as categorias físicas só têm uma aplicação analógica. Seu corpo é espiritual (pneumático). Equivocar-nos-íamos imaginando esta presença real como uma presença física, à maneira dos demais corpos terrestres.

Ativa: não simplesmente estática. A presença de Cristo pode ser chamada dinâmica, porque visa à comunicação de si mesmo aos homens, nos diversos graus que essa comunicação pode revestir. Portanto,

161

não se pode opor a presença nos sacramentos e na Eucaristia como se esta fosse estática e aquela, dinâmica. Em toda manifestação sacramental, Cristo visa comunicar-nos sua vida: é-nos dada no Espírito Santo, que Cristo comunica.

Diversas realizações sacramentais

Vejamos agora como essa única, real e dinâmica presença do Senhor afeta a Igreja em suas manifestações sacramentais. A chave para compreender onde está a diversidade da manifestação da única presença encontra-se precisamente na diversidade dos sinais sacramentais. Cada um dos sinais possui uma capacidade diferente de nos dar essa presença do Senhor. Isto depende da própria capacidade do sinal, da especial eficácia, intensidade e simbolismo que Cristo lhe atribuiu para comunicar sua presença.

Na enumeração dos diversos sinais litúrgicos maiores — Palavra, sacramento, Eucaristia — podemos também ver uma relação progressiva de intensidade e de simbolismo que culminam na Eucaristia, que é precisamente a expressão máxima da presença do Senhor em sua Igreja. Essa relação progressiva pode ser ilustrada também pela referência à manifestação de Cristo aos discípulos de Emaús (Lc 24) que é como uma parábola do caráter progressivo da presença do Senhor que se intensifica cada vez mais. A Conferência Episcopal Italiana, no documento *Eucaristia, comunione e comunità*, apresentou este episódio como o paradigma de toda celebração eucarística com os ritos iniciais, a liturgia da Palavra, a fração do pão e a comunhão, os ritos finais.[20]

---

[20] Roma, 1983, nn. 5-9.

PRESENÇA E AÇÃO DE CRISTO

Recordemos que todos os sinais sacramentais têm como seu âmbito natural de manifestação a Igreja-assembleia e exigem, para sua compreensão, a fé e a ação do Espírito. Também nisto, seguimos a exposição de K. Rahner.

A presença de Cristo na Palavra

O primeiro sinal que manifesta a presença do Senhor na assembleia é a Palavra: "Na liturgia, Deus fala a seu povo; Cristo continua anunciando o Evangelho" (SC 33); "Cristo presente está pela sua Palavra, pois é ele mesmo que fala quando se leem as Sagradas Escrituras na Igreja" (SC 7).[21]

Estas afirmações do Concílio, que suscitaram surpresa inclusive em alguns padres conciliares, fazem eco fiel à doutrina da Escritura e dos Padres, expressa também de modo "mistagógico" na liturgia.

A Palavra proclamada na assembleia é sinal da presença e da ação de Cristo, que atualiza sua mensagem. A Palavra pertence também à categoria bíblica de memorial, que torna presente, no coração dos fiéis, Cristo que fala ou uma passagem da revelação que conduz a Cristo.

Recordem-se alguns textos patrísticos de Agostinho: "Escutamos o Evangelho como se o Senhor estivesse presente...".[22] "O Evangelho é a boca de Cristo. Ele está sentado no céu, mas não cessa de falar na terra."[23]

---

[21] Cf. *Instrução geral sobre o Missal Romano* (terceira edição típica), n. 60: "Os fiéis com suas aclamações reconhecem e professam a presença de Cristo que lhes fala...". Também na introdução geral do *Lecionário da Missa*, 4ss.

[22] *In Ioan. Ev.*, 30,1: PL 35, 1632.

[23] *Sermo* 85,1: PL 38, 520.

LITURGIA E VIDA ESPIRITUAL

A tradição litúrgica do Oriente e do Ocidente ilustra essa consciência de escutar o próprio Cristo mediante a reverência devida ao evangeliário, as cerimônias que acompanham a leitura da Palavra de Deus, as aclamações com as quais a Igreja responde antes e depois da leitura, referidas diretamente a Cristo: "Laus tibi, Christe"; "Glória a vós, Senhor"; "Nós vos louvamos, Senhor". Por meio de todas as expressões litúrgicas, palavras e ritos que rodeiam a proclamação do Evangelho na missa, em todas as liturgias expressa-se esta convicção: a procissão, o lugar da proclamação, o Evangelho fechado em uma teca como um tabernáculo da Palavra, a pequena entrada da liturgia bizantina, as aclamações e outras orações, a veneração do Evangelho com o beijo do celebrante, do diácono, dos fiéis em algumas liturgias, o gesto da bênção com o evangeliário.

Uma rubrica do *Pontifical romano-germânico* do século X afirma:

> Lê-se depois o Evangelho, no qual Cristo fala com sua boca ao povo [...] para atualizar o Evangelho na Igreja, como se o próprio Cristo, em pessoa, falasse ao povo [...] Quando se escuta o próprio Cristo em pessoa, isto é, durante o Evangelho, deixamos o báculo pastoral porque não temos necessidade do apoio humano.[24]

A experiência espiritual o confirma: escutando a Palavra com fé, Cristo torna-se presente entre nós; há um nexo de comunhão entre ele e sua Igreja em cada fiel, por meio de sua Palavra; assim como toda palavra é sinal e veículo da manifestação do Espírito, e algum escrito nos torna, de algum modo, presente à pessoa que fala ou à qual se refere,

---

[24] Cf. Introdução geral do *Lecionário da Missa*, 32-37. A citação do *Pontifical* refere-se a VOGEL, C. & ELZE, R. *Le Pontifical romano-germanique*, t. 1. Città del Vaticano, 1963. p. 334.

assim também no caso de Cristo, mas em um sentido ainda mais verdadeiro e real. Essa presença do Senhor passa por aquele que a proclama com confiança e chega àquele que a acolhe com fé. Pode acontecer intensidade diferente, segundo o sentido e a eficácia da própria Palavra e na medida da fé e do amor com que é acolhida.[25]

A presença de Cristo na oração da Igreja

Reflexões análogas podem ser feitas quanto à presença de Cristo na oração da Igreja. Quando a Igreja ora, fá-lo em nome de Cristo, consciente de ser seu corpo e de estar unida a ele. Assim diz a IGLH 7,9,13, especialmente no número 7, onde cita a conhecida passagem de Agostinho:

> [...] Quando o corpo do Filho está orando, não separe de si sua cabeça. O mesmo e único salvador do Corpo, Nosso Senhor Jesus Cristo, o Filho de Deus, ore também por nós, ore em nós e nós oremos a ele. Ele reza por nós como nosso sacerdote, reza em nós como nossa cabeça, e nós rezamos a ele como nosso Deus. Reconheçamos, pois, nele a nossa voz e sua voz em nós.[26]

A presença de Cristo nos sacramentos

Há palavras salvíficas cujo sentido pleno e cuja eficácia expressam a vontade de Cristo em uma palavra-ação: os sacramentos. Os sacramentos são ações de Cristo, forças vivas que emanam de sua huma-

---

[25] MARTIMORT, A. G. apresenta toda uma ampla documentação sobre os ritos que acompanham, nas liturgias orientais, a proclamação do Evangelho como concreta profissão da fé da Igreja na presença do seu Senhor: "Está presente em sua Palavra, pois quando se lê na Igreja a Sagrada Escritura é ele que fala...". In: *Actas del Congreso de Teología del Concilio Vaticano II*, pp. 300-315; ROGUET, A. M. La présence du Christ dans la Parole de Dieu. *La Maison Dieu*, 82: 8-18, 1965; MARSILI, S. Cristo si fa presente nella sua Parola. *Rivista Liturgica*, 70: 671-690, 1983.

[26] *Enarr. In Ps*. 85: PL 37, 1081.

LITURGIA E VIDA ESPIRITUAL

nidade glorificada. São realizados com palavras e com ações, por meio dos legítimos ministros, mas no fundo são uma comunicação de vida de Cristo, na variedade septiforme da graça de Cristo, para a vida da Igreja. Quando alguém batiza, é Cristo quem batiza.[27]

A teologia conciliar dos sacramentos é fortemente personalista, segundo as expressões seguintes: "Neste corpo difunde-se a vida de Cristo nos crentes que, pelos sacramentos, de modo misterioso e real, são unidos a Cristo morto e glorificado" (LG 7). "A liturgia dos sacramentos [...] consegue para os fiéis bem dispostos que quase todo acontecimento da vida seja santificado pela graça divina que flui do mistério pascal da paixão, morte e ressurreição de Cristo, do qual todos os sacramentos adquirem sua eficácia" (SC 61). Outros textos sobre cada um dos sacramentos encontram-se na LG 11. Portanto, os sacramentos são o contato vivo com a pessoa de Cristo, também segundo os textos patrísticos citados anteriormente.

Um papel especial é desempenhado pelo ministro dos sacramentos. O ministro do sacramento não faz as vezes de Cristo nem o representa como se ele estivesse ausente; é muito mais, o sinal de Cristo presente e operante por si mesmo. A teologia oriental sublinha a dimensão sacramental do ministro como "ícone" de Cristo em sua referência ao Senhor e a seu Espírito.[28]

---

[27] Cf. SC, 7; SANTO AGOSTINHO, *In Ioan.* Ev., 6,1,7: PL 35, 1424.1428. A palavra de Agostinho é forte, no limite do paradoxo, uma vez que afirma: "Se Pedro batiza, é Cristo quem batiza, se Paulo batiza, é Cristo quem batiza; se Judas batiza, é ele quem batiza [...] Aquele que Judas batizou, foi Cristo quem batizou. E, assim, aqueles que um bêbado batizou, aqueles que um homicida batizou, aqueles que um adúltero batizou. Porque se era Batismo de Cristo, foi Cristo quem os batizou".

[28] Sobre as implicações da presença de Cristo no ministro, cf. CURA, S. de. Presencia de Cristo en el ministro ordenado (SC 7,1): Desarrollos postconciliares e implicaciones litúrgico-teológicas. In: VV.AA. Teología, liturgia y espiritualidad. Burgos, s.ed., 2004. pp. 307-384.

PRESENÇA E AÇÃO DE CRISTO

Esta consciência é sublinhada também em documentos recentes da Igreja. Diz-se, por exemplo, a propósito do rito da reconciliação:

> Ao acolher o pecador penitente e guiá-lo para a luz da verdade, o confessor cumpre sua função paternal, revelando o coração do Pai aos homens e reproduzindo a imagem de Cristo pastor. Recorde, por conseguinte, que lhe foi confiado o ministério de Cristo, que para salvar os homens realizou misericordiosamente a obra da redenção e com seu poder está presente nos sacramentos (cf. SC 7).[29]

Observemos, finalmente, que estas ações santificantes de Cristo não podem estar separadas de sua pessoa e de sua presença, e que a *virtus divina* da qual se fala na terminologia escolástica deve ser entendida em sentido personalista como ação de Cristo, ministro de todos os sacramentos e comunhão com sua pessoa como graça sacramental, segundo a LG 7 e outros textos conciliares que recuperaram este sentido personalista das ações sacramentais.

A presença de Cristo na Eucaristia

Entre todas as palavras evangélicas e entre todas as ações sacramentais, a Eucaristia — Palavra e sacramento — constitui o ápice da eficácia, intensidade e simbolismo da presença de Cristo. Por isso, a presença de Cristo na comunidade recebe a expressão máxima neste sacramento.

A Eucaristia é palavra absolutamente eficaz e sumamente significativa; realiza o que significa: o fato central da salvação, a atualização do dom de Cristo para a salvação do mundo e a aceitação de seu sacrifício por parte do Pai, manifestada em sua glorificação, memorial da

---

[29] *Ritual da Penitência*, Introdução geral 10,c.

morte e ressurreição do Senhor; as palavras da Eucaristia formam, como diz Rahner, o "Urkerygma" — o querigma primordial e original que é o anúncio de Cristo morto e ressuscitado (cf. 1Cor 11,26) — e, enquanto o proclamam, atualizam-no no tempo.

É a ação sacramental por excelência, da qual todas as demais fluem e para a qual todas as demais tendem: "Culmen et fons". Porém, além disso, na Eucaristia a presença do Senhor ressuscitado atinge seu grau máximo de densidade ontológica, por meio da transubstanciação do pão e do vinho. Do ponto de vista de seu significado sacramental, na Eucaristia encontramos a pessoa de Cristo, no ato que totaliza sua vida e recapitula toda a história da salvação. O sinal que manifesta a presença do Senhor não é apenas uma palavra ou uma ação, mas alguns elementos que contêm verdadeiramente o Senhor em todo o realismo de sua humanidade glorificada, simbolizando o ato de seu dom supremo ao Pai e seu destino para uma comunhão real, que expressa da maneira mais sublime a "autocomunicação" a sua Igreja. Aqui, o dom se confunde com o dador, a ação sacramental concentra-se na pessoa que a realiza, a palavra evangélica transforma-se na Palavra feita carne.

A presença "sacerdotal" de Cristo se faz também especificamente presença de "vítima gloriosa", que se oferece ao Pai e a nós, a Igreja. O contato com sua pessoa se realiza por meio dos elementos que permitem degustar e saborear a realidade de Cristo e especificam o destino final de sua doação, sua compenetração mútua em sua vida e em seu mistério pascal, "porque a participação do corpo e sangue de Cristo não faz senão que passemos a ser o que recebemos".[30] Tudo se realiza em virtude

---

[30] Leão Magno, citado por LG 26: *Sermo* 63,7: PL 54, 357. O texto de Leão Magno continua com um estupendo realismo explicitado nestas palavras: "E que levemos em tudo, no espírito e na carne, aquele no qual fomos mortos, sepultados e ressuscitados…".

PRESENÇA E AÇÃO DE CRISTO

da palavra sumamente eficaz de Cristo, proclamada pela Igreja e por meio do poder do Espírito.

Desta breve descrição se pode avaliar como a única presença de Cristo na liturgia se realiza em vários graus de sacramentalidade. Quanto ao simbolismo: anúncio da salvação na Palavra, ação santificante diferenciada nos sacramentos, Cristo em seu mistério pascal na Eucaristia; quanto à intensidade: Palavra, Ação, Pessoa.

Quanto mais simbólica e intensa for a atividade do sinal sacramental, tanto mais intensa será a realização da presença. Também aqui, a Eucaristia é cume, porque compreende todos os graus: Palavra-Ação-Pessoa, porque significa, do modo mais completo, o mistério de Cristo; porque a presença do Senhor acontece com a transubstanciação do pão e do vinho.

Compreende-se em tal contexto a intensidade com a qual os textos conciliares expressam essa presença do Senhor na Eucaristia: "Memorial de sua morte e ressurreição [...], banquete pascal, no qual Cristo nos é comunicado em alimento [...]" (SC 47). "Participando realmente do corpo do Senhor na fração do pão eucarístico, somos elevados à comunhão com ele e entre nós" (LG 7). "A sagrada Eucaristia contém todo o bem espiritual da Igreja, a saber, o próprio Cristo, nossa Páscoa e pão vivo, dando vida aos homens, por meio de sua carne vivificada e vivificante pelo Espírito Santo" (PO 5). "Pela celebração eucarística [...], os fiéis [...] ao terem acesso a Deus Pai mediante o Filho, o Verbo encarnado, morto e glorificado na efusão do Espírito Santo, conseguem a comunhão com a Santíssima Trindade" (UR 15).

LITURGIA E VIDA ESPIRITUAL

Referência final da presença sacramental

Como dissemos antes, a presença de Cristo na liturgia é ativa, dinâmica, visa à autocomunicação. Por isso não podemos nos deter em uma consideração estática, mas devemos redescobrir todo o dinamismo de santificação que a presença do Senhor inclui.

Tendo presente a dialética necessária entre sacramento e a graça do sacramento, podemos afirmar que a presença eucarística não é um fim em si mesma; é o meio salvador para que Cristo viva mais intensamente em nós. Na Eucaristia, Cristo não vem para estabelecer seu trono no pão, mas para que, comendo essa presença eucarística, Cristo viva em nosso coração, em nosso espírito, em nossos sentidos e em nosso corpo santificado. De fato, a presença eucarística não é o fato mais alto e sublime, a meta e a recompensa do cristão, mas o sinal e o meio da presença pneumática permanente de Cristo, significada e aumentada por esse sinal sacramental. Por este sacramento, Cristo vem a nós e permanece conosco.

Esse dinamismo santificador foi colocado em destaque pela teologia moderna, que traslada assim o acento daquilo que é chamado tecnicamente a *res et sacramentum* (o sacramento em sua realização) para a *res sacramenti* (a graça sacramental). Isto é, tende-se a ver a finalidade dos sacramentos, que é a aplicação concreta da ação redentora e santificante de Cristo.

Esta visão das coisas é justa contanto que se leve em conta que a liturgia continua sendo "fonte e cume" da presença e da ação de Cristo. A liturgia é a fonte da graça, entendida como comunhão pessoal com Cristo; mas, ao mesmo tempo, nossa comunhão com Cristo acontece da maneira mais perfeita do ponto de vista da visibilidade, na mesma liturgia que assim é também "cume" do encontro com Cristo em sua

PRESENÇA E AÇÃO DE CRISTO

Igreja. Por isso, deve-se insistir que a presença de Cristo na Eucaristia é permanente, dura enquanto permanecerem as espécies eucarísticas e, portanto, é digna de adoração no sacrário. Porém, também essa presença visa a suscitar em nós a comunhão espiritual com Cristo.[31]

Esta dimensão da comunhão espiritual vale para qualquer realização da presença de Cristo e depende da comunicação santificante de seu Espírito.[32] Logicamente, a presença de Cristo também tem sua expressão na relação comunitária entre os cristãos que vivem da Palavra, dos sacramentos e da Eucaristia. Mais ainda, é precisamente essa presença espiritual de Cristo entre os seus o fruto e o testemunho mais importante da experiência litúrgica, como sublinham prazerosamente alguns movimentos modernos de espiritualidade.[33]

Temos, assim, uma perfeita recirculação da presença do Senhor. De sua presença gloriosa no céu, para a sua manifestação na assembleia nos vários sinais sacramentais; dos vários sinais sacramentais para a presença espiritual, na espera da presença gloriosa no céu.

Perspectiva teológico-existencial da presença de Cristo

É o aspecto concreto, espiritual, que leva a uma espiritualidade litúrgica centrada no mistério pascal, no cristocentrismo litúrgico. Podemos distinguir três momentos: a) a celebração da presença; b) a

---

[31] Cf. *Eucharisticum mysterium*, nn. 49-50.

[32] Para o fundamento bíblico, cf. LYONNET, S. Presenza di Cristo e del suo Spirito nell'uomo. *Concilium*, 5: 173-181, 1969.

[33] Cf. LUBICH, C. *Dove due o tre*. Roma, Città Nuova, 1976; Id. *L'Eucaristia*. Roma, Città Nuova, 1977; POVILUS, J. M. *La presenza di Gesù fra i suoi*. Roma, Città Nuova, 1977.

LITURGIA E VIDA ESPIRITUAL

comunhão na presença ou a santificação; c) o testemunho ou expansão epifânica da presença de Cristo.

A celebração da presença

A consciência da presença e da ação de Cristo na liturgia traz consigo uma resposta especial que se traduz em uma espiritualidade da celebração, que sabe valorizar todos os sinais e expressões de Cristo.

Celebramos sempre Cristo e seu mistério pascal, em todo ato litúrgico. É, portanto, o objeto de nossa liturgia. Celebramos sempre e em todo lugar em, com, por Cristo. Portanto, é ele o sujeito primordial de nossas celebrações.

É importante valorizar todos os sinais da presença do Senhor, para sublinhar ora um aspecto, ora outro: a assembleia que é Corpo de Cristo; os ministros da Palavra, dos sacramentos e da Eucaristia, que, de maneira diferente, são imagem, ícone vivo de Cristo. Estes são os sinais ou ícones espaciais indicativos da presença do Senhor: o altar, o batistério, o ambão, o evangeliário, o círio pascal. Pertencem a este gênero das presenças indicativas das imagens do mistério de Cristo ou do mistério celebrado: o Cristo que preside o arco triunfal ou a abside das basílicas ou domina a assembleia desde a cúpula dos templos orientais, o ícone de Cristo, o crucifixo que atrai o olhar e revela o mistério.

Daí a importância das imagens, como sinais evocativos da presença do Senhor na complementaridade entre o que a Palavra leva ao ouvido e o que a imagem apresenta diante dos olhos. O mistério gerado na imagem ajuda e conduz a uma liturgia contemplativa.[34]

---

[34] Cf. *Catecismo da Igreja Católica*, nn. 1159-1162 e nosso livro *Oración ante los iconos*; los mistérios de Cristo en el año litúrgico. 2. ed. Barcelona, CPL, 1999, sobretudo pp. 23-25; cf. Los iconos. Historia, teología, espiritualidad. *Cuadernos Phase*, Barcelona, CPL, n. 126, 2002, que reúne

Trata-se, além disso, de viver os sinais da presença viva de Cristo como fonte de espiritualidade: a Palavra proclamada e escutada, a oração na qual o próprio Cristo é o orante conosco, as ações sacramentais como atos postos "pela pessoa de Cristo", identificando-se, portanto, com sua pessoa e sua ação salvífica; a celebração da Eucaristia como momento culminante da presença.

Celebramos sempre, em todos os tempos litúrgicos, o mistério da Páscoa que é Cristo. Como no princípio havia uma única celebração, a Páscoa, também hoje, apesar da multiplicidade das celebrações do ano litúrgico, não se deve esquecer que é uma mesma realidade da qual vão sendo tirados os diversos momentos como fragmentos de um todo.

A santificação como comunhão com Cristo

As considerações até agora propostas nos levam a aprofundar uma das dimensões essenciais da liturgia: a santificação em dimensão cristocêntrica.

A santificação não é senão a comunhão pessoal com Cristo, com sua pessoa, com sua vida, com seu mistério, com seu Espírito. A graça é Alguém, e não simplesmente "algo"; devemos, portanto, acentuar o personalismo da santificação.

A santificação é também comunhão com Cristo em seu mistério pascal — morte e ressurreição — não apenas enquanto causa de nossa santidade, mas enquanto toda manifestação do Senhor que nos insere neste mistério e ao mesmo nos configura progressivamente. Nossa união com Cristo é sempre com ele, que padeceu e foi glorificado. A vida

---

a documentação comemorativa do XII aniversário do II Concílio de Niceia (787), com a preciosa carta do patriarca Dimitiros I (pp. 5-20) e a de João Paulo II, *Duodecimum saeculum* (pp. 21-32), sobre a beleza dos ícones.

cristã, alimentada pelas diversas manifestações da presença do *Kyrios*, não é senão a comunhão constante em todas as dimensões: é uma vida unida tanto à morte como à ressurreição de Jesus.[35]

A múltipla riqueza do mistério pascal em suas dimensões individuais e sociais é eficazmente significada e conferida por meio da diversidade dos sinais: palavra, oração, sacramentos, no quadro rico e completo do ano litúrgico.[36]

A colaboração dos participantes e a reciprocidade do encontro

A ação santificante de Cristo compromete não só as criaturas implicadas nessa manifestação (pão, vinho), mas especialmente os ministros que são assumidos na sacramentalidade das ações de Cristo. Isto vale para todo fiel chamado a intervir nas ações sacramentais, mas de modo especial para o sacerdote que age "em nome e na pessoa de Cristo sob a ação do Espírito Santo", quando roga, proclama a Palavra, batiza, perdoa, oferece a Eucaristia etc. A consciência de tornar Cristo presente pode ser uma fonte de autêntica espiritualidade litúrgica, no compromisso de se identificar com os sentimentos de Cristo para ser, dentro do possível, um verdadeiro "sinal-sacramento", que comunica em transparência humana a presença de Cristo Senhor nas ações litúrgicas. A análise fenomenológica da presença mostra que esta não é completa do ponto de vista humano se não houver reciprocidade no encontro. A

---

[35] O mesmo *Catecismo* aponta o fato da vivência dos mistérios de Cristo por meio dos sacramentos e do ano litúrgico (CIC, 519-521).

[36] Cf. LG 11, onde se aponta o aspecto cristológico e eclesial de cada sacramento. O *Catecismo* destaca esta dimensão conjunta da proclamação e celebração dos mistérios de Cristo e a participação da Igreja nesta experiência, de tal maneira que os mistérios vividos por Cristo são mistérios vividos por seu corpo (CIC, 515-521): "Tudo o que Cristo viveu foi para que pudéssemos *vivê-lo* nele e para que ele o vivesse em nós...". Cf. CASTELLANO, J. Los misterios de Cristo en el año litúrgico; una relectura del "Catecismo de la Iglesia Católica". *Phase*, *42*: 95-107, 2002.

PRESENÇA E AÇÃO DE CRISTO

intercomunicação não se realiza se a abertura espiritual de um sujeito não corresponde à aceitação e à comunicação por parte do outro.

Os teólogos aplicam estes conceitos com certa analogia à liturgia. Embora a presença santificante do Senhor nas ações sacramentais seja sempre um ato gratuito de amor, não se realiza plenamente se não existir uma plena reciprocidade por meio da aceitação por parte dos fiéis. Então, de presença oferecida transforma-se em presença aceita. Esta distinção não afeta absolutamente a realidade da ação salvífica; apenas sublinha a necessidade da aceitação, para que alcance sua finalidade. Daí, a necessidade da fé viva por parte dos fiéis, para se pôr em contato vital com Cristo, que vem a seu encontro por meio do sinal sacramental. A intensidade da fé e do amor com que é acolhida e assimilada a ação santificante contribui, em grau máximo, para tornar plenamente frutuosa a participação litúrgica.

A continuidade da presença

O encontro sacramental com Cristo, inclusive o da comunhão eucarística, está vinculado aos sinais. É o momento forte, mas transitório, da presença de Cristo na visibilidade da Igreja. Com ele começa, renova-se ou aprofunda-se a presença espiritual do Senhor em seus fiéis, não mais vinculada à visibilidade do sacramento, porém não menos real para quem sabe descobri-la por meio da fé e do amor. Recordemos o exemplo já citado. Se um amigo pode estar presente em outro amigo pelo pensamento e pelo amor, o Senhor está certamente conosco, porque é o primeiro a nos amar. O sinal sacramental é a garantia dessa presença. O Espírito Santo é o dom permanente de Cristo a sua Igreja. Essa presença contínua precisa ser descoberta por meio da fé e ser aprofundada nos sucessivos encontros sacramentais, cada um com seu significado particular. Desta doutrina deriva uma necessária perspectiva litúrgica e cristocêntrica de toda a vida espiritual. A comunhão sacramental, prolongada na espiritual por meio da fé e do amor, possui um dinamismo transformador de "conformação a Cristo".

Inserção no mistério pascal

Finalmente, a doutrina repetida pelo Concílio, de uma inserção no mistério pascal de Cristo por meio da graça sacramental, é importantíssima. Significa que toda a existência cristã está implicada no mistério de amor e de obediência ao Pai, à imitação de Cristo. Mais ainda: todos os acontecimentos da existência concreta, gozosos ou dolorosos, são marcados pela participação no mistério de Cristo crucificado e ressuscitado. Deste modo, a alegria característica do cristão e, ao mesmo tempo, o chamado a levar a cruz, não são duas realidades contraditórias, mas a "vivência" concreta do mistério de paixão e de glória.

Dinamismo de santificação

O encontro com Cristo na liturgia e a inserção quotidiana da própria vida em seu mistério estão abertos para um dinamismo interior de amadurecimento espiritual: assimilação progressiva do mistério de Cristo, por meio da Palavra, dos sacramentos, da Eucaristia; inserção progressiva, cada vez mais profunda, da vida quotidiana no dinamismo da celebração. Obviamente, esta experiência supõe uma antropologia e um dinamismo espiritual, sujeito às grandes constantes da vida espiritual cristã, em seu crescimento para o homem perfeito, na medida de Cristo. Está, portanto, condicionada — nas "idades da vida espiritual" — a momentos de maior sensibilidade, a provas de aridez..., tendo, porém, presente que o encontro com Cristo se realiza no âmbito da fé e transcende por si só a simples percepção fenomênica. Naqueles que possuem este carisma na Igreja, esta experiência cristã permanece aberta a

PRESENÇA E AÇÃO DE CRISTO

vértices de experiência mística nos quais, como para confirmar dados da revelação e da teologia, Deus pode conceder uma percepção clara desse encontro santificante de Cristo e de sua Igreja.[37]

Assim, por exemplo, muitos santos tiveram "experiências místicas" da presença de Cristo ressuscitado e glorificado na celebração eucarística, na oração da Igreja, em sua palavra. Como exemplo de espiritualidade litúrgica cristocêntrica, podemos nos referir a autores antigos e modernos, como o autor medieval N. Cabasilas.[38]

Uma presença manifestada ao mundo

O cristocentrismo litúrgico e a dimensão pessoal da graça não estão reclusos na liturgia nem são vividos em um nível unicamente interior. Dentro da lógica da "continuidade entre liturgia e vida", devem ser levados a uma manifestação concreta no mundo.[39]

Levar a presença a uma "epifania" no mundo (K. Rahner)

Quando um homem age e atualiza com suas obras e com sua vida a graça da qual participa e a leva a uma "epifania" (= manifestação) histórica, por meio de seu comportamento prático cristão, estamos sempre diante de uma presença verdadeira, embora talvez "anônima", de Cristo no mundo e na história. Não importa, então, que essa presença não seja especificamente "cultual". Com efeito, neste caso, mesmo apresentando algumas características de *signum*, carece de caracteres

---

[37] Cf. CIC 2014.

[38] *La vida en Cristo* (Madrid, Patmos, 1952), onde fala do dinamismo da vida cristã à luz dos sacramentos da iniciação.

[39] Resumimos aqui a exposição de dois grandes teólogos conciliares que deram uma bela explicação do dinamismo da graça sacramental: K. Rahner e E. Schillebeeckx, cujo testemunho não deve ser esquecido.

cultuais específicos. Daí se deduz que a Igreja é sempre e em qualquer época o sacramento fundamental da salvação do mundo, não somente pela pregação explícita do Evangelho, pela administração dos sacramentos e pela Eucaristia, mas também por qualquer ato ou sofrimento dos fiéis. Esse ato e esse sofrimento são dom da graça e conferem a ela uma manifestação histórica e social. Onde a Igreja é o sacramento da salvação do mundo, lá está sempre Cristo em seu Espírito e confere sempre a esta sua presença um caráter experiencial, embora talvez "anônimo". Por isso, o Senhor afirma estar sempre presente, embora incógnito, quando um homem manifesta a outro, de todo coração, sua caridade.

Transformar-se em sacramentos do encontro com Deus

E. Schillebeeckx expressa o mesmo pensamento no fim de seu livro *Cristo, sacramento do encontro com Deus*. Poderíamos resumir assim sua exposição.

O cristão, impregnado da graça sacramental, vê-se levado a expandir na vida concreta essa graça em todas as suas manifestações, especialmente na caridade fraterna para com todos. Para aqueles que vivem afastados da Igreja, seu encontro visível com Cristo acontece por meio dos cristãos, que se transformam em sacramentos do encontro com Deus para os demais irmãos. Na medida em que o mistério e a graça se tornam transparentes em uma vida cristã autêntica, tornarão visível, próxima e operante a graça para os afastados. O cristão, alimentado pelos sacramentos, transforma-se também ele em sacramento, sinal visível de uma realidade sobrenatural que guia sua existência. Em suas ações, a sacramentalidade de Cristo, da Igreja, da graça, adquire sua dimensão visível, profundamente humana para chegar até onde os sacramentos e a liturgia não poderiam chegar. O testemunho de amor dos cristãos deve

PRESENÇA E AÇÃO DE CRISTO

levar a um encontro de muitos homens com Cristo e com a Igreja, para conduzi-los depois à plenitude da graça nos sacramentos.

Em nosso encontro com os homens, em qualquer plano que seja, deve se manifestar que estamos redimidos. Não é talvez este o grande sinal da Igreja no mundo? Ela é o convite visível para o amor. O amor fraterno se transforma no sacramento do encontro com Deus. Nos cristãos e por meio deles, aparecem visivelmente no mundo a humanidade e a benevolência de nosso Deus redentor. Na administração dos sacramentos e na pregação, este encontro humano, sacramento do encontro com Deus, recebe uma expressão plena e oficial; no rito sacramental, o dom de Deus está presente de forma concentrada.[40]

Conclusão: A presença e a ação do Pai

Uma exposição correta do tema central da presença de Cristo na liturgia exige uma explicitação trinitária adequada. Se Cristo está no centro da obra da salvação, não devemos esquecer, como dissemos na primeira parte, que a liturgia tem uma dimensão trinitária essencial.

Por isso, em sintonia com a teologia litúrgica, amplamente explicitada pelo *Catecismo da Igreja Católica*, queremos concluir, antes de falar amplamente da ação do Espírito Santo, com uma alusão ao Pai, "fonte e fim da liturgia", do qual procede toda bênção.[41]

---

[40] Cf. RAHNER, K. *La presencia del Señor en la comunidad cultual*. art. cit., pp. 350-351; SCHILLEBEECKX, E. nas belas páginas finais de seu livro: *Cristo sacramento del encuentro con Dios*, op. cit., pp. 227-247.

[41] Cf. *CIC*, 1077ss.

No centro da liturgia, o Pai

A celebração da salvação na liturgia é ao mesmo tempo obra do amor do Pai, da graça vital de Cristo e da comunhão no Espírito Santo. O *Catecismo*, que tem uma impostação claramente trinitária, oferece-nos uma visão da obra das três pessoas da Trindade, com uma perspectiva mais completa que aquela que nos oferece a SC, primeiro documento do Vaticano II, que não chegou a expressar com tanta força a dimensão trinitária do mistério celebrado, especialmente em sua referência explícita à obra do Pai e à ação do Espírito Santo.

Tudo na liturgia, como na história da salvação, vem do Pai, por Cristo, no Espírito. E tudo retorna, no Espírito e por Cristo, ao Pai. O Pai é, pois, a fonte e o fim da liturgia, como diz o título primeiro do *Catecismo* dedicado a este tema (n. 1077).

A obra do Pai na liturgia, como na história da salvação, da qual a liturgia é atualização e celebração, pode ser sintetizada com a palavra bênção: "Abençoar é uma ação divina que dá a vida e da qual o Pai é a fonte. Sua bênção é, ao mesmo tempo, palavra e dom (*benedictio, euloghia*)" (n. 1078). Toda a obra de Deus é bênção, à luz do hino de ação de graças que abre a carta aos Efésios: "Bendito seja o Deus e Pai de Nosso Senhor Jesus Cristo, que nos abençoou com toda sorte de bênçãos espirituais, nos céus e em Cristo" (n. 1077). A criação e a revelação progressiva, as alianças, a Páscoa, as promessas, a presença de Deus, sua lei... Por isso, a liturgia do Antigo Testamento é toda uma memória grata de quanto Deus fez por seu povo, um canto à sua eterna misericórdia.

O *Catecismo* sintetiza esta história de bênçãos, destacando que essas são "as maravilhas" que Deus Pai operou ao longo dos séculos com o povo de Israel, com vistas à suprema revelação e dom que é a plenitude dos tempos, com o mistério de Cristo (nn. 1079-1081). É aqui

PRESENÇA E AÇÃO DE CRISTO

que se une a bênção de Deus sobre a humanidade e a resposta da humanidade, que é também uma bênção, louvor, ação de graças e adoração trinitária.

Diferentemente das outras religiões, a religião revelada se expressa como memória das grandes obras de Deus, reconhecimento pelos dons recebidos, resposta "de bênção" por seus benefícios. Na plenitude da revelação, a bênção essencial do Pai é seu Filho predileto, palavra e dom total e, com ele, a efusão do Espírito Santo, primeiro dom oferecido aos crentes em Pentecostes e continuamente na vida da Igreja e em sua liturgia.

A liturgia torna presente o tempo, atualiza e aplica este dom da Trindade a todas as gerações, no tempo e no espaço. Na Palavra, nos sacramentos, na liturgia das horas, nos sacramentais se desenvolve este diálogo da salvação, que é um diálogo de bênção.

Uma bênção descendente e ascendente

A liturgia é também uma bênção que vem da fonte que é o Pai, dador de todo bem perfeito, e é uma bênção que sobe ao Pai, meta de cada um de nossos louvores e adorações.

Sentimo-nos tentados a pensar na liturgia como algo que nós fazemos, como o culto que, em primeiro lugar, nós prestamos a Deus como coisa nossa. No entanto, uma visão da história da salvação nos diz que a liturgia é, em primeiro lugar, um dom que Deus nos dá, a graça de sua Palavra, da comunhão com ele mediante os sacramentos. Somente em um segundo momento, como resposta necessária a este dom, a liturgia é adoração, súplica, ação de graças.

181

LITURGIA E VIDA ESPIRITUAL

Na realidade, todas as ações litúrgicas estão estruturadas de forma que apareça claramente esta dimensão descendente da graça e esta dimensão ascendente do louvor que chamamos, com a SC, santificação e culto (SC 5-7). De qualquer forma, o primeiro passo deste diálogo da salvação é a ação que vem de Deus. Ele nos precede em tudo. Seu dom é gratuito e superabundante.

Justamente porque tudo vem de Deus, a Igreja, em suas orações, expressa esta primazia da graça, dirigindo-se habitualmente ao Pai, mediante o reconhecimento dos dons recebidos, ou pela admiração diante das maravilhas que Deus operou e opera, ou com uma súplica para que ele continue derramando suas graças sobre nós. Da mesma forma, depois de haver expresso estes sentimentos, em diversas orações, com maior força e determinação, dirige sua ação de graças por todos os seus dons, em uma oração que é, ao mesmo tempo, eucarística (de ação de graças) e doxológica (de glorificação).

O *Catecismo* expressa este pensamento de modo sintético:

Na liturgia da Igreja, a bênção é plenamente revelada e comunicada: o Pai é reconhecido e adorado como a fonte e o fim de todas as bênçãos da criação e da salvação; em seu Verbo, encarnado, morto e ressuscitado por nós, ele nos cumula com suas bênçãos, e, por meio dele, derrama em nossos corações o dom que contém todos os dons: o Espírito Santo (n. 1082).

Esta visão do mistério celebrado, em que o Pai alcança concretamente a dimensão de fonte e cume de toda graça e bênção, é o que a liturgia expressa com seus ritos sacramentais, nos quais uma oração dirigida ao Pai sempre tem como centro o louvor de Deus e a invocação de seu Espírito. É suficiente recordar, por ora, essas belas orações de bênção da água para o Batismo, dos óleos e do crisma, da oração euca-

PRESENÇA E AÇÃO DE CRISTO

rística da missa, das orações das ordenações de diáconos, presbíteros e bispos, da celebração do matrimônio e, em geral, de todas as liturgias de bênção ou de consagração de coisas, lugares e pessoas.

Por um lado, como diz o *Catecismo*,

A Igreja, unida a seu Senhor e "sob a ação do Espírito Santo", bendiz o Pai "por seu dom inefável" (2Cor 9,15), mediante a adoração, o louvor, a ação de graças. Por outro lado, e até a consumação do projeto de Deus, a Igreja não cessa de oferecer ao Pai "a oferenda de seus próprios dons" e de implorar que ele envie o Espírito Santo sobre a oferta, sobre si mesma, sobre os fiéis e sobre o mundo inteiro, a fim de que pela comunhão com a morte e a ressurreição de Cristo-Sacerdote e pelo poder do Espírito estas bênçãos divinas produzam frutos de vida "para louvor e glória de sua graça" (Ef 1,6) (n. 1083).

A centralidade do Pai na liturgia da Igreja

Uma simples aplicação de caráter litúrgico pastoral nos ajudará a compreender o significado destas indicações do *Catecismo*.

Como já recordamos, todas as orações da Igreja são dirigidas ao Pai, embora com o termo genérico de Deus e Senhor. É uma regra antiga da tradição cristã dos primeiros séculos: "quando se ora diante do altar, a oração deve ser dirigida ao Pai". A Igreja segue o modelo de oração que ele ensinou a seus discípulos. Certamente existem orações dirigidas a Cristo e inclusive há hinos e antífonas dirigidas ao Espírito Santo. Porém, em geral, a oração da Igreja, prece filial, é uma oração dirigida ao Pai. Às vezes se trata de uma doxologia ou glorificação dirigida às três pessoas da Trindade, como o glória-ao-Pai... ou como a grande "doxologia" do *Gloria in excelsis*, que é um hino trinitário com uma breve alusão final ao Espírito Santo.

183

Porém, a presença do Pai está particularmente sublinhada nas grandes orações sacramentais, como, por exemplo, na bênção da água batismal e da água benta, para uso dos fiéis, na oração de consagração dos óleos do santo crisma, nas orações de consagração que encontramos nos ritos da ordenação dos bispos, presbíteros, diáconos, na bênção nupcial dos esposos... Todas essas orações, como recordamos, começam com uma referência à obra do Pai na história da salvação e concluem com uma glorificação à Trindade e, muito frequentemente, com uma invocação ao Pai para que atualize essas maravilhas que tem Cristo em seu vértice, com a efusão do Espírito Santo.

Esta dimensão tem especial importância na oração eucarística, que é o centro da celebração eucarística, desde o prefácio até a doxologia que o povo aclama com o "Amem".

A Igreja, por meio da oração do sacerdote, que age em nome de Cristo e da Igreja, dirige sua oração de bênção ao Pai, em cada prefácio. Ao Pai pede a efusão do Espírito Santo; diante do Pai se lembra de quanto Jesus cumpriu na última ceia, com vista a seu sacrifício na cruz; de fato, imitando os gestos da oração de Jesus na última ceia, dizemos, por exemplo, no cânon romano: "elevou os olhos a vós, Pai...", ou também com a sobriedade da terceira oração eucarística: "deu graças". A Igreja oferece ao Pai a vítima santa e imaculada, a ele se une a Igreja (Lembrai-vos, ó Pai, da vossa Igreja... fazei-a perfeita no amor) e à sua clemência recomenda os fiéis defuntos... Tudo se conclui com a grande doxologia que tem uma perfeita estrutura trinitária: "Por Cristo, com Cristo, em Cristo, a vós, ó Pai todo-poderoso, toda honra e toda glória agora e para sempre na unidade do Espírito Santo...". Assim, pois, a oração eucarística tem uma estrutura impecável que brota do Pai, fonte de todo dom, também o da Eucaristia, e ao Pai retorna em um grande hino de ação de graças e de glorificação.

Uma escola de espiritualidade

Com esta forma de orar, a Igreja oferece aos cristãos uma profunda lição de teologia e de espiritualidade, uma catequese em ato que recorda a dignidade dos cristãos como povo sacerdotal de Deus Pai. Um povo de filhos que tudo esperam do Pai e tudo devolvem ao Pai, esse mesmo Pai que Jesus nos revelou e nos deu.

Na realidade, a oração litúrgica da Igreja foi estruturada segundo o modelo da mesma oração de Jesus. É, além disso, um prolongamento do pai-nosso, a oração sempre presente na liturgia da Igreja. O pai--nosso, de fato, nos ensina o primeiro movimento orante, a invocação que o reconhece como Pai, para continuar com a bênção de seu santo nome, a petição da vinda do Reino, como uma grande "epiclese" ou invocação ardente, a total adesão à sua santa vontade, como uma oblação. Depois, prossegue pedindo ao Pai o pão e o perdão, a libertação do maligno e a proteção em meio às tentações. Como toda a existência cristã, toda a liturgia é filial, no sentido mais profundo e belo da expressão, em comunhão com Cristo e sob a condução do Espírito Santo.

Na escola de oração da Igreja aprendemos a ser agradecidos a Deus Pai por cada um de seus dons e também a ser audazes no pedir aquilo de que precisamos. A liturgia nos recorda que somos uma família de filhos em torno da mesa da Palavra e do pão, que são os dons do Pai. A liturgia faz nascer em nós o sentido da solidariedade no caminho da vida e a esperança na participação nos bens de Deus na pátria celeste.

Cristo é a epifania do amor do Pai. Dele provém todo dom. E Cristo nos leva para o Pai com sua presença e sua ação salvífica. Deste modo, a grande doxologia do cânon romano expressa o retorno da Igreja e do mundo ao Pai, por Cristo, com Cristo e em Cristo na unidade do Espírito Santo.[42]

Bibliografia

BERNAL, J. M. La presencia de Cristo en la liturgia. *Notitiae*, *21*: 453-490, 1984.

BOROBIO, D. Cristología y sacramentología. *Salmanticensis*, *31*: 6-48, 1984.

CUVA, A. Jesucristo. *Nuevo Dicccionario de Liturgia*. Op. cit., pp. 1071-1093.

_____. Gesú Cristo. Liturgia. *Dizionari San Paolo*. Cinisello Balsamo, San Paolo, 2001. pp. 877-896. (Com bibliografia atualizada.)

CASTELLANO, J. La liturgia: un Dio vicino a noi. In: VV.AA. *Vivere alla presenza di Dio*. Roma, Teresianum, 1985. pp. 37-55.

_____. Gesú Cristo, il Vivente nella storia: liturgia e vita. In: VV.AA. *Gesú è il Signore*. Roma, Las, 1992. pp. 163-184.

EISENBACH, F. *Die Gegenwart Jesu Christi im Gottesdienst*. Mainz, s.ed., 1982.

FERNÁNDEZ, P. Cristología y liturgia. Jornadas de estudio organizadas por la Asociación Española de profesores de Liturgia. *Phase*, *24*: 63-69, 1984.

GALOT, J. La Cristologia nella "Sacrosanctum concilium". *Notitiae*, *20*: 453-490, 1983.

GONZÁLEZ DE CARDEDAL, O. Cristología y liturgia. Reflexión en torno a los ensayos teológicos contemporáneos. *Phase*, *18*: 213-258, 1978.

MARSILI, S. La liturgia celebrazione della presenza viva di Cristo. In: VV.AA. *Annunciare Cristo ai giovani*. Roma, Las, 1980. pp. 251-264.

NEUNHEUSER, B. Liturgia e "Memoria" nel pensiero caseliano. *Rivista Liturgica*, Padova, *77*: 435-448, 1990.

---

[42] Cf. CIC, 1083. CASTELLANO, J. La oración del Señor en la liturgia cristiana. *Phase*, *39*: 61-75, 1999; todo o número é dedicado à oração ao Pai na liturgia cristã. Para uma visão correta da dimensão trinitária com a necessária presença do Pai de nosso Senhor Jesus Cristo, veja VV.AA. *Caminamos hacia el Padre, por el Señor en el Espíritu*. Actas de las Jornadas Nacionales de Liturgia. Madrid, 28-30 out. 1998. Madrid, Secretariado Nacional de Liturgia, 1999.

PRESENÇA E AÇÃO DE CRISTO

SARTORE, D. La molteplice presenza di Cristo nella recente riflessione teologica. Ibid., pp. 231-258.

VV.AA. *Cristologia e liturgia*. Bologna, Dehoniane, 1980.

VV.AA. *Le Christ dans la Liturgie*. Conférences Saint Serge. XXVII Sémaine d'Études Liturgiques. Paris-Roma, CVL, 1980.

VV.AA. Presencia y acción de Cristo en la liturgia. *Cuadernos Phase*, Barcelona, CPL, n. 76, 1997.

Capítulo VI
CULTO E SANTIFICAÇÃO NO ESPÍRITO SANTO

O mistério de Cristo torna-se presença e ação santificadora e cultual por meio do Espírito Santo. Um enfoque "econômico" adequado do mistério de Cristo e da sacramentalidade da Igreja leva-nos espontaneamente a prosseguir o discurso, centrando-o na ação do Espírito Santo na liturgia. Desde o princípio, apresentando os desenvolvimentos necessários da definição conciliar sobre a liturgia, levamos em conta a dimensão pneumatológica. Chegou o momento de aprofundar esta dimensão.

Adiantamos que, em teologia e em liturgia, trabalha-se sempre com certa dificuldade de fundo neste campo por falta de uma solução séria, profunda e definitiva das relações entre cristologia e pneumatologia, tanto no que se refere ao próprio mistério de Cristo, como ao da comunidade eclesial e ao da presença salvífica por meio dos sacramentos. Não é este o lugar da discussão do problema, mas deve-se destacá-lo desde o começo.[1]

---

[1] Cf. MUEHLEN, H. L'evento di Cristo come atto dello Spirito. *Mysterium salutis*, VI. Brescia, Queriniana, 1971, pp. 645-684. [Ed. bras.: *Mysterium salutis*. Petrópolis, Vozes, 1974.]

LITURGIA E VIDA ESPIRITUAL

Podemos ver também nesta questão uma diversidade de ênfases, dependendo de matizes teológicos distintos, no que diz respeito à liturgia ocidental e à oriental. A primeira coloca a ênfase mais na presença e na ação de Cristo, na atualização do mistério pascal; a segunda, afirmando também estes temas, leva-os até as consequências lógicas do mistério de Cristo e da Páscoa, isto é, ao Pentecostes perene da Igreja, pela ação e pelo dom do Espírito Santo por meio dos sacramentos.[2]

Para nós, o enfoque é claro desde o começo pelo conceito de liturgia que expressamos e pela onipresença do Espírito, que exige a santificação e o culto com todos os seus dinamismos. Do ponto de vista das relações entre liturgia e vida espiritual, a necessidade de esclarecer o papel do Espírito torna-se mais urgente: no *nível teológico*, para uma visão adequada da economia trinitária da santificação e do culto; *no nível existencial*, enquanto a pneumatologia deve impregnar tanto a celebração (uma liturgia "no Espírito"), como a continuidade e a interiorização do mistério celebrado.

O tema do Espírito Santo na liturgia pode ser exposto de dois modos: fazendo um tratamento específico dele, ou então sublinhando em cada capítulo da liturgia a necessária dimensão pneumatológica. No nosso caso, tentamos fazer a síntese. Atentos em outros capítulos ao papel do Espírito, queremos agora oferecer uma síntese do tema.

A nossa será certamente uma síntese, dada a amplitude e complexidade da questão; será uma espécie de guia para a leitura da teologia do Espírito Santo na liturgia, e uma chamada de atenção para o Espírito na celebração dos mistérios e na vida que deriva dela.

---

[2] Cf. BOBRINSKOY, B. Le Saint-Esprit dans la liturgie. *Studia liturgica, 1*: 47-60, 1962; Id. Quelques réflexions sur la pneumatologie du culte. In: VV.AA. *Le Saint-Esprit dans la liturgie.* Roma, 1977. pp. 29-38.

CULTO E SANTIFICAÇÃO NO ESPÍRITO SANTO

Abordamos o tema em três momentos consecutivos. O primeiro, de tipo bíblico-teológico, sobre a presença do Espírito Santo na liturgia. O segundo, de caráter litúrgico, ilustrando brevemente algumas dimensões de sua presença nos sacramentos e na liturgia da Igreja. O terceiro, de índole espiritual, para evidenciar algumas consequências para a celebração e a vida espiritual.

Uma referência necessária à bibliografia final permitirá aprofundar amplamente a questão.

Uma perspectiva bíblico-teológica

Para a superação de uma atenção insuficiente ao Espírito na liturgia ocidental

Até há poucas décadas, podia-se escrever: "é inexplicável que no Ocidente os estudos de teologia e de dogmática não saibam utilizar a grande massa de dados bíblicos, litúrgicos e patrísticos sobre o Espírito Santo. É ainda mais grave o fato de ser possível desenvolver tratados de liturgia sem nomear uma única vez o Espírito Santo. Espírito de profecia e de sacerdócio, Espírito da palavra divina e do sacrifício agradável, Espírito do Batismo, da Eucaristia e do *eschaton*".[3]

A lacuna havia sido colocada em evidência em várias instâncias, de modo especial pelos teólogos ortodoxos e pelos católicos mais sensíveis à tradição oriental. Prova dessa falta de sensibilidade foi a própria constituição sobre a Sagrada Liturgia, quase carente de referências ao Espírito Santo, retocada graças à intervenção de algum teólogo, com mínimas alusões à sua ação em Cristo e na Igreja; de fato, a própria

---

[3] FEDERICI, T. *Bibbia e liturgia*, I, p. 143.

definição ou descrição da liturgia (SC 7) não fala do Espírito. A lacuna foi de algum modo preenchida no último momento pelos documentos posteriores, inclusive com referências precisas ao conceito de liturgia, de modo especial no enfoque geral da *Lumen gentium* (nn. 4, 7, 9, 11) e em outras passagens conciliares (LG 50. 51, e PO 5).[4]

Podemos afirmar que, embora os textos conciliares não fossem totalmente eloquentes a respeito, suas alusões ao Paráclito suscitaram um múltiplo e variado interesse, que se manifestou de modos diferentes.

No nível de *estudos sobre o tema*, como atesta a abundante bibliografia hoje existente, que responde a uma maior sensibilidade teológica sobre o papel do Espírito.

No nível de *realizações pós-conciliares*, no que se refere à orientação doutrinal e aos textos eucológicos. Não há dúvida de que na reforma litúrgica pós-conciliar a ação do Espírito em cada um dos sacramentos, na liturgia da Palavra, nas orações e fórmulas sacramentais, em toda a eucologia, se tornou mais explícita. Dessa fé eclesial proclamada na liturgia renovada poder-se-ia tirar uma síntese de doutrina, que talvez devesse ser mais aproveitada. No entanto, não faltam livros e manuais de liturgia modernos nos quais pouco ou nada se diz sobre o Espírito.

No nível de *liturgia vivida*: uma maior atenção à ação e à experiência do Espírito Santo levou também a uma maior sensibilidade na celebração dos sacramentos e da oração, não somente nas liturgias chamadas "carismáticas" (de um ou outro sinal), mas também na celebra-

---

[4] Cf. FEDERICI, T. Spirito Santo. In: *Dizionario del Concilio Vaticano II*. Roma, Unedi, 1969. pp. 1876-1897; CAZELLES, H. *Lo Spirito Santo nei testi del Vaticano II*; CHARUE, A. M. Lo Spirito Santo nella "*Lumen gentium*". In: VV.AA. *Lo spirito Santo nella Chiesa*; una ricerca ecumenica, sob a direção de E. Lanne. Roma, AVE, 1970. pp. 297-314 e 315-343. É importante, neste ponto de vista ecumênico, o documento do Grupo de Dombe: *El Espíritu Santo, la Iglesia y los sacramentos* (1980), publicado em *Cuadernos Phase*, n. 80. Barcelona, CPL, 1996.

CULTO E SANTIFICAÇÃO NO ESPÍRITO SANTO

ção de grupos que concedem maior espaço ao silêncio e ao canto como uma forma concreta de celebrar a liturgia "no Espírito".

Algumas perspectivas do Catecismo da Igreja Católica no nível bíblico-litúrgico

O Espírito Santo, que é Espírito do Pai e do Filho, é, de algum modo, inapreensível; por isso, sua obra, que impregna o universo e a história, é descrita na Escritura com a linguagem dos símbolos. São símbolos que já são revelados no Antigo Testamento, mas cujo significado pleno nos é oferecido no mistério de Cristo e da Igreja, para o qual convergem.

O *Catecismo da Igreja Católica* oferece uma estupenda teologia pneumatológica e litúrgica a partir de seus símbolos: é a *água*, símbolo da vida, que brota para a vida eterna no Batismo (Jo 4,4-14); é a *unção*, penetrante e perfumada, que consagra os sacerdotes, profetas e reis, mas especialmente consagra Cristo, que é o ungido, o Messias (Lc 4,18-19), o qual faz participar da abundância de seu Espírito os fiéis que recebem a unção do Santo (1Jo 2,20.27); é o *fogo* que manifesta a força do amor que purifica e consome; Jesus vem para batizar com Espírito e fogo (Lc 3,16), o fogo que Cristo quis trazer ao mundo (Lc 12,49) e que foi derramado sobre os discípulos no dia de Pentecostes (At 2,3-4); o Espírito é a *nuvem luminosa* da glória de Deus (Ex 24,18; 33,9-10) que cobre com sua sombra e revela o rosto de Deus; nuvem que acompanha as manifestações de Deus no AT, que desce sobre Maria na encarnação e a revela como abrigo santo da morada de Deus (Lc 1,35); que envolve Jesus, Moisés, Elias e os discípulos no Tabor (Lc 9,34-35); é o *selo* que deixa a marca de Deus; Cristo leva o selo de Deus (Jo 6,27); a imagem de Cristo nos batizados é sinal de total pertença a ele e de configuração a ele (2Cor 1,22; Ef 4,30); é a *mão* de Deus que é estendida sobre as pessoas para transmitir-lhes a força divina. O Verbo e o Espírito são as duas mãos do Pai (santo Irineu); mas também é o *dedo* de Deus, símbolo do poder de Deus com o qual Cristo realiza os sinais (Lc 11,20); Deus, com seu dedo, escreveu as tábuas da Lei (Ex 31,18); agora ele escreve no coração dos crentes com o Espírito, como em uma carta, os preceitos da Nova Aliança gravados não mais em um coração de pedra, mas em corações de carne (Jr 31,31-32; 2Cor 3,3); o Espírito assume no Batismo de Jesus a forma da *pomba* que desce sobre ele e sobre ele repousa (Mt 3,16; Jo 1,32-33) e revela a proteção do Pai sobre o Filho amado, como em uma nova criação, e evoca a pomba solta por Noé depois do dilúvio (Gn 8, 3-12), que volta com um ramo verde de oliveira no bico, sinal da reconciliação da Nova Aliança.[5]

O Espírito Santo e a Igreja na liturgia segundo o CIC

O Espírito Santo impregna toda a liturgia da Igreja que é santificação e culto no Espírito Santo (LG 50. 51). Com efeito, o Pai, por Cristo, infunde em nós o Espírito que é comunhão de verdade e de vida que brota da fonte trinitária; no Espírito, por Cristo, chega ao Pai a resposta da fé, a oração, a oferenda do sacrifício. Portanto, está claro que no duplo movimento, essencial para a salvação e para a liturgia, a santificação e o culto são obra do Espírito.

Toda a liturgia da palavra está penetrada pela ação do Espírito Santo. Aquele que inspirou as Escrituras está presente naqueles que proclamam a palavra e naqueles que a tornam atual na Igreja, na medida em que se deixam guiar pelo Espírito da verdade e do amor. O Espírito Santo também age naqueles que escutam com amor, e é intérprete das Escrituras, Mestre interior dos fiéis.

---

[5] Cf. *CIC*, 694-701.

CULTO E SANTIFICAÇÃO NO ESPÍRITO SANTO

Ele está presente em todos os sacramentos da Igreja. Não há ação santificadora sem a intervenção daquele que é o Todo Santo ("Panaghion", em grego) e o Santificador. Portanto, devemos descobrir sua ação onde a liturgia eucarística e sacramental, e também a da palavra e da oração, se converte no espaço da santificação, da comunhão da verdade e da vida de Deus, na comunhão do Espírito Santo.

A mesma coisa se pode afirmar do movimento cultual. A confissão da fé, a aceitação da palavra, o louvor e a intercessão, o arrependimento e a oferenda, o sacrifício espiritual da livre adesão à vontade de Deus e de sua observância só podem ser vividos de maneira adequada sob a ação do Espírito Santo. A oração somente tem valor, e é agradável a Deus e eficaz, porque é obra do Espírito.

A liturgia cristã é por antonomásia o sacrifício e o culto "espiritual" da Eucaristia e da oração que se expressa na coerência de uma vida segundo os ensinamentos de Cristo e as moções de seu Espírito. O culto da Nova Aliança, e portanto do amor, como também o dom de si para Deus e para os irmãos, somente é possível e agradável a Deus quando é realizado sob a ação do Espírito divino em cuja virtude também Cristo se ofereceu ao Pai (cf. Hb 9,14).

Uma esplêndida exposição da ação do Espírito na liturgia

O *Catecismo da Igreja Católica* apresenta-nos uma esplêndida pneumatologia litúrgica, em continuidade com a doutrina do Vaticano II. Comparado ao *Sacrosanctum concilium*, o *Catecismo* é realmente inovador. Sobre temas do Concílio, antes da aprovação da Constituição litúrgica, alguns teólogos haviam objetado que a Constituição era muito deficiente do ponto de vista da doutrina sobre o Espírito Santo na liturgia.

195

LITURGIA E VIDA ESPIRITUAL

No último momento, acrescentou-se alguma referência ao Espírito (SC 5.6). O padre Congar descrevia essa operação como uma ocorrência. É como aquele que percebe que não colocou açúcar na torta e no fim espalha um pouco de açúcar no "doce" já elaborado.

O tratamento da ação do Espírito Santo na liturgia é longo e articulado, especialmente se o medirmos em relação com o que se diz do Pai e de Cristo. Abrange os nn. 1091-1109. Mas engloba muitos temas interessantes.

O número inicial é da máxima importância: "Na liturgia o Espírito Santo é o pedagogo da fé do povo de Deus, o artífice das 'obras-primas de Deus', que são os sacramentos da Nova Aliança. O desejo e a obra do Espírito no coração da Igreja é que vivamos da vida de Cristo ressuscitado. Quando encontra em nós a resposta de fé que ele mesmo suscitou, então realiza-se uma verdadeira cooperação. Por meio dela a liturgia torna-se a obra comum do Espírito Santo e da Igreja" (CIC 1091).

Essa é a ação do Espírito: uma cooperação, sinergia, com a Igreja, em seus ministros, na assembleia; graças a ele é exercido o sacerdócio ministerial e o sacerdócio real. Porém, ele pede nossa colaboração, a total abertura do coração e da liberdade, a docilidade à sua ação santificante e a seu impulso cultual para o Pai por meio de Cristo.

As quatro ações do Espírito na liturgia

O *Catecismo* enumera quatro traços característicos da obra do Espírito Santo na liturgia, que são, de algum modo, semelhantes àquelas ações que, em relação com Cristo, o Espírito realizou na história da salvação, na Virgem Maria e na vida da Igreja, como podemos ver em outros textos da primeira parte do Catecismo (CIC 721-725; 737).

CULTO E SANTIFICAÇÃO NO ESPÍRITO SANTO

Com efeito, ele "prepara a Igreja para encontrar seu Senhor, recorda e manifesta Cristo à fé da assembleia, torna presente e atualiza o mistério de Cristo por seu poder transformador e, finalmente, como Espírito de comunhão, une a Igreja à vida e à missão de Cristo" (CIC 1092). Assim, em uma admirável sinergia ou colaboração com a Igreja, como em outros tempos na preparação e realização do mistério e ministério de Cristo, ele está presente e atua.

O Espírito prepara os corações para encontrar o Senhor

Ele prepara com a memória e a atualização da palavra de Deus no Antigo e no Novo Testamento. Ele ajuda-nos a compreendê-la, a interpretá-la à luz do mistério de Cristo. Torna a Igreja capaz de reconhecer suas raízes no culto do povo de Israel, e percorre no ano litúrgico a memória das maravilhas de Deus que acontecem na encarnação e na obra de nossa redenção (CIC 1093-1096).

Há, porém, uma atualização dessa ação admirável na liturgia da Nova Aliança, realizada no Espírito Santo, espírito de comunhão entre Cristo e a Igreja, Espírito Santo que unifica as diversidades na unidade da Igreja, una, santa, católica e apostólica: "Na liturgia da Nova Aliança, toda a ação litúrgica, especialmente a celebração da Eucaristia e dos sacramentos, é um encontro entre Cristo e a Igreja. A assembleia litúrgica recebe sua unidade da 'comunhão do Espírito Santo', que congrega os filhos de Deus no único Corpo de Cristo. Ela ultrapassa as afinidades humanas, raciais, culturais e sociais" (CIC 1097). Ele o faz em toda ação litúrgica, em toda assembleia, em todas as assembleias espalhadas pelo mundo.

Porém, há mais, e esta é uma observação carregada de significado sobre como devemos estar atentos à ação do Espírito como condição para

197

LITURGIA E VIDA ESPIRITUAL

viver bem a liturgia. "A assembleia deve se preparar para se encontrar com seu Senhor, deve ser 'um povo bem disposto'. Essa preparação dos corações é obra comum do Espírito Santo e da assembleia, especialmente de seus ministros. A graça do Espírito Santo procura despertar a fé, a conversão do coração e a adesão à vontade do Pai. Essas disposições constituem pressupostos para receber as outras graças oferecidas na própria celebração e para os frutos de vida nova que ela está destinada a produzir posteriormente" (CIC 1098). Uma página de espiritualidade da celebração, confiada à nossa cooperação, na qual o Espírito nos precede e nos acompanha, mas exige de nós a capacidade de estar atentos à sua voz, dóceis à sua ação.

O Espírito recorda o mistério de Cristo

O Espírito, memória viva da Igreja, manifesta de maneiras diversas o mistério de Cristo (CIC 1099). Recorda-o na palavra proclamada e leva-o a uma presença viva com a inteligência da fé, vivificando de tal modo a própria Palavra da vida em uma leitura que está totalmente impregnada de sua ação que atualiza, inspira, vivifica (CIC 1100). Deste modo, leitores e ouvintes no Espírito sentem que a proclamação da palavra de Deus e a visão da palavra também mediante as sagradas imagens atualizam no hoje da Igreja o mistério que se proclama (CIC 1101). Por sua vez, o próprio Espírito suscita e renova a fé dos crentes na resposta de oração à palavra e faz da assembleia uma comunidade que crê e que ora, celebra e fortalece sua fé, mediante a palavra e a oração no Espírito Santo (CIC 1102).

Finalmente, quando a liturgia se torna celebração e realização da ação sacramental, depois da proclamação da palavra, faz memória, anamnese, do mistério de Cristo e torna-o presente. Palavra e ação, oração e ação de graças constituem a trama de toda celebração, que, como

CULTO E SANTIFICAÇÃO NO ESPÍRITO SANTO

a história da salvação, está interligada com palavras e ações de Deus. Ele, finalmente, como acontece na prece eucarística, suscita a ação de graças e o louvor (CIC 1103).

O Espírito Santo atualiza o mistério de Cristo

Com grande precisão terminológica, o *Catecismo* afirma: "A liturgia cristã não somente recorda os acontecimentos que nos salvaram, como também os atualiza, torna-os presentes. O mistério pascal de Cristo é celebrado, não é repetido; o que se repete são as celebrações; em cada uma delas sobrevém a efusão do Espírito Santo que atualiza o único mistério" (CIC 1104). Em toda celebração, a Igreja ora pedindo a vinda do Espírito, dom do Pai, para tornar atual o mistério de Cristo, sua presença, sua graça. Faz isso com uma oração que se chama epiclese (invocação sobre) (CIC 1105). Isto é evidente na celebração da Eucaristia. Em nossas orações eucarísticas, uma epiclese ou invocação do Espírito precede a consagração do pão e do vinho, para que tudo se realize com a força da palavra de Cristo e a ação de seu Espírito.

Uma invocação do mesmo tipo, porém, é encontrada em toda ação sacramental. É bela a comparação que João Damasceno estabelece entre a ação do Espírito na encarnação no seio da Virgem Maria e a presença de Cristo na Eucaristia, embora se trate de uma analogia. Assim o ilustra o *Catecismo* para explicar o que é a epiclese: "Perguntas como o pão se converte no Corpo de Cristo e o vinho... em Sangue de Cristo. Respondo-te: o Espírito Santo irrompe e realiza aquilo que ultrapassa toda palavra e todo pensamento... Basta-te saber que isso acontece por obra do Espírito Santo, do mesmo modo que, da santíssima Virgem e pelo mesmo Espírito Santo, o Senhor por si mesmo e em si mesmo assumiu a carne" (CIC 1106).

LITURGIA E VIDA ESPIRITUAL

Com a invocação do Espírito e a certeza de sua presença e de sua ação, a Igreja sabe que possui o mistério de Cristo que se torna presente nos sacramentos e de maneira especial na Eucaristia, pela força transformadora do Espírito. E com tal presença está presente o Reino de Deus e a certeza de sua realização no fim dos tempos (CIC 1107).

A comunhão do Espírito Santo

A quarta ação do Espírito Santo na liturgia é a da comunhão, que se transforma em missão para a plena realização da obra da salvação na liturgia e fora da liturgia, mediante a obra dos fiéis que vivem a graça dos sacramentos. Ele é a seiva que une os ramos à videira, atua na Igreja e nela permanece cada vez mais profundamente, a faz transformar, por sua vida e sua ação, em "sacramento universal de salvação". Une todos na comunhão trinitária e reúne todos na mais íntima comunhão fraterna. O Espírito coloca todos e cada um em comunhão com o Senhor Jesus para formar seu Corpo (CIC 1108).

Terminada a celebração litúrgica, não se esgota a obra do Espírito. Ele fecunda a vida dos fiéis para que, como ramos unidos à videira, produzam frutos em abundância, faz com que vivam no culto da existência quotidiana o sacerdócio real e o culto espiritual. O Espírito Santo, finalmente, prolonga a presença viva de Cristo nos fiéis, transforma-os à imagem do Primogênito.

Múltipla é a invocação do Espírito para uma presença viva e ativa que prolonga na vida a existência cultual e amplia a comunhão para convertê-la em missão. Com efeito, ele impele os fiéis, alimentados com os sacramentos pascais, a estar cheios de solicitude pela unidade da Igreja e por sua missão no mundo, com o testemunho e o serviço da caridade (CIC 1109).

CULTO E SANTIFICAÇÃO NO ESPÍRITO SANTO

Estas são as ricas perspectivas que o *Catecismo* propõe a propósito da ação do Espírito Santo. Não são as únicas. Ao longo de toda a segunda parte, quando se fala dos sacramentos, torna-se compreensível sua ação admirável. Mas, uma presença especial do Espírito, de algum modo profética, se encontra antecipada na primeira parte do Catecismo, quando se descreve sua ação, segundo a Escritura, nos diversos símbolos do Antigo Testamento que se cumprem no Novo; símbolos que têm uma referência litúrgica de grande destaque e que aqui nos limitamos somente a recordar: a água e a unção, o fogo, a nuvem e a luz, o selo, a mão e o dedo, a pomba... e muitos mais (CIC 694-701).

A liturgia da Igreja aparece, assim, com a contribuição de uma releitura da ação do Espírito Santo nela, uma obra da Santíssima Trindade.

Finalmente, o Espírito Santo prolonga a presença viva de Cristo nos fiéis, transforma-os à imagem de Cristo, suscita a solicitude pela unidade da Igreja e por sua missão no mundo, com o testemunho e o serviço da caridade (CIC 1091-1109).

Pontos de reflexão teológica

Se dos textos bíblico-patrísticos e da exposição do *Catecismo* passarmos para a reflexão teológica sobre o papel do Espírito Santo na liturgia, a tarefa de especificar sua ação torna-se muito difícil. Não se trata de uma função única, mas de muitas; ele não as realiza sozinho, mas junto com Cristo e em seu Corpo, que é a Igreja.

Uma dificuldade para falar corretamente sobre o Espírito vem também da precariedade do discurso teológico a respeito da terceira pessoa da Trindade em si mesma. Do Espírito se fala mais a partir de suas ações, de seus símbolos, de sua presença nas outras pessoas e no povo. Enquanto o discurso teológico é difícil, o litúrgico e poético é superabundante, como demonstram alguns textos pneumatológicos litúrgicos (a anáfora de são Basílio, a oração "mística" ao Espírito Santo de são Simeão o Novo Teólogo, a sequência de Pentecostes...).

Sem querer esgotar o tema, e tentando propor uma esquematização, parece-me que se deve destacar as seguintes tarefas ou ações do Espírito na liturgia.

Vinculado com a Igreja-assembleia e com cada um dos fiéis nos quais se realiza sua obra, o Espírito é o lugar, o espaço, o ambiente onde se torna presente o mistério de salvação de Cristo. Na Igreja e nos fiéis individuais o Espírito da oração e do louvor é aquele que pede, recebe, aceita, responde e leva à realização o dom da salvação. A anamnese, isto é, o memorial-presença do mistério de Cristo, pode ser realizada somente por e no Espírito Santo; toda obra da história da salvação, pertencente aos últimos tempos — os da Igreja — é obra do Espírito.

Junto com Cristo e a Igreja, o Espírito é co-autor de todo ato litúrgico na dupla dimensão de santificação e de culto. Como na revelação do mistério de Cristo, agora o Espírito precede, acompanha e atua com Cristo no mistério de salvação; portanto, age em sinergia com ele. O espírito é, finalmente, o dom de Cristo para sua Igreja, sua autocomunicação mais íntima, dom sempre novo e cada vez mais intenso; dom ativo para levar a Igreja e cada indivíduo à plenitude de graça e de comunhão trinitária. Esta múltipla função pode ser encontrada facilmente no momento culminante da liturgia que é a celebração eucarística. Nessa Igreja do Espírito, nesse ambiente vital-teologal, e apenas aí, é possível a celebração eucarística.

É aí que a Igreja, movida pelo Espírito, pede e obtém do Pai o dom do Espírito para a presença de Cristo, a comunhão nele de todos os fiéis, a aceitação da oferenda. O Espírito pede e é pedido. Somente em virtude do Espírito, pelo dom feito pelo Pai, pela anamnese e pela epiclese eucarística, se torna presente Cristo e seu mistério.

O Espírito, além disso, junto com Cristo e a Igreja, é co-autor do mistério eucarístico, em todas as suas dimensões: oração, presença, oferenda e comunhão. Finalmente, o Espírito é o dom de Cristo ressuscitado concedido aos crentes, à Igreja e aos indivíduos, para realizar a comunhão em um só Corpo e em um só Espírito, para cumprir em cada um e na Igreja o mistério pascal, como dizemos na terceira oração eucarística: "que ele faça de nós uma perfeita oferenda...".

Outro modo de expressar a multiforme ação do Espírito na liturgia pode ser o de nos referirmos aos atores e às funções do mistério litúrgico.

Na *dimensão trinitária*: o Espírito é, ao mesmo tempo, dom do Pai e aquele que leva nossa oração ao Pai. É o dom de Cristo ressuscitado, a comunhão de sua vida, o sinal de sua presença, o princípio ativo de nossa assimilação ao seu mistério, objetivo final de toda celebração.

Na *dimensão eclesial*: é aquele que faz a Igreja, que a anima para pedir, acolher e responder, que se derrama sobre a assembleia para fazer dela templo vivo e Corpo de Cristo.

No *duplo movimento de santificação e de culto*: o Espírito é a santificação personificada (o Santo Espírito) e o próprio culto, como resposta suprema (o Espírito do Filho e dos filhos).

Na *dimensão dos sinais*: todos os sinais e símbolos litúrgicos estão impregnados, pneumatizados por sua ação (palavra, oração, ações sacramentais, água, óleo, crisma, pão, vinho), para ser comunhão viva com Cristo.

A graça multiforme do Espírito nas ações litúrgicas

Tudo o que foi dito reflete o atual aprofundamento teológico sobre o Espírito. A liturgia, porém, é o lugar dessa confissão de fé por meio dos textos litúrgicos, especialmente os da liturgia renovada pelo Concílio. Não há dúvida que aconteceu uma redescoberta do papel do Espírito, e que uma nova sensibilidade pneumatológica impregna a eucologia romana renovada, suprindo, às vezes, as versões na língua do povo, quando nos textos latinos há apenas uma alusão velada e implícita ao Espírito.

Tentamos propor sinteticamente as linhas gerais dessa riqueza eucológica que não deve ser reduzida a uma simples presença material de alusões ao Espírito, mas deve ser uma confissão de fé do que ele realizou e realiza na história da salvação que é atualizada na liturgia.

Limitamo-nos a ilustrar a relação entre o Espírito Santo, a Palavra, a oração e a liturgia eucarística.

Palavra, oração, Eucaristia

Podemos agora considerar especificamente a ação do Espírito em três dimensões ou momentos da liturgia eucarística: a palavra, a oração e a Eucaristia. Esta tríade de elementos permite-nos descobrir o Espírito Santo agindo dentro da liturgia de maneira progressiva e intensificada, partindo sempre do fato da assembleia eucarística e litúrgica, espaço vital onde o Espírito atua. As considerações que fazemos, de modo muito esquemático, podem ser aplicadas onde a liturgia da palavra ou a liturgia da oração assumem formas autônomas fora da celebração eucarística.

CULTO E SANTIFICAÇÃO NO ESPÍRITO SANTO

Proclamar e escutar a Palavra no Espírito Santo

A liturgia da Palavra como forma culminante da proclamação e escuta da Palavra na Igreja — catequese bíblica, aprofundamento eclesial — é um momento forte da ação no Espírito. Com efeito, esta palavra, inspirada pelo Espírito Santo, é também proclamada e explicada por esse mestre celeste e exegeta da Escritura na Igreja, segundo a promessa do Senhor (Jo 16,13). Todas as afirmações feitas pelo Vaticano II na *Dei verbum* sobre o influxo do Espírito na pregação da Palavra de Deus têm sua adequada aplicação na liturgia da Palavra, onde a assembleia é fecundada pela semente da verdade e pela ação do Espírito Santo que age por meio do ministério da Igreja. Assim se realiza a proclamação da palavra com firme confiança e acontece a escuta em religioso silêncio (cf. DV, 1). Por meio do Espírito Santo, a viva voz do Evangelho ecoa na Igreja, *uma Igreja que crê e que ora* (DV, 8), e a compreensão das Escrituras progride sob a ação do Espírito Santo, tanto por meio da pregação dos legítimos pastores, como também pelo estudo, pela meditação e pela profunda experiência espiritual da Escritura (ibid.). O modelo dessa Igreja que escuta a Palavra é sempre Maria.[6] Nas palavras dos profetas e dos apóstolos ecoa a voz do Espírito Santo (DV, 21).

Pode-se falar, portanto, de uma epiclese constante — invocação e vinda do Espírito Santo sobre a Igreja — no momento em que em atitude de fé viva os que proclamam e escutam, os que explicam as escrituras, se sentem em sinergia com o Espírito, exegeta da Escritura, mas também aquele que suscita a adesão religiosa de fé.

Um documento ecumênico resume assim esta perspectiva doutrinal litúrgica: o Espírito está presente e é dado no anúncio, na escuta e

---

[6] Cf. *Introdução Geral ao Lecionário da Missa* 9; *Marialis cultus*, n. 21.

LITURGIA E VIDA ESPIRITUAL

na participação da Palavra de Deus. Este anúncio comporta a leitura pública da Escritura e a pregação baseada na Escritura. É na invocação do Espírito Santo que o ministério da Palavra tem que ser exercido e recebido. Por isso, uma oração de epiclese tem seu lugar litúrgico antes da leitura e da pregação.[7]

A liturgia da Palavra é, portanto, o espaço da revelação do Espírito, precursor e evangelista supremo do mistério de Cristo. No Espírito se proclama e se escuta, se explica e se assimila a Palavra.

A oração no Espírito Santo

Toda oração eclesial é feita *no Espírito* e, portanto, é oração *do Espírito*. À dimensão orante da liturgia, presente em todo o desenvolvimento da celebração eucarística, pode ser aplicado o que se diz na *Instrução Geral sobre a Liturgia das Horas*, n. 8: "O Espírito Santo, que está em Cristo, em toda a Igreja e em cada um dos batizados, é quem realiza a unidade da Igreja orante. O mesmo Espírito vem em socorro de nossa fraqueza e 'intercede em nosso favor com gemidos inefáveis' (Rm 8,26). Com o Espírito do Filho, ele infunde em nós 'o espírito de adoção filial, no qual clamamos: Abba, Pai' (cf. Rm 8,15; Gl 4,6; 1Cor 12,3; Ef 5,18; Jd 20). Por conseguinte, não pode haver oração cristã sem a ação do Espírito Santo, que unifica a Igreja inteira, levando-a pelo Filho ao Pai".

A oração é uma dimensão essencial da liturgia; a atitude cultual de escuta e de resposta que constitui a estrutura essencial da oração eclesial impregna toda a liturgia eucarística, até atingir o vértice na mesma oração eucarística na qual o Espírito tira do coração orante da Igreja as expressões mais características do diálogo filial: ação de graças, oferenda, intercessão, invocação. Tudo se realiza no Espírito: o

---

[7] Cf. *El Espíritu Santo, la Iglesia y los sacramentos*. Documento de Dombes, n. 94.

CULTO E SANTIFICAÇÃO NO ESPÍRITO SANTO

canto e o silêncio, a oração do ministro e o Amém do povo, a confissão de fé e a intercessão universal da oração dos fiéis.

A Eucaristia no Espírito Santo

A celebração eucarística é o vértice da liturgia, momento supremo da ação do Espírito na Igreja. Não é possível aqui apresentar mais que um esboço do quadro impressionante que se poderia oferecer para um exame apenas superficial da liturgia eucarística em suas relações com o Espírito Santo. Portanto, falaremos somente de algum detalhe mais eloquente.

Antes de tudo, o acontecimento sacramental tem lugar no interior de uma oração-ação, de uma proclamação eficaz da Palavra — o Evangelho da instituição da Eucaristia! — que não podem deixar de ser obra do Espírito. Tudo é realizado na santa assembleia pelo ministério profético, orante e especificamente sacerdotal do ministro que age em virtude do Espírito.

Neste amplo contexto pneumatológico que serve de pano de fundo, as alusões ao Espírito estão contidas sobretudo nas orações de epiclese. A oração nasce de uma profunda convicção de fé: todos os acontecimentos salvíficos de Cristo e da Igreja são realizados pelo Espírito; e de uma certeza inquebrantável, inclusive infalível: no mandato de Cristo de realizar o memorial da cruz está implícita a ação de seu Espírito Santo. A epiclese está vinculada em suas expressões verbais ao mistério da encarnação e a um paralelismo entre dois momentos simétricos da história da salvação: a encarnação e o Pentecostes. Não porque — note--se bem! — a Eucaristia repita o mistério da encarnação, mas porque se estabelece um paralelismo entre a necessária intervenção do Espírito na

207

LITURGIA E VIDA ESPIRITUAL

encarnação do Verbo no seio de Maria e a admirável mudança realizada nos elementos sacramentais da Igreja.

Com a introdução da epiclese nas novas orações eucarísticas aconteceu uma superação notabilíssima na teologia eucarística e deu-se um passo adiante na polêmica, já superada, com os orientais sobre o momento da consagração (ou antes sobre o autor da consagração que é Cristo por meio de seu Espírito?). A tradição ocidental deu mais importância ao ministério do sacerdote e também à proclamação das palavras da Instituição da Eucaristia; a tradição oriental, ao contrário, insistiu sempre na obra do Espírito invocado na epiclese. São muitas as questões sutis que ainda se escondem por trás desse problema complexo, mas parece chegado o momento das opções totais, das fórmulas plenárias neste campo.

L. Bouyer ofereceu uma destas fórmulas plenárias: "O consagrador de todas as Eucaristias é somente Cristo, Palavra feita carne, enquanto ele é o dispensador do Espírito, porque se entregou à morte e ressuscitou mediante o poder desse mesmo Espírito. Porém, no conjunto inseparável da Eucaristia, a Palavra evocada pela Igreja e sua oração que invoca a realização da Palavra com a força do Espírito Santo unem-se para a realização misteriosa das promessas divinas".[8]

Y. M. Congar usa outra fórmula plenária: no fundo, toda consagração é realizada por meio das palavras do Senhor, pronunciadas de uma vez para sempre na última ceia, e cuja eficácia, uma vez repetidas pelo sacerdote, é atualizada pelo Espírito em nossas celebrações.[9] Portanto,

---

[8] Bouyer, L. *Teologia e spiritualità della preghiera eucaristica*. Torino-Leumann, s.ed., 1969. pp. 473-474.

[9] Cf. Congar, Y. M. *Je crois en l'Esprit Saint*. Paris, Cerf, 1980. pp. 294-330. [Ed. bras.: *Creio no Espírito Santo*. V. I-III. São Paulo, Paulinas, 2005.]

Cristo e seu Espírito estão indissoluvelmente presentes na oração de epiclese e nas palavras da consagração. Cristo faz-se presente no ministro que roga e consegue o que pede, que pronuncia as palavras eficazes da consagração; o Espírito é pedido e conseguido, é derramado nos dons eucarísticos na oração-ação da epiclese, mas ele está presente no "profetismo sacramental" do legítimo ministro da Eucaristia que pronuncia, "in virtute Spiritus Sancti", as palavras da consagração. Os diversos momentos litúrgicos não fazem mais que explicitar, segundo a diversa mas não diferente tradição, essas convicções de fundo que são tesouro da *Catholica Ecclesia.*[10]

Na dimensão de sacrifício (memorial e oferenda) o Espírito está presente no hoje da Eucaristia como esteve em Cristo, que se ofereceu em virtude de um Espírito eterno (cf. Hb 9,14), e como deve estar na Igreja para que esta seja também co-oferecida em sacrifício espiritual e agradável. Uma oração eucarística afirma expressamente: "Que ele [ou seja, o Espírito Santo] faça de nós uma perfeita oferenda"; e também outra, recordando a dimensão comunitária do sacrifício que, segundo Agostinho, é a realização da unidade, pede que, "reunidos pelo Espírito Santo em um só corpo, nos tornemos no Cristo um sacrifício vivo para o louvor da vossa glória".

Observemos outro dado já destacado de maneira especial pela tradição oriental antiga da Igreja antioquena: na Eucaristia recebemos o Espírito Santo. Uma afirmação deste tipo está sempre implícita onde se fala da comunhão no corpo e no sangue do Senhor: o Corpo de Cristo é glorioso, cheio de Espírito Santo; o cálice da Nova Aliança é o sangue-fogo do Espírito. A liturgia antioquena antiga o explicita ainda mais.

---

[10] O ministro da Eucaristia como "ícone" de Cristo sacerdote age sempre sob a ação do Espírito que recebeu em sua ordenação sacerdotal.

LITURGIA E VIDA ESPIRITUAL

Eis o que escreve santo Efrem em um de seus hinos: "Em teu pão está escondido o Espírito que não pode ser comido, em teu vinho há um fogo que não pode ser bebido. O Espírito em teu pão, o Fogo em teu vinho, maravilha sublime que nossos lábios receberam... No pão e no cálice, Fogo e Espírito Santo". E um texto da liturgia siríaca: "Eis aqui o corpo e o sangue, são um lar em que o Espírito Santo é o fogo, do qual se aproxima quem é puro e do qual se afasta quem é dissoluto". Também Isaac de Antioquia: "Vinde beber; comei a chama que fará de vós anjos de fogo e degustai o sabor do Espírito".[11]

A participação no dom comum do Espírito faz da Igreja um só Corpo e um só Espírito. Assim oramos com as anáforas da liturgia romana, mais que em uma nova epiclese, como muitas vezes se afirma impropriamente, em uma confissão de fé que constata a efusão do Espírito como dom da comunhão com Cristo. Aqui podemos descobrir um paralelismo com o mistério de Pentecostes: a comunhão que renova nos fiéis o dom do Espírito Santo é o novo e contínuo Pentecostes que faz a Igreja. Uma antiga oração da liturgia romana, que no missal atual conclui a celebração da vigília pascal, expressa-se assim: "Ó Deus, derramai em nós o vosso Espírito de caridade, para que saciados pelos sacramentos pascais permaneçamos unidos no vosso amor".[12]

Mais duas observações para expressar o nexo entre a Eucaristia e o Espírito Santo.

A primeira: a graça da Eucaristia é o dom permanente em nós do Espírito de Cristo renovado e aumentado em cada comunhão sacramental; dom de Cristo ressuscitado a seus discípulos, o Espírito assegura

---

[11] Estes e outros textos em: RINAUDO, S. *La liturgia, epifania dello Spirito*. Torino-Leumann, LDC, 1980. pp. 190-191.

[12] Vigília Pascal, Oração depois da comunhão.

210

CULTO E SANTIFICAÇÃO NO ESPÍRITO SANTO

a comunhão, a imanência recíproca de que fala João: "Permanece em mim e eu nele... aquele que de mim se alimenta viverá por mim" (Jo 6,56-57); estamos no vértice da comunhão com Cristo por meio do dom mais íntimo de si: seu Espírito.

A segunda observação: a esse dom do Espírito é confiada a missão de uma transformação progressiva, de uma configuração a Cristo crucificado e ressuscitado de cada um dos fiéis. Para isso tende a Eucaristia em uma dimensão pessoal e comunitária: "ut in hoc quod sumimus transeamus",[13] isto é, para que nos transformemos no que comemos: Corpo de Cristo. Uma tarefa que não se esgota em uma única comunhão e que requer a docilidade, o compromisso do culto e do sacrifício da vida, a perseverança sob a ação do Espírito Santo. Assim, o homem pode se transformar em Cristo vivo, Eucaristia do universo.

Liturgia sacramental

É universal o desejo de evocar, muito mais explicitamente do que até agora se fez, a ação do Espírito em todas as celebrações sacramentais. Temos bons exemplos disso nos diversos rituais que foram sendo publicados. Basta uma simples alusão sobre cada um dos sacramentos.

Batismo. Não existe até agora um estudo completo e sistemático sobre o Espírito Santo em todo o *Ritual da iniciação cristã.* Leituras e orações sublinham diversos aspectos da ação do Espírito no Batismo. Colocou-se a ênfase na epiclese da bênção da fonte batismal, e também em outras fórmulas e textos.

Confirmação. É muito notável a acentuação do caráter pneumatológico da confirmação, verdadeiro "Pentecostes do cristão", especial-

---

[13] São Leão Magno, texto citado na LG, 26.

LITURGIA E VIDA ESPIRITUAL

mente com a imposição das mãos, o crisma e a fórmula sacramental, em parte tomada de uma antiga fórmula bizantina: "Accipe signaculum Doni Spiritus Sancti". É interessante o estudo da fórmula da consagração do Crisma. Embora não faltem ambiguidades no novo ritual da confirmação, como alguém mostrou pela não valorização do gesto verdadeiro e expressivo da imposição das mãos, o caráter pneumatológico do sacramento foi plenamente destacado.

Ordem. Na liturgia da consagração episcopal e da ordenação dos presbíteros e diáconos, os gestos sacramentais próprios da transmissão do Espírito — imposição das mãos — e de sua unção interior são acompanhados da invocação do Espírito Santo nos respectivos prefácios consecratórios.

Penitência. No novo "Ordo poenitentiae" se sublinhou, tanto no plano de princípios teológicos como no da eucologia, a necessária ação do Espírito para a remissão dos pecados, até inserir a menção do Espírito na fórmula de absolvição. A liturgia afirma que o próprio Espírito Santo "é o perdão de todos os pecados".[14]

Unção dos enfermos. Também aqui é notável a luz da dimensão pneumatológica do sacramento pela inserção da alusão ao Espírito na fórmula sacramental e em outros elementos eucológicos.

Matrimônio. Alguns símbolos (anel, coroa, o véu umeral que cobre ambos os esposos no Rito Toledano) e algumas orações de bênção são uma invocação do Espírito Santo em sentido amplo. Como afirma o *Catecismo*: "Na epiclese deste sacramento, os esposos recebem o Espírito Santo como comunhão de amor de Cristo e da Igreja" (CIC 1624). Uma oração sobre os esposos da tradição caldeia expressa-se deste modo: "A

---

[14] Missal Romano, Oração sobre as oferendas do sábado da sétima semana do Tempo Pascal.

CULTO E SANTIFICAÇÃO NO ESPÍRITO SANTO

força divina desça sobre estes teus servos, os quais, com a mediação do sacerdócio, se unem um ao outro segundo a lei e assim se convertam ambos em uma só carne, para que de nós, deles e de todas as criaturas brote para teu Senhorio o louvor incessante". Na segunda edição típica do Rito do Matrimônio foi inserida uma verdadeira e apropriada epiclese para invocar o Espírito Santo sobre os esposos.

Uma ampla pneumatologia implícita

A presença e a ação do Espírito Santo são sublinhadas pela que poderíamos chamar *pneumatologia implícita* da liturgia. Expressa-se, como indica A. M. Triacca, nas expressões verbais como abençoar, infundir, derramar, consagrar, santificar, força, orvalho...; nos gestos litúrgicos como a imposição das mãos, a "insufflatio" e a "halitatio"; nas atitudes do corpo: genuflexão, prostração, estender as mãos...; no uso de realidades tipicamente simbólicas de sua ação: óleo/crisma, unção/perfume, incenso, sal, água quente ou "zeon" que os orientais bizantinos introduzem no cálice antes da comunhão eucarística como sinal da plenitude do Espírito de Pentecostes; em alguns símbolos: anel, coroa, véu. O silêncio é também um sinal misterioso do Espírito.[15]

Conclusão: celebrar no Espírito

Da teologia à espiritualidade

Como levar a teologia litúrgica do Espírito Santo para uma autêntica mistagogia? É claro que não basta uma leitura atenta e compreensão dos textos para ter uma sensibilidade teológica para com o Espírito San-

---

[15] Cf. Espíritu Santo. In: *Nuevo Diccionario de Liturgia*. Madrid, Paulinas. pp. 702-720, especialmente 711-712. [Ed. bras.: *Dicionário de Liturgia*. São Paulo, Paulinas, 1992.]

to. Celebrando a liturgia, envolvemo-nos na própria "sinergia" do Santo Pneuma, como concelebrantes nele por Cristo dos santos mistérios. Essa consciência pode mudar o sentido de nossa participação, tanto sendo ministros ou simples fiéis. A seguir, algum corolário de vida para uma celebração atenta ao Espírito.

Trata-se, agora, de captar a dimensão típica da espiritualidade litúrgica que é, ao mesmo tempo, o ponto de chegada da teologia, da liturgia com seus textos, seus símbolos, sua experiência celebrativa.

A. M. Triacca, no verbete *Espírito Santo*, já citado, mostra a necessidade de recordar a ação do Espírito como dom: a força de santificação e de consagração, seu dinamismo para o culto espiritual. Ele se nos dá em sua realidade de princípio vivificante pessoal e comunitário da ação litúrgica; é preciso, portanto, descobrir como estamos em "sinergia" com ele na profissão de fé e na própria vida como liturgia viva.

Outros abrem o tema da ação do Espírito Santo na liturgia para uma série de ações que indicam uma presença mais complexa e concreta, subjetiva e ativa ao mesmo tempo, do agir do Espírito na assembleia. São indicadas algumas vias privilegiadas do "celebrar no Espírito Santo".

Deve-se passar para a consciência de realizar a liturgia no Espírito Santo, com uma subjetivação obrigatória. Trata-se de recuperar plenamente o sentido e a consciência de celebrar com, em e na sinergia do Espírito Santo.

Para isso, há que recuperar o sentido de celebrar com a consciência de ser recriados a partir de dentro pelo "concelebrante principal" que é o Espírito. Na Igreja, com sua respiração e sinergia...

Finalmente, porém, deve-se chegar à descoberta e à prática dos caminhos antropológicos que permitem passar para essa ação conjunta,

214

CULTO E SANTIFICAÇÃO NO ESPÍRITO SANTO

para a celebração no Espírito Santo: a mistagogia como introdução ao mistério e experiência teologal; o silêncio que expressa a ação do "silencioso" que é o Espírito; a dimensão de comunhão, obra do Espírito no acolhimento mútuo das pessoas, no coro sinfônico das vozes, das línguas, das culturas...; a beleza ou espaço feliz da liturgia (com efeito, a beleza, não somente a estética, mas a beleza da harmonia dos corações, converte-se no lugar da "beleza"); a dimensão da catolicidade, a circularidade da palavra, a oração dos fiéis; a plena participação nas verdades dos sinais e na realidade da corporalidade e dos gestos que manifestam a total celebração do mistério da salvação, animada pelo Espírito.

Para uma autêntica celebração no Espírito

Pessoalmente, parece-nos que devem ser sublinhadas algumas realidades fundamentais dessa celebração "in Spiritu".

"Uma assembleia onde floresce o Espírito". Assim a *Traditio Apostolica*, n. 35, definiu a Igreja; uma comunidade celebrante estará certa de possuir o Espírito e de estar animada por ele na celebração, na medida em que aconteçam os frutos deste Espírito (cf. Gl 5,22-23): não se pode ter o Espírito sem a comunhão com Cristo, a unidade na comunhão eclesial, a expressão do acolhimento dos irmãos na caridade.

Uma ação divina e humana. A liturgia não é uma obra humana. A consciência de que o Espírito é o animador interior da assembleia celebrante condena toda atitude demasiado humana na liturgia, o desejo de mostrar a própria sabedoria e capacidade na celebração, o "clericalismo" dos ministros ou a invasão dos leigos; unidos na comunhão, humildes e pobres diante do mistério, dóceis à letra e ao Espírito ao mesmo tempo, nosso culto será agradável a Deus.

LITURGIA E VIDA ESPIRITUAL

"Nenhum Espírito Santo sem a oração". Se é verdade que não há liturgia sem o Espírito, é também verdade que não há Espírito Santo sem a liturgia e a oração. A celebração, momento culminante da vida da comunidade e do indivíduo, tem que se preparar e amadurecer na oração, na docilidade ao Espírito, no silêncio que faz nascer a Palavra "inspirada", porque é escuta do Espírito. Por respeito ao Espírito, a liturgia deve se preparar interiormente, mas também convenientemente nos detalhes. A espontaneidade litúrgica apenas pode nascer da contemplação e da leitura constante da Escritura, para que seja "espiritual".

Uma celebração vibrante e prazerosa. Celebrar no Espírito significa também outorgar a nossas celebrações o caráter prazeroso, espontâneo e festivo; superar o rubricismo e o hieratismo, mas também a banalidade medíocre; uma celebração autêntica pode ser também sóbria, onde se experimenta a "sóbria embriaguez do Espírito", segundo a expressão do hino ambrosiano ("Laeti bibamus sobriam ebrietatem Spiritus"); trata-se de uma dimensão que muitas assembleias carismáticas estão recuperando para toda a Igreja.

Da liturgia à vida cotidiana

As reflexões de cada um de nossos capítulos sobre a liturgia desembocam na continuidade e na interioridade. Pode-se repetir o que se disse no capítulo sobre Cristo. O dom do Espírito que nos é oferecido como santificação deve ser levado por ele em nossa vida, se somos dóceis à sua ação, para a experiência quotidiana do Evangelho no meio do mundo. Antes de tudo, na apropriação interior do dom recebido e no crescimento para a maturidade cristã, na assimilação a Cristo, obra do Espírito que é, segundo uma expressão grata aos orientais, "o iconógrafo interior" que faz das pessoas "ícones vivos de Cristo". Depois, em uma

CULTO E SANTIFICAÇÃO NO ESPÍRITO SANTO

vida cristã que se converte totalmente em "sacrifício espiritual", oblação a Deus e aos irmãos.

Guiado pelo Espírito, o cristão parte da liturgia para a vida e leva a novidade da Páscoa, para continuar no mundo aquela transformação lenta, mas segura, que é a obra do Espírito Santo.

Bibliografia

Subsídios bibliográficos:

FEDERICI, T. *Bibbia e liturgia*, I. Roma, Pontificio Istituto Liturgico, 1973. pp. 143-188. (Pro Manuscripto.)

FRANCISCO, M. J. Lo Spirito Santo e i Sacramenti. Bibliografia. *Notitiae, 13*: 326-335, 1977.

MAGNOLI, C. Quarant'anni di letteratura liturgica attorno al tema pneumatologico. *La Scuola Cattolica, 117*: 77-103, 1989.

MONTAGNA, D. Note di bibliografia sullo Spirito Santo. *Servitium, 8*: 378-389, 1974.

OÑATIBIA, I. Por una mayor recuperación de la dimensión pneumatológica de los sacramentos. *Phase 16*: 425-439, 1976.

Trataram sobre o tema, sob um ponto de vista sistemático e com caráter ecumênico:

VV.AA. *Le Saint-Esprit dans la Liturgie*. Roma, s.ed., 1977.

VV.AA. Spirito Santo e Liturgia. *Atti della XII Settimana di studio della Associazione di Professori di Liturgia*. Torino, Marietti, 1984.

VV.AA. Credo in Spiritum Sanctum. In: CONGRESSO INTERNAZIONALE DI PNEUMATOLOGIA. *Atas...* Città del Vaticano, Libreria Editrice Vaticana, 1983.

VV.AA. El Espíritu Santo. *Cuadernos Phase*, Barcelona, CPL, n. 34, 1992.

Outros estudos:

LEFEVRE, G. *L'Esprit de Dieu dans la sainte liturgie*. Paris, s.ed., 1958.

LÓPEZ MARTÍN, J. *El don de la Pascua del Señor*; pneumatología de la Cincuentena pascual del Misal Romano. Burgos, 1977.

LÓPEZ MARTÍN, J. Bibliografia penumatológica fundamental: *Phase*, 25: 457-467, 1985.

STROTMANN, T. Pneumatología y liturgia. In: VV.AA. *La liturgia después del Vaticano II*. Madrid, Taurus, 1969. pp. 347-382.

VERHEUL, B. In unione con lo Spirito Santo. In: *Introduzione alla Liturgia*. Milano, Paoline, 1967. pp. 67-102.

VON ALLMEN, J. J. Le Saint Esprit dans le culte. *Révue de Théologie et de Philosophie*, 9 : 12-27, 1959.

Outras contribuições:

A revista *Phase* dedicou dois números monográficos ao tema: nn. 149-150, 1985; n. 223, 1998.

MAGGIANI, S. Celebrare il mistero di Cristo alla luce della riflessione pneumatologica. In: VV.AA. *Spirito Santo e Liturgia*, op. cit., pp. 59-84.

_____. Il silenzio: per celebrare "in Spiritu Sancto". *Rivista Litúrgica*, Padova, 76: 370-380, 1989.

TRIACCA, A. M. Espíritu Santo. In: VV.AA. *Dicionário de liturgia*, op. cit. pp. 359-370. (Com bibliografia em língua espanhola.)

_____. Spirito Santo I e II. In: *Liturgia. Dizionari San Paolo*. Cinisello Balsamo, San Paolo, 2001. pp.1887-1915. (Com bibliografia atualizada.)

VV.AA. *Lo Spirito Santo, la Chiesa e i sacramenti*. Documento del gruppo ecumenico di Dombes. "*Il Regno/Documenti*", 7: 179-191, 1980.

Indico algumas contribuições minhas sobre o tema:

CASTELLANO, J. Presenza ed azione dello Spirito Santo nella liturgia. In: VV.AA. *Lo Spirito Santo nella vita spirituale*. Roma, Teresianum, 1981. pp. 113-142.

_____. La experiencia del Espíritu Santo en la Iglesia de Oriente. *Revista de Espiritualidad*, *42*: 119-150, 1983.

_____. Lo Spirito Santo e la sua azione santificante e cultuale nella liturgia. In: "La Chiesa nel tempo". *Rivista di Cultura e di Vita*, Diocesi di Reggio-Bova, 2: 45-76, 1998.

CASTELLANO, J. Lo Spirito Santo sinfonia dell'unità fra Oriente ed Occidente. In: VV.AA. *Lo Spirito Santo è Signore e dà la vita*. Roma, Teresianum, 1998. pp. 209-236.

Uma boa síntese em:

MAGGIONI, C. *Lo Spirito Santo operante nella liturgia*. In: VV.AA. *Lo Spirito Santo è Signore e dà la vita*. Roma, Teresianum, 1998. pp. 157-184.

Capítulo VII
ASSEMBLEIA LITÚRGICA, COMUNIDADE SACERDOTAL

Entre Cristo, o Espírito e a Igreja existe um nexo indissolúvel na realização do mistério litúrgico. "Em tão grandiosa obra, pela qual Deus é perfeitamente glorificado e os homens são santificados, Cristo sempre associa a si a Igreja, sua esposa diletíssima, que invoca seu Senhor e por ele presta culto ao eterno Pai" (SC 7). Daí se segue que o exercício do sacerdócio de Cristo comporta uma associação de todo o corpo místico de maneiras diversas: uma vez que Cristo realiza seu mistério de salvação na Igreja e por meio dela; porque o sujeito da santificação e do culto é sempre a Igreja, que assim se realiza e se aperfeiçoa em todas as suas dimensões; posto que Cristo se une sempre à Igreja em seu culto ao Pai, apresentando-se sempre a si mesmo e apresentando a oferenda de sua Igreja.

No âmbito litúrgico, o termo Igreja-Corpo Místico indica a assembleia celebrante, sinal e ao mesmo tempo realização da Igreja universal. Com efeito, a liturgia, de maneira especial a eucarística, revela o mistério da Igreja, comunhão com Cristo e com os irmãos.

LITURGIA E VIDA ESPIRITUAL

Deste enfoque já podem ser deduzidas algumas conclusões: a assembleia litúrgica é o primeiro sinal da presença de Cristo, e o âmbito sacramental onde são realizados os demais sinais da presença e da ação de Cristo. No limite, poder-se-ia afirmar: não há liturgia sem assembleia. A celebração solitária de uma ação litúrgica é um caso limite; nela não falta, na realidade, o mínimo sinal, e toda a celebração, inclusive individual, evoca o mistério da Igreja celebrante no "nós" comunitário da oração litúrgica. Falta, porém, aquele "onde dois ou mais" no nível de sinal de comunhão-comunidade, que fala abertamente do mistério eclesial. Uma assembleia litúrgica será tanto mais perfeita quanto melhor conseguir realizar em si mesma, no nível espiritual, existencial, e no nível hierárquico constitutivo, o mistério da Igreja. Uma mútua e fecunda relação do movimento litúrgico e eclesiológico levou-nos a compreender melhor tanto a liturgia como a Igreja.

Aí encontramos, no limite, a chave para entender o sentido essencialmente comunitário da espiritualidade cristã. Deus não quis nos salvar individualmente, mas como um Povo (LG 9). Nesta perspectiva comunitária, a liturgia orienta continuamente nossa espiritualidade em sua dimensão eclesial.

Depois dos temas teológicos referentes a Cristo e ao Espírito, temos que tratar agora sobre a Igreja, sobre a assembleia litúrgica que tem uma referência concreta ao nós da celebração. Um tema que é teológico — o mistério da assembleia — e ao mesmo tempo comporta uma série de exigências pastorais e espirituais. Com efeito, por um lado, a assembleia evoca o tema da "ecclesia" celebrante, da Igreja unida a Cristo na unidade do Espírito, em comunhão com a Virgem Maria. Por outro lado, este tema ilumina o sentido da espiritualidade comunitária e eclesial que brota da celebração. O sentido específico da assembleia torna-se

ASSEMBLEIA LITÚRGICA, COMUNIDADE SACERDOTAL

cada vez mais importante na Igreja, como diremos, também pelo florescimento de uma nova mentalidade litúrgica, atenta à comunidade, ao grupo, com uma recuperação bíblica, teológica, pastoral e espiritual do sentido da assembleia.

Tentamos, portanto, oferecer uma síntese teológico-espiritual sobre o mistério da assembleia litúrgica e suas exigências, articulada nos seguintes pontos: a) vicissitudes históricas e exigências pastorais da assembleia cristã; b) a assembleia litúrgica, expressão da igreja local e eucarística; c) a comunidade sacerdotal: liturgia e vida; d) exigências de vida espiritual.

Vicissitudes históricas e exigências pastorais da assembleia cristã

Vicissitudes históricas

A assembleia litúrgica é uma reunião de pessoas, que estão juntas para realizar uma obra comum: neste caso, o mistério de Cristo. O substrato humano da assembleia determina sua variedade e sua diversidade, suas vicissitudes históricas e geográficas. Além disso, a assembleia é uma comunidade de fé, de crentes, reunidos especialmente em virtude de sua fé. Deste simples enunciado, tiramos algumas considerações que se referem a uma compreensão mais clara do mistério da assembleia cristã.

A assembleia cristã, do ponto de vista de sua relação com a sociedade, passa através de diversas vicissitudes históricas que influem em sua composição interna e em sua imagem externa.

Eis como podemos descrever a evolução deste fenômeno histórico que tem suas consequências no nível teológico, pastoral e espiritual.

223

LITURGIA E VIDA ESPIRITUAL

No contexto da sociedade pagã. Os cristãos que se reúnem em assembleia na época primitiva, em meio das perseguições ou em um clima de minoria religiosa, oferecem um espetáculo curioso, de ruptura com o próprio ambiente, para formar algo diferente. Na assembleia, o cristão encontra a Igreja. No meio de um mundo pagão, é na assembleia dos irmãos que o cristão encontra visivelmente a Igreja, e apenas aí. E é na vida da assembleia que também os não cristãos, os que observam de fora, podem ver a vida da Igreja. O encontro dos irmãos na assembleia é desejado e esperado; superam-se os obstáculos da reunião, enfrentando amiúde as dificuldades mais graves e o próprio martírio. A assembleia cristã primitiva — em sua composição, ritos, gestos, linguagem — conserva um acentuado caráter familiar, mesmo respeitando o mistério litúrgico e o compromisso da fé. Eis aqui alguns testemunhos.

A descrição toda da liturgia eucarística batismal feita por Justino[1] manifesta o caráter dessa assembleia primitiva em meados do século II.

"No dia do Senhor, deixando tudo, comparecei à assembleia. Que desculpa poderá ter diante de Deus quem neste dia não vai escutar a palavra salvadora e saciar-se com o alimento divino que permanece para a eternidade?"[2]

"Os fiéis, uma vez despertados e levantados, antes de se pôr a trabalhar, farão oração a Deus e depois se dirigirão ao trabalho. Se acontecer alguma instrução oral, dar-se-lhe-á preferência e se irá escutar a palavra de Deus para confortar a alma. Comparecer-se-á solicitamente à Igreja (ou assembleia), onde floresce o Espírito."[3]

---

[1] *Apologia*, I, cc. 65-67.

[2] *Didascalia*, c. 13; cf. o outro belo texto sobre a assembleia, citado pela *Presbyterorum Ordinis* 6, na nota.

[3] HIPÓLITO. *A tradição apostólica*, n. 35.

ASSEMBLEIA LITÚRGICA, COMUNIDADE SACERDOTAL

"A cada dia devemos reunir-nos, porque ver-nos uns aos outros é uma alegria."[4]

"Como o fogo afina o ferro, assim a assembleia aumenta a caridade. Embora sejamos irmãos pelo Batismo e tenhamos um único Pai no céu, estamos maximamente unidos quando nos reunimos em assembleia para a oração, como na Igreja primitiva na qual havia um só coração e uma só alma."[5]

Máximo o Confessor, em sua *Mistagogia*, descreve a assembleia como a unidade do Corpo de Cristo:

> Homens, mulheres, crianças, profundamente diversos no que se refere à raça, à nação, à língua, à classe social, ao trabalho, à ciência, à dignidade e à fortuna [...] a Igreja recria todos no Espírito [...] Todos estão unidos de uma forma verdadeiramente católica [...] Na Igreja ninguém fica separado, de maneira alguma, da comunidade, todos, por assim dizer, se fundem uns nos outros, mediante a força simples e indivisível da fé. Assim Cristo é tudo em todos.[6]

No contexto da cristandade. O tipo de assembleia vai mudando progressivamente; os cristãos aumentam, são mais tíbios, menos convencidos; entram em jogo razões sociológicas que levam a frequentar a assembleia cristã. A prevalência de cristãos na própria sociedade civil faz com que a assembleia litúrgica não constitua mais uma ruptura com o ambiente circunstante; a diferença vem mais de uma maior ritualização da assembleia e de suas celebrações. Uma assembleia distinta impõe um tipo distinto de liturgia.

---

4 JERÔNIMO. *Comm. in Gal.*, lib. II, c. 4: PL 26, 378B.

5 JOÃO CRISÓSTOMO. *Epist. ad Hebr.*, c. 10: PG 63, 140.

6 MAXIMO O CONFESSOR. *Mistagogia* I: PG 91, 665-668.

LITURGIA E VIDA ESPIRITUAL

No contexto de um mundo secularizado. Mais uma vez a assembleia recupera seu sentido; isto vale para as grandes cidades, onde o fenômeno do urbanismo torna anônimas as relações sociais. O cristão pode voltar a encontrar na assembleia sua própria família, sua Igreja; é lá que demonstra que pertence a uma comunidade de fé. Isto cria a exigência de uma comunidade litúrgica de um tipo novo. Uma nova sensibilidade, animada também pela Igreja, busca a comunidade litúrgica, que sente a necessidade de relações mais humanas, fraternais, menos formais e hieráticas, como o demonstram tantas assembleias pequenas, comunidades eclesiais de base, neo-catecumenais, carismáticas etc. A Igreja olha para as assembleias primitivas e sente saudade das assembleias domésticas dos primeiros cristãos e orienta-se para uma experiência litúrgica desse gênero. Obviamente, nisto há também muito de humano: desejo de sair do anonimato, necessidade de afeto mútuo, busca de experiência religiosa; deseja-se ser alguém, pertencer a algum grupo; mas isto é humano e é normal; estas motivações serão purificadas na "perseverança". Porém, diante de fenômenos como o do anonimato ou o da religiosidade ambígua, os pastores aconselham a refazer o tecido de comunidades calorosas e acolhedoras.

Um ponto de referência constante na vida da Igreja é a comunidade paroquial ("paroikos" = junto da casa): "É a última localização da Igreja, é, em certo sentido, a própria Igreja que vive no meio das casas de seus filhos e filhas". É também "uma comunidade eucarística".[7]

---

[7] Cf. *Christifideles laici*, 26, que remete à SC 42.

ASSEMBLEIA LITÚRGICA, COMUNIDADE SACERDOTAL

A arquitetura das igrejas, um reflexo na assembleia e na celebração

Sem querer simplificar as coisas e sem generalizar, é óbvio que a arquitetura do templo cristão oferece um espelho da relação com o tipo de assembleia e o modo de celebrar a liturgia: o tipo primitivo da "domus ecclesiae" fala-nos de uma celebração penetrada de familiaridade.

O tipo basilical da liturgia romana a partir do século IV destaca uma certa majestade, uma separação inicial entre o presbitério e o povo, a necessidade da mediação dos ministros e do coro. A liturgia medieval, nas catedrais e mosteiros, está refletida em uma arquitetura na qual, com frequência, o coro dos monges e dos cônegos está no centro e fechado, enquanto há pouco espaço para o povo. O templo barroco reflete uma grandiosidade no conceito da liturgia, mas afasta o altar do povo, não favorece a participação, e coloca a celebração do sacrifício eucarístico no centro, junto com a adoração da Eucaristia, para a qual se constrói um tabernáculo sobre o altar-mor.

O retorno progressivo da renovação litúrgica expressa-se também na forma das novas construções. Primeiro, começa com um retorno à arquitetura medieval, neogótica ou neo-românica. Depois, redescobre-se a posição do altar no meio do presbitério e surge o desejo de celebrar de frente para o povo para favorecer a participação. O modo de celebrar nas capelas, nas comunidades e nos grupos parece também um retorno mais radical à forma de celebração nas "domus ecclesiae".[8]

---

[8] ABRUZZINI, E. Arquitectura. In: *Dicionário de liturgia*, op. cit., pp. 144-155.

227

Uma diversidade de assembleias?

Do ponto de vista da composição das assembleias, embora sempre diante do único mistério da "ecclesia" e tendo que comprovar que na Igreja que celebra a Eucaristia ninguém deve se sentir excluído ou estrangeiro, é evidente que influi de algum modo na celebração — gestos, símbolos, modo de comunicação e de participação — o tipo de assembleia, seja pequena ou massificada, de uma categoria de pessoas (crianças, jovens, contemplativas...), com predomínio do sentido da fé ou o de uma participação no nível social (funerais, matrimônios...), ou manifeste alguns componentes culturais, geográficos etc.

É preciso captar todo o sentido humano da assembleia para comprovar como o mistério da Igreja celebrante se expressa em diversidades acidentais, sem dar a essas particularidades um peso tão grande que seja em detrimento do sentido da vida teologal dos participantes e da realidade teológica da única liturgia eclesial.

A assembleia litúrgica, realização da igreja local

Apresentamos, em breve síntese, um tema bíblico-litúrgico da máxima importância.

Raízes bíblicas: *Qahal YHWH* e *ekklesia tou Kyriou*

A assembleia cristã é herdeira da dimensão cultual do povo escolhido como comunidade "convocada" e congregada por Deus para a proclamação da Aliança. O novo Povo nasce como assembleia — *qahal* — ao pé do Sinai, convocado pela palavra de YHWH e constituído como "reino de sacerdotes e nação santa" (cf. Ex 19ss). Desde esse momento,

ASSEMBLEIA LITÚRGICA, COMUNIDADE SACERDOTAL

a assembleia de Israel converte-se em categoria estável e sagrada. Ao longo de toda a história do povo escolhido, os momentos solenes que de algum modo são uma ratificação ou uma renovação do pacto, serão vividos como um ato da *Qahal YHWH* e com a participação de todos; assim acontece sempre na liturgia do templo, mas aparece de maneira especial em momentos históricos decisivos, como a dedicação do templo (2Rs 8,14), a Páscoa de Ezequias (2Rs 20,2-4ss), a renovação da Aliança celebrada por Josias (2Rs 23,1-21) e a retomada da vida nacional depois do exílio babilônico sob Esdras (Ne 8-9).

Cristo estabelece a continuidade do sentido da assembleia de Israel, por meio da utilização do mesmo vocabulário, no evangelho de Mateus, capítulos 16 e 18.

Da ressurreição de Jesus nasce a comunidade cristã, chamada pelo próprio Jesus Igreja: *ekklesia*. Esta comunidade reúne-se, convocada pela palavra dos apóstolos (At 2,44-47 e paralelos). A aplicação do termo *ekklesia* nos escritos do NT oscila entre vários significados vinculados e complementares: a) o conjunto de todos os fiéis redimidos por Cristo, toda a comunidade de salvação (1Cor 12,28; Ef 1,22; 3,10-21; 5,23-27, 29-32; Cl 1,18-24); b) a comunidade dos fiéis que existe em um lugar geográfico determinado (At 8,1; 11,22; 1Cor16,1; 16,19 2Cor 8,1 etc.); c) a reunião dos fiéis ou Igreja doméstica (Rm 16,5; 1Cor 11,18; 14,5; 16,19; Cl 4,15 etc.). Temos assim o tríplice significado da palavra (Igreja universal, igreja local ou particular, assembleia litúrgica), entrelaçado em uma interdependência, enquanto a comunidade reunida para o culto é a verdadeira expressão da igreja local e a realização concreta da comunidade de salvação.[9]

---

[9] Sobre o tema da *ekklesia*, cf. o clássico estudo de Tena, P. *La palabra "Ekklesia"*; estudio histórico-teológico. Barcelona, s.ed., 1958; Id. Iglesia asamblea, una nueva aportación teológica. *Phase*, 28: 415-436, 1988.

229

A assembleia litúrgica, sinal e realização da Igreja

A liturgia faz a Igreja redescobrir sua essência. A eclesiologia redescobriu, nas últimas décadas, essa dimensão da Igreja por meio do reconhecimento da "igreja local", como expressão e realização, ao mesmo tempo, da Igreja universal. Porém, às vezes, este conceito de igreja local fica ainda preso a termos jurídicos, ou reduzido a expressões locais enquanto não se descubra que sua verdadeira dimensão é a de Igreja eucarística, assembleia litúrgica.

Uma inicial teologia da assembleia litúrgica é encontrada na SC com algumas referências específicas nos nn. 2,6-7, 14, 26-27. Porém, a chave de uma nova compreensão da assembleia é a expressa pelos nn. 41-42, que identifica de alguma forma a celebração litúrgica, especialmente a eucarística, com a expressão do mistério da Igreja.

Encontramos o reconhecimento explícito desta doutrina em LG 26, cujos termos mais importantes destacamos: "A Igreja de Cristo está verdadeiramente presente em todas as legítimas comunidades locais de fiéis que, unidas com seus pastores, são também elas no Novo Testamento chamadas 'igrejas'. Estas são em seu lugar o povo novo chamado por Deus, no Espírito Santo e em grande plenitude. [...] Nessas comunidades, embora muitas vezes pequenas e pobres, ou vivendo na dispersão, está presente Cristo, por cuja virtude se consocia a Igreja una, santa, católica e apostólica".

A ênfase é colocada nas palavras "a Igreja está presente", e em sua plena realização na Eucaristia.

A assembleia litúrgica, especialmente na celebração eucarística, é a mais verdadeira expressão da Igreja no nível de sinal e realização. No nível de sinal: a assembleia litúrgica evoca a realidade da Igreja

ASSEMBLEIA LITÚRGICA, COMUNIDADE SACERDOTAL

como assembleia convocada pela Palavra, Corpo e Esposa de Cristo, Templo do Espírito, família de Deus etc., na unidade da participação. No nível de realização: a plenitude do ser Igreja é experimentada na liturgia. Como diz K. Rahner: "Na comunidade local reunida diante do altar existe toda a Igreja do ponto de vista da máxima atualização intensiva. Com efeito, uma comunidade local, mesmo sendo aparentemente apenas uma fração da Igreja, tem em si mesma a presença mais atual e mais íntima de Cristo que constitui, em seu Espírito, a Igreja".[10]

Plenitude e limites. A assembleia atinge sua plenitude de ser na celebração eucarística, mas qualquer outra celebração participa dessa plenitude de maneira mais limitada. Pode-se afirmar a plenitude existencial do ser Igreja: por parte de Cristo e de seu Espírito, porque nela temos uma comunicação total, presença e influência sobre a Igreja por meio dos sinais sacramentais; por parte dos fiéis, porque a participação litúrgica exige uma máxima realização teologal de fé, esperança e amor, na oração, na escuta, na comunicação da graça, e uma máxima realização da caridade fraterna na mútua relação dos membros do Corpo Místico.

Não é, porém, toda a Igreja! Portanto, não pode fechar-se em si mesma, nem considerar-se autônoma ou auto-suficiente: tem que se abrir para a comunhão eclesial com todas as outras legítimas assembleias, e expressar na oração e na fé essa comunhão universal com todos os demais grupos dispersos pelo mundo... Tem que se abrir para o

---

[10] La presenza del Signore nella comunità di culto. In: *Nuovi saggi di teologia*, III. Roma, Paoline, 1969. p. 485; a ideia é do gosto do autor, à qual retorna frequentemente em seus escritos, também na perspectiva de uma situação da Igreja no mundo como de diáspora. Cf. o belo artigo: Il Vaticano II sulla presenza di Cristo nella comunità della diaspora. Ibid., pp. 495-515; trata-se de um comentário à LG 26; cf. também algumas considerações de caráter teológico e litúrgico em CASTELLANO, J. La chiesa particolare e la parrocchia. Spazio eucarístico di comunione e di missione. In: VV.AA. *Terzio millennio. Ipotesi sulla parrocchia*. Anagni, San Lorenzo, 1999. pp. 115-146; GASPARI, S. *La comunità parrocchiale soggetto della liturgia*. Ibid., pp. 147-164.

mundo, que também é chamado à comunhão eclesial, e que ainda não foi alcançado por ela, mas que, por outro lado, está a caminho rumo à Igreja. Uma abertura dupla e convergente coloca a assembleia em comunhão com o mundo: a intercessão na oração, a missão de evangelização e de testemunho no mundo.

Os concelebrantes da liturgia

O *Catecismo*, à pergunta sobre quem celebra a liturgia, responde de maneira articulada e complexa para dar a entender a complexidade daqueles que celebram o mistério litúrgico, os concelebrantes celestes e terrenos da liturgia divina.

Tentemos tomar consciência daqueles que celebram a sagrada liturgia. Uma primeira advertência do *Catecismo* é a referência ao sujeito total da liturgia que é o "Christus totus", Cristo todo inteiro, segundo a frase de santo Agostinho que nos remete a Cristo e a seu Corpo que é a Igreja, mas entendendo também referir-se à Igreja celeste e à Igreja terrena: uma invisível, a outra visível.

Ordinariamente, não somos muito conscientes deste fato. Temos tendência a olhar apenas o que vemos na assembleia terrena, mas basta apercebermo-nos do tom das orações e dos cânticos para entrar em uma visão mais ampla das coisas. A liturgia é "o céu na terra", segundo uma visão simpática à Igreja do Oriente, mas é também uma comunhão com a Igreja celeste, segundo a bela expressão do cânon romano referida à Virgem Mãe de Deus e aos santos. A SC 8 expressou esse caráter escatológico da liturgia que nos permite celebrar unidos à Jerusalém celeste, e a LG 50 lembra-nos de que a máxima expressão de nossa comunhão com a Igreja celeste se realiza de maneira nobilíssima na sagrada liturgia. O *Catecismo* segue as pegadas da doutrina conciliar e especifica

ASSEMBLEIA LITÚRGICA, COMUNIDADE SACERDOTAL

concretamente o papel dos celebrantes da liturgia celeste, invisíveis mas tornados visíveis por meio de alguns sinais, e a concreta atuação dos celebrantes da liturgia sacramental visível.

Os celebrantes da liturgia celeste

Com o olhar fixo na liturgia celeste que o livro do Apocalipse ilustra de modo exemplar, temos que descobrir com os olhos da fé, mas também por meio da palavra que é anunciada, dos sinais das imagens, dos textos das orações, aos concelebrantes divinos de toda liturgia: o Pai, Cristo, Cordeiro imolado e sumo sacerdote, o Espírito Santo, rio de água viva que brota do trono de Deus (Pai) e do Cordeiro (Cristo) (CIC 1137). Toda a Trindade Santa está implicada no dom da palavra e da graça, tudo retorna ao Pai por Cristo no Espírito.

De Cristo, de maneira especial, se diz, com uma frase da liturgia bizantina de são João Crisóstomo, que é "o mesmo que oferece e que é oferecido, que dá e que é dado", para sugerir sua mediação descendente e ascendente, o personalismo da oração e do dom. Tudo na liturgia está centrado em Cristo, o autor visível dos mistérios de nossa salvação realizados em seu corpo e em sua história, embora sempre na dimensão da bondade do Pai, que é a fonte, e do Espírito, que é como o último e definitivo dom que nos afeta no mais íntimo. Os textos que se referem ao Pai, a Cristo ou ao Espírito fazem-nos entrar em uma comunhão explícita com as pessoas divinas e com sua ação santificadora e cultual.

Sempre na visão litúrgica do Apocalipse, que apresenta de maneira admirável a celebração da glória, se deve descobrir os poderes celestes, todo o mundo angélico, a criação já elevada à glória, com os quatro seres viventes, os servidores da antiga e da Nova Aliança, santos do primeiro e do definitivo Testamento, os membros do novo povo de

LITURGIA E VIDA ESPIRITUAL

Deus e, de modo especial, os santos mártires, aqueles que na vida e na morte foram feitos semelhantes ao Cordeiro imolado. São uma multidão imensa de toda nação, povo, língua e raça (CIC 1138).

Um momento especial da celebração eucarística, no qual são recordados esses divinos concelebrantes do céu, é, sem dúvida, o final do prefácio que se une ao canto do *Sanctus*. Porém, recordamo-los também nas intercessões das orações eucarísticas ou, então, antes da consagração, como no cânon romano, ou ainda depois da consagração, como também faz o cânon romano e todas as demais orações. Deste modo, celebra-se a união indissolúvel entre a Igreja celeste e a Igreja terrena em uma só comunhão e em uma só veneração, como se expressa o cânon romano.

Entre os santos, porém, destaca-se de modo especial a "toda santa", a Mãe de Deus. Sua presença tem um destaque especial em toda a liturgia cristã, como atestam unânimes as tradições do Oriente e do Ocidente. A Igreja recorda a Santa Mãe de Deus de modo primário e especial na comemoração dos santos, confia em sua intercessão, faz memória de sua participação nos mistérios de Cristo, posto que esteve sempre unida a ele de maneira indissolúvel (SC 103; LG 66), imita também interiormente as mesmas atitudes de Maria ao viver e celebrar os santos mistérios, como recordou de maneira esplêndida Paulo VI na *Marialis cultus*, nn. 17-21, como Virgem em escuta e em oração, Virgem oferente e mãe, mestra espiritual que nos ajuda a vincular o culto litúrgico com a vida cristã como culto espiritual que se prolonga na existência quotidiana.

Uma atenção especial aos textos litúrgicos revela e torna visíveis aos olhos da fé esses concelebrantes da liturgia divina, unidos a nós na comunhão dos santos, por meio da comunhão com o Santo, Cristo, que está presente no céu e está também presente na terra.

A celebração litúrgica renova também este dogma da fé católica e nos faz pregustar o dom da felicidade sem fim, do louvor perene, a que se referem tantas vezes os textos litúrgicos. O Espírito e a Igreja fazem-nos participar nessa liturgia celestial quando celebramos nos sacramentos o mistério da salvação (CIC 1139).

Os celebrantes da liturgia da terra

Posto que, como recordamos, o Cristo total é sujeito da liturgia, em toda celebração participa de maneira especial a Igreja inteira, Cristo unido a seu Corpo. Assim o expressam também os textos litúrgicos. O "nós" das orações expressa esta dimensão totalitária da participação do Corpo inteiro de Cristo, presente inclusive onde as comunidades são "pequenas, pobres ou vivendo na dispersão" (LG 26). Trata-se de uma verdade que, por um lado, nos faz conscientes de nosso ser Igreja, de modo especial quando se celebra a liturgia, e, por outro, de ter que ser autênticos celebrantes da fé e da Igreja universal com os textos, as palavras, os sentimentos da Esposa de Cristo. O *Catecismo* recorda este princípio referindo-se a alguns textos fundamentais da SC: "As ações litúrgicas não são ações privadas, mas celebrações da Igreja, que é o 'sacramento da unidade' [...] Pertencem a todo o corpo da Igreja, influem sobre ele e o manifestam" (SC 26) (CIC 1140).

A liturgia da Igreja é sempre comunitária, mas expressa também a diversidade dos ministérios e dos ofícios na Igreja de modo que de uma celebração ordenada e autêntica brota a figura autêntica da Igreja na variedade das vocações, ministérios e ofícios. A Igreja é una e diversa na reciprocidade coordenada da variedade do Corpo Místico.

LITURGIA E VIDA ESPIRITUAL

Um desequilíbrio ou uma desordem na celebração e participação na liturgia que não respeite a organização sacramental não apresenta de maneira adequada a sacramentalidade da Igreja e sua organização, segundo o desejo de seu Fundador. A liturgia eclesial na composição variada e organizada dos ministérios tem que ser sempre exemplo límpido da Igreja em seu ser e em seu agir.

Isto acontece na dimensão concreta da Igreja, que é a assembleia litúrgica reunida em um lugar, unida em torno da Palavra, dos sacramentos, da Eucaristia e da comunhão com os legítimos ministros. O *Catecismo* enumera algumas características dessa assembleia litúrgica.

É uma comunidade de batizados que vive, de modo especial nesse momento, o sacerdócio profético e real, que é o de Cristo, único sacerdote, participado por todos os membros de seu corpo. Esse sacerdócio comum ou batismal fundamenta o direito e o dever, mas, antes de tudo, o dom grande e imerecido por nossa parte, de uma plena, consciente e ativa participação nas celebrações litúrgicas (CIC 1141; cf. LG 10 e SC 14).

Grande variedade de ministérios na unidade do Espírito

Na assembleia litúrgica destacam-se, antes de tudo, os ministérios de origem sacramental, que na origem têm um chamado feito por Deus na Igreja e para a Igreja visando a um serviço especial da comunidade. São ministérios que levam o selo do sacramento da ordem, com um dom especial do Espírito Santo para agir na pessoa de Cristo Cabeça a serviço de todos os membros da Igreja. Para uma teologia desses ministérios litúrgicos, o *Catecismo* refere-se a dois elementos de grande relevo doutrinal, espiritual e pastoral.

São, antes de tudo, ministérios que, pela consagração sacramental, configuram Cristo, se transformam em um ícone de Cristo, tanto no

ASSEMBLEIA LITÚRGICA, COMUNIDADE SACERDOTAL

ministério sacerdotal como no serviço diaconal. Um ícone, plasmado pelo Espírito na ordenação, e plasmado mais uma vez também pelo Paráclito no serviço litúrgico sacramental concreto.

E, posto que o sacramento da Igreja se manifesta especialmente na Eucaristia, é de modo especial na celebração eucarística onde se manifesta o ministério próprio do bispo e, em comunhão com ele, o do presbítero e o do diácono.

Concretamente, o bispo é ministro ordinário de todas as ações litúrgicas, incluídas as ordenações presbiterais e diaconais. Os presbíteros são ministros ordinários de todos os sacramentos, em especial da Penitência, da Eucaristia e da Unção dos enfermos, e das ações litúrgicas, excluídas as das ordenações, mas podem ser designados para conferir a confirmação. Os diáconos estão a serviço do bispo e do presbítero, especialmente na celebração eucarística, podem batizar e presidir algumas ações sacramentais e outras ações litúrgicas.

Junto com esses ministérios que têm como fundamento o sacramento da ordem na graça do episcopado, do presbiterado e do diaconado, há outros ministérios particulares, não consagrados pelo ministério da ordem, fundamentalmente enraizados na graça do Batismo e da confirmação, postos a serviço da liturgia e, de modo especial, como expressão das funções do povo sacerdotal de Deus.

No âmbito litúrgico, que não é exclusivo do sacerdócio dos fiéis nem da do sacerdócio ministerial, mas é como sua fonte, seu vértice e sua escola, há ministérios conforme as tradições litúrgicas e as necessidades pastorais. Normalmente são considerados de modo especial os ministérios instituídos do leitor e do acólito. Mas há outros ofícios importantes para a celebração dos diversos aspectos e momentos da liturgia, como o cantor, o comentarista, os que propõem as orações dos fiéis, os

LITURGIA E VIDA ESPIRITUAL

ministros extraordinários da Eucaristia e os que cuidam do conjunto da celebração. Todos estes ministérios e serviços tornam a liturgia bela, variada, atenta às necessidades de todos, plenamente participada (CIC 1143). Há ministérios particulares na celebração de alguns sacramentos, como os padrinhos no Batismo e na confirmação, os cônjuges no matrimônio, na liturgia das horas, na celebração de alguns ritos particulares. Cada um deve estar atento ao próprio ministério e exercê-lo com amor e dignidade como um serviço a toda a comunidade cristã, reunida em assembleia.

A variedade de ministérios expressa também a maturidade de uma assembleia adulta e responsável, é espelho de uma comunidade viva na participação na liturgia, mas também no conjunto da vida eclesial. Os ministérios litúrgicos são, de algum modo, uma expressão da ministerialidade que a Igreja exibe em todo seu viver e agir. A partir da evangelização e da catequese até a caridade em todas as suas formas.

Assim se expressa o *Catecismo*, como conclusão desta breve mas densa exposição sobre o sujeito celebrante da liturgia: "Na celebração do sacramento, a assembleia inteira é o 'liturgo', cada um segundo sua função, mas na 'unidade do Espírito', que age em todos" (CIC 1144).

Uma celebração autêntica da liturgia requer entendimento e colaboração, espírito de comunhão, fervor teologal, atenção ao Espírito que impele a tornar presente o único Cristo que fala, age e ora, e a única Igreja que celebra os divinos mistérios. Realizando cada um tudo e somente aquilo que lhe é próprio, evidencia a beleza da unidade e da variedade dos ministérios; dá voz a Cristo com a palavra, a oração e o canto; converte-se em sacramento e ícone daquele que nas celebrações é liturgo do Pai para nos santificar e nosso sacerdote para prestar ao Pai o verdadeiro culto em Espírito e verdade: a verdade da Palavra e a força santificadora do Espírito que une e distingue na variedade dos ministérios.

ASSEMBLEIA LITÚRGICA, COMUNIDADE SACERDOTAL

Uma assembleia de fiéis ou de pessoas em caminho de fé

A assembleia litúrgica tem que ser uma comunidade de fé. Hoje, mais que nunca, sente-se a necessidade de que as motivações que levam os fiéis a se reunirem sejam cada vez mais nitidamente de verdadeira fé, purificando outros motivos de vários tipos (sociológicos, morais, jurídicos), que no fundo falseiam a assembleia litúrgica.

Muitas vezes lamentamo-nos da pouca eficácia de certa reforma litúrgica, sem fazer uma análise profunda de suas causas. Outras vezes, pedimos à liturgia o que não pode dar, e corremos o risco de perder a perspectiva adequada da adaptação litúrgica. No dilema da reforma litúrgica — renovar os textos litúrgicos ou renovar as assembleias celebrantes —, preferimos o caminho mais fácil (o de reformar os livros!), mas fica ainda a tarefa da formação de novas comunidades celebrantes. Uma tarefa que deve ser feita continuamente: renovar a assembleia. É o primeiro sinal litúrgico que deve ser renovado.

Com efeito, a assembleia é um sinal, o sinal da Igreja, da comunidade dos crentes... mas, muitas vezes, é o símbolo de um símbolo! Teria que ser uma comunidade de cristãos que creem de verdade, que encontraram Cristo em sua vida e desejam encontrá-lo mais ainda... Porém, frequentemente, no nível existencial, não sacramental, nossos cristãos reunidos em assembleia são catecúmenos ou quase catecúmenos. Em muitas assembleias, o motivo de comportamento social prevalece sobre o de fé. Neste caso, toda adaptação está destinada ao fracasso. A Igreja primitiva não "desvendava" os mistérios a não ser aos "fiéis", e nós celebramos uma liturgia para pessoas em condição catecumenal.

Certas "adaptações da liturgia para o homem de hoje" e para a cultura do povo correm o risco de deformar a liturgia cristã em sua essência. Fora do âmbito da fé, esta não diz nada a ninguém; outros serviços da Igreja podem realizar este gesto de aproximação ao homem de hoje: catequese e religiosidade popular. A palavra e o sacramento pressupõem catecúmenos ou fiéis de fato.

Em uma comunidade de fé, ao contrário, a adaptação nasce espontaneamente: os gestos simples e os símbolos cristãos são recuperados pela catequese. Na pastoral, mas também no nível de comunidades religiosas, impõe-se a necessidade de verdadeiras assembleias litúrgicas em comunhão de fé e de fraternidade, em um esforço de crescimento para a assembleia ideal.

Nossa exposição não tem outro objetivo a não ser o de reconduzir a teologia da assembleia a suas exigências de vida, para que o sinal da Igreja litúrgica seja verdadeiro.

Exigências da Igreja-assembleia

Uma assembleia litúrgica, mesmo limitada por tantas circunstâncias, tem que visar à plenitude de seu ser sinal e realidade da Igreja, potencializando as exigências teológico-espirituais inseridas neste conceito dinâmico.

Em sua estrutura mistérica e teândrica, uma assembleia é tanto mais perfeita quanto mais refletir a Igreja em seu mistério e em sua constituição querida por Cristo, tem que fazer resplandecer em seu culto e em sua vida as notas características da Igreja: unidade, santidade, catolicidade, apostolicidade; tem que fazer aparecer, sem subentendidos, a necessária estrutura e comunhão hierárquica com as legítimas autoridades universais e locais, com o papa e com os bispos, no nível implícito e explícito.

ASSEMBLEIA LITÚRGICA, COMUNIDADE SACERDOTAL

Uma comunidade litúrgica que se apresenta e se expressa como "ruptura", protesto, contestação, é um absurdo, um sem-sentido; a liturgia expressa essencialmente o mistério da comunhão; não pode acontecer uma liturgia que seja sinal de excomunhão. Este aspecto foi tão apreciado pela antiguidade cristã que não teríamos razão alguma para apelar à liturgia primitiva para uma celebração anti-hierárquica ou contestatória.

No nível de vida vivida. Uma assembleia é tanto mais perfeita quanto mais se parece com a comunidade dos Atos dos Apóstolos: expressão ideal de uma vida fiel aos ensinamentos de Jesus e às moções de seu Espírito; comunhão na palavra, oração, Eucaristia, fraternidade, "koinonia" do coração e do Espírito; continuidade entre vida cultual e vida quotidiana na caridade recíproca; compromisso de caridade, também social, como testemunho comunitário da vinda do Reino de Deus.[11]

Tensões a serem superadas

O mistério da Igreja que se reflete na assembleia não está isento de tensões e paradoxos. Seria pueril ignorá-los, dado que hoje muitos problemas, no nível teórico e prático, se apresentam nesta chave.

J. Gelineau expressa sinteticamente alguns dos paradoxos nos quais se encontra a assembleia cristã na seguinte contraposição de aspectos: uma reunião de fiéis ("croyants")... necessitados de fé ("mal-croyants"); um povo santo... composto de pecadores; uma reunião de irmãos... onde existe todo tipo de diferenças; um corpo hierárquico... e

---

[11] Cf. MENOUD, PH. *La vita della Chiesa primitiva*; la perseveranza del fatto cristiano. Milano, Jaca Book, 1971; MAGRASSI, M. Il mistero della chiesa locale. *Rivista Liturgica*, 59: 9-28, 1972; LYONNET, S. La naturaleza del culto en el N.T. In: *La liturgia después del Vaticano II*. Madrid, Taurus, 1969., pp. 440-450, sobre a comunidade dos Atos.

LITURGIA E VIDA ESPIRITUAL

ao mesmo tempo carismático; uma comunidade... composta de pessoas; um sinal histórico e local... para uma realidade escatológica.[12]

Uma espiritualidade litúrgica autêntica tem que aceitar e assumir essas tensões e superá-las a partir de dentro, na mesma lógica da liturgia, que é dom gratuito de Deus; a liturgia nunca tem que ser pretexto para aguçar as tensões. É o lugar da superação das dicotomias e da autêntica reconciliação.

Dois setores nos quais se podem produzir os conflitos são estes que vamos recordar.

Antes de tudo, a relação entre unidade e pluralismo na assembleia; trata-se de conservar unidos dois valores: a unidade de fé, expressa também em uma linguagem e em ritos e conteúdos iguais para toda a Igreja, mas com uma necessária variedade de expressões litúrgicas onde acontecem as legítimas tradições locais, a criatividade, a linguagem cultual mais adaptada à mentalidade dos diversos povos. O problema resolve-se teoricamente com uma abertura para a adaptação da liturgia à variedade das assembleias, concretizada de modo prático em realizações de vários tipos, favorecidas por Roma e confiadas às Conferências Episcopais, que devem procurar essa adaptação com responsabilidade. Porém, não faltam nem faltarão os conflitos por uma excessiva acentuação, tanto do aspecto da unidade, como do pluralismo.

Por outro lado, há diferenças sociais evidentes (como também raciais, nacionais etc.) e unidade litúrgica; um problema novo, proposto hoje por alguns: podemos estar unidos junto do altar, quando subsistem entre nós diferenças de todo tipo, quando estamos uns contra os outros no nível social, político? O padre Congar insinua uma resposta para

---

[12] Cf. *Nelle vostre assemblee*. Brescia, Queriniana, 1970. pp. 70-85. [Ed. bras.: *Em vossas assembleias*. São Paulo, Paulinas, 1975.]

ASSEMBLEIA LITÚRGICA, COMUNIDADE SACERDOTAL

este problema, articulada em três princípios: a assembleia litúrgica ou eucarística, por sua natureza, situa-se para além de toda unanimidade forçada; implica, não a aceitação das diferenças, mas uma vontade de reconciliação; os conflitos devem ser aprofundados em seu sentido, para serem superados cristãmente.[13]

Comunidade sacerdotal e ministerial: liturgia e vida

Aprofundando mais a natureza da assembleia litúrgica, temos que falar de sua índole sacerdotal. A Igreja, Corpo de Cristo, está unida à sua Cabeça Sacerdote, não como algo estranho, mas como um Corpo sacerdotal, que de Cristo recebe a dignidade e o ofício. A igreja local, assembleia, é um corpo sacerdotal; o sacerdócio comum dos fiéis comporta graças e compromissos especiais, cuja natureza queremos expor brevemente.[14]

Fundamentos bíblicos

Em alguns textos fundamentais do NT, os cristãos são chamados "sacerdotes", em um sentido bem preciso.

O texto fundamental é 1Pd 2,4-5.9: "Chegai-vos a ele, a pedra viva, rejeitada, é verdade, pelos homens, mas diante de Deus eleita e

---

[13] Cf. art. cit. *La Maison Dieu*, 115, pp. 21-25.

[14] Para uma visão de conjunto do problema, cf. Cerfaux, L. Regale sacerdotium. In: *Récueil L. Cerfaux*, II. Gembloux, s.ed., 1954. pp. 283-298; Congar, Y. M. *Jalons pour une théologie du laïcat*. Paris, Du Cerf, 1954. pp. 158-313; Vagaggini, C. *Il senso teologico della liturgia*. 4. ed. Roma, Paoline, 1965. pp. 153-165; Smedt, E. de. Il sacerdozio dei fedeli. In: *La Chiesa del Vaticano II*. Florencia, s.ed., 1965. pp. 453-464; Castellano, J. Sacerdozio dei fedeli. In: *Dizionario Enciclopedico di Spiritualità*. 2. ed. Roma, Città Nuova, 1990. pp. 2199-2202; Comisión Teológica Internacional. *Tesis escogidas de eclesiología*, n. 7, 1985: sobre o sacerdócio dos fiéis.

preciosa. Do mesmo modo, também vós, como pedras vivas, prestai-vos à construção de um edifício espiritual, para um sacerdócio santo, a fim de oferecerdes sacrifícios espirituais aceitáveis a Deus por Jesus Cristo [...] Vós sois uma raça eleita, um sacerdócio real, uma nação santa, o povo de sua particular propriedade, a fim de que proclameis as excelências daquele que vos chamou das trevas para sua luz maravilhosa".

Devem ser destacados dois elementos: 1) a referência ao texto de Êxodo 19,6, "Vós sereis para mim um reino de sacerdotes, uma nação santa"; 2) o contexto batismal da primeira carta de Pedro. Os cristãos, pelo Batismo, são o verdadeiro Israel de Deus, herdeiros e depositários das promessas e dos títulos do antigo Israel.

Um texto importante por seu contexto é o de Apocalipse 1,6; 5,10; 20,6: os cristãos em geral e os cristãos da Jerusalém celeste, especialmente os mártires, são chamados "sacerdotes".

Além destes textos explícitos, temos muitos outros no NT onde se aplica a terminologia cultual à vida quotidiana dos cristãos: a fé que se expressa em louvor (Fl 2,17; Hb 13,15), a caridade fraterna que se demonstra fazendo o bem (Fl 4,18; At 13,16), a pregação do Evangelho (Rm 15,16). Toda a vida cristã é culto prestado a Deus (Rm 12,1).

Todos estes textos foram estudados com cuidado pelos exegetas, no âmbito da renovação litúrgica e eclesiológica. Diretamente, o significado dos textos não se refere a algum direito de participação litúrgica ou a uma expressão cultual-ritual; trata-se mais de apresentar toda a vida cristã como o verdadeiro culto, o sacrifício agradável a Deus, a verdadeira religião (cf. Tg 1,27). Trata-se, portanto, de um sacerdócio existencial, mais que de uma participação litúrgica. Não se pode, porém, excluir uma alusão implícita ao culto cristão. Entre os sacrifícios agradáveis a Deus está a oração e, sem dúvida, a celebração eucarística.

ASSEMBLEIA LITÚRGICA, COMUNIDADE SACERDOTAL

Além disso, o que faz a vida do cristão cultual e sacerdotal é sua união com o mistério de Cristo e seu sacerdócio, e esta união pressupõe o Batismo e a Eucaristia. Na celebração da Eucaristia, o cristão renova sua comunhão com Cristo, sua oblação existencial e compromete-se a viver na caridade com os irmãos.

Testemunhos patrísticos

São inumeráveis os testemunhos dos Padres da Igreja que, referindo-se a esses textos do NT, proclamam a dignidade sacerdotal dos cristãos; partem da realidade da Igreja como comunidade sacerdotal ou referem-se ao Batismo, ou, finalmente, explicam o sentido da unção litúrgica dos batizados.

Segundo Justino, os cristãos são "estirpe sacerdotal de Deus".[15] Orígenes afirma: "Todos os que foram ungidos com o crisma transformaram-se em sacerdotes [...] Se o mundo está crucificado para mim e eu para o mundo, ofereci um sacrifício e me transformei em sacerdote com minha existência".[16] Gregório Nazianzeno: "Somos sacerdotes mediante a oferenda de nós mesmos como vítima espiritual".[17] Agostinho: "Do mesmo modo que chamamos 'ungidos', isto é, cristãos, aos que no Batismo receberam a unção mística, temos que chamar sacerdotes a todos os que são membros do único sacerdote Cristo".[18] Leão Magno: "O sinal da cruz faz com que todos os regenerados em Cristo sejam reis e a unção do Espírito os consagra sacerdotes".[19] Ambrósio: "Recebemos, na

---

[15] *Diálogo con Trifón* 116: PG 6, 746.

[16] *In Lev. hom.* IX, 9: PG 12, 521.

[17] *Orat.*, II, 94-95: PG 35, 496-498.

[18] *De Civ. Dei*, 20, 10: PL 41, 676.

[19] *Serm.* 4, 1-2: PL 54, 148-149.

realidade, a unção para um sacerdócio santo oferecendo-nos a nós mesmos como vítimas espirituais [...] Todos nós somos, se nossos méritos se prestam para isso, os sacerdotes da justiça, consagrados pela unção de alegria, para a realeza e para o sacerdócio".[20] "Cada um é ungido para o sacerdócio, ungido também para a realeza; é, porém, uma realeza espiritual e um sacerdócio espiritual."[21] João Crisóstomo: "Somos sacerdotes oferecendo nossos corpos em sacrifício".[22]

Desta série de textos patrísticos se deduz claramente que para os Padres é evidente a dignidade sacerdotal dos cristãos. Porém, esta é interpretada segundo os textos do NT, a propósito do sacerdócio espiritual, isto é, em chave existencial de oferenda de si mesmo e de vida de caridade.

Equivocar-nos-íamos, porém, se reduzíssemos o testemunho dos Padres à simples expressão existencial do sacerdócio, sem vinculá-la à participação plena dos fiéis na Eucaristia e nas ações litúrgicas que, como tais, são próprias de toda a assembleia e nela participam todos os fiéis unanimemente.

Há muitos testemunhos patrísticos e litúrgicos que indicam como a Igreja-comunidade litúrgica é o sujeito integral da liturgia. Com efeito, a liturgia (nesse período) é celebrada pela "ecclesia" inteira, com colaboração orgânica de todos, mas em comunhão; estamos ainda em uma época na qual a palavra "ecclesia" é equivalente a toda a comunidade; mais adiante será quase sinônimo de corpo dos ministros e da hierarquia. Mostram-no o Amém do povo, que conclui e ratifica a oração eucarística do presidente, na descrição da liturgia dominical em Justino;

---

[20] *Comm. in. Lc*, V, 33; VIII, 52: PL 15, 1730. 1872.

[21] *De Sacram.*, IV, 1, 3: PL 16, 455.

[22] *In Ep. 2 ad Cor* 3, 5: PG 61, 411.

as expressões "a oferenda de tua santa Igreja", "Nós te damos graças porque nos tornaste dignos de estar em tua presença e servir-te como sacerdotes", da anáfora de Hipólito,[23] referidas a toda a comunidade; a participação do povo na anáfora, com aclamações e o Amém repetido depois das palavras da consagração, como podemos comprovar em muitas orações eucarísticas antigas... Tudo isto mostra a consciência de uma participação plena e unida na oferenda eucarística e no sacrifício.

O venerável cânon romano conserva ainda, talvez melhor que outras orações eucarísticas novas, este sentido do sacerdócio dos fiéis e da participação de todo o povo:

> Lembrai-vos, ó Pai, de todos os que circundam este altar [...] Eles vos oferecem conosco este sacrifício de louvor [...] Recebei, ó Pai, com bondade, a oferenda dos vossos servos e de toda a vossa família [...] Nós, vossos servos, e também vosso povo santo [...] celebrando a memória [...].

Com razão João Crisóstomo podia recomendar a seus fiéis que prestassem atenção aos santos mistérios e, de modo especial, à anáfora eucarística:

> Vemos que a oração eucarística é comum: com efeito, o sacerdote não dá graças por si só; todo o povo oferece a Eucaristia com ele; o sacerdote não inicia sua ação de graças senão depois de ter obtido o consentimento dos fiéis, expresso na frase: é digno e justo... Todos nós formamos um só corpo e entre nós não existe mais diferença a não ser a que pode haver entre os diversos membros de um mesmo corpo.[24]

---

[23] Cf. *A Tradição apostólica*, n. 4.

[24] *Comm. in 2Cor. Hom.* 18, 3.

LITURGIA E VIDA ESPIRITUAL

Agostinho recorda o sentido pleno da Eucaristia como sacrifício universal de todo o corpo sacerdotal de Cristo, quando escreve:

> Esta cidade plenamente resgatada, isto é, a assembleia e a sociedade dos santos, é oferecida a Deus como um sacrifício universal pelo sumo sacerdote que, sob a forma de escravo, chegou a se oferecer por nós em sua paixão, para fazer de nós o corpo de uma tão grande Cabeça [...] Tal é o sacrifício dos cristãos: "sendo muitos, não formamos mais que um só corpo em Cristo". E este sacrifício, a Igreja não cessa de reproduzi-lo no sacramento do altar bem conhecido dos fiéis, onde se mostra que naquilo que ela oferece, se oferece a si mesma.[25]

É esta doutrina que, depois de séculos de relativo esquecimento, foi plenamente recuperada pelos textos do Vaticano II sobre o sacerdócio dos fiéis.[26]

Da teologia ao Magistério da Igreja

Depois do testemunho dos Padres, encontramos a doutrina do sacerdócio dos fiéis na época da sistematização da teologia, em um célebre texto de são Tomás de Aquino:

> O fiel está destinado a receber e transmitir aos outros tudo o que diz respeito ao culto divino. E, para isso, serve-se precisamente do caráter sacramental. Todo o culto cristão deriva do sacerdócio de Cristo. Está claro, portanto, que o caráter sacramental é o caráter de Cristo, a cujo sacerdócio são configurados os fiéis segundo os diversos caracteres

---

[25] *De Civ. Dei*, 10, 6.

[26] Para este estudo exaustivo sobre as fontes, cf. a pesquisa de CONGAR, Y. M. La "Ecclesia" o comunidad cristiana, sujeto integral de la acción litúrgica. In: JOSSUA, J. P. & CONGAR, Y., eds. *La liturgia después del Vaticano II*. Madrid, Taurus, 1969. pp. 279-338; publicado também em La Iglesia pueblo sacerdotal. *Cuadernos Phase*, Barcelona, CPL, 147, 2004; MARSILI, S. A liturgia, culto da Igreja. In: *A liturgia, momento histórico da salvação*. São Paulo, Paulus, 1986. (Anámnesis, I)

sacramentais, que não são mais que participações no sacerdócio de Cristo derivadas do mesmo Cristo.[27]

Esta explicação será retomada pelo Magistério pontifício somente no século XX, depois de um longo período de silêncio polêmico na Igreja Católica a respeito, causado, talvez, pelas interpretações abusivas dos protestantes sobre o sacerdócio dos fiéis. Com efeito, Pio XII, na encíclica *Mediator Dei*, afirmava como princípio da participação dos fiéis na liturgia: "Pelo Batismo os cristãos, como título comum, são no Corpo Místico membros de Cristo sacerdote e com o caráter que lhes é impresso na alma são consagrados ao culto divino; deste modo participam segundo sua condição no mesmo sacerdócio de Cristo".

Foi mérito do Vaticano II o ter exposto amplamente este tema, na LG 9-11.

O tema do sacerdócio dos fiéis encontrava também sua inserção lógica na Constituição litúrgica, mas isto não aconteceu, e seu estudo foi transferido para a comissão teológica, que preparava os documentos mais comprometidos.[28]

Indicamos somente o conteúdo de cada um dos números, pressupondo uma leitura do texto conciliar. A LG 9 estabelece o fundamento remoto do sacerdócio dos fiéis na Igreja, povo de Deus, herdeira das promessas feitas a Israel e partícipe da tríplice missão de Cristo: sacerdotal, profética, real. A LG 10 afirma o fundamento do sacerdócio dos fiéis que é o próprio sacerdócio de Cristo, o fundamento sacramental que é o Batismo e a confirmação, o exercício deste sacerdócio em toda

---

[27] *Suma Teológica*, III, 63 in c.

[28] São interessantes as anotações e notas da crônica sobre este particular, como as que refere JOSSUA, J. P. La constitución "Sacrosanctum concilium" en el conjunto de la obra conciliar. In: *La liturgia después del Vaticano II*, op. cit., pp. 134-139.

a vida cristã. Faz-se uma distinção do sacerdócio ministerial e hierárquico, mas, ao mesmo tempo, fala-se da participação na Eucaristia. A LG 11 descreve amplamente o exercício desse sacerdócio em cada um dos sacramentos. Deve-se ter presente a frase inicial: "A índole sagrada e organicamente estruturada da comunidade sacerdotal efetiva-se tanto através dos sacramentos, como através do exercício das virtudes". A participação nos sacramentos exige uma atitude espiritual lógica. A LG 34 fala do sacerdócio dos fiéis na vida dos leigos.

O estudo deste tema, sempre atual, recebeu alguns esclarecimentos necessários por parte da Comissão Teológica Internacional no documento de 1985: *Teses escolhidas de eclesiologia*, n. 7, especialmente no que se refere à relação entre sacerdócio ministerial e sacerdócio comum.

Resumindo: a) o fundamento do sacerdócio dos fiéis é o próprio sacerdócio e sacrifício de Cristo enquanto foi oferenda agradável a Deus em toda sua vida e em sua morte, e assim ele entrou na glória. O cristão deve viver seu sacerdócio em uma dimensão cultual de toda sua vida, transformada em sacrifício espiritual, na obediência e no amor; b) a comunhão com o sacerdócio de Cristo acontece nos sacramentos da iniciação cristã e tem como rito expressivo a unção com o crisma, símbolo da consagração real, profética e sacerdotal. Assim, por exemplo, se expressa a oração do atual rito do Batismo, que é pronunciada enquanto se faz a unção com o crisma; c) o exercício do sacerdócio dos fiéis realiza--se na dupla dimensão: existencial e litúrgica. Toda a vida vivida como sacrifício espiritual: plena participação na liturgia, para realizar nela a oferenda de todas as ações, em comunhão com Cristo e com os irmãos.

Corolários de índole litúrgica

Destas premissas podemos tirar dois corolários de ordem litúrgica, que se referem à participação dos fiéis. A índole comunitária das ações litúrgicas e a plena participação dos fiéis.

Ações comunitárias

Posto que a liturgia é celebração da comunidade sacerdotal, segue-se seu caráter comunitário e a preferência pelas celebrações comunitárias, como expressão de todo o Corpo sacerdotal. SC 14: "Deseja ardentemente a Mãe Igreja que todos os fiéis sejam levados àquela plena, cônscia e ativa participação das celebrações litúrgicas, que a própria natureza da liturgia exige e à qual, por força do Batismo, o povo cristão, 'geração escolhida, sacerdócio régio, gente santa, povo de conquista' tem direito e obrigação". SC 26:

> As ações litúrgicas não são ações privadas, mas celebrações da Igreja, que é o "sacramento da unidade", isto é, o povo santo, unido e ordenado sob a direção dos bispos. Por isso, essas celebrações pertencem a todo o corpo da Igreja, e o manifestam e afetam; mas atingem a cada um dos membros de modo diferente, conforme a diversidade de ordens, ofícios e da participação atual.

A preferência dada na reforma litúrgica a esta norma é evidente, como o demonstra a própria estrutura da celebração, vista sempre deste ponto de partida: uma comunidade que celebra, e restabelecendo o sentido da celebração comunitária, inclusive em alguns sacramentos nos quais tal dimensão era descuidada: Batismo, Penitência etc.

Participação plena

Como consequência, temos a possibilidade de uma participação plena de todos os fiéis na liturgia, nos limites impostos pela mesma índole das celebrações e sem invadir o campo reservado a outros ministros da Igreja. Observemos, no entanto, que a plena participação não se mede somente no nível espiritual, mas no compromisso vital para a plenitude do sacramento.

Quanto ao Batismo, tanto das crianças como dos adultos, notamos o desejo de alcançar a plena verdade do sinal, por meio da participação da família ou da comunidade eclesial que exerceu sua maternidade espiritual para com o adulto levado à fonte batismal, ou se compromete no ato de fé pela criança que não pode realizá-lo pessoalmente, garantindo também sua progressiva educação na fé.

Para a Penitência, é justo notar o esforço doutrinal do novo rito de destacar a obra da comunidade eclesial para a reconciliação do penitente: "A Igreja inteira, como povo sacerdotal, age de diversos modos no exercício da obra de reconciliação que Deus lhe confiou".[29] No rito, porém, falta uma adequada expressão ritual da reconciliação mútua, como teria sido o abraço da paz ou outro.

Quanto ao que se refere à Liturgia das Horas, é notável o esforço realizado para fazê-la aparecer como oração comunitária de toda a Igreja, abandonando os conceitos de "delegação" ou "disputa" que pareciam essenciais para que uma oração comunitária, feita por leigos, fosse oração eclesial. O fundamento do direito e do dever da oração comum é

---

[29] Ritual da Penitência. Introdução Geral, n. 8.

ASSEMBLEIA LITÚRGICA, COMUNIDADE SACERDOTAL

o sacerdócio dos fiéis.[30] Daí a extensão desta forma de oração para toda reunião de fiéis, em virtude de seu sacerdócio.[31]

Uma comunidade ministerial

A celebração litúrgica exige, como expressa o *Catecismo* (CIC 1142-1144), uma ministerialidade variada. Atualmente, temos com clareza toda uma série de ministérios litúrgicos distribuídos assim: ministros ordenados (bispo, presbítero, diácono); ministérios instituídos (acólito e leitor); outros ministérios de fato (ministros extraordinários da comunhão, ministros para as assembleias dominicais sem presbítero). Florescem, em várias assembleias, alguns serviços ou ministérios que se referem ao acolhimento das pessoas, ao serviço da Palavra (comentários, proclamação...).

O tema dos ministérios instituídos e de fato está ainda em revisão, à luz dos pedidos feitos ao Sínodo dos Bispos e reunidos na *Christifideles laici* 23. Entre os problemas mais importantes está a ampliação dos ministérios instituídos e de fato para todos, baseando-se no Batismo, com a necessária preparação e o encargo por parte dos responsáveis da comunidade (bispos, presbíteros). É também preciso que valorizem, além do ministério de acólito e de leitor, outros ministérios da assembleia. Finalmente, é oportuno que aconteça uma relação entre a ministerialidade litúrgica e a que se realiza fora da liturgia: evangelização, catequese, caridade...

---

[30] Cf. IGLH 7.

[31] Cf. IGLH 27.

Exigências de vida espiritual

Da teologia para a vida. A metodologia e as intenções de nosso tratado de espiritualidade obrigam-nos a dar um passo posterior em nossa exposição para estabelecer, a título de corolário, as exigências de vida que derivam do sacerdócio dos fiéis e da natureza eclesial e comunitária da liturgia.

O culto verdadeiro e o verdadeiro sacrifício dos cristãos

A Igreja e os fiéis individualmente são associados a Cristo quando oferecem a Deus o culto verdadeiro e o verdadeiro sacrifício. Na definição destes dois elementos corre-se o risco de erros graves, ou por uma indiscriminada apelação à noção de sacrifício nas outras religiões, ou então por um falso conceito de glorificação de Deus.

O culto de Cristo ao Pai

O único caminho adequado para chegar a uma noção de culto cristão é a referência a Cristo. Em sua vida culmina e se aperfeiçoa o culto do NT, levado pelos profetas para uma espiritualização comprometida, na qual os sacrifícios rituais teriam sido substituídos pelo culto da plena obediência à Aliança, à Palavra: culto perfeito ao qual são chamados todos os povos.

A Carta aos Hebreus mostra Cristo como aquele que inaugura essa economia do culto novo em espírito e verdade. Ele inicia seu sacerdócio entrando neste mundo com palavras-chave: "Tu não quiseste sacrifício e oferenda. Tu, porém, formaste-me um corpo [...]. Por isso eu digo: eu vim, ó Deus, para fazer tua vontade" (Hb 10,5.7). O ápice deste culto é a realização do plano salvífico do Pai contra a repugnância

ASSEMBLEIA LITÚRGICA, COMUNIDADE SACERDOTAL

e as resistências da própria natureza humana. Cristo deu glória a Deus durante toda sua vida, no amor filial para com o Pai, na proclamação de suas obras, na realização de sua missão, no louvor e na ação de graças. E levou até o ápice esta submissão. O culto verdadeiro desloca-se claramente do ritualismo para a vida.

Cristo deixou para sua Igreja o sacramento desse verdadeiro e definitivo culto no ato culminante de sua oblação ao Pai, para indicar a profundidade e o compromisso que o culto cristão exige, contra toda tentação de camuflá-lo/camuflar-se na exterioridade ritual. No sacrifício de Cristo renovado a cada dia, o cristão tem, ao mesmo tempo, a fonte, o ápice e o modelo de seu culto espiritual.

A glorificação de Deus

O culto é definido ordinariamente como "glorificação de Deus" (cf. SC 7.10). A glória ou glorificação de Deus consiste em conhecer e reconhecer as maravilhas de Deus; além disso, Deus comunica aos homens sua glória e os homens têm que torná-la manifesta. Dar glória a Deus e manifestar sua glória consiste, antes de tudo, em acolher a santidade de Deus e deixá-la transparecer em nossa vida com o poder do Espírito. Portanto, o culto verdadeiro, enquanto glorificação de Deus, consiste no conhecimento, no reconhecimento e na proclamação das obras de Deus. E, ao mesmo tempo, em acolher, aprofundar e irradiar a vida divina que nos é transmitida nos sacramentos. Compreende-se, portanto, que são equivocados os conceitos de culto ou de glorificação que enfatizam a suntuosidade e exterioridade do culto. Vícios que, em tempos passados, mancharam a pureza da liturgia, mas que são ainda tentações novas, quando são absolutizados demais certos valores ou componentes externos da liturgia (oficial ou experimental) em prejuízo do verdadeiro culto e do verdadeiro sacrifício.

Uma espiritualidade comunitária e eclesial

A participação na liturgia, em sua dimensão eclesial, leva a algumas exigências de uma espiritualidade comunitária. Trata-se de uma característica da espiritualidade cristã que hoje está sendo recuperada nos movimentos modernos de espiritualidade, depois da prevalência do individualismo, mas que ainda está nos começos. A liturgia tem que desempenhar um papel fontal e culminante e, ao mesmo tempo, pedagógico para dar concreção e valor a esta espiritualidade comunitária.

Teologicamente, fica evidente a dimensão eclesial e comunitária de toda celebração. Liturgicamente, isso se expressa da maneira mais plena por meio das orações e dos sinais litúrgicos: somos uma comunidade, um corpo, uma família.

Espiritualmente, no plano da vida, estamos ainda muito longe de uma consciência e de uma vida, no nível comunitário, moldadas na liturgia. Nisso influem muitas causas: a) esquemas mentais, culturais e espirituais ainda por demais ancorados no individualismo religioso; b) dificuldades objetivas da vida comunitária, que podem ser vencidas apenas vivendo as tensões e superando-as na mesma lógica da celebração litúrgica; c) falta de verdadeiras comunidades celebrantes, onde exista continuidade entre a vida quotidiana e o culto litúrgico.

Liturgia e caridade fraterna

Fazemos nossas, para ilustrar a relação liturgia-caridade, algumas observações do padre Lyonnet.

Olhando para o ideal de vida litúrgica vivida, constituído pela comunidade dos Atos dos Apóstolos, pode-se afirmar:

Para celebrar devidamente a Eucaristia não basta o fato de se reunir um determinado número de cristãos em um mesmo lugar [...] com o

ASSEMBLEIA LITÚRGICA, COMUNIDADE SACERDOTAL

propósito de oferecer a Deus o culto público; é preciso que durante a semana constituam uma comunidade, uma família, na qual cada membro viva disposto a servir os demais. Portanto, o culto especificamente cristão, que é o da Eucaristia, é inseparável da vida cristã; depois, não apenas implica que durante a celebração os cristãos se sintam unidos entre si e que manifestem esta união mediante algum gesto externo, como o beijo da paz e a esmola para os pobres; exige mais, uma transformação completa da vida.

No relato da Ceia, João fala da instituição da Eucaristia, mas manifesta qual é o novo mandamento que corresponde ao novo pacto, cujo sacrifício e memorial é a Eucaristia. Com efeito, se na Antiga Aliança havia os mandamentos da lei de Deus, na Nova Aliança há o único mandamento novo de Jesus, que resume todos:

> Esta é a lei que os cristãos se comprometem a viver formalmente cada vez que celebram a Eucaristia. Portanto, se os cristãos que celebram a fração do pão não se aplicam com toda lealdade e seriedade a fazer da lei do amor, que a Eucaristia implica, um imperativo de vida, então o rito eucarístico pode parecer uma irrisão ou uma mentira.
> A Eucaristia pressupõe o amor, do mesmo modo que o Batismo pressupõe a fé [...]. Do mesmo modo que não se pode administrar o Batismo a um adulto que não tem a fé, posto que o Batismo é sinal e expressão de fé, assim também, dado que a Eucaristia é sinal e expressão de caridade, é óbvio que pressuponha uma comunidade na qual se pratica a comunhão fraterna, que constitui a expressão concreta dessa caridade. Porém, é evidente que, como a Eucaristia pressupõe a caridade, também é, ao mesmo tempo, seu alimento por excelência. São dois aspectos que não se contradizem de nenhum modo, como nos recordam frequentemente os documentos conciliares (Cf. SC 10; PO 5-6).

LITURGIA E VIDA ESPIRITUAL

A espiritualidade que brota dessa participação comum na vida divina na santa liturgia não é senão aquela "espiritualidade de comunhão" de que fala o Magistério mais recente da Igreja.[32]

Liturgia levada para a vida

O sinal pleno da celebração litúrgica, especialmente a eucarística, presume uma continuidade que deve ser realizada na existência quotidiana. Fatos "concorpóreos e consanguíneos" na Eucaristia[33] devem ser vividos na fraternidade, "como Corpo Místico". Isto pressupõe, no interior das comunidades celebrantes, um contínuo esforço para adequar a vida concreta às exigências comunitárias da liturgia: continuidade entre o celebrar e o agir, amor, serviço, fraternidade... Todas as exigências do amor recíproco, renovadas e redescobertas a cada dia na celebração litúrgica; viver como continuação da graça comunitária da liturgia qualquer outra expressão da vida no nível comunitário: oração, trabalho, recreação e programação apostólica, correção fraterna, comunicação de experiências...;[34] superar as tensões inevitáveis na mesma lógica da celebração litúrgica, que destaca o amor sempre novo e gratuito de Deus e

---

[32] Cf. La naturaleza del culto en el Nuevo Testamento. In: *La liturgia después del Vaticano II*, op. cit., pp. 450-454; Id. *Eucaristía e vita cristiana*. Roma, s.ed., 1968; Id. La nature du culte Chrétien. Culte eucaristique et promulgation du commandement nouveau. *Studia missionalia, 23*: 213-249, 1974. Sobre a relação entre liturgia-caridade-justiça, cf. os estudos de teologia bíblica vinculados entre si, de FEDERICI, T. Il giubileo biblico. *Presenza Pastorale, 44*: 13-39, 1974; Il culmine della santità del Popolo di Dio: i due anni santi biblici (Lv 25,107 e 8,22). *Rivista liturgica, 61*: 682-709, 1974. Uma boa síntese de reflexão teológica, em ALFARO, J. *Eucaristia y compromisso cristiano para la transformación del mundo*. In: *Cristología y antropología*. Madrid, Cristiandad, 1973. pp. 513-527; SARTORE, D. Liturgia e carità nelle testimonianze della tradizione. *Rivista liturgica, 5*: 510-525, 1990; *Liturgie et charité fraternelle*. Conférences Saint Serge, 1998. Roma, ELV, 1999.

[33] CIRILO DE JERUSALÉM. Catequese mistagógica IV,3: PG 33, 1100.

[34] Cf. BONHOEFFER, D. *Vida en comunidad*. Salamanca, Sígueme, 1985, que apresenta a comunidade ideal cristã como uma comunidade de pecadores em caminho de reconciliação e de conversão quotidiana ao amor.

ASSEMBLEIA LITÚRGICA, COMUNIDADE SACERDOTAL

a entrega completa até o sacrifício... A liturgia transforma-se assim em escola de caridade no "sacramento do quotidiano".[35]

Do sinal quotidiano à realidade que se deve construir

A tensão cotidiana entre o sinal e a realidade da comunidade existe sempre. Não se deve concluir a celebração sem um desembocar na vida quotidiana, mas não se pode desprezar a celebração porque não se consegue alcançar a plena realidade do sinal colocado na liturgia. Tarefa quotidiana essa de passar do sinal para a realidade, em uma construção nova a cada dia, sem jamais alcançar a meta: espaço aberto para o esforço perseverante entre o ser e o querer ser.

Na celebração existe uma interação entre os sinais e a eficácia dos sinais colocados. Quando se exalta um aspecto até eclipsar o outro, parte-se de uma pista falsa e logo paramos. Quando se exalta o aspecto do significado a ponto de não querer celebrar enquanto não se viva perfeitamente a comunhão, nunca se celebrará a Eucaristia. Porém, quando se prescinde deste aspecto para insistir apenas no aspecto eficaz da celebração, então se corre o risco de degradá-la para a superstição ou a magia. A celebração, com efeito, não pode dispensar o viver a comunhão e o assumir todas as suas exigências.

A Eucaristia não é nem pura significação de uma realidade existente, nem pura realização de uma realidade que ainda deve acontecer. É a interação entre o que somos [...] e o que gostaríamos de ser segundo o projeto de Deus, que expressamos na utopia da celebração. É a confrontação,

---

[35] A celebração quotidiana da Eucaristia educa para a gratuidade e a novidade com o sentido de um amor que se renova constantemente por meio dos sinais de reconciliação e de paz, como o perdão mútuo e o abraço da paz. É interessante este testemunho dos Padres do Deserto: "Um ancião costumava dizer: frequentemente, quando o diácono diz: 'Dai-vos mutuamente o abraço da paz', vi o Espírito Santo na boca dos irmãos". Cf. *Detti inediti dei Padri del Deserto*. Bose, s.ed., 1986, pp. 147-148.

aqui e agora, de nossa vida com o Reino que se faz presente a nós na celebração.[36]

A liturgia, portanto, também no nível eclesial e comunitário, faz experimentar a realidade da Igreja e sua natureza, projetada em sua realização até a plenitude da vida, que agora experimenta só parcialmente.

A liturgia [...] contribui do modo mais excelente para que os fiéis exprimam em suas vidas, e manifestem aos outros, o mistério de Cristo e a genuína natureza da verdadeira Igreja. Caracteriza-se a Igreja de ser, a um tempo, humana e divina, visível mas ornada de dons invisíveis, operosa na ação e devotada à contemplação, presente no mundo e, no entanto, peregrina. E isso de modo que nela o humano se ordene ao divino e a ele se subordine, o visível ao invisível, a ação à contemplação e o presente à cidade futura que buscamos [...] (SC 2).

Bibliografia

Para uma bibliografia ampla atualizada sobre o tema, cf.:

CONGAR, Y. M. Réflexions et réchérches actuelles sur l'assemblée liturgique. *La Maison Dieu, 115* : 7-29, 1973. (Boletim bibliográfico.)

GONZÁLEZ PADRÓS, J. *La asamblea litúrgica en la obra de Aimé Georges Martimort.* Barcelona, CPL, 2004. (Com ampla bibliografia às pp. 321-336.)

MARTIMORT, A.G. *La asamblea litúrgica.* Barcelona, CPL, 2000, *Cuadernos Phase* n. 107.

_____. *La asamblea. Teología y pastoral.* Barcelona, CPL, 1991, *Cuadernos Phase* 22.

---

[36] Assim se expressa B. Besret, citado por Y. M. CONGAR, art. cit., pp. 24-25.

ASSEMBLEIA LITÚRGICA, COMUNIDADE SACERDOTAL

_____. *La Iglesia celebrante y su teología*. Barcelona, CPL, 1994, *Cuadernos Phase* 54.

_____. *La asamblea litúrgica y su presidencia*. Barcelona, CPL, 1996, *Cuadernos Phase* 107.

VV.AA. Chiesa locale e liturgia. *Rivista Liturgica*, Padova, 59: 9-146, 1972. (Com artigos de M. Magrassi, S. Marsili, C. Valenziano, B. Neunheuser, P. Merendino, D. Sartore.)

VV.AA. *Liturgie de l'Église particulière et liturgie de l'Église universelle*. Roma, CLV, 1976.

VV.AA. *Ecclesiologia e liturgia*. Casale Monferrato, Marietti, 1982.

VV.AA. *L'Église dans la Liturgie*. Roma, ELV, 1980.

VV.AA. L'assemblée liturgique et les différents rôles dans l'assemblée. Roma, s.ed., 1977.

No *Dicionário de liturgia* encontram-se diversos e interessantes artigos sobre nosso tema:

ABRUZZINI, E. *Arquitectura*, pp. 80-87.

CUVA, A. *Assembleia*, pp. 94-104.

LODI, E. *Ministério/Ministérios*, pp. 736-749.

SARTORE, D. *Igreja e liturgia*, pp. 572-580.

VENTURI, G. *Grupos particulares*, pp. 512-521.

Todos estes verbetes foram atualizados em seus temas e bibliografia na edição renovada do original italiano, *Liturgia, Dizionari San Paolo*, Cinisello Balsamo, San Paolo, 2001. Uma contribuição significativa é o novo verbete de FAVALE, A. *Movimenti ecclesiali e liturgia*, pp. 1261-1279.

Capítulo VIII
A PRESENÇA DA VIRGEM MARIA: COMUNHÃO E EXEMPLARIDADE

Depois de ter falado sobre a dimensão trinitária e eclesial, queremos oferecer agora uma breve exposição sobre a presença de comunhão da Virgem Maria na liturgia da Igreja e seu exemplo no exercício do culto divino. Um dos temas da liturgia e da espiritualidade litúrgica que teve nos últimos tempos maior desenvolvimento de reflexão teológica e de enriquecimento eucológico é, sem dúvida, o que se refere à Virgem Maria. A bibliografia abundante a respeito mostra que este desenvolvimento foi fecundo e, de algum modo, imprevisto. Para alguns, trata-se de um excessivo predomínio devocional; para outros, uma explicitação obrigatória.

Temos uma série de fatos e documentos de grande relevo que estão na origem de um interesse renovado pela relação entre a Virgem Maria e a liturgia da Igreja.

A raiz desse desenvolvimento foi colocada diretamente pelo Vaticano II na SC 103 quando falou da Virgem Maria no ano litúrgico. A

LG desenvolveu alguns conceitos nos nn. 66-57 sobre o culto à Virgem Maria.

A reforma litúrgica pós-conciliar, considerada arbitrariamente por alguns como "antimariana", teve um influxo efetivo na redescoberta do lugar eminente da Virgem Maria no culto da Igreja. Paulo VI, com sua exortação apostólica *Marialis cultus*, de 2 de fevereiro de 1974, codificou, expôs e ilustrou amplamente o tema da presença de Maria na liturgia renovada e ofereceu notáveis pontos doutrinais sobre a exemplaridade de Maria na liturgia e sobre a espiritualidade litúrgica mariana.

Por ocasião do Ano Mariano de 1987-1988, a reflexão teológico--pastoral foi enriquecida pelo documento da Congregação para o Culto Divino, *Orientações e propostas para o Ano Mariano*, síntese de teologia e espiritualidade litúrgica com uma aplicação à relação entre liturgia mariana e religiosidade popular. Finalmente, a publicação da "Collectio Missarum" da bem-aventurada Virgem Maria, em 1987, com os *Praenotanda* de caráter teológico e pastoral, do missal e do lecionário, e os 46 formulários de missas em honra da Virgem Maria constituem o fruto maduro da semente doutrinal semeada na SC 103.

Tendo presentes esses documentos, queremos propor algumas considerações, centradas em dois conceitos que, em nossa opinião, resumem o sentido da inserção, múltipla e rica de significado, da Virgem Maria na liturgia da Igreja: *presença e exemplaridade*.

Para o estudo da história e da presença específica de Maria nos textos litúrgicos, remetemos às contribuições citadas na bibliografia.

A Mãe de Jesus na liturgia: uma presença de comunhão

Uma nova reflexão teológica

A presença de Maria na liturgia da Igreja indica uma realidade de fato, isto é, a presença do nome, da pessoa da Mãe de Deus na variedade de expressões litúrgicas, desde a memória quotidiana no coração da celebração eucarística até a múltipla recordação no ano litúrgico, e as sóbrias invocações que estão contidas nos diversos ritos sacramentais.

Já Paulo VI havia feito um balanço dessa presença da Virgem Maria, "a liturgia romana restaurada", na primeira seção da *Marialis cultus* (MC 2-15). O documento da Congregação para o Culto Divino, Orientações e propostas, retomando o discurso, destaca alguns dos aspectos dessa presença mariana tanto no ano litúrgico, como na celebração da Eucaristia e de outros sacramentos.

Este dado de fato resume e reforça, como talvez não se fez em nenhuma época da Igreja com tanta intensidade e com tanta riqueza eucológica, a devida presença de Maria na liturgia que se desenvolveu através da história da Igreja, em um crescimento harmônico da consciência do lugar que Maria ocupa no mistério da salvação e da consequente celebração de sua participação no mistério de Cristo que a liturgia atualiza.

Não é este o lugar para fazer uma síntese histórica do desenvolvimento dessa presença mariana na liturgia a partir dos primeiros séculos da Igreja até nossos dias, nem de reunir em uma síntese os textos litúrgicos marianos.

Em contrapartida, parece-nos interessante oferecer uma síntese da reflexão teológica, que é um dado bastante recente, sobre esta presença necessária de Maria na liturgia da Igreja, na celebração do mistério de Cristo. Embora possa parecer ilógico, temos que afirmar que uma reflexão teológica sobre a presença de Maria na liturgia é um fato bastante recente. Na realidade, é dessa consciência teológica reflexa que nasceu um desenvolvimento admirável da liturgia mariana nas últimas décadas e que hoje encontra novas ênfases e perspectivas inéditas. Este aprofundamento teológico, que encontra seus precursores em alguns textos conciliares, está na base da riqueza da atual eucologia mariana na liturgia. E é importante que se capte este princípio, para que nunca tudo o que a Igreja fez nestas últimas décadas seja visto como um devocionismo mariano camuflado, para alguns excessivo, para outros providencial, introduzido na liturgia. É simplesmente o fruto maduro de uma reflexão doutrinal, em parte nova, porém carregada de consequências para a vida da Igreja e para a verdadeira piedade dos fiéis.

Princípios conciliares para uma reflexão teológica

O Concílio Vaticano II, na SC 103, dedicou um parágrafo denso e acertado à Virgem Maria para justificar a memória da Mãe de Deus no ciclo anual dos mistérios de Cristo. Sem especificar o significado de tal presença — se referida aos tempos litúrgicos ou às festas específicas marianas — e sem adiantar propostas concretas para uma eventual reforma litúrgica, esse parágrafo é doutrinalmente rico, preciso, universal, capaz de fundamentar toda uma teologia da presença de Maria na liturgia da Igreja, inclusive além da relação específica com o ano litúrgico, ao qual o texto se referia.

A PRESENÇA DA VIRGEM MARIA

Afirmando que se trata da "celebração deste círculo anual dos mistérios de Cristo", sublinha-se a unicidade da liturgia como celebração do mistério e dos mistérios de Cristo, com toda a riqueza de elementos que concorrem para tal celebração: a palavra, a oração, a Eucaristia, os sacramentos. Maria está inserida neste contexto que é o único mistério de seu Filho.

Quando se acrescenta: "a santa Igreja venera com especial amor a bem-aventurada Mãe de Deus", afirma-se a especificidade do culto de veneração. Sublinha-se, porém, o especial amor que a Igreja introduz nesta veneração e que se traduz em poesia, recordação frequente, invocação sentida, admiração contemplativa, exaltação amorosa. E a razão está toda aí, nesse título fundamental: porque é a Mãe de Deus, a *Theotókos*, título que resume a vocação e a dignidade exímia da Virgem de Nazaré. A frase central do número é o princípio fundamental da nova reflexão teológica: "por um vínculo indissolúvel está unida à obra salvífica de seu Filho". Se a liturgia é descrita nos primeiros números da Constituição litúrgica como o mistério de Cristo e de sua obra salvadora (SC 5-8), essa referência tardia a Maria na SC permite recuperar toda a perspectiva cristológica e mariana da obra da salvação. Com efeito, Maria está indissoluvelmente unida a toda a obra de Cristo, da qual a liturgia é memorial, presença e atualização na história até sua vinda gloriosa. A este mistério Maria pertence como presença ativa, com sua cooperação materna — desde a encarnação até Pentecostes — e nesta obra do Filho permanece ainda ativa e presente no tempo da Igreja. Portanto, a Igreja não pode esquecer em nenhuma celebração da obra salvífica de Cristo a presença daquela que foi associada e continua estando unida a esta obra.

LITURGIA E VIDA ESPIRITUAL

Este princípio, como a seguir se deduz das premissas, destaca um dado permanente: a comunhão ativa de Maria na obra de seu Filho. Este princípio justifica a memória de Maria no ciclo litúrgico, mas, na realidade, manifesta que os mistérios do Filho não podem ser celebrados sem uma referência à presença da Mãe. Por isso — basta apenas dar uma olhada na história — os primeiros documentos sobre a presença de Maria na liturgia da Igreja estão vinculados diretamente à memória do mistério de Cristo. Assim, Maria é recordada na *Homilia pascal* de Melitão de Sardes (século II), na oração eucarística da *Tradição apostólica* de Hipólito e na profissão de fé que precede o Batismo (século III). E as primeiras alusões marianas no âmbito do ano litúrgico estão todas ligadas à celebração do Natal, da Apresentação do Senhor, da Anunciação, inclusive antes de existirem festas litúrgicas marianas.

O número 103 citado do *Sacrosanctum concilium* continua ainda dizendo: "nela admira e exalta o mais excelente fruto da redenção". Uma vez mais, a perspectiva desta memória litúrgica é autenticamente teológica: a obra da salvação realizou-se primeiro em Maria, fruto esplêndido da redenção, isto é, do mistério pascal de Cristo que foi antecipado em Maria e que depois foi participado por Maria; com efeito, nela a graça da redenção é também culto de glorificação ao Pai e compromisso de participação e de comunhão com o Filho na inefável comunhão com o Espírito. Maria permanece assim na sagrada liturgia da Igreja como testemunha qualificada do fruto da redenção, que é atualizado na dupla dimensão da santificação e do culto.

O número 103 conclui a perspectiva escatológica da liturgia e do mistério da Virgem Maria, também aqui com uma recuperação obrigatória dos conteúdos da SC 8 em chave mariana: "e a contempla com alegria como uma puríssima imagem daquilo que ela mesma anseia e espera ser". Podemos dizer que já neste texto há um paralelismo entre a presença gloriosa de Cristo, eixo da liturgia da Igreja, e a presença gloriosa de Maria, fundamento de sua atual e indissolúvel comunhão com a obra do Filho. Aparece, porém, claramente, a antecipação do discurso eclesial que a *Lumen gentium*, n. 68, realizará. Maria é figura, imagem da Igreja, mais ainda, ícone escatológico da Igreja, a qual, celebrando os mistérios divinos, nos quais pregusta a plenitude da liturgia celeste, admira cheia de esperança a realização de tudo o que a celebração litúrgica promete: a comunhão definitiva com Cristo na glória.

Portanto, pode-se considerar com razão o texto da SC 103 como chave de uma reflexão teológica que justifica plenamente a inserção constante — com a sobriedade clássica da liturgia romana ou com a entusiasta frequência das liturgias orientais — da memória da Virgem onde o mistério de Cristo é celebrado; e não apenas, como se deduz em seguida, no ano litúrgico, mas em outras celebrações litúrgicas da Igreja.

Chave de compreensão do valor da SC 103 é a reflexão teológica sobre a natureza da liturgia, feita anteriormente pela SC 5-8, em que se especifica o sentido do mistério de Cristo presente hoje na Igreja, em caminho para a comunhão dos santos.

Como apoio e comentário deste princípio temos toda a esplêndida doutrina mariológica da *Lumen gentium* sobre a Mãe de Deus no mistério de Cristo e da Igreja. Há, porém, alguns elementos que, relacionados com as afirmações feitas a propósito da SC 103, podem nos ajudar a ilustrar esse princípio teológico sobre a presença de Maria no culto cristão.

Na LG 52 já se cita, junto com um texto bíblico e outro da confissão de fé, o texto litúrgico do cânon romano: "Em comunhão com toda a Igreja, veneramos a sempre Virgem Maria, Mãe de nosso Deus e Senhor Jesus Cristo".

LITURGIA E VIDA ESPIRITUAL

É, porém, sobretudo o enfoque dos números 55-59 que destaca a inserção de Maria na *historia salutis* do Antigo e do Novo Testamento, no mistério de Cristo, com sua presença e cooperação materna nos mistérios da infância, com sua peregrinação de fé em comunhão com Cristo durante sua vida pública, até o Calvário, onde se consuma o mistério da redenção, e até Pentecostes, em que o fruto do mistério pascal, a efusão do Espírito, encontra Maria ativa na oração com os discípulos, para se transformar em presença permanente em uma conformação total ao Filho ressuscitado na glória de sua assunção.

Mais uma vez, o paralelismo entre história da salvação, na qual Maria está presente, e celebração da história da salvação, na qual Maria é evocada no memorial de Cristo, fundamenta esse mistério de comunhão indissolúvel com a obra do Filho. E é o que se afirma no número 65, quando se diz: "Maria, entrando intimamente na história da salvação, une em si, de certo modo, e reflete as supremas normas da fé quando é proclamada e cultuada, leva os fiéis ao seu Filho, ao sacrifício do Filho e ao amor do Pai". Isto acontece nesta síntese maravilhosa da confissão e da celebração da fé que é a liturgia, onde a recordação de Maria reverbera os dados da fé e sua condição de serva do Senhor orienta, como em Caná, para o mistério do Filho e, como no cenáculo, para a ação do Espírito.

Precisamente por isso, quando na LG 66 se fala da natureza e do fundamento do culto da Virgem Maria, alude-se antes de tudo à sua condição de *Theotókos*, síntese de seus privilégios, sua vocação específica na história da salvação; porém, em seguida, se acrescenta: "esteve presente nos mistérios de Cristo". Mais uma vez, é esta a chave do culto litúrgico prestado à Virgem Maria, o fundamento de sua presença na liturgia da Igreja.

A PRESENÇA DA VIRGEM MARIA

Desenvolvimentos pós-conciliares na teologia e na eucologia

Os princípios que expusemos estão na base de uma consciência cada vez mais clara da presença da Virgem Maria no mistério da salvação tornado presente na liturgia, como demonstram alguns desenvolvimentos pós-conciliares.

Observemos, em seguida, que neste momento a palavra "presença" pode ter um duplo significado.

O primeiro, mais óbvio, é o que parece subordinado à linha seguida por Paulo VI na *Marialis cultus*, números 2-5, isto é: apontar *a presença de Maria nos livros litúrgicos da Igreja* — desde o ano litúrgico até o missal, desde o lecionário até os diversos ritos sacramentais — para manifestar o sentido teológico e espiritual dessa intensa comunhão da Igreja com a Mãe de Deus.

Deste ponto de vista, como observamos, as considerações de Paulo VI continuam sendo substancialmente válidas. Porém, o elenco das presenças de Maria na liturgia da Igreja foi enriquecido de modo notável com a publicação da "Collectio Missarum" ou Coletânea de Missas de Nossa Senhora. E, em especial, dever-se-ia recordar que alguns "vazios" detectados na *Marialis cultus* foram preenchidos com este novo livro da Igreja. Queremos nos referir especialmente ao fato de que na MC 3-4 fala-se das celebrações de Maria no tempo do Advento e do Natal, enquanto o documento silencia, por falta de elementos válidos, sobre a presença da Virgem na liturgia da Quaresma e do Tempo Pascal. Aos elementos eucológicos já existentes para estes dois tempos característicos da vida da Igreja, agora devem ser acrescentados formulários especiais de missas que destacam tanto a presença como a exemplaridade de Maria para a Igreja nesses tempos de graça, até Pentecostes, em

LITURGIA E VIDA ESPIRITUAL

que se recorda a Virgem no cenáculo. E no que se refere ao Advento e ao Natal, novos formulários de missas celebram presenças importantes de Maria no mistério de Cristo, como o mistério de Nazaré e o de Caná da Galileia.

O segundo significado que pode ter a palavra "presença" é precisamente o que poderíamos chamar de mais teológico, mistérico: *o fato da misteriosa presença pessoal de Maria na Igreja* quando esta celebra os divinos mistérios. Temos aqui afirmações significativas, mas sóbrias.

Com base na SC 8, e recordando a doutrina da comunhão dos santos, a *Lumen gentium* afirmava:

> Nossa união com a Igreja celeste se realiza de modo nobilíssimo mormente na sagrada liturgia, em que a força do Espírito Santo atua sobre nós por meio dos sinais sacramentais [...] É, portanto, na celebração do sacrifício eucarístico que certamente nos unimos mais estreitamente ao culto da Igreja celeste, uma vez que *a ela nos unimos sobretudo venerando a memória da gloriosa sempre Virgem Maria* (LG 50).

Um texto particularmente significativo sobre o tema da presença mistérica de Maria na liturgia é uma alocução de João Paulo II no *Angelus* do dia 12 de fevereiro de 1984, que vale a pena reproduzir nas afirmações centrais:

> Agora, a bem-aventurada Virgem é íntima tanto de Cristo como da Igreja, e inseparável de um e de outra. Ela lhes está unida no que constitui a mesma essência da liturgia: a celebração sacramental da salvação para a glória de Deus e para a santificação do homem. Maria *está presente no memorial* — a ação litúrgica — porque esteve presente no acontecimento salvífico. *Está junto de toda fonte batismal*, onde na fé e no Espírito Santo nascem para a vida divina os membros do Corpo Místico, porque com a fé e com energia do Espírito concebeu sua divina Cabeça, Cristo; *está*

junto de todo altar, onde se celebra o memorial da Paixão-Ressurreição, porque esteve presente, aderindo com todo seu ser ao desígnio do Pai, no fato histórico salvífico da morte de Cristo; *está junto de todo cenáculo*, onde com a imposição das mãos e a santa unção se dá o Espírito aos fiéis, porque com Pedro e os demais apóstolos, com a Igreja nascente, esteve presente na efusão pentecostal do Espírito. Cristo, sumo sacerdote; a Igreja, a comunidade de culto; com um e outra Maria está incessantemente unida, no acontecimento salvífico e em sua memória litúrgica.[1]

Para quem quisesse ir mais além, para perguntar também o *como* desta presença, a Igreja oferece somente uma afirmação geral e um chamado à responsabilidade de toda assembleia que celebra os mistérios.

A afirmação geral oferecida pelos *Praenotanda* da "Collectio Missarum" (Coletânea de missas de Nossa Senhora) é esta: "A Igreja, que pelos vínculos que a unem a Maria 'quer viver o mistério de Cristo' com ela e como ela, experimenta continuamente que a bem-aventurada Virgem *está sempre ao seu lado,* mas sobretudo na sagrada liturgia, como mãe e como auxiliadora". Na realidade, onde a Igreja sente mais próxima na fé a presença de Cristo Senhor (cf. SC 7) ali também experimenta a comunhão mais intensa com aquela que está unida a Cristo na glória.

O chamado à responsabilidade fundamenta-se precisamente nesse sentido de comunhão de toda assembleia com a Mãe de Cristo, prolongando suas atitudes cultuais, como recorda também o número 13 dos *Praenotanda* da "Collectio Missarum". Assim deve acolher sua presença.

Esta doutrina renovada sobre a presença de Maria na liturgia está na base de todas as orientações e propostas que tentam ressaltar espe-

---

[1] Cf. *Notitiae, 20*: 173-174, 1984. Uma visão da evolução do tema da presença da Virgem Maria na liturgia está em nosso artigo: Presencia de la Virgen María en la liturgia. La fecunda semilla de "Sacrosanctum concilium" n. 103. *Burgense, 45*: 109-130, 2004.

cialmente a celebração dos mistérios divinos como centro da fé confessada, celebrada e vivida no mistério da Mãe de Deus, tanto no Oriente como no Ocidente.

Exemplaridade de Maria
para a Igreja que celebra a liturgia

Um princípio de espiritualidade

Deve-se especialmente à *Marialis cultus* de Paulo VI o apelo à exemplaridade de Maria para a Igreja na celebração dos santos mistérios da liturgia.

A ideia certamente não é nova. Aprofunda suas raízes na comunhão recíproca com a qual os Padres, e mais tarde os autores medievais, destacaram a compreensão do mistério de Maria à luz do mistério da Igreja e vice-versa. Porém, a verdade dessa reflexão teológica e espiritual dos Padres e dos autores posteriores tem sua raiz fecunda na visão bíblica de Maria, apresentada como a Mãe dos crentes, o modelo do discípulo que acolhe e vive a Palavra.

No *Magnificat* da Virgem identificou-se a primeira comunidade cristã, para cantar a fidelidade do Senhor a suas promessas; na atitude contemplativa de Maria, a Igreja indicou seu modo de confrontar continuamente seus conhecimentos de Cristo para progredir em seu aprofundamento sapiencial.

Maria foi para a comunidade primitiva, em especial nos evangelhos de Lucas e de João, o modelo da Igreja que acolhe o mistério de Cristo e colabora para torná-lo presente por meio da palavra e da ação.

A PRESENÇA DA VIRGEM MARIA

A presença de Maria no cenáculo marca para sempre a Igreja como comunidade fundamentalmente mariana.[2]

Pode-se afirmar que o tema da exemplaridade de Maria para a Igreja e para cada fiel está no centro da espiritualidade mariana mais autêntica e mais moderna. Encontra sua fonte e seu ápice, sua escola e sua forma, na liturgia da Igreja, que é, por sua vez, "fonte e cume" da vida espiritual dos cristãos.

A feliz intuição da *Marialis cultus*

Uma leitura atenta do número 16 da *Marialis cultus* é necessária para compreender alguns desenvolvimentos recentes do tema da exemplaridade de Maria para a Igreja na celebração dos divinos mistérios.

Paulo VI afirma que Maria é modelo da atitude espiritual com a qual a Igreja celebra e vive os divinos mistérios. Apoiando esta afirmação há dois princípios conciliares: um tirado da LG 63, o outro da SC 7, citado em nota.

O primeiro princípio recorda que Maria é reconhecida como modelo excelentíssimo da Igreja em ordem à fé, à caridade e à união perfeita com Cristo. O segundo mostra que esta tem que ser a atitude da Igreja, esposa diletíssima intimamente associada ao seu Senhor para invocá-lo e prestar por meio dele culto ao eterno Pai, quando celebra os divinos mistérios.

Entre ambos os princípios, porém, deve-se introduzir outra reflexão implícita que procede precisamente de tudo o que desenvolvemos antes na consideração da presença de Maria na liturgia da Igreja. Com efeito, os mistérios de Cristo que hoje se tornam atuais na sagrada

---

[2] Cf. MC 28.

liturgia foram realizados com a cooperação de Maria; ela, pelo fato da encarnação e da presença ativa na infância e nos momentos da vida pública, e até no Calvário e no Pentecostes, continua idealmente unida a todo o mistério de Cristo, cooperando ativamente com ele na força do Espírito Santo.

A contínua comunhão com o Filho e seu mistério é vivida por Maria com uma vida teologal intensa e com uma cooperação pessoal exemplar. Portanto, é justo que agora, quando os mistérios se realizam na liturgia, mediante a íntima união de Cristo com a Igreja no Espírito, esta olhe para Maria, que tomou parte nesses mistérios, para encontrar o modelo completo de suas atitudes teologais. A Igreja tem que celebrar os mistérios tal como Maria os viveu.

A exemplaridade total de Maria para a Igreja encontra, assim, uma forma concreta e completa na celebração dos mistérios onde o mistério de Cristo se faz presente, mas tem que ser acolhido na Palavra, na ação sacramental e orante da Igreja. Porém, o fundamento continua sendo aquela "presença" de Maria Santíssima que participou nos mistérios de Cristo, como hoje, analogicamente e com sentimentos teologais idênticos, participa na graça dos mistérios de Cristo e no louvor do Pai celeste.

A primeira e densa ilustração deste princípio foi feita por Paulo VI indicando a exemplaridade de Maria para a Igreja na escuta da Palavra, na oração, na maternidade virginal, na oferenda sacrificial.[3] Porém, a exortação de Paulo VI acrescenta justamente o prolongamento da liturgia na vida que é o culto espiritual de toda a existência no cumprimento da vontade do Pai.[4]

---

[3]   MC 17-20.

[4]   MC 21.

A PRESENÇA DA VIRGEM MARIA

São grandes, em nossa opinião, as consequências desse enfoque da relação exemplar fecunda de Maria para a Igreja. A primeira e fundamental consequência é que toda celebração litúrgica, mesmo não sendo explicitamente "mariana", tem que ser vivida pela Igreja em uma atitude "mariana", em comunhão com Maria e imitando suas disposições. Deve emergir na liturgia aquele "rosto mariano" da Igreja, Esposa e Mãe, comunidade de fé e de louvor, comprometida em cumprir em tudo a vontade do Pai, em introduzir continuamente no mundo a salvação que é Cristo, encarnando-o de novo, valha a expressão, na vida concreta, pessoal, familiar, social; na imitação do gesto "histórico" de Maria que abre as portas da história dos homens a Deus em sua própria carne. A segunda consequência, também muito importante, é que, na realidade, a Igreja *alcança seu vértice de devoção e de culto a Maria* nas ações litúrgicas, onde ambas, Maria e a Igreja, são ministras do mistério de Cristo, recordando a centralidade absoluta do Senhor ressuscitado na glorificação do Pai e no dom do Espírito.

Alguns desenvolvimentos recentes para a liturgia e para a devoção mariana

Os *Praenotanda* da "Collectio Missarum" desenvolvem notavelmente o tema da exemplaridade mariana. Fazem-no de modo geral nos números 14-18, com uma síntese rica no número 17, em que se afirma:

> A força do exemplo da santíssima Virgem, que brilha na própria ação litúrgica, impele os fiéis a conformar-se à Mãe para mais plenamente se conformarem ao Filho. E também os impele a celebrar os mistérios de Cristo com os mesmos sentimentos de piedade com que ela participou do nascimento do Filho, de sua epifania, morte e ressurreição. Ela os urge a guardar solicitamente a Palavra de Deus e a meditá-la com diligência; a louvar a Deus com exultação e a render-lhe graças com alegria; a servir

LITURGIA E VIDA ESPIRITUAL

aos irmãos com fidelidade e a oferecer-se a eles com generosidade; a orar com perseverança e a implorar confiantemente; a mostrarem-se misericordiosos e humildes; a respeitar a lei de Deus e a abraçar sua vontade; em tudo e acima de tudo amar a Deus; e vigilantes ir ao encontro do Senhor que vem.

Trata-se de uma esplêndida síntese de culto espiritual na liturgia e na vida, à imitação de Maria.

Não é esta, porém, a única proposta da exemplaridade mariana. Nos *Praenotanda* doutrinais do lecionário próprio da "Collectio Missarum", nos números 6-10, encontramos mais especificamente tratado o tema da "bem-aventurada Virgem Maria como modelo da Igreja na escuta da Palavra de Deus". A densidade deste tema sugere-nos remeter simplesmente ao texto, para captar toda uma série de indicações exemplares para cada fiel e cada comunidade cristã, na escuta da Palavra e na resposta de fé e de vida ao anúncio da Boa Nova. Maria aparece, também aqui, a serviço do mistério do Filho, modelo da Igreja que vive e se alimenta da Palavra eterna e encarnada.

Há ainda outro filão novo da exemplaridade mariana expresso pela "Collectio Missarum". Embora, na realidade, cada breve introdução colocada no começo dos diversos formulários das missas sugira esta exemplaridade para a vida da Igreja, que se deduz de cada um dos mistérios ou títulos celebrados, interessa-nos, neste contexto, destacar a completa e redescoberta exemplaridade de Maria para a Igreja nos diversos momentos do ano litúrgico.

Já aludimos a essa presença mais específica e completa de Maria em todo o arco do ano litúrgico, incluídos os tempos da Quaresma e da Páscoa. Com estilo sóbrio e sintético nas *Orientações e propostas para a celebração do Ano Mariano*, essa presença é destacada e ilustrada. E, analogamente, onde se sublinha a presença de Maria, se contempla, por acréscimo, sua exemplaridade. Assim, por exemplo, uma nota prévia às missas do tempo da Quaresma recorda-nos Maria como modelo exemplar dos discípulos de Jesus em seu caminho para a Páscoa, na escuta fiel da Palavra e no seguimento de Cristo até a cruz. E uma análoga nota prévia às missas do tempo da Páscoa recorda a exemplaridade de Maria na alegria da ressurreição, na perseverante espera do Espírito, na maternidade espiritual que a Igreja exerce mediante o anúncio do Evangelho e os sacramentos pascais.

Parece-nos que já nos encontramos na plena posse daqueles elementos litúrgicos, que uma fecunda intuição conciliar (cf. SC 103) havia começado implicitamente a elaborar, ao sublinhar o indissolúvel vínculo com o qual Maria esteve e permanece unida ao mistério da salvação.

Sob esta luz teológica e como uma conclusão prática obrigatória, têm que ser vistos os notáveis desenvolvimentos que nestes últimos tempos a presença e a exemplaridade de Maria alcançaram na liturgia da Igreja.

Conclusão

Nas *Orientações e propostas para a celebração do Ano Mariano*, a Congregação para o Culto Divino quis privilegiar, em continuidade com a intenção do Santo Padre, as celebrações litúrgicas como âmbito natural e ao mesmo tempo privilegiado do culto à Virgem Maria; na liturgia realiza-se a máxima comunhão espiritual de Maria com a Igreja e emerge a figura de Maria indissoluvelmente unida ao mistério de Cristo para o bem de toda a humanidade.

Se, como o documento citado afirma, a liturgia tem um lugar exemplar e normativo para todas as demais expressões da piedade e da vida cristã, também nesse culto deve-se descobrir o exemplo de Maria para a Igreja, que escuta e guarda a Palavra, louva e dá graças ao Senhor, mostra Cristo e o leva a todos, roga e intercede pela salvação da humanidade inteira, gera e alimenta no Espírito a vida de graça dos fiéis, oferece Cristo ao Pai e se oferece com ele, implora a vinda do Senhor e vela na espera do Esposo. E, em todas essas atitudes, a liturgia contempla no ápice de sua realização Maria, a Mãe de Cristo e da Igreja.

A Igreja ofereceu-nos uma renovada riqueza de doutrina e de celebrações litúrgicas, onde aparece claramente Maria, em sua presença e em sua exemplaridade para a Igreja, no exercício do culto divino que tem seu prolongamento no culto espiritual da existência.

Bibliografia

CALABUIG, I. M. Liturgia (orígens). In: *Dicionário de mariologia*. São Paulo, Paulus, 1995. pp. 745-760.

CASTELLANO, J. Virgen María. In: VV.AA. *Dicionário de liturgia*, op. cit., pp. 1214-1235.

CONGREGAÇÃO PARA O CULTO DIVINO. *Orientaciones y propuestas para la celebración del Año Mariano*. Madrid, s.ed., 1987.

CUADERNOS PHASE. *Santa María en Oriente y en Occidente*. Barcelona, CPL, n. 117, 2001.

GAMBERO, L. Culto. *Dicionário de mariologia*, op. cit., pp. 356-370.

GHARIB,G. *Oriente cristiano*. Ibid., pp. 992-1002.

PAULO VI. Exort. Apost. *Marialis Cultus*, 1974.

PAULO VI. *Collectio Missarum de Beata Maria Virgine*. Ed. Typica. Città del Vaticano, Libreria Editrice Vaticana, 1987. Versão em português: *Coletânea de missas de Nossa Senhora*. São Paulo, Paulinas, 1987.

RIVISTA LITURGICA. Celebrare Maria. Padova, n. 1, 1988. (Número monográfico sobre Maria na liturgia.)

VV.AA. *La virgen Maria en el culto de la Iglesia*. Salamanca, Sígueme, 1968.

VV.AA. *Il culto di Maria oggi*. 2. ed. Roma, Paoline, 1984.

VV.AA. *Maria nel mistero di Cristo e della Chiesa*. Bari, Ecumenica, 1980.

VV.AA. La Mère de Jésus-Christ et la communion des saints dans la liturgie. CONFÉRENCES SAINT-SERGE. XXXII SEMAINE D'ETUDES LITURGIQUES. Paris, 1985. Roma, CLV, 1986.

VV.AA. *Maria nel culto della Chiesa*; tra liturgia e pietà popolare. Milano, OR, 1988.

Um aprofundamento sobre o mistério de Maria na liturgia encontra-se em:

CASTELLANO, J. La presenza di Maria nel mistero del culto; natura e significato. *Marianum*, *58*: 387-427, 1996. (Com bibliografia recente nas notas.) Beata Vergine Maria. In: *Liturgia, Dizionari San Paolo*. Cinisello Balsamo, San Paolo, 2001. pp. 201-235.

Uma verdadeira *Summa* de teologia e espiritualidade mariana está na publicação das Atas do Congresso Mariológico Mariano de Chestokowa, de 1996:

PONTIFÍCIA ACADEMIA MARIANA INTERNATIONALIS. *De cultu mariano saeculo XX. Maria Mater Domini, in mysterio salutis quod ad Orientis et Occidentis Ecclesiis in Spiritu Sancto hodie celebratur*. Città del Vaticano, 1999-2000. 5 v.

LITURGIA E VIDA ESPIRITUAL

Indico minhas contribuições de caráter teológico, litúrgico, ecumênico e espiritual:

CASTELLANO, F. *"Lex orandi, lex credendi". I testi delle liturgie delle Chiese, espressione della confessione della fede e della comunione con la Madre del Signore.* Ibid. v. I, pp. 19-43.

_____. *La presenza di Maria nel mistero del culto. Natura e significato.* Ibid., v. III, pp. 899-941. (Publicado também na revista *Marianum.*)

282

Capítulo IX
PALAVRA DE DEUS
E ORAÇÃO DA IGREJA –
O DIÁLOGO DA SALVAÇÃO

No diálogo salvífico que acontece na liturgia, um lugar particularmente importante corresponde à *Palavra de Deus*. Constitui o primeiro e mais importante meio de comunhão entre Deus e seu povo. Dela estão impregnadas todas as ações litúrgicas; é a atualização do anúncio da salvação e de sua comunicação atual à Igreja. Sem um aprofundamento do tema da Palavra de Deus não pode acontecer uma plena compreensão do mistério litúrgico e, muito menos, uma "espiritualidade litúrgica". A Igreja responde à Palavra de Deus sobretudo com sua oração litúrgica, e assim se estabelece um diálogo de salvação.

Um texto chave da SC sintetiza muito bem o lugar que a Palavra, a Sagrada Escritura, ocupa na liturgia da Igreja: "Na celebração litúrgica é máxima a importância da Sagrada Escritura. Pois dela são tiradas as lições, explicadas na homilia e cantados os salmos. É de sua inspiração e bafejo que surgiram as preces, orações e hinos litúrgicos. É dela também que os atos e sinais tomam a sua significação. Portanto, para cuidar da reforma, progresso e adaptação da sagrada liturgia, é necessário que se promova aquele suave e vivo afeto pela Sagrada Escritura, que é confirmado pela venerável tradição dos ritos, tanto orientais como ocidentais" (SC 24).[1]

Queremos oferecer em uma exposição sintética alguns pontos doutrinais para uma valorização da Palavra e para uma espiritualidade litúrgica fundamentada em sua proclamação, escuta, compreensão e vida. Articulamos nossa exposição nos pontos seguintes:

- A Palavra de Deus na renovação litúrgica.
- História da salvação e proclamação litúrgica da Palavra.
- Palavra, sacramento, oração.
- A liturgia, lugar privilegiado da leitura bíblica.
- Interpretação litúrgica da Palavra de Deus.
- Para uma espiritualidade da Palavra, proclamada e escutada.

E acrescentamos também uma série de anotações sobre a oração litúrgica como resposta à Palavra.

A Palavra de Deus na renovação litúrgica

Estou plenamente convencido de que o fato mais importante da reforma litúrgica, do ponto de vista ecumênico, pastoral e espiritual, a chave e medida de uma renovação litúrgica para toda a Igreja, é o lugar preeminente que hoje ocupa a Palavra de Deus na liturgia.

---

[1] Cf. outros textos complementares sobre o tema: SC 33; 35-36; 51-52; 90-92; DV 21.25.26. A síntese mais autorizada e extensa está na *Introdução geral do Lecionário da Missa*, sobretudo em sua segunda edição. Cf. *A mesa da Palavra. Elenco das leituras*. Comentários José Aldazábal. São Paulo, Paulinas, 2007.

PALAVRA DE DEUS E ORAÇÃO DA IGREJA

A abundante mesa da Palavra, preparada hoje para o povo de Deus, é tanto mais relevante quando se leva em conta a pobreza bíblica em que há séculos se encontrava a liturgia e a própria Igreja na maioria dos fiéis, vítimas de certo exílio da Palavra em suas mãos. Com efeito, encontrávamo-nos com uma ausência quase total da Palavra de Deus nas celebrações sacramentais, com uma grande pobreza na celebração eucarística. Se a isto acrescentamos o fato de que a proclamação da Palavra esteve bloqueada durante muito tempo à compreensão do povo, temos um quadro não muito lisonjeiro a respeito da influência da Bíblia sobre a piedade da Igreja, com as consequências de pobreza bíblico-teológica na vida espiritual dos fiéis.

A situação era de tal natureza que, em uma confrontação com o amplo espaço concedido pelos protestantes à Palavra e à pregação bíblica, eles podiam dizer: "Nós protestantes somos a Igreja da Palavra, vós católicos sois a Igreja do Sacramento", indicando com tais palavras a importância que Palavra e Sacramento tinham nas respectivas Igrejas.

Afortunadamente, esta unilateralidade foi superada pela Igreja Católica, por meio da renovação litúrgica e de modo prático pela reforma litúrgica pós-conciliar. Falta, agora, um passo semelhante nas Igrejas protestantes, para uma revalorização dos sacramentos e da Eucaristia.

Encontramo-nos hoje na feliz convergência do movimento bíblico e litúrgico na Igreja Católica, que já produziu seus frutos, cujas verdadeiras consequências somente poderão ser vistas se houver um compromisso pessoal perseverante de muitos anos de catequese e pregação bíblica. Podemos descobrir a importância concreta atribuída à Palavra de Deus com algumas constatações simples.

Estrutura de toda celebração litúrgica

Toda celebração litúrgica sacramental ou similar (rito das exéquias, da profissão religiosa, consagração do altar etc.) está agora estruturada em um esquema fixo, baseado no binômio Palavra-sacramento, com os ritos iniciais e os conclusivos, em um dinamismo de celebração que pode ser descrito assim: a) ritos iniciais; b) liturgia da Palavra; c) liturgia do sacramento; d) ritos conclusivos.

Esta estrutura implica uma novidade radical em relação com as celebrações anteriores. Foi respeitada inclusive em ritos mais simples, como o da reconciliação de um só penitente ou o da comunhão fora da missa, para sublinhar o lugar que corresponde à Palavra. Temos assim também a indicação para a organização de qualquer rito sacramental ou equiparado aos sacramentos.

A estrutura interna

Esta disposição ritual obedece também a uma estrutura interna das ações litúrgicas. A Palavra de Deus, como revelação e doação de sua vida, é a força estruturante de toda liturgia: Deus fala, revela, anuncia; a Igreja escuta e atualiza a revelação... A Igreja realiza o mistério anunciado nos sacramentos... A Igreja responde, louva, dá graças... Este é o tríplice componente das ações litúrgicas: Palavra, Ação, Oração. Palavra de Deus a seu povo; ação sacramental que atualiza a salvação; oração de bênção, de invocação e súplica da Igreja.

Todo este dinamismo está impregnado da mediação de Cristo e da ação de seu Espírito. Também na própria liturgia da Palavra existe um dinamismo interno, que configura a disposição externa: anúncio, escuta e resposta. A proclamação da Palavra tende para o anúncio pleno, feito em Cristo: o Evangelho. Daí a disposição lógica, recuperada pela liturgia

PALAVRA DE DEUS E ORAÇÃO DA IGREJA

romana na missa: leitura do AT, salmo responsorial, leitura do Apóstolo, aclamação que introduz a voz de Cristo: Evangelho...

A abundante mesa da Palavra

Finalmente, deve-se sublinhar o esforço feito pela Igreja para apresentar aos fiéis a abundante mesa da Palavra.

Para a celebração eucarística, temos o tríplice ciclo do Lecionário dominical, o duplo ciclo do Lecionário ferial e os outros lecionários complementares.

Para a celebração dos sacramentos, os novos ritos apresentam uma ampla seleção de passagens bíblicas para a liturgia da Palavra.

Na Liturgia das Horas temos uma apresentação mais abundante das perícopes bíblicas.[2]

História da salvação e proclamação da Palavra

Para captar ainda melhor as relações existentes entre a Palavra e a liturgia, deve-se remontar ao próprio conceito de história da salvação e revelação, para compreender como esta se atualiza no mistério litúrgico.

A Palavra de Deus, contida na Sagrada Escritura, não é uma simples leitura de um livro de doutrina religiosa ou um conjunto de textos

---

[2] Sobre os critérios que orientaram essa seleção e distribuição, cf. *Nelle vostre assemblee*, pp. 233-239; FONTAINE, G. Commentaire sur l'Ordo lectionum missae. *Notitiae*, 5: 237-282, 1969; ENGELING, E. J. Le letture bibliche e i loro reponsori nella nuova liturgia delle Ore. In: VV.AA. *Liturgia delle Ore*; documenti ufficiali e studi. Torino, LDC, 1972. pp. 189-219; LESSI-ARIOSTO, M. *Parola di Dio Pane di Vita*. Roma, Paoline, 1985; La palabra en la celebración cristiana. *Cuadernos Phase*, Barcelona, CPL, n. 33, 1992, com vários artigos que se referem à realização do sacramento e uma boa bibliografia final.

inspirados, mas uma história sagrada, feita de palavras e de obras de Deus, intimamente conexas, que tem em Cristo o ponto de convergência e de interpretação, posto que para ele tende toda a revelação do AT e dele brota todo o NT.

Esta história converte-se também no modelo da aventura da Igreja e da vida de cada crente individual; portanto, podemos falar da vida espiritual como de uma microrrealização da história da salvação, conduzida pelas etapas da revelação. A liturgia torna atual o anúncio e a realidade da história da salvação na Igreja e em todo crente; é história da salvação em ato.

Um paralelismo sugestivo entre história da salvação e liturgia nos é oferecido pelo conceito e pelo dinamismo da revelação, como se propõe na *Dei Verbum*:

> Aprouve a Deus, com sua bondade e sabedoria, revelar-se a si mesmo e tornar conhecido o mistério de sua vontade (cf. Ef 1,9), pelo qual os homens, por intermédio de Cristo, Verbo feito carne, e no Espírito Santo, têm acesso ao Pai e se tornam participantes da natureza divina (cf. Ef 2,18; 2Pd 1,4). Mediante essa revelação, portanto, o Deus invisível [...] levado por seu grande amor, fala aos homens como a amigos [...] para os convidar à comunhão consigo e nela os receber. Este plano de revelação se concretiza por meio dos acontecimentos e palavras intimamente conexos entre si, de forma que as obras realizadas por Deus na história da salvação manifestam e corroboram os ensinamentos e as realidades significadas pelas palavras. Estas, por sua vez, proclamam as obras e elucidam o mistério nelas contido. No entanto, o conteúdo profundo da verdade seja a respeito de Deus seja da salvação do homem se nos manifesta por meio dessa revelação em Cristo que é ao mesmo tempo mediador e plenitude de toda revelação (DV 2).

PALAVRA DE DEUS E ORAÇÃO DA IGREJA

Não é difícil descobrir por meio da leitura deste texto o paralelismo entre revelação e liturgia.

Na *revelação* temos estes momentos: Deus, em sua condescendência, revela e comunica seu mistério; chama os homens à salvação e à participação de sua vida; realiza-o por meio da economia de Cristo e do Espírito; fala aos homens como a amigos e trata com eles; realiza-o por meio de atos e palavras intimamente ligados; a plenitude da revelação resplandece em Jesus Cristo.

Na *liturgia*: Deus revela-se a si mesmo e seu plano salvífico na proclamação de sua Palavra; o homem responde acolhendo com fé e amor; Deus comunica sua vida e a participação em sua natureza divina por meio dos sacramentos; resplandece nas ações litúrgicas o sentido da economia trinitária: Deus Pai dá-nos Cristo, plenitude da revelação e da graça. Cristo comunica-nos sua vida em seu Espírito; no Espírito, por Cristo temos acesso ao Pai; palavra e obras salvíficas estão intimamente ligadas; a Palavra revela o sentido dos sacramentos; os sacramentos cumprem o anúncio da Palavra; tudo agora se realiza na Igreja pela presença e pela ação de Cristo Senhor; nele temos a plenitude da revelação e da vida divina; ele é a síntese da história da salvação, o liturgo e o dom da liturgia.

Portanto, podemos dizer que na liturgia não temos somente uma leitura da história da salvação, mas uma atualização dela e uma presença do mistério salvífico para todos os crentes. Daí se segue a tríplice perspectiva com que a liturgia proclama e realiza os mistérios da história da salvação: narração dos atos realizados por Deus, anúncio e atualização no presente, promessa da realidade futura.

O *Catecismo da Igreja Católica* apresenta repetidas vezes o nexo entre a Palavra de Deus e a liturgia: na preparação da liturgia da Igreja na revelação do AT (CIC 1093-1096); à luz da ação do Espírito Santo (CIC 1100-1103); no entrelaçamento de palavras e de ações na liturgia da Igreja (CIC 1153-1155).

Palavra, sacramento, oração

À luz da relação entre liturgia e história da salvação, podemos desenvolver posteriormente a conexão existente entre o tríplice elemento que compõe a liturgia: Palavra, sacramento e oração.

Palavra e sacramento

Como a revelação, a liturgia é composta de palavras reveladoras que comunicam verdade e vida de ações salvíficas: palavra e sacramento.

A palavra anuncia, revela, explica e catequiza. O sacramento realiza e atualiza... Todo anúncio da Palavra tende à sua realização sacramental; todo sacramento exige a proclamação da Palavra, que revela o sentido pleno da ação sacramental ou precede como anúncio específico da obra sacramental que está a ponto de ser realizada.

Este é o sentido da liturgia da Palavra, que precede um sacramento. A seguir, alguns exemplos especiais.

No Batismo dos adultos, o catecumenato é como uma longa liturgia da Palavra, que acompanha o itinerário de fé realizado pelo catecúmeno para abordar o Batismo.

No sacramento da reconciliação, a introdução da liturgia da Palavra em toda celebração (infelizmente deixada *ad libitum* na reconciliação individual) é de grande importância para a revalorização do sacramento

PALAVRA DE DEUS E ORAÇÃO DA IGREJA

e para uma purificação de formas demasiado rotineiras, moralistas ou pietistas de celebrar o sacramento:

> Convém que o sacramento da Penitência comece com a audição da Palavra, pela qual Deus chama à penitência e conduz à verdadeira conversão interior [...] Pelas leituras, Deus chama os homens à conversão e a uma maior semelhança com Cristo; propõe-se o mistério da reconciliação pela morte e ressurreição de Cristo e também como dom do Espírito Santo; manifesta-se o juízo de Deus sobre o bem e o mal na vida dos homens, para iluminar e examinar a consciência.[3]

Observemos, por fim, que, na realidade, todo sacramento, no momento culminante de sua realização, está impregnado da "Palavra"; é uma ação que contém explícita ou implicitamente em sua forma (ou fórmula) uma palavra da revelação.[4]

Palavra e Eucaristia

As relações entre Palavra e Eucaristia são tão ricas que merecem uma reflexão específica. Escutemos esta oração paradoxal:

> Se em um ato impossível Deus nos dissesse: 'Devo tirar de você um de meus grandes dons fundamentais, a Eucaristia ou os santos Evangelhos', deveríamos dizer-lhe: 'Senhor, em qualquer caso, não nos tires os santos Evangelhos', porque sem os Evangelhos careceríamos inclusive do conhecimento de Jesus e sua presença não conseguiria reparar esta perda, porque de nada serviria ter conosco Jesus se não pudéssemos conhecê-lo.

---

[3] *Ritual da Penitência*. Introdução Geral, n. 24; cf. n. 17.

[4] Cf. uma ótima exposição teológica sobre o tema em RAHNER, K. Parola ed Eucaristia. In: *Saggi sui sacramenti e sull'escatologia*. Roma, Paoline, 1965. A primeira parte do estudo, pp. 110-162, é dedicada à relação entre Palavra e sacramento em geral.

LITURGIA E VIDA ESPIRITUAL

Evidentemente, é um paradoxo; Deus não nos colocou tal dilema. Trata-se de descobrir a relação mútua entre Palavra e Eucaristia.[5]

Ilustramos esta relação à luz de alguns textos patrísticos e conciliares.

"Meu refúgio é o Evangelho, que é para mim como a carne de Jesus", dizia Inácio de Antioquia.[6] E são Jerônimo repete em várias ocasiões:

Comemos sua carne e bebemos seu sangue na divina Eucaristia, e também na leitura da Escritura.

"Quem não come minha carne nem bebe meu sangue [...]", são palavras que, embora possam se referir à Eucaristia, podem também ser aplicadas à Escritura, que é a doutrina divina e que é, na verdade, o Corpo de Cristo e seu sangue. Quando nos aproximamos dos santos mistérios [...] se cair um fragmento ficamos perturbados. Porém, se quando escutamos a Palavra de Deus — que é Palavra de Deus e corpo e sangue de Cristo que nos é dada com a pregação —, estamos pensando em outra coisa, imaginem em que perigo incorreríamos.[7]

Orígenes afirma: "Diz-se que bebemos o sangue de Cristo não só quando o recebemos segundo o rito dos mistérios, mas quando recebemos suas palavras onde reside a vida, como ele mesmo diz de si: 'As palavras que vos disse são espírito e vida'".[8]

---

[5] A oração é de Pinard de la Boulaye, s.j.; Cf. FEDERICI, T. *Bibbia e liturgia*, I. p. 7.

[6] INÁCIO DE ANTIOQUIA. *Ad. Philad.*, 5.

[7] JERÔNIMO. *In Eccl.*, 3,13: PL 23, 1039; *In Psal.* 147,14: PL, 26, 1334.

[8] Homilias sobre o livro dos Números, 16,9: PG 12, 701. Frequentemente santo Agostinho reclama esta importância da Palavra e da Eucaristia, sobretudo quando comenta a palavras do pai-nosso: O pão nosso de cada dia nos dai hoje: Cf. *Sermo* 56,10; 57,7; 58,5; 59,6 respectivamente em PL 38, 381. 389. 395.401.

Dizei-me, irmãos: O que vos parece que vale mais: a Palavra de Deus ou o Corpo de Cristo? Se quiserdes dizer a verdade, devereis convir que a Palavra não é menos que o Corpo de Cristo. Portanto, se quando se administra o Corpo de Cristo procuramos que não caia de nossas mãos ao chão nenhuma partícula, do mesmo modo temos que estar atentos para que a Palavra de Deus, quando nos for administrada, não desapareça de nosso coração porque falamos ou pensamos em outra coisa. Não será menos culpado quem tiver acolhido com negligência a Palavra de Deus que aquele que por descuido tiver deixado cair no chão o Corpo de Cristo. [9]

O Concílio Vaticano II acolheu o eco dessa doutrina patrística em algum texto importante e em algumas orientações doutrinais: "A Igreja sempre venerou as divinas Escrituras, da mesma forma como o próprio Corpo do Senhor, já que principalmente na sagrada liturgia, sem cessar, toma da mesa tanto da Palavra de Deus quanto do Corpo do Cristo" (DV 21; para a relação entre Palavra e Eucaristia, cf. também SC 48.50.56).

No entanto, no nível de uma reflexão teológica posterior, sublinha-se a absoluta superioridade da Eucaristia sobre a Palavra, enquanto aquela é o cume de toda palavra sacramental na Igreja: a Eucaristia contém a Palavra feita carne! É a palavra definitiva e primária, porque revela todo o amor de Cristo para com o Pai e para com os irmãos, na suprema expressão de seu sacrifício pascal. Toda a história da salvação, todas as palavras, estão contidas, em síntese, na presença de Cristo, Palavra viva. Todas as demais palavras de revelação se resumem na Eucaristia como a revelação se resume em Cristo, e tendem para ela. A Palavra e as palavras da instituição, em toda sua riqueza de evocações bíblicas, fazem parte integrante da Eucaristia, mais ainda, são

---

[9]　São Cesário de Arles. *Sermo* 78, 2: PL 39,2319.

a "forma" da celebração; são também uma pregação eficaz e atual do mistério pascal de Cristo. Inclusive depois da consagração, a Eucaristia traz em si as palavras da consagração com toda a riqueza de evocações: "Isto é o meu corpo que será entregue por vós...". Por isso, também no silêncio da adoração da Eucaristia, esta é Palavra que contém todas as palavras e as expressa misteriosamente.

De outro ponto de vista, a Eucaristia é a resposta de ação de graças às palavras da revelação, como oração comprometida:

> Na Ceia e na Cruz, a Palavra de Deus que significa para nós eficazmente seu amor se realizou em plenitude e, ao mesmo tempo, a perfeita *berakha* (oração de bênção), a perfeita "Eucaristia" de Cristo, lhe deu a resposta que solicitava e que suscitava. Portanto, não podemos receber esta única palavra da salvação senão fazendo nossa, também nós, esta única resposta.[10]

A constituição *Dei Verbum* tem um belo final no qual se recorda de novo o paralelismo entre a Palavra e a Eucaristia: "Assim como a vida da Igreja se desenvolve pela assídua participação no mistério eucarístico, assim é lícito esperar um novo impulso de vida espiritual de uma acrescida veneração pela palavra de Deus, que permanece para sempre [...]" (n. 26).

---

[10] BOUYER, L. *Eucaristía*; teología y espiritualidad de la oración eucarística. Barcelona, Herder, 1969. pp. 459-471 (ótima síntese final de teologia eucarística); GOENAGA, J. A. Palabra de Dios y Cuerpo de Cristo. In: *La Eucaristía en la vida de la religiosa*. Madrid, PPC, 1971. pp. 91-112; uma reflexão espiritual sobre o vínculo oração, Palavra e Eucaristia, em meu livro *Ripartire dalla preghiera*. Piacenza, Berti, 2001. pp. 103-130.

PALAVRA DE DEUS E ORAÇÃO DA IGREJA

Palavra e oração

A Palavra solicita e suscita a resposta da Igreja. Assim se realiza plenamente o diálogo salvador: Palavra de Deus a seu povo, Palavra da Igreja ao Pai, por Cristo no Espírito.

A oração litúrgica é esta resposta da Igreja em palavras e ações impregnadas de sentimentos de fé e de glorificação. Também neste contexto, os sacramentos e a Eucaristia contêm uma dimensão ascendente de culto, enquanto expressão e sinais de fé e enquanto sua celebração está envolta em uma oração ou em uma série de orações (SC 59).

Nas fases e nas formas da resposta encontramos estas diversas expressões de oração vivida:

A aceitação, expressa em termos de obediência à Palavra (Amém) ou de louvor (Demos graças a Deus; Nós te louvamos, Senhor).

A conversão a Deus e ao seu plano de salvação, expressa em múltiplas atitudes de arrependimento e de pedido de perdão.

A fé, como adesão da mente e do coração e como confissão doxológica (o Credo!).

As múltiplas expressões da oração bíblica e eclesial, com todas as atitudes cristãs e humanas expressas nela.

Os sacramentos, como *orações-ações* nas quais expressamos também nossa fé, louvor, compromisso de vida, e que aceitamos como os veículos da comunhão de vida divina.

A Eucaristia, como ápice da resposta eclesial no louvor, no sacrifício de Cristo e da Igreja, na invocação do Espírito, na intercessão ardente e universal, na comunhão com Cristo e com todos os irmãos...

LITURGIA E VIDA ESPIRITUAL

A vida cotidiana vivida como culto espiritual e glorificação de Deus, compromisso adquirido na liturgia por meio da oração.[11]

A liturgia, lugar privilegiado da leitura bíblica

Entre os diversos modos de ler a Palavra de Deus (exegese, estudo crítico, literário, teologia bíblica, meditação pessoal) está, como forma própria e plena, sua proclamação na assembleia litúrgica. Com efeito, Deus enviou-nos um livro para estudar: disse palavras, realizou maravilhas, enviou mensageiros a seu povo, até que ele mesmo se fez Palavra e acontecimento salvífico para seu povo em Cristo. A palavra, portanto, adquire seu sentido pleno quando ecoa na Igreja como mensagem de salvação de Deus a seu povo. Pressupõe uma comunidade que na fé acolhe, interpreta, responde e vive a Palavra; e também requer a presença do Espírito de verdade para compreendê-la em sua plenitude. Sem estes pressupostos, os outros modos de ler a Palavra, mesmo sendo úteis, não satisfazem a necessidade da Igreja; sem a fé, subsiste o véu para captar a verdade da Escritura.

Da comunidade à comunidade

Quando a Palavra ecoa na assembleia retorna para seu ambiente vital. É Palavra dirigida à assembleia; nasceu, em sua elaboração, da

---

[11] Cf. FEDERICI, T. *Bibbia e Liturgia*, I, pp. 78-106. A celebração da Palavra em todas as suas formas, tanto unida à celebração da Eucaristia ou dos sacramentos como da forma que possa desenvolver uma expressão particular do mistério de Cristo e da presença de seu mistério, é sempre uma verdadeira liturgia da Palavra em que não falta a dimensão trinitária e eclesial, a celebração do mistério pascal, a dimensão de santificação e de culto com a Palavra que vivifica e a oração que reponde e glorifica. Cf. AROCENA, Félix M. *La celebración de la palabra*; Teología y pastoral. Barcelona, CPL, 2005. p. 188 (Biblioteca Litúrgica 24).

PALAVRA DE DEUS E ORAÇÃO DA IGREJA

própria assembleia. Pensemos, por exemplo, nos evangelhos e na doutrina contida em outros escritos do NT. Os ambientes vitais em que a fé da comunidade primitiva foi elaborada, sobre a base das memórias dos apóstolos e da reflexão de fé, são de caráter litúrgico, nas assembleias cristãs. Os exegetas costumam apontar alguns mais importantes: o ambiente litúrgico da fração do pão e do Batismo; o ambiente catequético no interior da Igreja, no qual se desenvolve e se aprofunda o ensinamento; o ambiente missionário fora da Igreja, como anúncio e apresentação ao mesmo tempo querigmática e apologética da mensagem de Jesus.

Notemos também o caráter litúrgico de muitos escritos dos livros do AT e do NT. Trata-se sempre de Palavra de Deus a seu povo, mensagem de Cristo e dos apóstolos para a Igreja.

A Palavra de Deus dirigida à assembleia

Destaquemos três momentos característicos nos quais a Palavra de Deus é dirigida a toda a assembleia de Israel.

No momento da constituição da Aliança, Moisés reúne o povo para que escute a Palavra de YHWH (Ex 19ss). Depois da prevaricação do rei Manassés, Josias encontra o livro da Lei e, na presença de todo o povo, proclama a palavra e renova a Aliança (2Rs 22-23). Depois do exílio, Esdras convoca novamente a assembleia e se lê a Palavra de YHWH, que o povo escuta com lágrimas nos olhos (Ne 8-9). Nos três momentos, à escuta da Palavra se segue a resposta de aceitação e de ação de graças, e o sacrifício que confirma a Aliança.

Seguindo o exemplo de Jesus, que proclamou sua mensagem nas sinagogas e nos arredores do templo, a comunidade primitiva anuncia o querigma no templo e nas sinagogas. No interior da comunidade, a

Palavra é proclamada e explicada; está frequentemente unida à celebração da Eucaristia, como acontece com Paulo em Trôade (At 20,7ss).

Cedo encontramos nas comunidades primitivas essa fusão entre a leitura da Palavra e sua explicação e a celebração da Eucaristia, como testemunha Justino em meados do século II: "São lidos, quando o tempo o permite, as lembranças dos apóstolos ou os escritos dos profetas".[12]

A proclamação como liturgia

A própria proclamação da Palavra constitui no sentido pleno uma liturgia que pressupõe uma comunidade de fé (liturgia da Palavra!), na qual "Deus fala a seu povo; Cristo ainda anuncia o Evangelho. E o povo responde a Deus, ora com cânticos ora com orações" (SC 33); "Cristo presente está pela sua palavra, pois é ele mesmo que fala quando se leem as Sagradas Escrituras na igreja" (SC 7).

A revelação, e, portanto, sua atualização na Igreja pela proclamação da Palavra, já é uma liturgia e, por parte de Deus, um movimento de comunhão para o homem, um início de santificação; quem escuta já é convidado para a salvação e participa da Aliança posto que Deus fala aos seus como a amigos (DV 2).

Portanto, entra naquele conceito de liturgia que pressupõe o exercício do sacerdócio de Cristo e a indissolúvel união da Igreja (SC 7); com efeito, há um exercício do sacerdócio de Cristo, enquanto ele é mediador da revelação e da graça (DV 2), e há uma presença da Igreja à qual Deus se dirige e que responde em uma liturgia da escuta e do louvor.

Não se trata, portanto, de uma "paraliturgia" da Palavra, mas de uma verdadeira liturgia no sentido pleno, embora a Palavra tenda para o

---

[12] *Apologia* I, c. 67.

PALAVRA DE DEUS E ORAÇÃO DA IGREJA

sacramento, o anúncio e a realização. Toda celebração litúrgica da Palavra tem em Cristo seu Mestre, usufrui de sua presença e é celebração de seu mistério pascal, proclamado na Palavra.

Interpretação litúrgica da Palavra de Deus

A liturgia tem um modo próprio de ler e de interpretar a Palavra de Deus, como leitura feita pela comunidade eclesial, em um ambiente de fé no qual se revive a história da salvação.

Chaves de leitura e de interpretação

De um ponto de vista externo, a Igreja lê a Escritura continuamente segundo algumas regras tradicionais, hoje restabelecidas pela reforma litúrgica:

- leitura *cíclica contínua* de um livro, do princípio ao fim;

- leitura s*emicontínua*, que proclama as perícopes mais importantes de um livro;

- leitura *harmonizada ou concordada* de uma passagem, à luz de outra do AT ou NT, para captar sua continuidade e novidade (é o caso das leituras do AT nos domingos do tempo comum, que se harmonizam com o Evangelho);

- leitura de *fragmentos escolhidos*, segundo a celebração do mistério e do sacramento;

- leitura *reservada* a alguns tempos litúrgicos: Isaías no Advento, os Atos dos Apóstolos no período pascal, o Evangelho de João nos períodos fortes do Natal, Quaresma e Páscoa...

299

Na dinâmica interna, a proclamação da Palavra na liturgia é feita segundo estas grandes linhas teológicas: é uma leitura da Bíblia como história da salvação, como ação salvífica, que tem em Cristo a chave de interpretação; cada fragmento deve ser lido na perspectiva da revelação total; cada perícope é como uma peça de um grande mosaico que forma a imagem de Cristo, e se torna atual no hoje da Igreja; a comunidade escuta a Palavra que se realiza hoje em sua vida; a assembleia atualiza essa leitura.

A tríplice perspectiva

Narração e proclamação das maravilhas de Deus. A Igreja lê a Escritura dirigindo-se para o passado e contemplando as maravilhas de Deus, realizadas na criação ou na redenção. Nelas proclama a fidelidade de Deus que cumpre suas promessas. Reconhece a ordenação final de tudo para Cristo. A partir das realidades cumpridas, olha com confiança serena para o presente e para o futuro. A leitura contínua da Escritura no ano litúrgico, a récita dos salmos e dos cânticos que expressam esse louvor de Deus, são outras tantas manifestações da proclamação das *mirabilia Dei*. Nessa leitura, a perspectiva do passado desemboca no presente, posto que a Igreja sente que participa da plenitude da história sagrada e das promessas que se cumprem no novo povo de Deus.

Uma expressão clássica de leitura das maravilhas de Deus são os diversos prefácios, com os quais se cantam as obras de Deus na história da salvação, até chegar à vida da Igreja. Leitura doxológica, porque se louva a Deus ao narrar suas maravilhas; leitura "epiclética", porque se pede a presença do Espírito Santo, para que renove as mesmas obras na Igreja.

PALAVRA DE DEUS E ORAÇÃO DA IGREJA

O prefácio e o "pós-Sanctus" da IV Oração eucarística; os diversos prefácios consecratórios: da água, do crisma; as orações de consagração dos ministros da Igreja: bispos, presbíteros, diáconos; a oração de consagração das virgens e dos religiosos, nos novos ritos; o Anúncio pascal ou "Laus cerei" da noite da Páscoa, que proclama o "mistério da história" à luz da ressurreição de Jesus.

Atualização no tempo da Igreja. A Palavra de Deus é dirigida à assembleia para que seja vivida no hoje dos homens e da Igreja. É, portanto, leitura atualizada. Em nós se cumpre a Escritura. Cada geração inserida no próprio esquema de história da salvação tem que fazer experiência dela; daí o papel atual, pedagógico, de instrução e de advertência que tem a Palavra. Essa atualização é feita em cada proclamação. É leitura para suscitar a fé da Igreja hoje. É feita de modo especial nos sacramentos, nos quais a palavra eficaz se converte em ação de salvação. De modo eminente na Eucaristia, pois atualiza o mistério pascal de Cristo, vértice e síntese da história da salvação, antecipação das realidades futuras. Essa atualização é confiada à interpretação da Igreja e à explicação homilética da Palavra de Deus, feita pelos ministros da Palavra. Este papel é múltiplo e variado, por suas formas e por suas funções de interpretação que a Igreja pode desempenhar na leitura da Palavra de Deus.

Notemos algumas delas. *Exegese e teologia bíblica*: para uma compreensão das palavras e dos fatos em seu significado original. *Atualização*: levar a luz da palavra ao hoje da assembleia, na situação e nos acontecimentos concretos. *Querigma*: O anúncio prazeroso das verdades do Evangelho, como novidade das obras de Deus. *Catequese*: explicação e aprofundamento de temas ou fatos bíblicos. *Mistagogia*: iniciação aos mistérios, pregação sobre as realidades vividas ou que devem ser vividas

301

LITURGIA E VIDA ESPIRITUAL

nos mistérios e sacramentos da Igreja ou nos tempos litúrgicos. *Profecia*: valente e clarividente proclamação da Palavra em relação com um acontecimento, uma situação em que com força se reflete a mensagem de Cristo, inclusive suscitando a conversão ou manifestando a dureza dos corações. *Testemunho*: proposta de exemplos, experiências vividas, pessoas ou fatos que ilustram e confirmam as palavras proclamadas. *Exortação*: proposta concreta de edificação e de ânimo para viver segundo as exigências da Palavra e da vida cristã.[13]

Anúncio das realidades futuras: finalmente, a Igreja realiza com a leitura bíblica o anúncio das realidades futuras, critério último de interpretação da Escritura em suas promessas e em suas realizações.

Toda palavra de salvação e todo acontecimento são somente realidades iniciais, que em sua realização esperam a parúsia do Senhor. O passado e o presente estão orientados para o futuro. Mas esse futuro se antecipa já no presente baseando-se no passado.[14]

O ano litúrgico, em sua celebração cíclica, está orientado para a parúsia do Senhor; a Eucaristia, em sua celebração quotidiana, é tensão escatológica para o cumprimento da Igreja.

Diversos modos complementares de leitura bíblica

T. Federici enumera outras formas de leitura bíblica, que de algum modo podem ser reduzidas às expostas. Propomos simplesmente títulos e subdivisões para completar nossa relação.

---

[13] Cf. uma explicação mais profunda em: *Nelle vostre assemblee*, pp. 147-282, na bela contribuição de DELLA TORRE, L. [Ed. bras.: *Em vossas assembleias*. São Paulo, Paulinas, 1975.]

[14] Em Cristo ressuscitado temos o passado cumprido, o futuro antecipado, o presente atualizado, por ser ele, na dimensão de seu corpo glorioso, uma presença que acumula as três dimensões do tempo.

PALAVRA DE DEUS E ORAÇÃO DA IGREJA

Leitura mistérica e mistagógica. É a penetração do mistério global e de um seu aspecto, orientada para viver o próprio mistério (mistagogia); histórica: partindo da história de Cristo, inserida na história dos homens e da Igreja; de revelação: repete-se continuamente o que foi proclamado no tempo único da revelação; profética: capaz de operar sempre com a mesma força a salvação realizada em outros tempos; querigmática: fundamentada no anúncio do querigma, mistério pascal de Cristo dom de seu Espírito, para a remissão dos pecados, a salvação e divinização; pascal: referência contínua à Páscoa, sem a qual não temos a chave de interpretação da Escritura; "martirial": com a força do Espírito dá-se testemunho da verdade da fé; mistagógica: para uma penetração não apenas intelectual, mas vital do mistério e para uma participação nele nos sacramentos; comunitária: feita para a comunidade, não para o indivíduo como tal.

Leitura espiritual. Trata-se de uma leitura feita no Espírito Santo, sob a guia e com as atitudes de fé e de penetração sapiencial que são próprias daqueles que se deixam guiar pelo Espírito; histórica: o Espírito guia os fiéis em sua história e na interpretação dela; pneumática: no Espírito a leitura adquire seu sentido último; pascal: testemunho dado pelo Espírito à ressurreição de Jesus; sapiencial: penetração vital e de experiência, dom do Espírito; "teológica": como busca de Deus; comunitária: feita na comunidade eclesial que possui o Espírito.

Leitura contínua. A leitura da Bíblia jamais deve ser interrompida na Igreja; com forte, mas convicta monotonia são proclamadas para todas as gerações as mesmas verdades; histórica: em uma conexão de tudo na história da salvação; ininterrupta: continuamente proclamada, estabelece a unidade entre todas as gerações cristãs em um só Espírito; pascal: remonta continuamente ao fato que fundamenta a realidade da Igreja e que se faz continuamente presente: a Páscoa; escatológica: dirigida para as realidades futuras; comunitária: a Igreja, comunidade sempre em caminho, prossegue sempre essa leitura e a transmite às sucessivas gerações.

Leitura sintética vital. A leitura bíblica é realizada na proclamação das grandes linhas da salvação, mas também dos pequenos fatos marginais, em uma síntese de vida que pode satisfazer as exigências dos homens de todos os tempos; histórica: o entrelaçamento das grandes linhas com os pequenos episódios torna mais autêntica e eloquente essa história sagrada; sintética: a partir dos fatos e das verdades que resumem as grandes intervenções de Deus; pascal-temática: os diversos temas bíblicos podem ser organizados em torno do grande fato da Páscoa, pedra angular; vital: fala ao homem todo e compromete toda sua vida; comunitária: o fiel vive a Palavra inserido em uma comunidade e desfrutando da experiência e riqueza dos demais.[15]

Para uma espiritualidade da Palavra proclamada e ouvida

O sentido específico de nossa metodologia ao tratar das questões litúrgicas leva-nos a dar um necessário passo adiante, indicando alguns pontos que levem a viver a Palavra de Deus, proclamada na liturgia. Não

---

[15] Cf. uma exposição, que aqui resumi e – assim espero – não traí, em FEDERICI, T. *Bibbia e Liturgia*, I. pp. 114-142; uma grande contribuição de leitura bíblica da liturgia foi proposta por este saudoso e benemérito autor que abarcou com imensa amplitude de cultura os lecionários do Oriente e do Ocidente, com uma mina de referências: Cf. FEDERICI, R. *"Rissuscitò Cristo!"*; commento alle leture bibliche della Divina Liturgia bizantina. Palermo, Eparchia di Piana degli Albanesi, 1996; Id. *Per conoscere Lui e la potenza della rissurrezione di Lui*; per una lettura teologica del Lezionario. Napoli, Dehoniane, 1987, com várias edições posteriores que completam os ciclos dominicais.

PALAVRA DE DEUS E ORAÇÃO DA IGREJA

se trata de "conselhos piedosos", mas de consequências lógicas, tiradas da própria natureza da liturgia e da Palavra de Deus.

Aprofundamento da espiritualidade bíblica

Não é possível uma espiritualidade litúrgica autêntica sem um conhecimento e um aprofundamento da espiritualidade bíblica; digamos que a espiritualidade litúrgica é um prolongamento e uma atualização dessa espiritualidade bíblica, o lugar onde se pode fazer experiência dela.

Não se pode pensar em uma renovação litúrgica verdadeira se não por meio de uma completa e orgânica catequese bíblica, que parta da explicação dos termos mais simples até as grandes sínteses da história da salvação.

A nova e abundante mesa da Palavra oferece muitas possibilidades de realizar essa catequese, tanto para toda a comunidade eclesial como para os grupos mais comprometidos e sensibilizados.[16]

O momento da proclamação e da escuta

A Palavra de Deus tem que ser proclamada com firme confiança e escutada religiosamente (cf. DV 1). Aquele que proclama a Palavra deve estar convencido de sua força e de sua eficácia, para além das limitações que ele pode detectar.

O leitor da Palavra e quem a explica ao povo de Deus convertem--se, de algum modo, em sinal e instrumento da presença de Cristo em sua

---

[16] Para uma iniciação à leitura espiritual da Bíblia, cf. Della Croce, Paolo M. *L'Antico Testamento sorgente divita spirituale*. Milano, s.ed., 1951; Grossuow, W. *Spiritualità biblica*. Roma, s.ed., 1963. VV.AA. *Problemi ed orientamenti di spiritualità monastica, biblica e liturgica*. Roma, s.ed., 1961; Bouyer, L. *Introduction à la vie spirituelle*. Paris, Desclée, 1960. pp. 47-57; Daniélou, J. *Bible et Liturgie*. Paris, Cerf, 1958. Hoje são abundantes os comentários da liturgia da Palavra por meio das variadas formas e momentos da *Lectio divina*, com uma série de textos e referências.

Palavra, sacramento de Cristo revelador do Pai. Isso exige uma atitude de nobre dignidade e de compromisso espiritual no desempenho desse ministério.

A escuta da palavra acontece no silêncio e tem como primeira resposta a adesão de fé. Deve-se escutar a Palavra em um silêncio total, não apenas da mente, mas também do coração, em um ambiente de silêncio exterior. A Palavra é dirigida a toda a pessoa e não somente à sua inteligência. Todo o ser humano deve fazer-se silêncio: um vazio que acolhe a Palavra... O Concílio voltou a destacar o valor do silêncio sagrado para acolher a Palavra (SC 30) como expressão de escuta, de meditação e de resposta plena e inefável. A Palavra brota do silêncio, exige-o, preenche-o. As palavras e as orações que não procedem desse silêncio são apenas ruído.

A Palavra tende a suscitar a fé, mais que a enriquecer o pensamento ou a comunicar notícias. Na liturgia da Palavra, as invocações, as orações que seguem à leitura são expressões de fé e de louvor pela Palavra proclamada.

O dinamismo da Palavra

A Palavra de Deus possui uma eficácia especial e visa a transmitir a própria vida divina e a força das ações de Deus:

> Como a chuva e a neve descem do céu e para lá não voltam, sem terem regado a terra, tornando-a fecunda e fazendo-a germinar, dando semente ao semeador e pão ao que come, tal ocorre com a palavra que sai da minha boca: ela não volta a mim sem efeito; sem ter cumprido o que eu quis, realizado o objetivo de sua missão" (Is 55,10-11).

PALAVRA DE DEUS E ORAÇÃO DA IGREJA

"A Palavra de Deus é viva, eficaz e mais penetrante do que qualquer espada de dois gumes; penetra até dividir alma e espírito, junturas e medulas. Ela julga as disposições e as intenções do coração" (Hb 4,12).

O Vaticano II, citando Agostinho, descreve assim esse dinamismo da Palavra: para que pelo anúncio da salvação o mundo inteiro creia, crendo espere, esperando ame (cf. DV 1). Vem muito a propósito também a citação da primeira carta de João 1,2-3, que descreve o dinamismo da revelação: "... e vos anunciamos esta vida eterna, que estava voltada para o Pai e que vos apareceu; o que vimos e ouvimos vo-lo anunciamos para que estejais também em comunhão conosco. E a nossa comunhão é com o Pai e com o seu Filho Jesus Cristo". Descreve-se todo o arco do caminho da Palavra: a revelação manifesta e faz experimentar a salvação; essa experiência converte-se, por sua vez, em mensagem prazerosa transmitida aos outros, que amplia progressivamente a comunhão; esta se torna depois comunhão de vida divina com Pai e com o Filho; a revelação alcançou assim sua finalidade.

Três orientações de espiritualidade

Escutar e meditar a Palavra. A Igreja e cada um dos fiéis são convidados a escutar e meditar a Palavra, como Maria (DV 8); assim cresce a compreensão das Escrituras para cada fiel, mas também para toda a Igreja (ibid.). Os Padres da Igreja falam de um crescimento de Cristo-Palavra no coração dos crentes como no próprio seio de Maria:

> Toda alma traz Cristo em si, como em um seio materno. Senão for transformada por uma vida santa, não pode ser chamada mãe de Cristo. Porém, se a cada vez que acolhes em ti a Palavra de Cristo e lhe dás forma em teu interior, a formares em ti como em um seio materno com tua meditação, podes ser chamado mãe de Cristo. Ages com justiça? Então

LITURGIA E VIDA ESPIRITUAL

formaste Cristo em ti. Deste esmola? Então formaste em ti a imagem da verdade".[17]

Na oração e na meditação realiza-se o diálogo salvífico ao qual tende o anúncio: "Falamos a Deus quando oramos e o escutamos quando lemos os oráculos divinos".[18]

Comunicar a Palavra. A Palavra de Deus acontece na Igreja para sua edificação e perfeição; encontra na assembleia e comunidade dos crentes seu ambiente vital; à luz do Espírito que está presente na Igreja e sob a guia dos pastores, a Palavra é interpretada. Quando a comunidade eclesial se dá conta da responsabilidade comum no aprofundamento da mensagem de salvação, surge espontâneo o desejo de comunicar o eco da Palavra e suas experiências, para que se converta em riqueza comum. Apenas nesse ir e vir da Palavra de um crente a outro se pode captar a riqueza total do anúncio que Deus faz a seu povo reunido em assembleia. A comunhão na palavra por meio da meditação em comum ou, oportunamente, na participação na Eucaristia é um modo concreto de exercer o papel profético dos batizados (cf. LG 12) e de fazer própria a exortação de Paulo: "A Palavra de Cristo habite em vós ricamente: com toda sabedoria ensinai e admoestai-vos uns aos outros e, em ação de graças a Deus, entoem vossos corações salmos, hinos e cânticos espirituais" (Cl 3,16).

Viver a Palavra. A Palavra de Deus é palavra de vida: Palavra do Deus vivo, que comunica a vida, dirigida a homens vivos, para ser vivida! Sua natureza exige que seja experimentada, que seja posta em prática. De contrário trai-se a mensagem. É conhecida a insistência de

---

[17] São Gregório Nazianzeno. *De caeco et Zacheo*, 4: PG 59, 605; este e outros textos semelhantes, em Rahner, K. *Maria e la Chiesa*. Milano, s.ed., 1974. pp. 63-69.

[18] Santo Ambrósio. *De officiis ministrorum*, I, 20, 88: PL 20, 88 citado por DV 25.

PALAVRA DE DEUS E ORAÇÃO DA IGREJA

Cristo e dos Apóstolos a respeito. Cf. Mt 7,24-27 e paralelos: "Todo aquele que ouve essas minhas palavras e as põe em prática será comparado ao homem sensato que construiu sua casa sobre a rocha [...]". E Tg 1,22-24: "Tornai-vos praticantes da Palavra e não simples ouvintes, enganando-vos a vós mesmos [...]".

Viver a Palavra de Deus significa fazer na vida uma experiência pessoal de sua verdade e concreção. Enquanto não vivemos a Palavra, resta-nos por fazer a última e definitiva exegese, sem a qual todas as demais exegeses permanecem apenas no nível de ilustração da mente ou de riqueza para nossa pregação, mas somente para os outros.

Hoje, como no fim do século I, repercutem com força poderosa as palavras dirigidas pelo papa Clemente aos cristãos de Corinto. São as mesmas coisas que hoje dizem aos cristãos seus inimigos: "Quando os gentios ouvem de nossa boca as sentenças de Deus, admiram-nas como belas e grandes; depois, quando se inteiram de que nossas obras não correspondem às palavras que dizemos, se revolvem em blasfêmias, dizendo que tudo é fábula e loucura".[19] A Palavra de Deus na liturgia tem que nos levar a ser testemunhas e apóstolos que vivem o Evangelho.

A resposta oracional da Igreja

O dinamismo da Palavra de Deus proclamada leva à oração da Igreja que forma a múltipla resposta orante. Orações, cantos, hinos, antífonas, respostas..., tudo impregnado e inspirado pela Palavra, constitui a parte do diálogo eclesial que compete à assembleia da Igreja que ora com sua mente e seu coração dirigidos ao Pai, por Cristo, no Espírito.

---

[19] *II Epist. ad Cor, 13.* Cf. texto em *Padres Apostólicos.* Madrid, BAC, 1950. pp. 365-366.

Em uma breve exposição dessas orações eclesiais, podemos distinguir algumas características mais importantes. São da máxima importância as orações de bênção que estão presentes em cada um dos sacramentos, embora haja algumas diferenças segundo os diversos sacramentos, como é o caso da bênção da água no Batismo ou as orações de ordenação dos ministros sagrados.

Muitas vezes, estas orações são expressas no canto para sublinhar a alegria e o agradecimento da Igreja para com Deus e na celebração de sua fé. Algumas vezes, a oração é acompanhada também de gestos corporais e de aclamações como a elevação das mãos, ou o estender as mãos em forma de epiclese, ou até o soprar sobre os elementos ou tocar com a mão a água benta, como para sublinhar que não se trata somente de uma oração verbal ou mental, mas de uma oração que abarca toda a pessoa humana e que solicita a participação de toda a assembleia.

Uma grande variedade de orações

A oração mais característica é a que acompanha a celebração da Eucaristia. Essa oração chama-se eucarística (porque está impregnada desta atitude, do começo ao fim) ou anáfora (elevação, oblação), ou cânon (de *canon actionis* ou regra da ação eucarística). Esta oração, na variedade das tradições das várias igrejas e das composições modernas aprovadas pela Igreja, desenvolve-se em torno da narração das instituições; sempre, inclusive na oração dirigida ao Pai, envolve a bênção e o louvor, a epiclese ou invocação ao Pai para que envie o Espírito sobre os dons e sobre a assembleia, a oferta sacrifical de Cristo e da Igreja, a intercessão para a salvação de todos, em comunhão com a Igreja do céu e da terra.

PALAVRA DE DEUS E ORAÇÃO DA IGREJA

São de importância fundamental as orações para a ordenação do bispo, do presbítero e do diácono, com uma grande anamnese ou memória da obra de Deus e de Cristo na escolha dos ministros do Antigo e do Novo Testamento, e de uma epiclese ou invocação, sobre os ordenandos, da graça do Espírito Santo ou o Espírito de santidade, segundo os vários ministérios.

Temos estrutura semelhante de anamnese e de epiclese na bênção da água para o Batismo, do santo crisma, do óleo dos catecúmenos e dos enfermos e na bênção dos esposos. Mas também em bênçãos especiais da Igreja como a dedicação de um templo, a profissão religiosa, a bênção de um abade e a consagração das virgens.

Outras orações acompanham alguns momentos particulares dos diversos sacramentos ou sacramentais, como a absolvição sacramental da Penitência ou na Unção dos enfermos ou em outras formas de bênçãos e epicleses.

Orações e súplicas, bênçãos ascendentes e descendentes, intercessões pela salvação compõem um mosaico de orações litúrgicas, normalmente dirigidas ao Pai, mas, também em certos casos, ao Filho e em alguma ocasião também ao Espírito Santo. Algumas são tipicamente presidenciais e o povo responde, no fim, com o Amém ou outra aclamação. Às vezes, a liturgia compreende orações que o sacerdote recita sozinho como fórmula pessoal, como em algumas orações de preparação para a comunhão.

Outras orações pertencem a todo o povo e são recitadas por toda a assembleia. Há orações propriamente ditas "dos fiéis" às quais todos se unem com uma aclamação e que teriam que ser proclamadas pelos fiéis. A liturgia das horas conhece uma grande variedade de formas e fórmulas da oração da Igreja: hinos, invocações, intercessões...

Às vezes, a oração assume o alegre tom festivo do hino cantado, como o canto do Glória, ou de uma aclamação da santidade de Deus como o Triságio ou canto do "Santo...", ou de uma confissão de fé, como a aclamação que vem depois da consagração, depois das palavras do sacerdote: *Eis o mistério da fé*. Tanto na oração como na confissão doxológica temos sempre uma profissão da fé da Igreja.

A oração do Senhor, o pai-nosso, tem sempre uma importância especial na missa, na celebração dos sacramentos e na liturgia das horas. E foram integrados na oração das horas da Igreja os cânticos de Zacarias, Maria, Simeão, pronunciados no limiar do Novo Testamento, assim como outros hinos tirados das cartas apostólicas e do Apocalipse que nos transmitem o estilo novo da oração da Igreja; são cantos e hinos inspirados pelo Espírito Santo nas origens da própria liturgia cristã.

Conclusão

Palavra e oração são como os dois momentos do diálogo da salvação que a liturgia celebra. Deus fala-nos em Cristo e no Espírito Santo. Nós respondemos no Espírito, por Cristo, ao Pai. Tudo flui em um diálogo trinitário, tudo se resolve em uma revelação do Deus trino que, falando, nos revela sua verdade e nossa verdade, e com suas ações nos comunica a vida divina. A Igreja acolhe tudo, como Igreja que crê e que ora (DV 8) acolhe na fé a palavra de Deus, recebe com todo seu ser a santificação sacramental que é a comunhão com o mistério de Cristo. Assim, dia após dia, com palavras e obras, Deus Pai celebra conosco, em seu Filho predileto e no Espírito Santo, a história da salvação passada, presente e futura.

Bibliografia

Augé, M. Eucologia. In: VV.AA. *Dicionário de liturgia*, op. cit., pp. 415-423; Liturgia, *Dizionari San Paolo*. Cinisello Balsamo, San Paolo, 2001. pp. 761-771.

Castellano, J. Oração e liturgia. In: VV.AA. *Dicionário de liturgia*, op. cit. pp. 814-826. (Atualizado em Preghiera e liturgia.) In: Liturgia, *Dizionari San Paolo*, op. cit., pp. 1492-1511.

Federici, T. *Bibbia e liturgia*. Roma, Pontificio Istituto Liturgico, 1973. v. I. (Pro Manuscripto.)

Triacca, A. M. Bíblia e liturgia. In: VV.AA. *Dicionário de liturgia*, op. cit. pp. 135-151.

_____. Bibbia e liturgia. In: Liturgia, *Dizionari San Paolo*, op. cit., pp. 256-283. (Com bibliografia atualizada.)

_____. "Célebrer" la Parole de Dieu: lignes théologiques et liturgiques. In: VV.AA. *La prédication liturgique et les commentaires de la liturgie*. Roma, s.ed., 1992. pp. 221-246.

Visentin, P. La celebrazione della parola nella liturgia. In: VV.AA. *Ascolto della parola e preghiera*; la lectio divina. Città del Vaticano, Libreria Editrice Vaticana, 1987. pp. 223-240.

VV.AA. *L'oggi della parola di Dio nella liturgia*. Torino, LDC, 1970.

VV.AA. *La Bibbia nella liturgia*. Genova, Marietti, 1987.

VV.AA. *La parola di Dio nella celebrazione cristiana*. Roma, ELV, 1998.

Sobre a oração particular da Igreja que é a Liturgia das Horas, cf.:

Castellano, J. *Teología y espiritualidad de la Liturgia de las Horas*. Barcelona, CPL, 2002. (Com observações gerais sobre a oração litúrgica.)

Capítulo X
Antropologia e Simbolismo – Uma Espiritualidade Encarnada

Tudo o que expusemos até aqui pressupõe a dimensão antropológica e simbólica da liturgia que agora tratamos de modo mais esmerado. A pessoa está no centro da liturgia: sujeito da ação santificadora de Cristo, templo de seu Espírito, membro da Igreja, "ouvinte da Palavra",[1] expressa sua resposta cultual na oração e nos sinais sacramentais.

A liturgia considera a pessoa humana em sua realidade profunda e nos vínculos variados que lhe são próprios. Em sua profundidade existencial, com fortes ressonâncias interiores, é afetada pelos sacramentos

---

[1] Esta expressão de K. Rahner que designa a capacidade antropológica para a revelação deve ser entendida em um sentido mais amplo. Com efeito, Deus em sua revelação não se comunica apenas por palavras, mas também por obras. Da mesma forma que a revelação entretece a palavra e a ação (cf. DV 2), assim também a liturgia é realizada por meio de ações que explicitam, confirmam a palavra, uma vez que Deus é verdade e vida. Por isso, a revelação ou autocomunicação de Deus diz respeito a toda a pessoa humana em sua corporeidade e na mesma integração do cosmos no qual a pessoa humana vive e age.

e com eles se expressa; sua corporeidade é colocada em primeiro plano pela liturgia cristã; sua relação social tem na comunidade-Igreja, assembleia, a melhor expressão; suas peculiaridades históricas, geográficas, culturais são assumidas pela evolução litúrgica na história e pela adaptação às culturas, sancionada pelo Vaticano II (cf. SC 37-40).

O fundamento teológico dessa atenção ao homem na liturgia é dado pelo próprio fundamento do mistério cristão que se expressa no Verbo encarnado, crucificado e ressuscitado, que toca a pessoa em sua concreção e profundidade e que, portanto, expressa visivelmente a graça do encontro mútuo na santificação e no culto. Estas são, em uma síntese limitada, as motivações de um tema, além do mais, já estudado de modo mais amplo nos cursos correspondentes de introdução à liturgia, com maior ou menor sensibilidade, segundo os autores.

Nas intenções de nosso estudo, não cabe um tratamento completo do tema, mas uma série de linhas de leitura de uma questão importante. A vida espiritual é vivida na dimensão concreta do homem e em sua corporeidade. Vincular a liturgia a esse modo de viver a espiritualidade é a finalidade desses simples pontos de reflexão.

Nos últimos anos, o discurso sobre a adaptação litúrgica, de modo especial, às diversas culturas, experimentou alguma evolução. Depois de muitas dúvidas e dificuldades, como dissemos antes, o tema foi retomado autorizadamente por João Paulo II na carta *Vicesimus quintus annus* (= VQA), de 3 de dezembro de 1988, por ocasião do vigésimo quinto aniversário da SC. Na VQA 16, o papa fala de uma tarefa importante para o futuro e determina alguns critérios. Tem também importância o fato de a palavra "adaptação" às diversas culturas ter sido expressa explícita e oficialmente por "inculturação" da liturgia romana.

Com efeito, a instrução da Congregação para o Culto Divino e a Disciplina dos Sacramentos sobre a liturgia romana e a inculturação *Varietates legitimae*, de 25 de janeiro de 1994, promulgada poucos meses antes da celebração do Sínodo para a África, abre um capítulo novo para uma interpretação organizada e a execução dos nn. 37-40 da SC. Na realidade, trata-se de um documento que, além de uma necessária ilustração doutrinal do tema e uma série de critérios práticos para a inculturação, está em plena continuidade com tudo o que foi indicado pelo Vaticano II e, em parte, já previsto nos livros litúrgicos. Uma maior e mais profunda inculturação, prevista pela SC 40, permanece sempre aberta, mas segundo orientações posteriores e precisas expressas no mesmo Documento nos nn. 63ss.[2]

A mudança na visão antropológica na liturgia

A chamada "mudança na visão antropológica" teve seus reflexos também na liturgia, com maior sensibilidade para o homem que está em seu centro: mudança rica em perspectivas, embora não isenta de perigos em sua formulação e em suas consequências práticas.

A formulação desta mudança de visão poderia ser expressa assim: da atenção à liturgia em si mesma passa-se para a atenção ao homem da liturgia. Esta visão não deixa de ter razão. Durante muito tempo prestou-se mais atenção à liturgia em si mesma do que à pessoa que a celebra; foram renovados os livros litúrgicos, mas não as assembleias celebrantes. Durante muito tempo a renovação litúrgica esteve nas mãos de biblistas, patrólogos, historiadores, rubricistas, pastoralistas... Já seria hora de

---

[2] Apresentação, texto latino e francês, comentário oficioso em *Notitiae, 332*: 71-166, mar. 1994.

escutar os cultivadores das ciências humanas que teriam muito para dizer no nível de antropologia, psicologia, sociologia, pedagogia. Tudo isto comportaria um deslocamento da atenção para o homem da liturgia. Na realidade, nos últimos anos escreveu-se muito sobre este tema.

As consequências dessa mudança de visão provocaram a "crise" pós-conciliar da liturgia, destacando novos problemas que não estavam previstos claramente no documento do Vaticano II: o problema de uma mais forte *inculturação ou adaptação da liturgia às diversas culturas*, a adaptação às diversas assembleias celebrantes, a introdução de alguma pedagogia segundo as idades, a sensibilização ao problema dos sinais e da linguagem dos livros litúrgicos, o desejo de uma maior criatividade, inclusive a demanda, em tempos de contestação, de alguma dessacralização para uma liturgia menos sagrada e mais adaptada ao homem secular. Como se pode ver, um campo muito vasto e complexo.

A ambiguidade da mudança na visão antropológica está na resposta a este problema: é a liturgia que deve adaptar-se ao homem de hoje, ou é o homem que deve adaptar-se à liturgia? Problema delicado e certamente não resolvido; problema não exclusivo da liturgia, mas, em geral, da Bíblia e da teologia. Tentemos uma resposta.

Não se trata de contrapor liturgia e antropologia. A síntese é precisamente o homem litúrgico. Uma liturgia atenta ao homem que é seu destinatário, seu sujeito. Sem esquecer que o homem é "religioso" ou "litúrgico" por natureza, e portanto cultual, simbólico, que precisa expressar sua religiosidade e celebrá-la. Nesta sua natureza de homem litúrgico, ele é assumido pela liturgia cristã.

Em liturgia não se deve pôr em contradição teocentrismo e antropocentrismo. É mais próprio do teólogo dar ênfase a Deus, que ocupa o primeiro lugar na liturgia cristã; o cultivador das ciências humanas prefere partir do homem, que é o celebrante, o sujeito e o âmbito da revelação e do dom de Deus. Uma visão adequada da liturgia como diálogo salvífico, que implica ambos os protagonistas e acentua, na dimensão de santificação, a ação de Deus e, no culto, a do homem, não levaria a incorrer em ambiguidade.

Homem e homem-de-hoje podem ser noções ambíguas. A mudança na visão antropológica reclama uma atenção da liturgia ao homem em suas variadas circunstâncias: culturais, sociológicas, de idade, de condição social. Notou-se que não se deve supervalorizar a distinção em prejuízo da identidade comum: colocar tanto a atenção no homem--de-hoje a ponto de esquecer simplesmente o homem de sempre... O homem, qualquer homem, está por si mesmo aberto à fé, está aberto à sua transmissão e celebração, que é a liturgia. O sujeito da liturgia cristã não é qualquer homem, mas alguém que aceitou a Palavra da revelação e se encontrou com Cristo. A liturgia da Igreja é para os catecúmenos ou para os fiéis, não para qualquer pessoa humana.

Em tudo o que se refere à dimensão *descendente* da liturgia — Palavra de Deus, sacramentos... — é necessário que os que celebram se *convertam ao Deus que se revelou* em uma história, com uma linguagem, com alguns sinais particulares. É indispensável para que uma liturgia seja autenticamente cristã. Uma vez aceito isto, poder-se-á ver como pode haver alguma adaptação para o homem litúrgico.

Na dimensão de culto *ascendente*, fica aberto o caminho para uma criatividade muito mais ampla. A liturgia deve ser encarnada para que o homem concreto possa expressar melhor sua resposta. Há maior possibilidade de criatividade neste campo que no da dimensão descendente.

Tendo presente tudo isto, pode-se compreender melhor quais são as coisas essenciais que devem ser salvaguardadas, e quais as coisas acidentais que podem ser mudadas.

Também não se deve proceder superficialmente na criatividade e na adaptação; pode, inclusive, ficar prejudicado com isso, em seu interior, esse homem litúrgico ao qual acreditávamos fazer um favor. Portanto, é preciso aprofundar mais o discurso.

A pessoa que celebra a liturgia se expressa no simbolismo

O homem realiza-se plenamente na medida em que estabelece uma relação com Deus e com os outros. No nível religioso, essa realização plena é conseguida na liturgia eclesial mediante a múltipla e rica expressão do simbolismo. As ações litúrgicas desenvolvem-se em um clima em que os sinais e os símbolos, as atitudes humanas e as coisas materiais são utilizadas para expressar toda a riqueza de aspectos do encontro recíproco entre Deus e o homem na Igreja. A pessoa fica envolvida como um todo: desde sua profunda interioridade até sua corporeidade.

Podemos oferecer uma síntese da teologia do símbolo na liturgia partindo de sua base humana, bíblica e eclesial.

A linguagem dos símbolos está profundamente enraizada na natureza humana. Nas relações mais elementares que correspondem às expressões humanas fundamentais (amor, dor, alegria etc.) o homem comunica-se com os outros por meio dos sinais e dos símbolos. A relação de pessoa para pessoa, de espírito para espírito, passa pela corporeidade. Os sentimentos mais profundos são, ao mesmo tempo, muito simples e unitários; o sinal oferece uma grande variedade de manifestações.

ANTROPOLOGIA E SIMBOLISMO

A vida humana, social, é uma vida imersa no símbolo: uma saudação, um sorriso, uma palavra, um presente, um aperto de mão, um beijo... são sinais e expressões de uma realidade interior muito mais profunda. Na poesia, na arte, no jogo, o símbolo adquire uma maior densidade significativa. Tudo no mundo circunstante se transforma em fluxo de relações, veículo e manifestação dos sentimentos humanos.

Na história da salvação, Deus falou e se comunicou na infinita variedade do simbolismo bíblico. Cristo é a suprema manifestação. Ele mesmo na revelação de sua doutrina mergulhou no mundo dos símbolos, realizou sinais e milagres; quis, finalmente, vincular a comunicação de sua vida — memorial e presença — a ações de forte conteúdo simbólico, enraizadas no mais íntimo da natureza humana: Batismo, Eucaristia etc.

No tempo de salvação atual, as relações entre Cristo e sua Igreja acontecem por meio da visibilidade dos sinais. Os sacramentos tornam visível a comunicação com Cristo e expressam, também, a multiforme variedade da graça de Cristo para o homem.

Nesse contexto plenamente humano e cristão se inserem os sinais da liturgia. As ações mais características do homem são elevadas a significar e realizar a relação de comunicação com Cristo; as atitudes corporais adquirem um sentido transcendente; as coisas utilizadas nas ações sacramentais (água, vinho, azeite, pão etc.) são elevadas e transformadas. De algum modo, todo o cosmos participa nesse diálogo de salvação e vê a sua redenção antecipada na liturgia.[3]

---

[3] Cf. GS 38 sobre os elementos eucarísticos. Sobre a presença da criação na liturgia, cf. Rosso, S. Elementos naturais. In: *Dicionário de liturgia*. op. cit., pp. 332-348.

Os grandes sinais litúrgicos têm, assim, uma tríplice dimensão:

Humana: o sentido profundamente humano da água do Batismo ou do pão e do vinho na Eucaristia, que remetem também a um sentido mais íntimo, aos arquétipos de nossa "psique".

Bíblica: através das páginas da história da salvação, os elementos e as ações simbólicas carregam-se de sentido, como acontece com a água e com o pão e o vinho.

Cristológica: sinais assumidos por Cristo para expressar a revelação de seu mistério e a participação em sua vida na Igreja.

Eclesial: a estes sentidos fundamentais a Igreja, para seu uso, pode acrescentar outros significados.

Uma teologia do sinal sacramental pode ser feita também em sua dimensão descendente: sinais do Deus Criador, de Cristo, Verbo Encarnado, do Espírito, na Igreja. Sinais que têm uma dimensão antropológica e social. Sinais unidos à palavra e celebrados na assembleia. Sinais que transmitem para a pessoa a salvação, mas que não são estranhos, como hoje se sublinha, à dimensão terapêutica e da comunicação de uma saúde verdadeira, como manifestação do sentido de uma graça que aperfeiçoa e eleva a natureza.

A múltipla função expressiva do simbolismo litúrgico

Na celebração litúrgica o simbolismo possui uma função expressiva múltipla. Não pode ser reduzido sem ser empobrecido. É polivalente. Apontamos algumas de suas funções.

ANTROPOLOGIA E SIMBOLISMO

Antes de tudo, há uma função de *revelação*: o sinal anuncia, significa, evangeliza, traz sentido e oferece ao homem a capacidade de "revelar-se" e significar. Por sua natureza, o simbolismo é polivalente nas coisas significadas e fala não só à mente, mas ao homem todo.

O simbolismo litúrgico revelando *comunica*, transmite a relação entre Deus e o Homem, entre Cristo e a Igreja; é uma verdadeira e própria comunhão, não só uma coisa significada; os sacramentos cristãos são sinais eficazes: realizam o que significam.

A liturgia *expressa e celebra* por meio dos símbolos. Hoje este aspecto se destaca muito sob vários pontos de vista. No nível psicológico, enquanto é precisamente nessa dimensão que o homem realiza a liturgia, como expressão de sua fé e do que espera obter de Deus com a presença e a ação de Cristo. No nível antropológico-cristão, valoriza-se o sentido da festa como categoria profundamente humana, válida em si mesma, sem que tenha que ser instrumentalizada para outros fins: quem não "celebra" deixa em uma perigosa inatividade profundos estratos do próprio ser; a festa, a celebração, inclusive nesse nível, é terapêutica, curativa. A celebração já é "práxis" ou "ortopráxis". A aparente "inutilidade" da liturgia cristã celebra da maneira mais "contestatária" a gratuidade do dom de Deus e de nossa resposta.

E, ao mesmo tempo, remete à vida, à existência. Todo sinal cristão é também *engajador, um sinal de aliança que compromete e obriga à fidelidade*; convida a celebrar na existência quotidiana o que se expressou na liturgia. Os sinais são também modelos de vida, causa exemplar do que a vida habitual é para o cristão. O batizado compromete-se a viver não só em virtude do Batismo (causa eficaz), mas à imagem do Batismo (causa exemplar) em uma contínua morte-ressurreição. Quem participa na Eucaristia compromete-se a viver em comunhão com Cristo o dom de si, na obediência ao Pai e na caridade fraterna. A liturgia não é só *lex orandi* (norma da oração) e *lex credendi* (expressão da fé), mas também *lex vivendi* (norma de vida), sem cair em um moralismo exagerado. O sinal expresso e celebrado indica, pelo menos, o desejo de viver assim, embora depois não se consiga sempre, como um ato de amor, inclusive o mais expressivo; é sempre um compromisso de vida, por mais que às vezes fique desmentido pelo comportamento. Por isso, o simbolismo litúrgico, como os atos mais expressivos da existência, tem que ser contínua e ciclicamente repetido, confirmado.

A liturgia cristã cobre com sua sacramentalidade toda a vida do crente, a celebração dos momentos individuais e sociais mais importantes: nascimento, matrimônio, morte... A liturgia, em sua criatividade, mas também na celebração diária da Eucaristia, está sempre aberta para celebrar todo acontecimento alegre ou triste do crente.

O mundo complexo do simbolismo litúrgico

O *Catecismo da Igreja Católica* apresenta, com grande sensibilidade pedagógica, um dos capítulos mais delicados da liturgia: a celebração por meio de ritos, sinais, gestos. O diálogo da salvação não se realiza somente com palavras e orações. Pertence à própria estrutura da revelação que esta seja celebrada unindo as palavras e as obras, a comunicação verbal e as ações salvadoras (DV 2). O próprio Jesus agiu e falou. É palavra e ação amorosa do Pai com seus gestos e suas ações. Não deixou para sua Igreja apenas palavras para transmitir uma mensagem cheia de beleza e de verdade; confiou também a seus apóstolos os sinais sacramentais, as ações que devem ser realizadas em seu nome,

Antropologia E Simbolismo

como seu memorial e como seus atos pessoais pela mediação da Igreja e de seus ministros.

Toda a liturgia está impregnada de sinais e símbolos que significam e realizam o múltiplo diálogo da salvação. Uma salvação que atinge plenamente a pessoa humana em sua integridade, em sua corporeidade. Ainda mais, atinge-a em seus sentimentos e até em suas ressonâncias psicológicas profundas. Assim, é-nos indicado que a salvação é feita de ações e de gestos que atingem o homem e a mulher, em sua carne, história e cultura.

Quando se lê a breve exposição intitulada *Como celebrar*, e que remete em primeiro lugar aos símbolos, pensa-se instintivamente na feliz intuição de Tertuliano a propósito da relação entre sinais sacramentais que atingem a pessoa humana e a graça que esses sinais e símbolos significam e realizam com eficácia.

Podemos dizer que a Igreja nos convida a celebrar com os cinco sentidos: com a audição para escutar, com o olfato para cheirar, com a visão para ver e contemplar, com o paladar para saborear e com o tato para tocar. Por isso, na liturgia oriental da confirmação todos os sentidos são ungidos, para que toda a pessoa se abra à ação do Espírito e responda com todos os seus sentidos na liturgia eclesial.

Uma constelação de sinais sacramentais

A liturgia da Igreja é composta de muitos sinais que, juntos, constituem as ações sacramentais e implicam também as coisas que servem para as ações. Alguns sinais são centrais, constitutivos do sacramento, como é o caso da ação de batizar com a água, de ungir com o santo crisma na confirmação e com o óleo dos enfermos na unção dos doentes, ou o pão e o vinho para a consagração e para a comunhão com o corpo e sangue de Cristo na Eucaristia, a ação da confissão e da absolvição no sacramento da Penitência, o intercâmbio do consentimento matrimonial, a imposição das mãos com a oração para o sacramento da Ordem.

Em muitas ocasiões, alguns sacramentos estão rodeados de uma rica constelação de sinais *preparativos* ou *explicativos*. Basta pensar nos muitos ritos que formam o itinerário ritual da iniciação cristã, tanto das crianças como dos adultos, que preparam e seguem os ritos essenciais do momento do Batismo, da confirmação e da Eucaristia. Pensemos, por exemplo, nos ritos do catecumenato, nos escrutínios e nas entregas do símbolo da fé e do pai-nosso, ou a bênção da água e os exorcismos que precedem o Batismo, ou ainda a entrega da veste branca e da vela acesa...

Na celebração litúrgica, não somente as pessoas se envolvem na corporeidade, mas também as coisas, o tempo, o espaço, a natureza, o cosmos. A liturgia segue o mesmo princípio da criação e da encarnação. Tudo tem que ser salvo e somos salvos por meio da própria criação de Deus envolvida nos sinais sacramentais.

Podemos, além disso, distinguir os sinais expressivos da comunicação da vida de Deus em sua intensa riqueza e polivalência por meio das ações litúrgicas sacramentais que são a ação divina realizada por Cristo; por outro lado, há os sinais humanos que acolhem essa graça ou expressam nossa resposta. Todos os gestos corporais da liturgia são sempre acompanhados da interioridade da vivência teologal que gera, com a ação do Espírito em nós, nosso modo de participar de maneira plena, com toda nossa realidade humana, passando constantemente das coisas visíveis para as invisíveis. Por isso, toda a liturgia exige nossa vida teologal que vivifica e expressa o sentido religioso e cristão de nossas ações e de nossos gestos.

Os gestos do acolhimento e da resposta

Encontramo-nos aqui no centro da liturgia plenamente vivida e participada que solicita todos os nossos sentidos, como dissemos: os olhos para ver as imagens e contemplar a assembleia com seus ministros e o povo; o ouvido para escutar a Palavra de Deus e os cantos e orações da Igreja; o olfato para sentir nem que seja só o aroma do incenso ou o perfume do santo crisma, que, por definição, deve ser um azeite perfumado; o paladar para saborear o pão e o vinho eucarísticos e, antigamente, o sal, símbolo da sabedoria, ou o leite e o mel, que eram dados aos neófitos; o tato para uma série de ações que se expressam com nossas mãos, como a imposição das mãos no sacramento da ordem e no gesto da absolvição, o intercâmbio dos anéis no matrimônio, as diversas unções, o beijo da paz, as palavras, o canto...

Temos ainda todos os gestos do corpo: as mãos elevadas para a oração, o gesto humilde de se ajoelhar ou da prostração no chão, prevista em alguns ritos, o modo sóbrio e recolhido de estar sentados ou em pé, os gestos de veneração com a inclinação da cabeça ou do corpo, o caminhar processionalmente até as expressões inculturadas de hoje e de ontem, como são as expressões da dança litúrgica em algumas culturas e ritos litúrgicos.

Em alguns momentos do ano litúrgico a Igreja expressa uma gestualidade rica que acompanha certos momentos característicos do mistério de Cristo. Pensemos nos ritos da Semana Santa e especialmente no Tríduo Sagrado ou Pascal: a procissão com os ramos de oliveira e as palmas, o lava-pés, a adoração da cruz, a bênção do fogo e do círio pascal...

Tudo expressa a graça da comunhão com Deus e da celebração do mistério de Cristo. Um dom que chega a nós por meio da riqueza dos sinais. Uma resposta que acompanha nossa oração com uma gestualidade que confessa que tudo é graça na visibilidade.

Uma exposição pedagógica do sentido múltiplo e articulado dos sinais litúrgicos

Sem entrar nos detalhes de cada um dos sacramentos e sacramentais, que o *Catecismo* explica no momento oportuno como mistagogia concreta explicando seu significado, é-nos oferecida uma chave de leitura da teologia dos sinais, descobrindo alguns elementos que são como sedimentações progressivas de sua formação e de seu significado profundo.

Isto é indicado com estas palavras, ricas em consequências teológicas e pastorais para a compreensão de cada um dos sinais:

Uma celebração sacramental é tecida de sinais e de símbolos. Segundo a pedagogia divina da salvação, o significado dos sinais e símbolos deita raízes na obra da criação e na cultura humana, adquire precisão nos eventos da Antiga Aliança e se revela plenamente na pessoa e na obra de Cristo (CIC 1145).

E é assim que são assumidos e vividos pela Igreja.

Estas quatro dimensões do sinal sacramental dos gestos litúrgicos são, no mínimo, interessantes para uma exposição catequética e para uma explicação mistagógica dos sacramentos e dos símbolos.

Tudo parte da criação e da capacidade intrínseca dos sinais para comunicar e expressar a relação de Deus conosco e de nós com Deus. Tudo passa pelo enriquecimento que esses sinais encontram ao longo das páginas da história religiosa de Israel, com suas possibilidades e

Antropologia e Simbolismo

limites. Tudo se consolida à luz de Cristo que é como o sacramento primordial e a fonte dos sinais sacramentais. Tudo, finalmente, é acolhido, expresso e interpretado pela Igreja em sua liturgia.

Sinais do mundo humano

Uma breve, mas incisiva exposição, ajuda-nos a captar a estrutura e o significado humano, social e cósmico dos sinais litúrgicos.

Citamos o *Catecismo*, que fala claramente:

Na vida humana, sinais e símbolos ocupam um lugar importante. Sendo o homem um ser ao mesmo tempo corporal e espiritual, exprime e percebe as realidades espirituais por meio de sinais e de símbolos materiais. Como ser social, o homem precisa de sinais e de símbolos para comunicar-se com os outros, pela linguagem, por gestos, por ações. Vale o mesmo para sua relação com Deus (CIC 1146).

A concreção deste princípio vincula a liturgia com o cosmos como sinal sacramental da comunicação de Deus conosco:

Deus fala ao homem por intermédio da criação visível. O cosmos material apresenta-se à inteligência do homem para que este leia nele os vestígios de seu criador. A luz e a noite, o vento e o fogo, a água e a terra, a árvore e os frutos falam de Deus, simbolizam ao mesmo tempo a grandeza e a proximidade dele (CIC 1147).

Temos nestas palavras um texto belo e poético. Como também o que segue e que sintetiza o que expressamos anteriormente.

Enquanto criaturas, essas realidades sensíveis podem tornar-se o lugar de expressão da ação de Deus que santifica os homens, e da ação dos homens que prestam seu culto a Deus. Acontece o mesmo com os sinais

LITURGIA E VIDA ESPIRITUAL

e os símbolos da vida social dos homens: lavar e ungir, partir o pão e partilhar o cálice podem exprimir a presença santificante de Deus e a gratidão do homem diante de seu criador (CIC 1148).

Concluindo: "A liturgia da Igreja pressupõe, integra e santifica elementos da criação e da cultura humana conferindo-lhes a dignidade de sinais da graça, da nova criação em Jesus Cristo" (CIC 1149).

Uma compreensão melhor do sinal sacramental remete-nos a esta capacidade natural das coisas para expressar a salvação. Basta pensar na água em sua múltipla e rica simbologia aplicada ao Batismo, sinal de morte e de vida, de pureza; água que lava e mata a sede; água que nos remete a nosso nascimento nas águas do seio materno.

Sinais da Aliança de Israel

Através das páginas do Antigo e do Novo Testamento, as realidades cósmicas chegam a ser sinais da Aliança, componentes do diálogo salvífico e cultual de Deus com seu povo e do povo com seu Deus: "A unção e a consagração dos reis e dos sacerdotes, a imposição das mãos, os sacrifícios e, sobretudo, a Páscoa. A Igreja vê nesses sinais uma prefiguração dos sacramentos da Nova Aliança" (CIC 1150). Uma compreensão melhor dos sinais sacramentais passa necessariamente por esta teologia dos sinais do Antigo Testamento, como a Igreja nos ensina com frequência, quando na bênção solene da água ou do crisma, na teologia da Eucaristia ou da ordem sacramental, remete-nos à grande riqueza salvadora que os sinais adquiriram através da história da salvação. Remetemos aqui, como exemplo, à água dos momentos primordiais da criação, do dilúvio, da passagem do Mar Vermelho e do Jordão, da purificação com água pura e limpa prometida pelos profetas, até chegar ao umbral do Novo Testamento. Ou ao pão e vinho, que têm uma "história sagrada", até chegarem às mãos de Jesus na última ceia para ser sacramento de seu corpo e de seu sangue.

Sinais do mistério de Cristo

É a própria pedagogia de Jesus que

se serve muitas vezes dos sinais da criação para dar a conhecer os mistérios do reino de Deus. Realiza suas curas ou sublinha sua pregação com sinais materiais ou gestos simbólicos. Dá um sentido novo aos fatos e aos sinais da Antiga Aliança, particularmente ao Êxodo e à Páscoa, por ser ele mesmo o sentido de todos esses sinais (CIC 1151).

O próprio Cristo é quem dá pleno sentido aos sinais sacramentais e os confia à Igreja. Somente nas mãos de Cristo e na ordem de fazê-lo em seu nome a água se transforma em sacramento batismal, e o pão e o vinho são, juntos, sinal de sua presença real e memorial efetivo e eficaz de seu sacrifício pascal ao mandar fazer o que ele fez como seu memorial.

Os sinais sacramentais da Igreja

O sentido definitivo dos sinais sacramentais é conferido pela Igreja àqueles que o Senhor lhe confiou. Eles são vivos e eficazes a partir de Pentecostes, quando "por meio dos sinais sacramentais de sua Igreja o Espírito Santo realiza a santificação" (CIC 1152).

A Igreja, na riqueza de sua unidade e de sua universalidade, é quem determina o significado santificante e cultual dos sinais e dos símbolos. Assim, tornam-se expressões da verdade e da vida, garantem seu significado e sua eficácia, são subtraídos ao subjetivismo de indivíduos e grupos, são sinais de comunhão na única fé e na única salvação.

LITURGIA E VIDA ESPIRITUAL

Do mesmo modo, são, segundo a orientação do Magistério, sinais idôneos para serem inculturados, sem prejulgar a integridade de sua essência, e são sinais vivos de uma Igreja em caminho que neles expressa sua unidade e sua catolicidade. Por isso, a Igreja respeita o significado e a entidade dos ritos e elementos sacramentais como a água, o pão e o vinho e não pode mudá-los. Abre-se, porém, para a possibilidade de uma inculturação de outros elementos que dependem das diversas culturas humanas. Há alguma coisa imutável na liturgia, comum a toda a Igreja e a todas as Igrejas. Há elementos que expressam a variedade das culturas. Porém, tudo está impregnado do sentido que a fé da Igreja lhe dá.

O canto e a música

A liturgia da Igreja expressa, em sua visibilidade, o diálogo da salvação por meio de palavras, de orações e de sinais, de música e de cantos. Tudo tem um sentido e uma ordem, um significado, uma beleza e uma harmonia. O princípio da criação e da encarnação está na base desta visibilidade que dá aos sinais litúrgicos toda a força expressiva de uma santidade que atinge a pessoa humana em sua integridade e envolve todo o nosso ser no diálogo da santificação e do culto. Sinais divinos e humanos, sinais da natureza e da graça, sinais de um agir de Deus conosco e de nossa resposta a ele, na visibilidade da comunhão eclesial.

Os gestos litúrgicos

Tem uma função especial dentro da liturgia toda uma série de gestos corporais que desde antigamente caracterizam o culto cristão e são, ao mesmo tempo, como os sinais sacramentais, o resultado de uma grande riqueza antropológica, bíblica, evangélica e eclesial. São os gestos da oração com as mãos e os olhos elevados ao céu, prostrados por terra, com os braços estendidos em forma de cruz. Ou o gesto do sinal da cruz que acompanha tantos momentos da oração e da sacramentalidade da Igreja, ou a aspersão com a água, a efusão da água sobre a cabeça, a unção, a imposição das mãos, inclusive as várias formas de participação em uma refeição ritual, desde a participação no corpo e no sangue do Senhor ao antigo rito de os recém-batizados provarem o leite e o mel... e tantos outros que constituem a trama da liturgia.

Para uma autêntica celebração no simbolismo litúrgico

A teologia do simbolismo litúrgico brevemente esboçada tem que ser levada a uma autêntica celebração para que possa alcançar sua plena finalidade.

Antes de tudo, deve-se recuperar o momento celebrativo em toda sua plenitude. Celebrar não é só efetuar, e muito menos padecer, uma ação litúrgica. Pressupõe uma comunidade viva e vivificada pela atitude teologal na qual se insere o simbolismo para acolher tudo o que a fé e o amor esperam, para expressar no culto a resposta visível ao Deus invisível. A celebração pressupõe alegria, festa, beleza, um clima que atraia e arraste a comunidade celebrante, segundo os diversos ritmos e momentos em que se cuidará mais da solenidade ou então da sobriedade; porém, a festa interior é imprescindível para celebrar.

No que se refere aos sinais e símbolos litúrgicos, aptos para expressar o diálogo salvífico-cultual, é preciso: respeitar a verdade dos sinais litúrgicos sem camuflá-los; voltar a dar expressividade aos sinais que a perderam; abolir os ritos inexpressivos, fruto talvez de tempos de decadência ou de interpretações errôneas; integrar novos sinais mais expressivos; adaptar os sinais às diversas culturas, com integração de alguns sinais próprios da religiosidade dos diversos povos, especialmente nas expressões de culto; criar novos sinais e expressões simbólicas que possam expressar melhor a resposta de fé e a celebração dos acontecimentos humanos e eclesiais.

Neste campo deve-se manter um grande equilíbrio. É verdade que não serve para nada a secularização redutora que suprime os sinais, atentando contra a liturgia e contra os homens. Deve-se louvar a secularização purificadora que devolve à liturgia sua simplicidade e sua grave solenidade.

O difícil caminho da adaptação dos sinais e da criatividade litúrgica teve altos e baixos no período pós-conciliar. Porém, o tema foi novamente proposto por João Paulo II na citada carta *Vicesimus quintus annus*, por ocasião do 25º aniversário da SC, e espera uma execução que se prevê próxima.

Quanto à valorização dos símbolos litúrgicos tradicionais, deve-se reconhecer o esforço e o sucesso de algumas comunidades novas (neocatecumenais, carismáticas etc.), e também o esforço das Igrejas jovens, especialmente na África. O modo de celebrar por parte dessas comunidades eclesiais a Eucaristia, a Páscoa e as etapas do caminho batismal com dignidade, sobriedade, beleza e solenidade ao mesmo tempo, pode ser um exemplo para toda a Igreja. Porém, não se deve esquecer o exemplo dado pelo próprio pontífice João Paulo II na maneira de celebrar a liturgia com beleza e dignidade, tanto na Basílica Vaticana como nas viagens apostólicas, exemplo de adaptação e criatividade.

Simbolismo litúrgico
e experiência espiritual

A experiência espiritual vivida na liturgia acontece por meio dos sinais; portanto, afeta-nos na realidade mais íntima, mas também em nossa corporeidade. Todo o homem é santificado; todo o homem expressa seu culto. Uma vida espiritual centrada na liturgia requer também uma especial sensibilidade para compreender todo o simbolismo litúrgico.

Essa experiência não acontece sem problemas e esforços.

Não podemos deixar de sentir, às vezes, a ambiguidade de nossa experiência espiritual. O sinal sacramental comunica mais do que conseguimos assimilar. O dom de Deus supera toda nossa experiência. Nosso gesto de fé e de amor realizado por meio dos sinais diz mais do que aquilo que talvez, nesse momento, sentimos conscientemente que estamos fazendo ou aquilo com que nos comprometemos. Como o dom de Deus é total no sacramento, assim também nossa resposta gostaria de ser total, embora depois não o seja. Portanto, uma educação para o sentido de gratuidade do dom de Deus e para o sentido de pobreza de nossa parte faz amadurecer a humildade e a perseverança.

Nossa participação ritual passa por períodos de aridez. A sensibilidade é purificada. Deve-se abrir para a experiência litúrgica o caminho até a contemplação litúrgica. De uma primeira experiência em que predomina a sensibilidade na participação, deve-se passar para uma interiorização litúrgica que assume, partindo de dentro, palavras e símbolos e os personaliza e recria com uma atitude contemplativa.

Quando não sabemos como fazer, porque a aridez não é só da sensibilidade, mas talvez do espírito, os sinais litúrgicos e os gestos rituais vêm em nossa ajuda para expressar externamente o que não conseguimos dizer interiormente, mas que gostaríamos de dizer.

Nossa relação humana na dimensão de corporeidade, na relação social e na dimensão cósmica insere-se continuamente em Deus por meio da sacramentalidade da Igreja. Vivemos toda nossa vida espiritual nessa dimensão litúrgica.

A repetição contínua, às vezes monótona, dos sinais sacramentais, enquanto nos garante a fidelidade de Deus, expressa também nossa fidelidade voluntária a esse encontro sacramental, até que chegue o momento do encontro sem véus na glória.

Uma atenção especial ao tema da antropologia litúrgica

No campo litúrgico cristão manifesta-se hoje uma grande sensibilidade pelas temáticas de caráter antropológico. Vão, como recordamos, desde a nova atenção à antropologia cultural em suas diversas acepções até a inculturação da liturgia, mas também até a confrontação, às vezes difícil, com os novos rituais do homem moderno e os rituais das antigas religiões orientais.

Todos os sacramentos têm, como lembramos, uma dimensão antropológica fundamental em seu significado e em sua ritualidade.

Também não falta uma atenção especial para a possível (necessária?) dimensão terapêutica da liturgia como resposta para as muitas enfermidades da pessoa humana, de caráter interior, ou "pneumopatologias" da pessoa humana na cultura contemporânea. O celebrar bem, com harmonia e beleza, situa-se no centro de uma possível e necessária cura

ANTROPOLOGIA E SIMBOLISMO

das pessoas, com uma "pneumoterapia", ou cura no Espírito, que afeta, ao mesmo tempo, a salvação e a saúde integral da pessoa humana.

É interessante observar como se fala concretamente de "sacramentos de cura" referidos aos sacramentos da Penitência e da Unção dos enfermos, mas na perspectiva de uma *sanitas* humano-divina, do corpo e do Espírito, como Cristo foi médico do corpo e da alma.[4]

Provavelmente, também o futuro da liturgia terá que se compatibilizar com um estudo atento das problemáticas antropológicas e com as soluções equilibradas do celebrar, na síntese humano-divina da liturgia da Igreja que na beleza e na alegria do celebrar contribui para também manifestar a verdade do que se celebra e a bondade do dom recebido e da resposta cultual à santificação recebida.

Aposta-se tudo também em um sentido estético recuperado da beleza do celebrar cristão, pelo que hoje se fala muito da arte do celebrar e da beleza expressiva da celebração cristã, na qual confluem as atitudes interiores, mas também os aspectos de equilíbrio e de participação de toda a pessoa humana no âmbito da assembleia. O futuro da liturgia e de sua participação está nesta arte de celebrar, capaz de atrair as pessoas, crentes e não crentes, com a força da verdade, com a experiência da bondade, com a atração da beleza e com o testemunho do júbilo. Os quatro transcendentais — verdade e bondade, beleza e alegria — constituem, por assim dizer, na fé e no amor, o segredo escondido da

---

[4] Cf. a citação significativa de Inácio de Antioquia feita pela SC 5. Uma atenção especial para as temáticas antropológicas encontra-se no Instituto de Pastoral Litúrgica de Santa Justina, em Pádua, e nos diversos congressos com as correspondentes publicações reunidas na coleção da editorial Messaggero, "Caro salutis cardo"; cf., por exemplo, VV.AA. *Liturgia e terapia*. Padova, Messaggero, 1994. A *Rivista Liturgica* n. 5, de 1994 dedicou um número monográfico à relação entre salvação e saúde. Sem ilusões, a dimensão curativa e saudável da liturgia tem uma dimensão escatológica necessária, isto é, de cumprimento inicial nesta vida e de perspectiva completa de salvação na glória: cf. CASTELLANO, J. Escatologia. In: *Dicionario de liturgia*, op. cit., pp. 635-657.

LITURGIA E VIDA ESPIRITUAL

dimensão salvadora de uma liturgia que atinge a pessoa humana em suas maiores aspirações.[5]

Bibliografia

ALDAZÁBAL, J. *Gestos e símbolos*. São Paulo, Loyola, 2005.

CIBIEN, C. Gestos. In: VV.AA. *Dicionário de liturgia*, op. cit., pp. 502-512.

GUARDINI, R. *El espíritu de la liturgia*. Cuadernos Phase, Barcelona, CPL, n. 100, 1999.

URDEIX, J. *Signos cristianos*. Barcelona, CPL, 2004. (Com uma indicação necessária do livro de BUNGE, G. *Vasi d'argilla*; la prassi della preghiera personale secondo la tradizione dei santi padri. Magnano, Qiqajon, 1996, que trata também dos sinais corporais da oração.)

VV.AA. *Il Segno nella liturgia*. Roma, CAL, 1970.

Sobre a chamada antropologia litúrgica e sacramental:

BEIRNAERT, L. La dimensione mitica nel sacramentalismo cristiano. In: *Esperienza cristiana e psicologia*. Torino, Borla, 1965. pp. 270-297.

CUVA, A. Linee di antropologia liturgica. *Salesianum, 36*: 1-31, 1974.

TANGORRA, G. Prospettive antropologiche dei singoli sacramenti. In: VV.AA. *Antropologia cristiana*. Roma, Città Nuova, 2001. pp. 459-508.

TERRIN, A. N. *Il rito*; antroplogia e fenomenologia della ritualità. Brescia, Morcelliana, 1999.

VALENZIANO, C. *Liturgia e antropologia*. Bologna, Dehoniane, 1998.

VV.AA. *Nuove ritualità e irrazionale;* come far rivivere "il mistero liturgico"? Padova, Messaggero, 1993.

---

[5] Destacamos a importância da beleza como transcendental de grande valor hoje para uma estética autêntica que promove a dignidade humana. A arte da liturgia em si e a arte de celebrar como consequência são hoje duas das exigências mais sentidas, talvez porque sejam o caminho para resgatar a pessoa humana da pós-modernidade, tão sensível ao belo.

Antropologia e Simbolismo

VV.AA. *Liturgia e terapia*; la sacramentalità a servizio dell'uomo nella sua interezza. Padova, Messaggero, 1994.

VV.AA. *Symbolisme et théologie*. Roma, s.ed., 1974. (Coll. Sacramentum, 2.)

VV.AA. *Comunicazione e ritualità*; la celebrazione liturgica alla verifica delle leggi della comunicazione. Padova, Messaggero, 1988.

Podemos encontrar muitos artigos de carácter antropológico no *Dicionário de liturgia*:

Chupuncgo, A. Adaptação, pp. 1-12.

Pistoia, A. Criatividade, pp. 255-270 e 1142.

López Gay, J. Missões e liturgia, pp. 750-756.

Sartore, D. Sinal/símbolo, pp. 1142-1150.

Cf. também o verbete renovado do especialista em antropologia das religiões:

Terrin, A. N. Antropologia culturale. In: Liturgia, *Dizionari San Paolo*. Cinisello Balsamo, San Paolo, 2001. pp. 95-127. (Com rica bibliografia.)

Cibien, C. Cultura e liturgia, ibid., pp. 521-536.

Maggiani, S. Sociologia, ibid., pp.1873-1887.

Pinkus, L. Psicologia, ibid., pp. 1570-1576.

Sobre a estética litúrgica da celebração:

VV.AA. *L'arte di celebrare*. Roma, ELV, 1998.

Marini, P. Liturgia e bellezza. Esperienze di rinnovamento in alcune celebrazioni pontificie. *Asprenas*; *50*: 383-400, 2003.

_____. *Liturgia e bellezza*; nobilis pulchritudo. Memoria di una esperienza vissuta nelle celebrazioni liturgiche del Santo Padre. Città del Vaticano, Libreria Editrice Vaticana, 2005. 140 pp.

Parte III

GRANDES TEMAS DE ESPIRITUALIDADE EM CHAVE LITÚRGICA

A terceira parte de nosso livro quer abordar alguns temas típicos da teologia espiritual cristã que frequentemente são tratados mais ou menos à margem da liturgia, como se não tivessem uma relação com a palavra proclamada ou a vida sacramental cristã. Na realidade, na perspectiva da união íntima entre vida sacramental e vida espiritual, todos os aspectos da vida cristã têm uma relação com a liturgia, como com sua fonte e sua meta.

Ficamos gratamente surpresos quando descobrimos que na raiz sacramental da vida cristã podemos compreender melhor e educar com maior autenticidade a vivência do caminho espiritual dos cristãos.

Nesta terceira parte, vamos tratar apenas de alguns temas centrais da espiritualidade cristã, praticamente aqueles que de certo modo sintetizam a vida e o compromisso dos discípulos de Jesus.

Em primeiro lugar, queremos abordar a relação íntima que existe entre a liturgia e a vida de oração e de contemplação pessoal, não só de um ponto de vista negativo, já que nos princípios da renovação litúrgica foi este um dos temas inutilmente polêmicos que atraíram a atenção de muitos autores, mas também na posição serena e positiva de uma relação íntima entre a oração pessoal e a oração litúrgica, como hoje a Igreja propõe.

Em segundo lugar, vamos tentar uma leitura possível, em grandes linhas, da relação entre a ascética e a mística, como expressões do caminho espiritual cristão e a liturgia cristã. Com grande surpresa, poderemos ver como a própria terminologia do caminho cristão, em suas fases de purificação, iluminação e união, depende da própria linguagem mística e litúrgica. Veremos, sobretudo, como a liturgia e a ascese, sacramentos da iniciação cristã e mística cristã, são aspectos fundamentais do caminho do cristão em sua vida em Cristo e em sua docilidade ao Espírito Santo.

LITURGIA E VIDA ESPIRITUAL

Como terceiro tema, vamos sintetizar esse aspecto da espiritualidade do povo, a religiosidade e, melhor, a piedade popular, que constitui uma espécie de *ethos* popular da espiritualidade cristã, pessoal e coletiva. A publicação do *Diretório* sobre liturgia e piedade popular facilita-nos a apresentação de um tema que tem também amplas ressonâncias na pastoral e na espiritualidade.

Finalmente, o tema do compromisso cristão que vai da evangelização ao testemunho tem na liturgia sua fonte e seu modelo, seu impulso e sua exemplaridade, inclusive nessas fronteiras do compromisso social e político que hoje têm tanta importância na avaliação do apostolado cristão autêntico como compromisso de caridade social, especialmente com os mais pobres.

Capítulo XI
LITURGIA, ORAÇÃO PESSOAL, CONTEMPLAÇÃO

A oração pessoal é um dos momentos nos quais se expressa a vida espiritual dos crentes, tanto em sua dimensão de oração vocal, meditação e colóquio, como nos vértices da vida contemplativa. Mais ainda, na espiritualidade dos últimos séculos, a oração, com seus grandes ascetas e místicos, constituía, por assim dizer, a expressão mais genuína da santidade cristã, o índice e a medida da perfeição. Vida espiritual e progresso na oração eram equivalentes.

A renovação litúrgica, ao promover outro tipo de espiritualidade, colocou em crise, de algum modo, as formas da oração e sua função de índice da perfeição cristã. A bibliografia abundante dedicada à relação entre oração e liturgia na renovação litúrgica o confirma, com o interesse suscitado por este problema de vida espiritual. Às vezes, o complexo problema das relações entre liturgia e vida espiritual reduzia-se a estes simples termos: liturgia e oração pessoal, liturgia e contemplação.

Hoje, há um século de distância do começo de uma polêmica, que via paradoxalmente opostas duas realidades gêmeas da vida cristã,

LITURGIA E VIDA ESPIRITUAL

parece-nos que se pode fazer uma síntese, pelo menos teórica, sobre este tema, à luz dos documentos conciliares e pós-conciliares.

O vínculo entre oração litúrgica, oração pessoal e liturgia já se tornou tão estreito que hoje a melhor oração é a que se alimenta da Palavra de Deus e dos textos litúrgicos, e há um grande desejo de participação na liturgia, que postula de novo o sentido do mistério, a contemplação, a plena participação teologal.

Liturgia e oração pessoal

O problema em sua dinâmica histórica

O problema acompanhou o desenvolvimento da renovação litúrgica em suas fases conclusivas até o Vaticano II, segundo as linhas que traçamos na conclusão da primeira parte.

Antes de tudo, aconteceu a polêmica entre o beneditino M. Festugière e o jesuíta J. Navatel. Depois, aconteceu a crise litúrgica na Alemanha. As duas intervenções sábias que se destacaram foram as de R. Guardini e de Edith Stein. É notável esta afirmação de Edith Stein, já carmelita em 1938, em seu livro *Das Gebet der Kirche*:

> Não se pode contrapor a oração interior, livre de todas as formas tradicionais, como "piedade subjetiva", à liturgia como "oração objetiva" da Igreja. Toda oração autêntica é oração da Igreja: e é a mesma Igreja que aí ora porque é o Espírito Santo que vive nela, aquele que, em cada alma individual, "intercede por nós com gemidos inefáveis" (Rm 8,26). Precisamente isto é a oração autêntica, porque ninguém pode dizer "Senhor Jesus, senão no Espírito Santo" (cf. 1Cor 12,3). O que seria a oração da Igreja se não fosse pela entrega dos verdadeiros amadores a Deus, que é o Amor?[1]

---

[1] La oración de la Iglesia. In: STEIN, E. *Obras selectas*. Burgos, Monte Carmelo, 1987, p. 408. Para a compreensão do momento em que Edith Stein escreve este opúsculo em sua perspectiva de

LITURGIA, ORAÇÃO PESSOAL, CONTEMPLAÇÃO

Depois, no final da década de 1950, temos a conhecida polêmica em torno do livro dos esposos J. e R. Maritain, *Liturgia e contemplação*.

Finalmente, em nosso tempo, por um lado, vê-se uma superação da polêmica graças ao enfoque conciliar no nível doutrinal. Nota-se, ao mesmo tempo, um interesse renovado pela oração pessoal e comunitária. Não falta, porém, o perigo de uma invasão indiscriminada das técnicas orientais de meditação que aconselham um retorno à prudência da liturgia da Igreja e à sua orientação, inclusive para a oração pessoal. E isto com uma necessidade de integração teórico-prática para preservar a originalidade da oração cristã à luz da doutrina da Igreja. Neste clima situa-se a intervenção da Congregação para a Doutrina da Fé com a carta *Orationis formas* (15.10.1989), que dá pistas importantes para captar o sentido litúrgico da Igreja como base teológica e pedagógica da oração cristã. Finalmente, temos a sábia síntese do *Catecismo da Igreja Católica*, com uma doutrina prudente e completa sobre a oração cristã, também em relação com a liturgia.

Para a superação de um equívoco

Com relativa frequência, o tema liturgia-oração pessoal foi apresentado como um dilema: as sentenças opostas extremaram suas posições. Os defensores da liturgia criticaram o individualismo, o subjetivismo e o psicologismo da vida espiritual centrada na oração pessoal, implicando nessa crítica os mesmos mestres da vida espiritual. Por reação, os cultivadores da oração pessoal, como eixo da espiritualidade de uma família religiosa, ou de um enfoque da vida espiritual, acusaram

---

liturgista ardente e contemplativa cabal, cf. minha contribuição interpretativa: La preghiera della Chiesa. Una rilettura teologica. In: VV.AA., *Edith Stein*; testimone per oggi, profeta per domani. Città del Vaticano, Libreria Editrice Vaticana, 1999. pp. 181-203. Sobre as incidências polêmicas do movimento litúrgico em seus inícios, cf. NEUNHEUSER, B. Movimento litúrgico. In: *Dicionário de liturgia*, op. cit., pp. 787-799.

injustamente de superficialidade e artificialismo os liturgistas, preocupados mais com a estética e a coreografia litúrgica do que com a renovação da vida espiritual.

Posições extremas e irreconciliáveis. A uma deficiente compreensão da oração cristã em sua expressão íntima e pessoal correspondia, por outro lado, uma ignorância do sentido teológico da liturgia. Às vezes, exagerava-se em ambas as partes, em busca de uma argumentação que fosse contundente. Porém, em geral, não se tratava de uma simples discussão "acadêmica", mas de defender um modo de "existir cristãmente", reivindicado com paixão... Na realidade, não era preciso propor um dilema, nem buscar uma solução política, mas simplesmente aprofundar ambas as realidades, para encontrar sua raiz comum e a mútua dependência no mistério da vida cristã.

Penso que esta oposição já foi superada. Os termos da discussão foram esclarecidos. A liturgia foi aprofundada em seus componentes teológicos e em suas exigências espirituais; a oração pessoal foi objeto de novos estudos do ponto de vista bíblico e teológico. Oração pessoal e liturgia pertencem ao próprio mistério de graça, e expressam de modo diferente a realidade do culto cristão e da santificação como resposta pessoal e comunitária para a salvação.

A mesma linha de pensamento é proposta pelos documentos conciliares e pós-conciliares. Na SC 12 já se afirmava a necessidade da oração pessoal, segundo o mandato do Senhor, dizendo que a vida espiritual "não se esgota" unicamente na liturgia. Esta alusão da SC parece importante, já que tenta dar uma solução para um problema que tinha sido muito sentido nos tempos da renovação litúrgica. Porém, o enfoque não é satisfatório. Afirma-se a validade da oração pessoal, mas sem indicar em que relação se encontra com a liturgia.

LITURGIA, ORAÇÃO PESSOAL, CONTEMPLAÇÃO

Em contrapartida, é mais clara a exposição feita pela introdução à liturgia das horas (IGLH 9). De fato, neste parágrafo, que é uma apologia da oração eclesial comunitária, afirma-se indiretamente a dignidade da autêntica oração cristã feita em particular, atribuindo-lhe notas essenciais da liturgia, cristológica, pneumatológica e eclesial: "Embora a oração feita em particular e com a porta fechada (Mt 6,6), que é necessária e deve ser sempre recomendada (SC 12), seja realizada pelos membros da Igreja por meio de Cristo e no Espírito Santo, a oração comunitária encerra uma dignidade especial...".

Também a constituição *Laudis canticum*, n. 8, de Paulo VI, que promulga a nova Liturgia das Horas, rejeita toda oposição entre liturgia e oração pessoal e vê mais a sua relação mútua.

Portanto, toda oração cristã é feita sempre pelo membro da Igreja, por Cristo, no Espírito. Um belo comentário e uma confirmação deste enfoque são-nos dados por esta consideração do metropolita ortodoxo Antoine Bloom:

> Não pude distinguir totalmente o sacramento do acontecimento, da oração litúrgica ou da oração pessoal. Na oração pessoal estamos nessa situação da Igreja. Não existe uma oração "individual", mas uma oração "pessoal" [...] nesta situação de "pessoa" não está a assembleia e um membro da Igreja que ora somente em algum lugar. Um membro da Igreja é Cristo em oração, e uma célula deste corpo misterioso de Cristo. Um membro da Igreja ora sempre enquanto membro da Igreja, isto é, enquanto Igreja total, representada por ele, porque ele é o templo do Espírito Santo, porque é um membro vivo do corpo, porque é filho de Deus. Por isso, um ermitão não ora no isolamento, mas na comunhão da Igreja total.[2]

---

[2] BLOOM, A. Il cristiano e la Trinità. *Servitium*, 8: 332-334, 1974.

LITURGIA E VIDA ESPIRITUAL

Com razão se pôde escrever: "Toda oração é essencialmente litúrgica: a essência da oração pessoal deve ser estudada partindo do sadio panliturgismo admitido pelo Vaticano II".[3]

O *Catecismo da Igreja Católica* resume muito bem esta tendência conciliadora quando afirma:

A liturgia é também participação da oração de Cristo, dirigida ao Pai no Espírito Santo. Nela, toda oração cristã encontra sua fonte e seu termo. Pela liturgia, o homem interior é enraizado e fundado no "grande amor com o qual o Pai nos amou" (Ef 2,4) em seu Filho bem-amado (CIC 1073).

Toda a doutrina da IV Parte do *Catecismo* está impregnada de um profundo sentido bíblico e litúrgico. No CIC 2655 afirma-se explicitamente: "A oração interioriza e assimila a liturgia durante e após sua celebração. Mesmo quando é vivida 'no segredo' (Mt 6,6), a oração é sempre oração da Igreja, comunhão com a Santíssima Trindade".

Uma nova formulação das relações entre oração e liturgia

À luz desses documentos pode-se reformular a doutrina que expressa bem as relações existentes.

A liturgia: fonte da oração pessoal

Toda oração pessoal autenticamente cristã tem sua fonte na liturgia e é uma sua realização, no dinamismo de continuidade da santificação e do culto. O cristão ora em virtude do próprio Batismo, por sua

---

[3] Liturgia y espiritualidad. *Revista de Espiritualidad*, 30: 449, 1971. Na mesma linha de pensamento: BALLESTRERO, A., no curso de Exercícios pregados a Paulo VI no Vaticano: *Cammino per una vita nuova*. Roma, s.ed., 1976. pp. 161-163; VON BALTHASAR, H. U. *Punti Fermi*. Milano, Rusconi, 1972. p. 194.

LITURGIA, ORAÇÃO PESSOAL, CONTEMPLAÇÃO

dignidade de filho de Deus, pela comunhão de vida com Cristo e em virtude de seu espírito. Toda celebração litúrgica, atualizando esta graça batismal, acrescenta a comunhão com Cristo e o dom de seu Espírito, e tende a se expressar em oração em qualquer momento do dia, em toda circunstância. Por isso, a oração pessoal é "litúrgica", enquanto atualização da graça batismal, e oferece à liturgia a possibilidade concreta de se expressar na vida em todo momento.

Em sentido análogo, vê-se como a oração pessoal pertence ao dinamismo do culto. Em suas múltiplas formas, pertence àqueles "sacrifícios espirituais" com os quais o cristão exerce, para além da liturgia, seu próprio sacerdócio comum. A Carta aos Hebreus chama explicitamente a oração: "Um sacrifício de louvor a Deus, isto é, o fruto dos lábios que confessam o seu nome" (Hb 13,15). A oração pessoal fica assim marcada no âmbito do culto prestado a Deus, na resposta a seu amor.

Os cristãos orientais quase materializaram essa convicção de absoluta continuidade entre liturgia e oração pessoal em sua clássica "oração de Jesus", invocação do Nome de Jesus, que repete e enriquece a invocação do *Kyrie eleison* da liturgia. Com esta oração, os monges tentam cumprir quase ao pé da letra o preceito do Senhor de orar sem se cansar e a exortação do apóstolo para orar sempre. Essa oração, cheia de citações evangélicas, é a invocação do "pecador que se transforma em liturgo". Também recentemente, pastores como J. Ratzinger quiseram chamar a atenção sobre uma melhor participação na vida litúrgica com um maior sentido de interiorização e de espírito contemplativo.

A liturgia: "escola e norma" da oração pessoal

A liturgia tem que educar a oração pessoal. Sem pretender circunscrever toda oração no âmbito da liturgia ou em suas formas externas, a liturgia é a escola, o modelo, a norma da oração pessoal. Na liturgia o cristão aprende que deve orar sem se cansar. O momento comunitário não dispensa a resposta pessoal, antes a estimula e enriquece. Na celebração, a oração tira suas fórmulas de fé da revelação e da tradição da Igreja, e encontra seus modelos de conteúdo e de forma. Da liturgia a oração pessoal tem que aprender: o teocentrismo, enquanto oração centrada gratuitamente em Deus, aberta à comunhão com Cristo e à docilidade a seu Espírito; o sentido eclesial como abertura à comunhão com a Igreja, a suas intenções, nas pessoas e nos acontecimentos concretos da comunidade local, universal, da humanidade; o sentido teologal, enquanto oração pessoal, encontrará na liturgia a educação para se expressar naquelas atitudes mais puras e nobres da oração cristã: escuta da Palavra, silêncio contemplativo, adoração, louvor, ação de graças, oferenda, invocação.

Especialmente da oração eucarística, que é fonte, norma e síntese da oração da Igreja, terá que tomar as expressões mais autênticas da oração cristã: memória e louvor das maravilhas de Deus, ação de graças, oblação, intercessão, compromisso de vida. Finalmente, a liturgia oferece à oração pessoal o viático da Palavra de Deus e da fé da Igreja, os textos dos Padres e dos escritores espirituais, na riqueza sempre renovada do ciclo litúrgico.

A oração pessoal na liturgia

Uma vida de oração cria no fiel as melhores condições para vibrar na celebração litúrgica; de fato, quem está acostumado ao colóquio com

LITURGIA, ORAÇÃO PESSOAL, CONTEMPLAÇÃO

Deus deveria ser mais sensível à participação litúrgica. A riqueza da oração pessoal centrará a experiência orante com acentos de profunda participação na Palavra proclamada e meditada, nas fórmulas de oração da Igreja, nas fórmulas espontâneas às quais se abre a liturgia pós--conciliar, no canto, nas atitudes corporais que fazem de toda a pessoa uma expressão de oração em sua tensão para Deus.

Igualmente, a oração pessoal, depois da liturgia, converte-se no modo de atualizar a graça recebida para inseri-la de modo cada vez mais consciente na existência diária; um momento fugaz de oração, em qualquer lugar e tempo, permite redescobrir a comunhão com Cristo e, inclusive, reviver mais conscientemente a graça da liturgia, vivida talvez, às vezes, em condições psicológicas menos favoráveis.

Hoje, parece que é necessária uma melhor interação entre a liturgia com estilo contemplativo e a necessidade de alimentar a oração pessoal nas fontes da vida sacramental da Igreja como bom antídoto contra as expressões de oração e de meditação que não centram o sentido profundo da comunhão com o Deus da revelação.[4]

Uma proposta pastoral

Para favorecer a interação entre oração pessoal e oração litúrgica, é preciso, antes de tudo, recriar, a partir de dentro, as orações oferecidas pela Igreja nos livros litúrgicos, expressar nossa oração espontânea, a meditação pessoal da Palavra, como um ministério espiritual

---

[4] Cf. várias contribuições de caráter bíblico, litúrgico pedagógico em: VV.AA. Vida litúrgica y oración personal. *Cuadernos Phase*, Barcelona, CPL, n. 79, 1997, com textos clássicos como o de I. Herwegen e outras contribuições de nosso tempo de D. Borobio e P. Farnés; VV.AA. *La liturgia escuela de oración. Cuadernos Phase*, Barcelona, CPL, n. 139, 2004, com artigos de J. López, X. Basurko, I. Oñatibia, J. M. Canals. Sobre a necessidade da interiorização e da dimensão contemplativa da liturgia, chamou a atenção, em um livro recente, Ratzinger, J. *El Espíritu de la liturgia*; una introducción. Madrid, Cristiandad, 2001. [Ed. port.: *Uma introdução ao espírito da liturgia*. Lisboa, Paulinas, 2001.]

de pregação, acompanhar a oração da Igreja com uma criatividade de oração pessoal (por exemplo, com as coletas sálmicas da Liturgia das Horas). Tudo isto se consegue também mediante a integração de momentos de silêncio.

A liturgia como escola da oração pessoal: educa e plasma nosso orar, sobretudo na linha da *lectio divina*, segundo o método clássico adotado por Guigo o Cartuxo (*lectio, meditatio, oratio, contemplatio*...), da oração pessoal com os textos litúrgicos, com a sabedoria de eucaristizar a oração, isto é, orar com as atitudes da oração eucarística (louvor, epiclese, oferenda, intercessão). Podemos aprender da Igreja a orar com os ícones, com a oração repetitiva da invocação do nome de Jesus, com a oração realizada por meio dos gestos litúrgicos no silêncio e no recolhimento: orar com o corpo, segundo a liturgia.[5]

Um problema a título de conclusão

A oração pessoal é litúrgica? Em sentido lato, sim, enquanto atualização da santificação e do culto. Em sentido estrito, não. Falta-lhe, para ser litúrgica, o ser explicitamente a oração da assembleia que celebra o mistério de Cristo em nome da Igreja, notas distintivas de uma ação litúrgica.

Parece mais difícil responder a outra pergunta: a oração "comunitária", feita em grupo ou outra celebração comunitária de oração, mas não realizada segundo o esquema da Liturgia das Horas, é oração litúrgica? Em sentido lato, sim; em sentido estrito, podemos dizer que uma oração comunitária, inspirada nas atitudes da liturgia, embora não

---

[5] Cf. CASTELLANO, J. *Pedagogía de la oración cristiana*. Barcelona CPL, 1996. 238 pp.. (Biblioteca Litúrgica 6.) Id. *Oración ante los iconos*; los misterios de Cristo en el año litúrgico. 2 ed. Barcelona, CPL, 1999. 186 pp. (Dossier CPL 56.) .

LITURGIA, ORAÇÃO PESSOAL, CONTEMPLAÇÃO

realizada explicitamente com os formulários do Ofício divino, tem em si as condições "teológicas" para ser considerada oração litúrgica em sentido estrito, e como tal susceptível de ser considerada como "liturgia" da Igreja.[6]

O exemplo mais claro poderia ser o do Rosário, estruturado em formas litúrgicas que preveem a proclamação da Palavra, a meditação dos mistérios de Cristo, a reza do pai-nosso, ave-maria e glória. Nada parece faltar-lhe para ser considerado "oração litúrgica da Igreja". A exortação *Marialis cultus*, no entanto, não parece convalidar esta tese, quando afirma: "[...] não é difícil compreender como o Rosário é um exercício piedoso que da liturgia toma a inspiração e, quando praticado segundo a intenção original, pertence naturalmente à liturgia, mas sem transpor seu limiar" (MC 48).

Digamos apenas que, com frequência, trata-se de uma "celebração", embora não possa ser considerada celebração estritamente litúrgica, isto é, pertencente ao dinamismo da santificação e do culto público, como tal reconhecida pela Igreja.

Liturgia e contemplação

Na história recente da espiritualidade e da liturgia, ambos os termos, liturgia e contemplação, frequentemente foram opostos, como se a liturgia excluísse a contemplação pela complexidade das palavras e dos ritos, e como se a contemplação se tivesse afastado das límpidas fontes da Bíblia e da liturgia para se alimentar somente de motivações

---

[6] Assim, por exemplo, pensa MARSILI, S. Liturgia. In: *Dicionário de liturgia*. São Paulo, Paulinas, 1992. pp. 638-651.

neoplatônicas ambíguas. Recorda-se ainda o opúsculo polêmico de J. e R. Maritain, *Liturgia e contemplação*.

Não pretendo entrar aqui no âmago de uma polêmica que considero já superada. Prefiro oferecer alguns pontos de maneira simples e positiva para uma interação adequada, hoje tão necessária, entre a liturgia vivida no estilo contemplativo e uma contemplação que se enraíze cada vez mais no mistério e nos mistérios, com o sentido objetivo que a liturgia da Igreja oferece para a experiência de todo cristão que no Batismo recebeu a iluminação e está habilitado para a contemplação e para a experiência dos mistérios cridos e dos mistérios celebrados.

Um esclarecimento fundamental

A palavra "contemplação" é usada com frequência em termos muito genéricos ou então em abstratas noções especializadas da teologia ascética e mística. Talvez essa excessiva especialização do termo afaste de uma visão serena e simples do que na realidade é a contemplação litúrgica. Em um sentido bem concreto, podemos falar de contemplação, no nível natural, como de um ato unitário da mente e do coração diante de uma realidade que atrai poderosamente nossa atenção. Contempla-se um panorama, uma obra de arte; ficamos sobressaltados, na alma e no coração, por um acontecimento que nos afeta profundamente. No nível religioso e cristão, podemos falar da contemplação como de um grau superior da oração que consiste na unificação interior diante de um objeto de nossa fé, um mistério evangélico interiorizado e orado, uma imagem; ou então, diante da palavra de Deus. Guigo II o Cartuxo, falando da contemplação como quarto grau da *lectio divina*, define-a assim: "A contemplação é, por assim dizer, uma elevação da alma que se eleva acima de si mesma para Deus, saboreando as alegrias da eterna doçura".

LITURGIA, ORAÇÃO PESSOAL, CONTEMPLAÇÃO

Trata-se, portanto, de um momento simples, unitário, agradável de comunhão com Deus.

Gosto, por sua simplicidade, da definição dada por Paulo VI, no final do Concílio Vaticano II (7.12.1965): "O homem, quando se esforça para fixar em Deus seu coração e sua mente, realiza na contemplação o ato espiritual que deve ser considerado como o mais nobre e perfeito de todos; um ato que também em nosso tempo pode e deve hierarquizar os inumeráveis campos da atividade humana".

Nesta descrição "pastoral" da contemplação, devemos destacar o próprio objeto que é o mistério de Deus, revelado em Cristo e feito próximo de nós por meio das múltiplas mediações da liturgia e da vida. E é este o aspecto mistérico da contemplação. Há também o aspecto que podemos chamar teologal e psicológico da experiência contemplativa, e é a unificação da mente e do coração, da fé e do amor, em um ato humano nobilíssimo, vértice da atividade da pessoa humana, e em um ato tipicamente cristão no qual a fé e o amor se fundem.

Estamos, portanto, longe de uma abstração na experiência contemplativa, em especial se considerarmos que tanto o objeto da contemplação quanto o impulso teologal da pessoa para o mistério podem perfeitamente ser realizados na liturgia, como, por outro lado, podem ser vividos na experiência quotidiana e na oração silenciosa.

Se Paulo VI fala explicitamente de esforço e de impulso, não se deve esquecer que não se trata de uma técnica e muito menos de um ato voluntarista no qual a graça não teria nada que fazer. Na realidade, para chegar a um ato de contemplação é necessária a ação unificadora do Espírito que produz em nós o impulso da fé e da caridade e nos permite unir-nos diretamente com Deus. É claro que uma facilidade maior ou menor para a contemplação pode provir da atitude de pureza do coração e de preparação do orante, da intensidade da vida teologal e da facilidade adquirida de viver na presença do Senhor. Porém, o dom do Espírito também pode atrair a mente e o coração para a contemplação do mistério até chegar a uma autêntica experiência passiva de contemplação; tratar-se-ia, então, da contemplação mística.

Raízes litúrgicas da contemplação

Com toda a tradição patrística temos a satisfação de recordar que a contemplação cristã tem suas raízes no Batismo como mistério de luz, iluminação, *photismos*: "Aquele que não foi batizado, não foi iluminado. E sem luz, o olho não pode ver seu objeto, nem a alma receber a contemplação de Deus".[7]

"Embora seja próprio de todas as operações teândricas transmitir aos fiéis a luz divina, é precisamente este sacramento que pela primeira vez me abriu os olhos, e sua luz original me permitiu contemplar a luz difusa nos outros sacramentos."[8]

Resumindo o pensamento dos Padres, T. Camelot, que cita estes textos patrísticos, escreve:

> O batizado é chamado à contemplação. Os Padres e a liturgia nos repetiram à saciedade; a graça do Batismo é uma graça de luz que abre os olhos do coração e permite ao cristão "ver" a Deus... Mediante o Batismo, o cristão é iniciado nos "mistérios", aberto desde então a todas as graças da contemplação, se tiver o coração puro, e se Deus, em sua liberdade inteiramente gratuita, lhas quiser conceder.[9]

---

[7] São Basílio. *Homiliae diversae*, 13, 1: PG 31, 424-425.

[8] Pseudo Dionísio. *Hierarchia Ecclesiastica* III, 1, citado por Camelot, T., nota seguinte, p. 83.

[9] *Spiritualità del Battesimo*. Torino-Leumann, LDC, 1966. pp. 98-100.

LITURGIA, ORAÇÃO PESSOAL, CONTEMPLAÇÃO

A contemplação tem que ser vinculada sempre à sua raiz litúrgica, que é o Batismo. É, em suma, um ato que expressa altamente a dignidade batismal do cristão naquela dimensão profética que, como ensina o Concílio, não consiste só na proclamação das verdades da fé, mas também em certa experiência e inteligência sobrenatural das mesmas verdades reveladas, sob a orientação do Espírito Santo e em conformidade com o Magistério (cf. DV, 8; LG 12).

Estas afirmações se fundamentam na citada carta *Orationis formas*, n. 21, da Congregação para a Doutrina da fé, que indica a iluminação como o segundo momento da vida espiritual, baseada no santo Batismo, e cita alguns textos dos Padres sobre a relação entre iluminação batismal e contemplação cristã.

A liturgia vivifica a contemplação

A contemplação, para ser autêntica, tem por objeto as mesmas realidades — palavras e obras — da história da salvação. Portanto, deve se alimentar na liturgia, com o alimento da Palavra, da oração, dos sacramentos, na riqueza inesgotável dos textos litúrgicos.

Aconteceu um empobrecimento da contemplação e da vida contemplativa da Igreja, e se esta degenerou, pelos conteúdos ou pelo método, em formas menos ricas ou até suspeitas, isto se deveu a um empobrecimento das fontes autênticas da contemplação, que não são outras senão as realidades da fé, proclamadas pela Palavra de Deus e comunicadas a nós pela liturgia sacramental.

Os grandes contemplativos e místicos do Oriente, e não em menor grau talvez os do Ocidente, podem documentar que não há divórcio entre liturgia e contemplação, posto que esta tem suas fontes na liturgia e para ela está ordenada, como *sacramentum* ou como "graça sacramental".

359

Talvez algumas discussões, até recentes, sobre a natureza e os graus da contemplação encontrem-se em um beco sem saída, por não terem encontrado essa fecunda relação entre história da salvação e vida contemplativa e contemplação, e parecem reduzir-se a puras especulações filosóficas e escolásticas.

Hoje, a urgência de encontrar essa harmonia na teoria e na prática é experimentada como uma exigência. A invasão, no Ocidente, das técnicas de contemplação que provêm das grandes religiões orientais — ioga, zen etc. — pode, paradoxalmente, tornar a contemplação "pouco cristã"; somente um influxo fecundo da liturgia na contemplação pode alimentar essa experiência, corrigir seus abusos e desvios e torná-la "cristã" em seu conteúdo, em seus métodos e nos compromissos de vida. A contemplação, para ser genuína, deve levar ao mistério trinitário, favorecendo o crescimento de Cristo em nós e a docilidade ao seu Espírito.

A liturgia, momento forte de contemplação

Não há dúvida de que a liturgia é momento forte e privilegiado para entrar em uma dimensão totalmente particular da contemplação. Se não somos capazes de captar logo esse sentido profundo da contemplação litúrgica, é porque nos falta a consciência de viver a liturgia como mistério no qual se participa com uma intensidade forte de vida teologal, com uma atenção notável à presença do Deus vivo, à ação cultual e santificante de Cristo, e à sinergia, ou colaboração que o Espírito nos pede.

Muitas vezes, devemos confessar, é assim; nossas liturgias não brilham por esse sentido de mistério e esse impulso contemplativo que é exigido pela própria natureza da liturgia. Inclusive pessoas de piedade notável encontram dificuldade para viver com impulso de contemplação os momentos da liturgia, e aguardam impacientemente o momento no

LITURGIA, ORAÇÃO PESSOAL, CONTEMPLAÇÃO

qual possam se recolher em oração pessoal e em contemplação. No entanto, é verdade que a liturgia exige essa atitude unificante da pessoa e é verdade que apenas por meio da visibilidade dos sinais litúrgicos temos que estar atentos ao mistério que expressam, à presença de Cristo da qual estão impregnadas todas as realidades litúrgicas.

Mais ainda, devemos dizer que a liturgia, por sua natureza, desenvolve em nós uma atitude tipicamente contemplativa em diversos níveis: para escutar a Palavra no silêncio da mente e do coração; para voltar a expressar e recriar a oração com suas fórmulas: de outro modo, corre-se o risco de recitar ou ler os textos eucológicos apenas materialmente, sem entrar no âmago de uma oração autêntica. A própria gestualidade litúrgica, longe de distrair ou de tornar impossível a contemplação, converte-se no modo concreto de participar de forma plena e unificada no diálogo com Deus.

Na realidade, na liturgia temos sempre que passar do visível ao invisível, dos sinais às realidades, e isto pressupõe um impulso de fé e de amor. Os gestos litúrgicos devem ser vividos de dentro para fora e devem encontrar na simples expressividade unificada do corpo e do espírito a capacidade de ser gestos contemplativos nos quais se unifica o impulso do espírito humano.

Para uma liturgia contemplativa

Se a liturgia, por sua natureza, tende à contemplação e solicita toda a nossa participação no mistério, deve-se saber entrar em seu jogo, manter certa tensão espiritual, unificar o olhar, a mente, o coração, a palavra e os gestos, deixar-se penetrar pelo Espírito, sem o que não há contemplação. Alguns liturgistas estudiosos da religiosidade atual observaram como é preciso, hoje, solicitados como estamos pelas exigências atuais do movimento de interiorização das religiões asiáticas, orientar a experiência celebrativa para uma liturgia mais contemplativa.

Neste sentido, podemos aprender muito da Igreja oriental, que favorece com uma série de elementos simbólicos, mas especialmente com sua teologia da liturgia e algumas de suas orientações, o sentido da contemplação litúrgica.

O Oriente nos recorda que a liturgia é o céu na terra e é uma autêntica mistagogia: uma experiência do mistério e dos mistérios. Talvez nós, especialmente nas últimas décadas, com a introdução da língua popular na liturgia, tenhamos abusado de certo "verbalismo" pastoral, inundando toda a liturgia com palavras e deixando pouco espaço para a assimilação da Palavra, para o silêncio, para o olhar, para a beleza dos gestos e dos ritos, para os sinais expressivos da presença do céu na terra, por medo do ritualismo, caindo, em contrapartida, em certa banalização das celebrações.

Entre o Oriente e o Ocidente existe certa diferença, mas dever-se-ia recuperar alguma complementaridade. A atitude, certamente diferente, pode se expressar com estas palavras de Daniel Ange:

> O Oriente e o Ocidente devem dar-se as mãos. O primeiro, deslumbrado pelos esplendores da visão, o segundo fascinado pela doçura de uma certa voz. O Oriente me diz: "Vem e vê"; o Ocidente: "Escuta e anda". O Oriente: "O que nossos olhos viram"; o Ocidente: "O que nossas mãos tocaram". O Oriente é João que primeiro vê e crê; o Ocidente é Pedro que primeiro entra e crê. João grita: "É o Senhor!"; Pedro se atira à água para alcançá-lo. Mas ambos, juntamente, fixam os olhos no mendigo da Porta Formosa e lhe dizem: "Olha-nos!". Na liturgia do Oriente, a Palavra penetra e ao mesmo tempo se contemplam os ícones que a iluminam. Comoção ao ouvir proclamar o Evangelho do Natal ou da Ascensão, deixando os olhos pousarem no ícone do mistério.[10]

---

[10] ANGE, D. *Dalla Trinità all'Eucaristia*; l'icona della Trinità di Roubliëv. Milano, Ancora, 1984. p. 51.

LITURGIA, ORAÇÃO PESSOAL, CONTEMPLAÇÃO

Para entrar na dimensão contemplativa da celebração é preciso, antes de tudo, favorecer o silêncio interior e exterior, certa pacificação do corpo e do espírito, uma profunda atitude teologal para o encontro com o mistério. Coisas todas que não se improvisam e precisam de certa disciplina espiritual.

O espaço da liturgia tem que ser ao mesmo tempo sóbrio e bem cuidado, com um toque de harmonia e beleza. Os sinais têm que resplandecer pelo que são, imagens do invisível, mediações que devem fazer transparecer o mistério que revelam, sem esquecer que Deus é Beleza e sua obra de salvação traz o selo de uma autêntica estética de amor.

A atitude mais importante, porém, é a de sermos nós mesmos convencidos protagonistas do diálogo com Deus, sacerdotes de seu povo, membros do Corpo de Cristo em escuta e em oração, pedras vivas do templo do Espírito. É esse o mistério que deve nos induzir a estar em uma atitude sobrenatural profunda.

Uma preparação inicial para toda celebração litúrgica vem da consciência de nos colocarmos na presença do Senhor que nos convocou. Ele está lá segundo sua promessa. E toda assembleia, pela presença do Ressuscitado, "é uma festa", segundo a expressão de João Crisóstomo.

Os momentos da contemplação litúrgica

A contemplação nasce, em primeiro lugar, da Palavra proclamada, que deve ser escutada com silêncio religioso, com o assombro e a admiração de senti-la nova, original, divina, dirigida a nós no hoje da salvação, dom de Deus que nos fala como a amigos. Recolhidos em nós mesmos, com atitude mariana de contemplação (cf. Lc 2,19.51), vivemos o primeiro e original sentido da contemplação que é a escuta interior da Palavra de Deus.

A resposta à Palavra, frequentemente modulada com o canto, permite-nos fazer vibrar todo o nosso ser, cantando com o coração e com alegria, porque é belo louvar o Senhor e cantar ao nosso Deus.

Os simples gestos da liturgia são também contemplativos: uma posição apropriada das mãos, uma atitude adequada de escuta e participação enquanto estamos sentados; um estar em pé, consciente, como ressuscitados; de joelhos ou prostrados no chão, como o gesto estupendo de Elias em oração no Carmelo, como adoradores e penitentes (cf. 1Rs 18,42). Todo gesto litúrgico que nasce do coração dobra suavemente o corpo e o modela, tornando-o sacramento e sinal de um impulso total da mente e do coração; encarna e torna corporal a contemplação, o olhar límpido, a elevação das mãos na oração, o gesto processional para o altar, o sinal da paz acompanhado do olhar luminoso e a palavra de comunhão: "A paz do Senhor esteja sempre convosco", "O Senhor está no meio de nós".

A oração litúrgica é contemplativa, embora deva ser recriada cada vez que a expressamos com as fórmulas da Igreja. De fato, o que está escrito nos livros litúrgicos não é oração até que se torne oração nossa, brotada do coração e expressa por nossa voz. É contemplativa especialmente a oração de louvor e de ação de graças pelo que é e pelo que fez por nós. O louvor de Deus expressa liberdade e alegria, espontaneidade e audácia, admiração e capacidade de orar em total gratuidade e sem outros interesses. Trata-se de conhecer e reconhecer a Deus. Assim, a contemplação reveste- se de uma das atitudes mais elevadas do cristão: o reconhecimento nobre da grandeza, da bondade e da sabedoria de Deus, a gratuidade total do coração em tal admiração.

Também é contemplativa, porém, a oração com a qual damos graças ao Senhor por seus dons, pelo que ele fez por nós; de fato, demonstra-se a capacidade de descobrir um dom de Deus em todas as coisas.

LITURGIA, ORAÇÃO PESSOAL, CONTEMPLAÇÃO

Contemplar a Eucaristia não é só fixar o olhar no pão e no cálice, mas também se deixar maravilhar pela fragilidade dos sinais e pela plenitude da realidade salvífica que contém, ouvindo, concentrados na Eucaristia, todas as palavras da revelação que dão sentido a esse mistério do pão partido e do vinho derramado no cálice, mistério pascal do corpo e sangue gloriosos do Senhor, no qual toda a história da salvação se concentra e se oferece, como toda se concentra e se oferece em Cristo crucificado e ressuscitado que nelem próprio torna- se presente.

O momento da presença eucarística, comunicada no coração dos fiéis feitos um só corpo e um só espírito, é momento altíssimo de contemplação. Assim, com a capacidade de uma adequada atenção espiritual, o celebrante que se deixa captar pelos santos sinais da salvação, não pode deixar de realizar uma contemplação litúrgica. Com certeza não manipulando textos e sinais, mas deixando-se modelar interiormente pelo conteúdo e pelas atitudes que as palavras e os gestos da liturgia exigem.

Nota-se, hoje, uma grande necessidade de enriquecer a contemplação cristã com a densidade e a verdade do mistério e dos mistérios celebrados, que são precisamente aqueles que foram dados para serem contemplados, isto é, vividos em uma profunda comunhão e satisfação, no Espírito Santo. Por outro lado, existe a exigência de ganhar na qualidade de nossas celebrações, para que se tornem mais belas, sentidas, contemplativas, mais envoltas no mistério. E não se trata aqui de uma espécie de "elitismo" litúrgico, mas de voltar a dar dimensão contemplativa a essa exigência fortemente sentida na religiosidade popular de estar em comunhão profunda com o que se celebra: de expressar com simples impulso contemplativo a verdadeira participação no mistério de Deus que se torna presente a nós na singular "condescendência de Deus" na liturgia.

Conclusão

Temos a satisfação de concluir com um belo texto de E. Stein, citado no começo do capítulo:

O solene louvor divino deve ter seus lugares na terra, onde é cultivado com a maior perfeição de que os homens são capazes. Daí, pode subir ao céu em nome de toda a Igreja e influir em seus membros, despertando a vida interior e afervorando-os para a participação exterior. No entanto, tem que ser vivificada de dentro para fora, concedendo também nesses lugares um espaço para o aprofundamento silencioso. Do contrário, degeneraria em um culto dos lábios, rígido e sem vida.[11]

Bibliografia

BAROFFIO, B. *Liturgia e preghiera*. Marietti, Torino 1981.

BIANCHI, E. *Pregare la parola*. Torino, Gribaudi, 1982. (Versão castelhana: *Orar la palabra*. Burgos, Monte Carmelo, 2000. p. 78.)

BROVELLI, F. Imparare a pregare. L'apporto della "Liturgia Horarum". *La Scuola Cattolica, 119*: 344-358, 1991.

CASTELLANO, J. Oração e liturgia. In: VV.AA. *Dicionário de liturgia*, op. cit., 814-826; atualizada na nova edição: Preghiera e Liturgia. In: Liturgia. *Dizionari San Paolo*. Cinisello Balsamo, San Paolo. pp. 1492-1511.

_____. Liturgia. In: *Dizionario Enciclopedico di Spiritualità*. Roma, Città Nuova, 1990. pp. 1462-1466.

FARNÉS, P. Liturgia y oración personal. *Oración de las Horas, 24*: 191-203, 1993;

_____. La liturgia escuela de oración. *Phase*, n. 197, 1993.

FERNÁNDEZ, P. Contemplación y liturgia. *La Ciencia Tomista, 95*: 483-505, 1968.

---

[11] *La oración de la Iglesia*, cit., p. 410.

LITURGIA, ORAÇÃO PESSOAL, CONTEMPLAÇÃO

LUCIEN MARIE. Prière liturgique et prière personelle. *Foi Vivante*, 4: 108-116, 1963.

MARITAIN, J. & R. *Vita di preghiera. Liturgia e contemplazione*. Roma, Borla, sem data para publicação.

NEUNHEUSER, B. Preghiera personale, vita liturgica e sacramentale. In: VV.AA. *Per una presenza dei religiosi nella Chiesa e nel mondo*. Torino, s.ed., 1970. pp. 617-654.

SCHMIDT, H. Private prayer and liturgical prayer. *Review for Religious*, 26: 324-335, 1967.

VV.AA. *Liturgia e vita spirituale*. Torino, Marietti, 1980.

VV.AA. *Liturgia soglia dell'esperienza di Dio?* Padova, Messaggero, 1982.

São interessantes os seguintes números monográficos da *Rivista Liturgica*:

Educazione alla preghiera. Istanze del movimento liturgico, n. 2, 1988;

Silenzio e liturgia, n. 4, 1989;

Meditazione e liturgia, n. 6, 1990;

Capítulo XII
O CAMINHO ESPIRITUAL CRISTÃO: ASCÉTICA E MÍSTICA

U m capítulo sobre a espiritualidade é constituído pelo estudo da ascética e da mística, tanto como exigências da vivência do mistério cristão quanto como itinerário de crescimento para a perfeição. No entanto, não é fácil encontrar sínteses que tratem este tema à luz da liturgia; não se fala habitualmente desses temas na reflexão teológica e faltam as vozes pertinentes nos dicionários especializados de liturgia. Nos tratados de espiritualidade que falam de ascética e mística, não se enfatiza a dimensão litúrgica. Somente alguma literatura recente manifesta interesse pelo tema.

No entanto, está claro que as exigências da ascese (conversão, luta, mortificação, configuração a Cristo) e da mística (participação no mistério e nos mistérios de Cristo) estão vinculadas, na economia cristã, à celebração do dom de Deus, como acontece na liturgia e nos sacramentos da Igreja. Não há indicações amplas do Magistério que nos permitam nos orientar neste tema. Não falta, porém, uma significativa alusão da SC 12 sobre o sentido litúrgico da mística. Portanto, a nossa é uma reflexão inicial que aproveita alguns estudos anteriores para os quais remetemos à bibliografia.

Desde a antiguidade cristã, um vocabulário comum une o sentido do progresso na vida espiritual à sacramentalidade cristã que é seu fundamento. Referimo-nos à terminologia sacramental da tríplice via da purificação, iluminação e união. Foi vinculada ao processo da iniciação cristã pelo Pseudo Dionísio.[1] As vias progressivas da perfeição vinculam-se assim, de maneira sacramental, como causa e modelo do caminho do cristão que entra no processo da purificação batismal, avança no âmbito da iluminação para chegar à experiência da união sacramental com Deus por meio do dom do Batismo, da unção com o crisma e da Eucaristia. Ascese e mística estão ligadas essencialmente a este processo.

Duas referências atuais tornaram familiar a terminologia da via purificativa, iluminativa e unitiva. A primeira encontra-se no âmbito sacramental. O Ritual da iniciação cristã dos adultos, nn. 12-14, dá destaque a esta terminologia. A preparação próxima para o Batismo é chamada "tempo da purificação e da iluminação" e supõe uma experiência de purificação (conversão, luta, exorcismos...), um dom de iluminação diante do mistério de Cristo (escrutínios pré-batismais e outros ritos) para culminar na experiência da celebração unitária dos sacramentos que unem com Cristo (Batismo, Confirmação, Eucaristia).

A carta da Congregação para a Doutrina da Fé, *Orationis formas*, de 1989, usa a mesma terminologia para indicar o caminho da oração e da vida cristã, seguindo os passos da vocação e das exigências batismais e eucarísticas da purificação ascética, da iluminação contemplativa, da

---

[1] *De coelesti hierarchia* III, 2-3 e *De ecclesiastica hierarchia* II, 1-3: PG 3, 166-169.391-394.

O CAMINHO ESPIRITUAL CRISTÃO: ASCÉTICA E MÍSTICA

união por meio da Eucaristia (nn. 17-22). Na graça sacramental da iniciação cristã temos a causa e o modelo do progresso espiritual até sua máxima realização na mística cristã, que não pode ir mais além das exigências e das graças comunicadas nos sacramentos. Procurar-se-á, na ascese, viver as exigências prévias e o compromisso dos sacramentos, e, na mística, entrar na percepção mais profunda e completa do que é objetivamente comunicado nos mistérios de Cristo:

> Finalmente, o cristão que reza pode chegar, se Deus quiser, a uma experiência particular de união. Os sacramentos, sobretudo o Batismo e a Eucaristia, são o começo objetivo da união do cristão com Deus. Sobre este fundamento, por uma graça especial do Espírito, quem ora pode ser chamado àquele tipo particular de união com Deus que, no âmbito cristão, é qualificado como mística.[2]

Daí se segue que o dinamismo da graça sacramental, por meio do itinerário espiritual da experiência litúrgica e da personalização da graça, com a ajuda da multiforme graça de Cristo que se comunica no ano litúrgico (cf. SC 102), é o fundamento da ascese e da mística.

Liturgia e ascese

Relação sacramental

Uma dimensão essencial da vida cristã, enraizada no Batismo e renovada pela Eucaristia e pelos outros sacramentos, é a ascese, entendida em um sentido amplo como é proposta pelo Concílio na SC 12:

---

[2] *Orationis formas*, n. 22; cf. CIC, 2014. Expusemos amplamente o dinamismo dos sacramentos da iniciação como paradigma do caminho da santidade cristã, seu desenvolvimento e sua plenitude em nosso artigo: La iniciación cristiana y el camino espiritual. *Phase*, *41*: 461-476, 2001.

E do mesmo apóstolo aprendemos que devemos sempre trazer em nosso corpo a morte de Jesus para que também a sua vida se manifeste em nossa carne mortal. Razão por que suplicamos ao Senhor no sacrifício da missa que nós mesmos, pela "aceitação da oblação da hóstia espiritual", sejamos feitos "eterna dádiva" sua.

Trata-se de manifestar a dimensão batismal e eucarística de comunhão com Cristo e com sua vida, para fazer de toda a nossa existência um dom, uma oferenda viva para louvor da glória do Pai. Qual é, então, a relação entre ascese cristã e liturgia?

Antes de tudo, a ascese cristã tem sua fonte e sua causa exemplar no Batismo, que nos estabelece em uma condição permanente de comunhão com Cristo sofredor e glorificado; a cruz, tornada gloriosa pelo Batismo, é a condição normal do cristão em suas diversas manifestações concretas, até a última enfermidade e à morte, última Páscoa de todo crente.

Essa atitude fundamental é iluminada e reforçada pelos outros sacramentos: a Confirmação como unção do Espírito, também para viver a dimensão da oferenda espiritual da vida; a Penitência, celebração de nossas lutas, de nossos fracassos e de nossos esforços para nos configurar a Cristo na misericórdia do Pai e na renovada imersão na redenção; a Unção dos enfermos, que confere na enfermidade o sentido da união a Cristo que padeceu e foi glorificado, com o dom do Espírito; a Eucaristia, na qual, partícipes do mistério pascal, repetimos nosso Amém sacrifical e nos comprometemos a viver em comunhão com o Crucificado ressuscitado.

Momentos particulares do ano litúrgico, como a Quaresma, com seu ponto culminante que é a Páscoa, oferecem aos cristãos a ocasião para aprofundar a ascese cristã. A liturgia quaresmal, também em seu

O CAMINHO ESPIRITUAL CRISTÃO: ASCÉTICA E MÍSTICA

vínculo com o tempo da "purificação e iluminação", sublinha em si mesma essa especial dimensão permanente da vida cristã. A linguagem da liturgia neste tempo sublinha a dimensão ascética com as alusões ao combate, ao itinerário de perfeição, à vigilância, à situação da natureza caída e chamada à renovação e à reconciliação. Isto vale para a liturgia quaresmal ocidental, mas também para a oriental, especialmente na perspectiva expressa pelo grande cânon penitencial de santo André de Creta, que sintetiza seu conteúdo.[3]

A ascese em dimensão pascal

A visão da ascese à luz da liturgia e, portanto, na perspectiva da Páscoa e do Batismo que é seu modelo, muda radicalmente.

É verdadeira a expressão de O. Clément que fala da antropologia cristã como de "uma antropologia na qual se entra por meio do arrependimento".[4] O primeiro movimento do caminho cristão é a conversão à luz e pela força da Palavra. O Batismo reconstruirá e transformará essa antropologia.

É também iluminadora a expressão de I. Hazim que, à luz do mistério da ressurreição, define a ascese cristã com as seguintes palavras: "A ascese cristã é pascal, mística, teologal, vivificante. Pela cruz de Cristo nos tornamos livres a cada dia, uma vez que só ela é reconciliação, serviço, dom total e ágape".[5]

Um estudo esmerado da teologia litúrgica e da linguagem litúrgica poderia muito bem ilustrar exaustivamente essas dimensões.

---

[3] Cf. Castellano, J. *El año litúrgico*. Barcelona, CPL, 1994. pp. 146ss.

[4] *Riflessioni sull'uomo*. Milano, Jaca Book, 1975. pp. 15ss.

[5] *La risurrezione e l'uomo di oggi*. Roma, Ave, 1970. p. 78.

LITURGIA E VIDA ESPIRITUAL

Na realidade, a ascese é *pascal* e, portanto, nasce da redenção e tende para a transformação, à imagem da Páscoa, da passagem de Cristo:

> Por meio da graça da cruz vivificante o homem recebe a capacidade de transformar todo estado de morte em estado de ressurreição [...] A existência cristã pressupõe, em suas etapas mais importantes, e, definitivamente, em todo instante, uma "páscoa", uma metamorfose de nosso ser, realizada pouco a pouco.[6]

É *mística*, depende de um dom e é a realização de um mistério, tanto em sua dimensão ativa (luta) como na de purificação passiva (prova):

> O Batismo é o sacramento da iniciação às profundezas do mistério de Cristo. [...] Todo o itinerário que postula em nós a morte do homem velho e o crescimento do homem novo [...], as exigências às vezes terríveis deste itinerário — pense-se nos sofrimentos dos mártires, nas noites dos sentidos e do espírito dos místicos —, tudo isto está como que esculpido e antecipadamente contido na graça do Batismo, como a flor está na semente e pede para se abrir.[7]

É *teologal*, guiada pelas virtudes teologais — fé, esperança, caridade — e subordinada ao crescimento em nós dessas virtudes até a perfeição, também por meio de sua purificação, como ensina João da Cruz.

É ascese *vivificante*, isto é, orientada para impregnar de vida nova nossa existência, para despertar as forças necrosadas pelo pecado por causa do egoísmo com a força do Espírito. Com razão a IV Oração eucarística afirma: "E a fim de não mais vivermos para nós, mas para ele,

---

[6] CLÉMENT, op. cit., pp. 20-21.

[7] JOURNET, CH. La communion. *Nova et Vetera, 31*: 114, 1956.

374

O CAMINHO ESPIRITUAL CRISTÃO: ASCÉTICA E MÍSTICA

que por nós morreu e ressuscitou, enviou de vós, ó Pai, o Espírito Santo [...]".

É, finalmente, *libertadora*, no sentido de uma verdadeira libertação negativa (livres "de") e positiva (livres "para"):

> A cruz de Cristo, que penetra em nossas profundezas, liberta, no sentido literal do termo, toda a energia que nosso pecado mantinha prisioneira. Ao preço de uma renúncia a nós mesmos, como diz o Evangelho, isto é, dizendo "não" à morte e "sim" àquele que é a vida.[8]

M. Magrassi afirma: "No fundo, toda ascese cristã se reduz a isto: realizar progressivamente a graça batismal em seu duplo aspecto de purificação e de iluminação, ou, então, de despojamento do homem velho e revestimento do novo". E o ilustra com uma série de textos litúrgicos.[9]

Mística e liturgia

Noções e precisões

Para compreender bem a relação entre a mística e a liturgia deve-se esclarecer o sentido das palavras e dos conceitos no intuito de apreciar suas semelhanças. Mística, de *myesis*, *mysterion*, refere-se ao mistério, ao fundo imperceptível da verdade, àquilo no qual se deve ser iniciado, e, em sentido cristão, ao mistério revelado que é Cristo. Trata-se de uma manifestação gratuita e benévola. Neste sentido, a liturgia é

---

[8] Cf. HAZIM, op. cit., p. 26. Cf. CASTELLANO, J. L'ascesi cristiana come evento pasquale. In: ANCILLI, E.,org. *Ascesi cristiana*. Roma, Teresianum, 1977. pp. 285-303.

[9] Cf. Novitas Natalis. Il Battesimo come vita nuova negli antichi formulari liturgici. In: VV.AA. *Il Battesimo*; teologia e pastorale. Torino-Leumann, LDC, 1970. pp. 245ss.

LITURGIA E VIDA ESPIRITUAL

precisamente abertura ao dom e manifestação de Deus que é mistério de Cristo.

Mística é também não apenas o dom, mas a própria *iniciação* à compreensão oculta, na qual o escolhido, neste caso, recebe a *myesis*. Também a liturgia é mística já que requer uma iniciação por meio da Palavra, com a mediação da Igreja. É a mistagogia sacramental.

Mística significa também a *experiência* enquanto dada, e portanto, em algum sentido, passiva, provocada, gratuita; e supõe uma satisfação, um gosto, uma inteligência do mistério e da ação de Deus. Também na liturgia resplandece seu caráter de dom gratuito e de abertura para a experiência mediante o conhecimento e a fruição. Portanto, é necessário distinguir entre a graça, *o modo fenomênico de experimentá-la*, os conteúdos de verdade e de vida, a compreensão, a comunicação e a transformação da pessoa.

A mística, nas duas primeiras acepções, pertence à vocação cristã ordinária; a mística como experiência fenomênica superior pertence à ordem dos carismas: para uma percepção mais intensa da santificação e para o testemunho do mistério.[10] Neste sentido, todos podemos ter uma experiência "mística" da liturgia. É a consciência do mistério e do dom gratuito de Deus.

Uma experiência mística fenomênica da liturgia é um "carisma" gratuito: deve-se verificar sua existência, estudá-lo, captar sua mensagem, como bem diz o *Catecismo da Igreja Católica*, que citamos, distinguindo os dois casos que propusemos antes:

a)   "O progresso espiritual tende à união sempre mais íntima com Cristo. Esta união recebe o nome de 'mística', pois ela participa no

---

[10]   Cf. *Orationis formas*, n. 25.

mistério de Cristo pelos sacramentos — 'os santos mistérios' — e, nele, no mistério da Santíssima Trindade, Deus nos chama a todos para esta íntima união com ele...,

b) mesmo que graças especiais ou sinais extraordinários desta vida mística sejam concedidos apenas a alguns, em vista de manifestar o dom gratuito feito a todos" (CIC 2014).

À luz destes princípios, podemos recordar alguns resultados já adquiridos por alguns estudos recentes sobre a unidade entre liturgia e mística.

Uma orientação geral no nível de doutrina afirma a necessária unidade entre mística cristã e mistério cristão, comunicado nos sacramentos: a experiência mística cristã não pode deixar de ser experiência do mistério e dos mistérios cristãos.

A liturgia é mistérica e mística: por seus conteúdos e pela gratuidade da comunicação de Deus em relação a nós. Indica que a experiência nos é dada; não somos nós a fonte do mistério de Deus, mas tudo é uma revelação, uma "economia de salvação", uma manifestação da bênção de Deus em Cristo.[11]

As experiências místicas genuínas têm conotações claras de conhecimento, de satisfação e de orientação para a transformação da pessoa. Isto não falta também na experiência litúrgica, que, embora na fé, é experiência cognitiva, fruitiva e compromete toda a pessoa; tende à transformação da vida pessoal e comunitária.

---

[11] Cf. CIC, 1077-1083; uma explicação ampla do conceito de mística e de suas implicações teológicas e fenomênicas pode ser encontrada em meu artigo: Mística cristiana y fenómenos místicos. In: VV.AA. *Planteamiento y métodos de las causas de los santos.* Madrid, Edice, 2005. pp. 205-245. (Secretaría general. Oficina para las Causas de los Santos. Conferencia Episcopal Española. Com bibliografia.)

São notas da liturgia e, portanto, da autêntica mística cristã: a dimensão trinitária, a acentuação cristológica e pneumatológica, a referência aos mistérios de Cristo, a suas palavras, a episódios de sua vida e a momentos de sua economia. É nota distintiva a eclesialidade da experiência mística, como também da liturgia: comunhão com a fé e a vida da Igreja, colaboração com sua missão. Mas é também autêntica a mística do serviço, da criação iluminada pelo mistério da criação e da escatologia e a mística do irmão como presença de Cristo. É mística autêntica a que faz experimentar a grande riqueza do que nos é comunicado no ano litúrgico: mística da encarnação, da Páscoa, de Pentecostes.

Liturgia e experiências místicas

É necessário fazer uma distinção entre a liturgia como "mística" e experiências místicas litúrgicas. Convém também distinguir entre liturgia como lugar das experiências e o conteúdo ou graça da experiência vivida também fora da liturgia, mas com uma necessária relação com a vida litúrgica. Referimo-nos aqui à relação existente entre as experiências místicas — como acontecem na vida de alguns espirituais dotados deste carisma na Igreja — e a vida litúrgica.

Deve-se dizer que o tema não foi muito estudado. Os estudos sobre a experiência mística orientaram-se mais para o "modo" desta experiência — para a fenomenologia ou a descrição dos fenômenos — e muito menos para seu conteúdo, especialmente em relação com a Bíblia, a tradição e a liturgia. Já há tempos alguns autores destacaram a necessidade de examinar o tema no nível bíblico-litúrgico, mas ainda não há muitos estudos. Hoje, mais que nunca, a experiência mística não é acreditável quando não se enquadra nas grandes linhas da história da salvação e do mistério de Cristo.

O CAMINHO ESPIRITUAL CRISTÃO: ASCÉTICA E MÍSTICA

A vida mística não pode ser mais que a experiência das realidades vividas na liturgia:

A vida mística individual, como era concebida pela teologia tradicional, é o reflexo e a manifestação daquela profunda experiência eclesial que acontece na liturgia, e daí a urgência de rever o enfoque da teologia mística, ampliando os horizontes mais além da biografia micromística, para inseri-la na teologia cristológica, eclesiológica e sacramental, que convergem no momento litúrgico.[12]

Uma contribuição específica para reorientar a teologia espiritual é oferecida por A. Stolz.[13] Recentemente, também um congresso estudou o tema em diversas perspectivas, mas é mais frequente a perspectiva filosófica e não a específica das experiências cristãs místicas.[14]

Experiências místico-litúrgicas na história

Não temos uma verdadeira e própria história da mística do ponto de vista litúrgico. Temos que nos contentar com alguma nota metodológica, útil para trabalhos posteriores.

A Bíblia, enquanto narração das maravilhas de Deus, é um canteiro de experiências "místicas" nas teofanias, comunicações, palavras e milagres que culminam na experiência de Jesus Cristo e na revelação de seus mistérios. Na vida mística, essas teofanias são frequentemente

---

[12] ÁLVAREZ, T. Estado actual de los estudios místicos. In: VV.AA. *Contemplación*. Madrid, s.ed., 1973. pp. 95-108.

[13] *Teologia della mística*. Brescia, Morcelliana, 1940; cf. JIMÉNEZ DUQUE, B. *Teologia de la mística*. Madrid, BAC, 1963.

[14] Cf. VV.AA. *Mística e ritualità: mondi inconciliabili?* Padova, Messaggero, 1999; cf. Também o verbete de CARUANA, E. Liturgia. In: *Dizionario di mistica*. Città del Vaticano, Libreria Editrice Vaticana, 1998. pp. 752-758; em castelhano, *Diccionario de Mística*. Madrid, San Pablo, 2002. pp. 1079-1089, onde falta uma abordagem de uma mística vivida na liturgia também no nível fenomenológico.

"revividas" à luz da Palavra ou são compreendidas em profundidade. Com frequência, há uma "mística" da Palavra experimentada misticamente e um reviver os mistérios da vida de Cristo.

Experiência do mistério é narrada por Paulo e por João, nos quais se encontra o sentido genuíno de uma "revelação" e de uma experiência do mistério, inclusive de um convite para entrar no pleno conhecimento do mistério e dos mistérios de Cristo. Com frequência, também aqui os místicos revivem a Palavra misticamente.

A época patrística é rica em doutrina sobre a mística; antes de tudo, na interpretação geral da liturgia como mistério e sacramento. Os Padres desenvolvem também os critérios de discernimento diante do falso misticismo: o da gnose ou o dos messalianos.[15]

Temos, porém, pouca documentação sobre experiências místicas na liturgia, com exceção algum testemunho de penetração interior, de comoção, de inteligência.[16]

A Idade Média já é mais pródiga na descrição de experiências místicas litúrgicas: santa Gertrudes, santa Catarina, santa Brígida, santa Ângela de Foligno, são Francisco, são Domingos, são Bernardo. São todas experiências místicas que devem ser estudadas ou reestudadas.[17] Os melhores estudos foram realizados sobre santa Gertrudes por C.

---

[15] Cf. *Orationis formas*, nn. 8-9, com as notas.

[16] CLÉMENT, O. *Alle fonti con i Padri*; i mistici cristiani delle origini; testi e commento. Roma, Città Nuova, 1987. Pode-se ver uma abordagem do paralelismo entre são João da Cruz e a mística batismal dos Padres, em meu estudo: Mística bautismal; una página de san Juan de la Cruz a la luz de la tradición. *Revista de espiritualidad, 140-141*: 465-482, 1976. Um estudo sobre a mística batismal em são João Crisóstomo: *Le baptême mystère nuptial*; théologie de Saint Jean Chrysostome. Venasque, Carmel, 1993.

[17] Cf. os respectivos verbetes nos dicionários especializados sobre mística. Não conseguiram esta síntese entre mística e liturgia, como aparecem em algumas obras: *Dictionnaire de Spiritualité, Nuevo Diccionario de Espiritualidad, Dizionario Enciclopédico di Spiritualità, Dizionario di Mistica* etc.

O CAMINHO ESPIRITUAL CRISTÃO: ASCÉTICA E MÍSTICA

Vagaggini em seu clássico estudo sobre mística e liturgia, em seu livro *O sentido teológico da liturgia.*[18]

A época moderna precisa ser reestudada com pesquisas sobre personagens de comprovada experiência mística. Não faltam estudos que revalorizam a experiência mística de santo Inácio, santa Teresa, são João da Cruz, são Paulo da Cruz... Também na Igreja oriental é notável a experiência sobrenatural de são Serafim de Sarov, são João de Cronstad, são Silvano do Monte Athos e outros.

Em nossos dias, H. Urs Von Balthasar destacou a experiência de Adrienne von Speyr como "mística objetiva", contrapondo-a (talvez excessivamente) à mística subjetiva. Existe aí um campo imenso para aprofundamentos e pesquisas. Um estudo esmerado das fontes, dos testemunhos, poderia ser útil para reescrever a história das relações entre mística e liturgia, como pude comprovar ao estudar Teresa de Jesus e são João da Cruz.[19] Aqui são necessárias duas notas metodológicas: a) uma experiência mística litúrgica não está necessariamente ligada ao momento mesmo da celebração litúrgica; pode ser vivida fora da liturgia, mas como graça específica que tem um momento de experiência ou de revivescência; também aqui a liturgia pode ser fonte e cume, mas não necessariamente o lugar da experiência, embora isto não seja excluído; b) a missão do místico em relação com os fiéis na experiência mística litúrgica, como recordava o *Catecismo*, é esta: dar testemunho da verdade do mistério e de sua graça, que no nível normal os fiéis vivem, mas não experimentam.

---

[18] Madrid, BAC, 1959. pp. 701-765.

[19] Cf., por exemplo, uma primeira síntese sobre a liturgia vivenciada e as experiências místicas de santa Teresa no verbete Liturgia. In: *Diccionario de santa Teresa*. Burgos, Monte Carmelo, 2002. pp. 413-424; La experiencia del misterio litúrgico en san Juan de la Cruz. In: VV.AA. *Experiencia y pensamiento en san Juan de la Cruz*. Madrid, Espiritualidad, 1990. pp. 113-154.

LITURGIA E VIDA ESPIRITUAL

Mística dos sacramentos da iniciação cristã

Uma abordagem "sincrônica" da mística litúrgica, diferente da "diacrônica" feita por alguns autores, pode ser acessível em minha síntese sobre a mística dos sacramentos da iniciação cristã, na qual apontei e ilustrei com textos de autores antigos e modernos, do Oriente e do Ocidente, estas linhas gerais de experiência mística litúrgica.[20]

Na graça do Batismo e da Confirmação

Antes de tudo, para os Padres da Igreja, o Batismo é "metanoia" ou mística da conversão, que leva à experiência de uma opção radical por Cristo e de uma negação de Satanás, como se fazia e se faz na profissão de fé batismal, interpretada como adesão a Cristo e aversão ao diabo. Daqui flui a perene dimensão de conversão do cristão em seu caminho espiritual.

A *iluminação batismal* é o fundamento do conhecimento dos mistérios e do chamado à contemplação mística, com a graça do Espírito Santo.

Para os Padres da Igreja, como são João Crisóstomo, o Batismo constitui com sua dimensão de aliança o fundamento da mística nupcial cristã e do progresso na vida espiritual como comunhão com Cristo na perspectiva da Igreja esposa.

A graça do Batismo como regeneração, mistério de morte, mística de vida, faz da vida cristã uma perene comunhão com o mistério pascal

---

[20] Cf. CASTELLANO, J. Mistica dei sacramenti dell'iniziazione cristiana. In: *La Mistica*, op. cit., II, pp. 77-111. Remetemos a este estudo no qual se encontram, além das indicações concretas, as fontes litúrgicas e patrísticas deste tema tão importante da vida espiritual cristã. Completamos esta bibliografia com nosso estudo sobre a experiência mística e a Eucaristia: Eucaristia ed esperienza mistica. In: CONGREGAZIONE PER LE CAUSE DEI SANTI, *Eucaristia, santità e santificazione*. Città del Vaticano, Libreria Editrice Vaticana, 2000. pp. 96-116.

O CAMINHO ESPIRITUAL CRISTÃO: ASCÉTICA E MÍSTICA

de Cristo, de modo que a vida cristã se move com a lógica de uma constante morte-ressurreição, uma contínua páscoa de morte e de vida, até a páscoa definitiva da morte e do martírio como configuração com a morte e ressurreição de Cristo.

A mística batismal da comunhão eclesial expressa o sentido comunitário da vida cristã, vida de Igreja e na Igreja, princípio de uma mística do Corpo de Cristo e de uma participação na vida da Igreja, na comunhão e na missão, que pode alcançar as cotas elevadas da vida eclesial dos grandes santos e místicos que vivem e sentem a Igreja como sua própria vida.

A unção sagrada da confirmação com o dom do Espírito Santo é o princípio sacramental de uma mística "pneumática" ou do Espírito, aberta a todos os dons carismáticos para o serviço da santidade na Igreja.

Na graça da Eucaristia

Um estudo dos textos e das experiências místicas eclesiais da Eucaristia produz um balanço rico de perspectivas.

Segundo a interpretação paulina de Ef 5,25-27, a Eucaristia tem uma dimensão esponsal e se manifesta por meio da doutrina dos Padres e das experiências dos místicos como a expressão sacramental da mística esponsal com Cristo, que tem em alguns santos sua consumação no dom do matrimônio espiritual com o qual a pessoa é consagrada como alma esposa.

Da dimensão trinitária da Eucaristia — dom do Pai, presença de Cristo, efusão do Espírito — procede o sentido trinitário da mística, tanto na relação com cada uma das pessoas divinas como na participação na comunhão trinitária, ponto de chegada normal e original da mística cristã.

383

A Eucaristia celebrada e assimilada favorece uma consciência e uma experiência da unidade da Igreja que a própria Eucaristia revela e realiza. Em alguns santos e santas, essa experiência se manifesta como uma percepção forte da unidade da Igreja e uma consagração para viver, sofrer e trabalhar por sua unidade.

Em outras experiências espirituais, como a de Teresa de Calcutá, a mística da adoração e da comunhão eucarística acrescenta a percepção dos irmãos como "sacramentos da presença e do amor de Cristo"; e levam para o serviço desinteressado de Cristo nos pobres e nos mais necessitados, desde a visão mística que unifica Eucaristia e caridade, adoração e caridade. Unifica-se, assim, a necessária relação entre os dois sacramentos, segundo a tradição dos Padres da Igreja: o sacramento da Eucaristia e o sacramento do pobre e necessitado.

A adoração da presença eucarística permanente da Eucaristia é fonte de piedade e também de experiências místicas nas quais se percebe a presença perene de Cristo, o sentido da adoração e da oblação, da reparação e da intercessão.

A mística cotidiana da liturgia, aberta a todos

A experiência que o cristão tem na liturgia é sempre, de algum modo, "mística", já que é uma "experiência dos mistérios", um entrar em contato com as realidades sobrenaturais, abertas somente aos "iniciados", e também no sentido de que na liturgia há sempre uma superioridade constante da obra de Deus sobre tudo quanto podemos e conseguimos fazer.

Na vida quotidiana, a experiência da liturgia pode criar problemas de vida espiritual, riscos de exaltação ou de desânimo; o desejo de assimilar a graça sacramental na própria vida e de comunicá-la aos

O CAMINHO ESPIRITUAL CRISTÃO: ASCÉTICA E MÍSTICA

demais pode criar falsos espelhismos de santidade, ou então desenganos que poderiam desanimar a práxis sacramental, vendo que os efeitos produzidos pela comunhão com Cristo parecem irrelevantes, ou que ainda existem em nós falhas morais, mesmo nos empenhando seriamente na vida litúrgica.

Há outro perigo, que é o de considerar a liturgia um bem de consumo, crendo estar em paz com Deus e com os irmãos por haver celebrado uma bela liturgia. Não há possibilidade de consumismo litúrgico. Como a graça de Deus, a liturgia nos supera e remete a uma continuidade no aprofundamento espiritual e na vida: jamais conseguimos acompanhar o passo de Deus nem assimilar toda a graça que nos é dada.

O cristão, portanto, deve se sentir imerso em uma "mística sacramental", e — como adverte Schillebeeckx — trata-se de uma necessária dimensão da experiência da vida sacramental.[21] Resumimos aqui seu pensamento.

Falar de mística é afirmar que a graça de Deus nos precede, nos acompanha e nos segue, que sua ação e sua gratuidade são maiores que nossa resposta e nossa assimilação do dom espiritual que nos é oferecido quotidianamente.

Antes de tudo, nossas obras não dão a medida da graça recebida, mas da graça assimilada pessoalmente. A receptividade do homem desempenha uma função limitadora. A graça transcende nosso desenvolvimento religioso pessoal; é mais ampla e mais abundante, já que nos apropriamos dela de modo pessoal ou a manifestamos em nossas obras exteriores.

---

[21] Cf. *Cristo, sacramento del encuentro con Dios*. San Sebastián, Dinos, 1965. pp. 249-253. [Ed. bras.: *Cristo, sacramento do encontro com Deus*. Petrópolis, Vozes, 1968.]

Nossa fraqueza significa que, apesar de nosso desejo profundo da graça e de nossa sincera intenção religiosa, não somos coerentes em nossa vida. A graça, então, age em nós como "graça de cura" (*gratia sanans*), para remediar as deficiências que estão em nós, apesar dos esforços pessoais.

A santificação sacramental penetra em nós mais profundamente do que nossa vida permite supor. A pura benevolência e gratuidade da redenção alcança, então, seu vértice "místico".

A graça não só previne e impede nossas culpas, mas também nos precede sempre em qualquer passo, de modo que experimentamos, incessantemente, que hoje a graça de Deus é mais íntima do que pôde ser ontem. Cria no cristão atitudes mais profundas de humildade, confiança, pobreza espiritual e amor. Às vezes não age de maneira evidente em um melhoramento da vida como aparece aos olhos dos outros; age, no entanto, em um amadurecimento profundo da vida da alma, em uma espécie de realização teologal da vida íntima, que adquire uma consciência cada vez mais viva de estar sempre abaixo da riqueza da graça.

Na graça sacramental, o homem se dá conta do quanto sua vida toda está cercada e sustentada por uma graça; sua vida interior religiosa se lhe apresenta como uma realidade surpreendente e sempre nova, como uma riqueza que não pode compreender partindo de sua experiência psicológica pessoal.

Na experiência quotidiana da liturgia, que nos traz a cada dia a riqueza e a novidade da graça, embora não tenhamos conseguido assimilar a anterior, e conscientes de que jamais seremos fiéis também a esta, os cristãos experimentam a gratuidade da graça, a benevolência de Deus, a fidelidade a suas promessas, sua iniciativa constante em nossa salvação.

O CAMINHO ESPIRITUAL CRISTÃO: ASCÉTICA E MÍSTICA

A esta mística sacramental (aceitar que Deus sempre tem a iniciativa e é maior que nós, maior que nosso coração), deve corresponder a atitude desinteressada dos fiéis na vida litúrgica, sem pensar no próprio proveito, nos frutos de vida espiritual, mas no louvor, na ação de graças e na adoração.

Como diz uma oração da Igreja: "Nós vos damos graças, ó Pai, pelo sacramento que celebramos, para que o dom recebido nos prepare para continuar a recebê-lo". A vida cristã, acompanhada pelo dom da liturgia cotidiana, de modo especial da Eucaristia, é a surpresa quotidiana de um Deus que a cada dia se manifesta a nós na novidade de um amor que se inicia, de uma aliança fiel, de uma graça que é sempre manifestação do princípio essencial do cristianismo: a consciência de um Deus que nos amou primeiro e continua nos amando com a mais pura gratuidade.

Bibliografia

BAROFFIO, B. La mistica della Parola. In: VV.AA. *La mistica*; fenomenologia e riflessione teologica. Roma, Città Nuova, 1984. pp. 31-46.

CASTELLANO, J. La mistica dei sacramenti dell'iniziazione cristiana. In: *La mistica*; fenomenologia e riflessione teologica. Roma, Città Nuova, 1984. pp. 77-111.

_____. La experiencia del misterio litúrgico en San Juan de la Cruz. In: VV.AA. *Experiencia y pensamiento en San Juan de la Cruz*. Madrid, Ede, 1990. pp. 113-154.

LOSSKY, V. *La teologia mistica della Chiesa di Oriente*. Bologna, II Mulino, 1967.

RAPISARDA, G. La liturgia, propedeutica alla esperienza mistica. In: VV.AA. *Mistica e scienze umane*. Napoli, Dehoniane, 1983. pp. 83-99.

ROCCHETTA, C. La mistica del segno sacramentale. *La mistica*; fenomenologia e riflessione teologica. Roma, Città Nuova, 1984. pp. 47-76.

LITURGIA E VIDA ESPIRITUAL

VILLER, M. & RAHNER, K. *Ascetica e mistica nella patristica*. Brescia, Queriniana, 1991.

VV.AA. Mystère... Mystique. In: *Dictionnaire de spiritualité*, X, 1861-1874.

É importante o ensaio de:

BOUYER, L. *"Mysterion"*; dal mistero alla mistica. Città del Vaticano, LEV, 1998.

Sobre a mística da Eucaristia:

LONGPRÈ, E. Eucharistie ed expérience mystique. In: *Dictionnaire de spiritualité ascétique et mystique*. Paris, Beauchesne, 1961, IV. pp. 1586-1621.

PARENTE, P. *Esperienza mistica dell'Eucaristia*; croce e pane, follia d'amore. Roma, Città Nuova, 1981.

Algumas experiências místicas de ontem e de hoje:

VV.AA. *Eucaristia, santità e santificazione*. Città del Vaticano, LEV, 2000.

VV.AA. Eucaristía y experiencia mística. *Revista de espiritualidad*, *54*: 213-214, 1996. (Número monográfico.)

Na Igreja oriental, a experiência litúrgica é sempre considerada experiência do mistério, mística litúrgica. Os ortodoxos são mais receosos diante das experiências místicas fenomênicas. Ver:

FLORENSKIJ, P. Breve cenno sulle percezioni nel momento in cui si ricevono i sacramenti. In: _____. *Il Cuore cherubico*; scritti teologici e mistici. Casale Monferrato, Piemme, 1999. pp. 103-130.

Outras perspectivas de experiência espiritual mística oriental e ocidental em:

VV.AA. *Santità: vita nello Spirito*. Bose, Qiqajon, 2003.

CAPÍTULO XIII
LITURGIA E PIEDADE POPULAR À LUZ DO NOVO DIRETÓRIO

Uma realidade perene da vida espiritual dos cristãos é a piedade popular. Ocupa um lugar muito importante na experiência espiritual de muitas áreas da vida da Igreja. São muitos os que vivem sua relação com Deus Pai, com Cristo e com o Espírito, com a Virgem Maria e com os santos mediante essa relação profunda e sentida que Paulo VI quis definir, mais que como religiosidade — algo que tem conotações antropológicas gerais —, como "piedade" popular, que tem a ver com o que Paulo apóstolo chama a *eusebeia* cristã que é útil para tudo (2Tm 4,8).

Na SC 13, o Concílio Vaticano II expôs sua importância e sua relação com a liturgia. Porém, através dos anos que nos separam da aprovação da *Constituição* conciliar, houve uma evolução positiva em seu apreço e em sua avaliação, até exigir que uma reflexão profunda e algumas linhas de ação pudessem favorecer sua harmonia com a liturgia da Igreja, da qual depende geneticamente, como uma espécie de liturgia do povo, e à qual tem que guiar, por ser, também neste caso, fonte e cume dessa expressão da vida da Igreja.

Foi o que fez recentemente a Santa Sé com o Diretório da Congregação para o Culto Divino e a Disciplina dos Sacramentos *sobre Liturgia*

LITURGIA E VIDA ESPIRITUAL

e piedade popular. É um documento importante e recente, no alvorecer do terceiro milênio.[1] Sua amplitude e seu sentido teológico e prático nos dizem de antemão que se trata de um instrumento pastoral para uma aplicação progressiva, no longo prazo, a partir de uma apresentação de caráter geral, em um programa pastoral concreto, realizado e aplicado no tempo, com uma necessária e progressiva educação dos pastores e dos fiéis. Trata-se de um diretório que une a doutrina dos princípios e as orientações práticas, a harmonia entre o culto litúrgico da assembleia cristã e a piedade do povo de Deus: duas variantes cultuais, um mesmo sujeito eclesial, uma mesma unidade da fé e da vida cristã, um mesmo compromisso de ser Igreja, de fazer Igreja, de viver e propagar o Evangelho. A piedade popular bem entendida é uma forma popular de proclamar o Evangelho, celebrá-lo, vivê-lo e adentrar na oração popular, por indicar os quatro pontos fundamentais do *Catecismo da Igreja Católica* que resumem suas quatro partes e que não são estranhos a uma justa valorização do *ethos* popular da piedade cristã; sua unidade com a fé, sua harmonia com a liturgia, seu compromisso de vida cristã e o apoio da oração pessoal e coletiva. De fato, a piedade popular, unida e vinculada à liturgia, é proclamação da fé, celebração dos mistérios, vivência profunda da vida em Cristo, oração e festa do povo de Deus.

---

[1] *Diretório sobre piedade popular e liturgia.* Princípios e orientações. São Paulo, Paulinas, 2003. A referência é feita conforme a edição oficial em língua espanhola.

LITURGIA E PIEDADE POPULAR À LUZ DO NOVO DIRETÓRIO

Uma realidade que interpela
a fé e a espiritualidade

Desafios pastorais

Uma atenção a este setor da vida da Igreja é, na verdade, um desafio para a pastoral e para a espiritualidade.

O desafio diz respeito a uma pastoral que acolhe, educa e promove a piedade popular, em comunhão com as orientações eclesiais, para que não lhe falte a inspiração evangélica, a coerência de vida cristã, a formação de comunidades vivas e o testemunho evangelizador neste tempo, sempre em unidade e coerência com a liturgia.

É um desafio também para a espiritualidade pessoal e popular, que deve integrar valores a partir da pessoa humana em sua totalidade, mas com uma dimensão comunitária e histórica, do hoje e da tradição, tipicamente popular, que com frequência forma, acompanha e resolve os momentos cruciais da vida de fé dos crentes.

Com estas premissas, queremos oferecer algumas chaves para a compreensão do novo *Diretório*, ainda pouco conhecido, mas que merece uma atenção para o incremento da piedade genuína do povo de Deus.[2]

---

[2] Um primeiro fruto da reflexão sobre este *Diretório* na Espanha: COMISSÃO EPISCOPAL DE LITURGIA. *Piedad popular y liturgia*; ponencia de las jornadas nacionales de Liturgia. Madrid, 2002. Em língua italiana, pode-se consultar o número monográfico: RIVISTA LITURGICA. Facciamo il punto sulla pietà popolare., n. 89, 2002.

A longa história das últimas décadas do século XX

O *Diretório* tem suas raízes, antes de tudo, na história das últimas décadas do século XX, que merece ser conhecida para que se compreenda a lenta gestação deste documento.

O Vaticano II não foi pródigo na atenção à piedade popular. Talvez porque fosse uma tradição viva da Igreja. Teve, por parte dos Padres do Concílio, uma atenção quase presumida, e por isso fraca, mas pouco entusiasmo e poucas orientações nos documentos conciliares. Podemos nos referir a apenas alguns textos fundamentais, como a SC 13, que trata do tema dos exercícios piedosos em geral, e a LG 67, sobre a piedade mariana e alguns de seus aspectos fundamentais. Os Padres foram esmeradamente sóbrios inclusive ao falar dos atos de piedade marianos. Encontramos, aqui e ali, nos documentos conciliares uma ou outra alusão a alguns exercícios piedosos ou devocionais, mas na realidade é muito pouco o que se pode reunir neste sentido.

Não sabemos como explicá-lo. Talvez as previsões daquele momento estivessem centradas na pergunta: a piedade popular desaparecerá com a renovação litúrgica? Uma pergunta que, para alguns, nos albores da renovação litúrgica, era quase um desejo explícito, uma vez que muitos viam a piedade, lá pelos princípios do século XX, como um obstáculo ao restabelecimento do esplendor e da pureza das celebrações da Igreja primitiva e patrística, sem os acréscimos das devoções da Idade Média e da Idade Moderna.[3]

O pós-concílio moveu-se entre a crise-crítica da religiosidade (a crítica à "religião" e em favor da exaltação da fé pura e adulta,

---

[3] Veja-se uma avaliação histórica do tema em CALABUIG, I. M. Criteri ispiratori del "Direttorio su pietà populare e liturgia". *Rivista Litúrgica, 98*: 913-922, 2002.

LITURGIA E PIEDADE POPULAR À LUZ DO NOVO DIRETÓRIO

desprendida de devoções populares), o desmantelamento de algumas formas tradicionais e a crise da secularização. Bem cedo, porém, alguns autores, sociólogos da religião, tiveram que confessar a persistência do religioso no povo, sobretudo em algumas áreas, como na América Latina, com uma imprevista valorização progressiva da religiosidade dos pobres e do povo, desde a admiração ante a fé dos simples.

Encontramos os primeiros passos da reflexão e da orientação do Magistério pós-conciliar com Paulo VI, na *Marialis Cultus* (1974), que propõe a piedade popular mariana como um setor particular, mas decisivo, da vida da Igreja, e oferece uma reflexão inovadora sobre aspectos teológicos e critérios pastorais da piedade mariana, orienta a renovação dos exercícios piedosos marianos, como são o *Angelus* e o *Rosário*.[4]

Pouco a pouco se recupera o valor pastoral e evangelizador da religiosidade-piedade popular. Fazem-no de maneira especial os pastores da América Latina, no Sínodo da Evangelização (1974), e Paulo VI reúne essas orientações com grande sensibilidade pastoral com a Exortação *Evangelii Nuntiandi*, de 1975. O número 48 da EN é uma apologia e um programa renovador da piedade do povo, com seus valores e suas necessárias purificações.

Nos anos seguintes, até o início da década de 1980, os exemplos sobretudo da América Latina e da força renovadora e "revolucionária" da Polônia, juntamente com o exemplo e o Magistério de João Paulo II, mantêm instável o sentido teológico eclesial da piedade popular.

Na década de 1980, por ocasião da celebração do Ano mariano (1987-1988) e sob o impulso da encíclica *Redemptoris Mater*, de João

---

[4] Sobre este tema, já escrevemos uma síntese, anos atrás: Religiosidade popular e liturgia (In: *Dicionário de liturgia*. São Paulo, Paulinas, 1992. pp. 1006-1021), e, recentemente, Liturgia, pietà popolare spiritualità (*Rivista Liturgica*, op. cit. pp. 939-960).

LITURGIA E VIDA ESPIRITUAL

Paulo I (1987), volta-se a valorizar o tema. A Congregação para o Culto Divino, como empenho de favorecer a relação entre a liturgia e a piedade popular, publica um documento de grande valor teológico, espiritual e pastoral: *Orientações e propostas para a celebração do Ano Mariano* (1987). Na comemoração dos 25 anos da *Sacrosanctum concilium*, João Paulo mantinha o compromisso de dar encaminhamento aos princípios da SC 13. Fazia-o em sua carta comemorativa *Vicesimus quintus annus*, n. 18 (publicada em maio de 1988), como se se tratasse de uma matéria pendente da Reforma litúrgica pós-conciliar, em um tempo que vê favoravelmente a recuperação do religioso em âmbito pastoral, sociológico e até cultural.

Em meio a essas circunstâncias e diante de certo perigo de polarização das posições a favor ou contra o litúrgico em relação com a piedade popular, diante do novo ressurgir da piedade do povo e de uma necessária integração com a liturgia, promove-se o trabalho da elaboração do *Diretório* (1989-1993), encomendado a um grupo de especialistas, que conclui com o estudo da Plenária da Congregação para o Culto Divino e a Disciplina dos sacramentos (setembro de 2001), a aprovação por parte do papa para sua publicação (dezembro de 2001), realizada finalmente na primavera de 2002.[5]

Posterior a este documento, não podemos deixar de mencionar a carta de João Paulo II sobre o rosário: *Rosarium Virginis Mariae*, de 16 de outubro de 2002.

Uma apresentação global do Diretório

Sem pretender esgotar o tema e sempre com o temor de uma apresentação um pouco genérica, vamos fazer uma apresentação sucinta do

---

[5] Sobre a estrutura do documento, cf. o testemunho de um dos principais protagonistas e redatores, I. M. CALABUIG, op. cit., pp. 916-917, nota n. 4.

LITURGIA E PIEDADE POPULAR À LUZ DO NOVO DIRETÓRIO

Diretório.[6] É-nos oferecida, antes de tudo, uma necessária introdução propedêutica, esclarecedora de âmbitos e de conceitos: a natureza, a estrutura e os destinatários do *Diretório*. Esclarece-se a terminologia: exercício piedoso, devoções, piedade popular e religiosidade popular.[7]

São esclarecidos os princípios gerais do *Diretório*, sempre com a tentativa de harmonização entre liturgia e piedade: primazia da liturgia, valores e necessária renovação da piedade popular, distinção e harmonia entre os âmbitos litúrgico e de piedade popular.

Propõe-se uma série de elementos típicos da piedade do povo, como é a rica linguagem da piedade: gestos e textos, fórmulas, canto e música, imagens, tempos e lugares. Uma exposição sintética e clara que não se encontra tão bem ilustrada em outros documentos e livros.

Por ser a piedade do povo um setor da vida da Igreja, tão entranhada com o sentido genuíno da fé e da vida cristã, são abordados os campos da responsabilidade eclesial e das diversas competências que correspondem à Santa Sé, aos bispos, aos pastores e aos fiéis. Segue uma primeira parte de caráter histórico-teológico-pastoral-espiritual. Uma síntese bem-sucedida que percorre as diversas etapas da história da Igreja, história ao mesmo tempo de experiência litúrgica e de nascimento e desenvolvimento da piedade do povo. Portanto, as lições da história são reunidas em quatro etapas: Idade Antiga, Idade Média, Idade Moderna e Contemporânea.

---

[6] Remetemos simplesmente à leitura do texto sem necessidade de especificar os números, uma vez que se trata de uma apresentação global.

[7] A opção que Paulo VI já havia feito na *Evangelii Nuntiandi* n. 48, em favor da expressão "piedade popular" mais que "religiosidade popular" é conservada no *Diretório*. Religiosidade, no *Diretório*, é expressão de sentido religioso fundamental, não exclusivamente cristão, mais referido ao âmbito de outras religiões. Como se vê, a terminologia não é constante e continuamos a dizer "religiosidade popular" em muitos âmbitos de piedade cristã, porque, como alguém observou, encontramo-nos no ambiente cristão e católico com uma religiosidade muito marcada já pela fé e pela tradição católica.

LITURGIA E VIDA ESPIRITUAL

Seguem as orientações do Magistério eclesial mais recente com a ênfase dos valores e a atenção aos perigos ínsitos em uma piedade que se desengaja do tronco eclesial e da vida sacramental da Igreja. São-nos apresentados o sujeito da piedade popular e o valor dos exercícios piedosos; são marcadas as linhas para a harmonização sem misturas entre liturgia e exercícios piedosos. São oferecidos, finalmente, alguns critérios de renovação. São de grande importância as páginas, muito bem-feitas, nas quais são expostos os princípios teológicos fundamentais: a dimensão trinitária de toda a vida cultual cristã, a Igreja como comunidade de culto, o sentido do sacerdócio comum e a piedade popular, a importância da Palavra de Deus. Aborda-se o tema delicado e atual da piedade popular e das revelações privadas e a abertura que a inculturação da piedade do povo cristão oferece no hoje da Igreja.

A segunda parte do *Diretório* é instrutiva, exemplar, propositiva, complexa e concreta ao mesmo tempo. Apresenta doutrina e práxis, ilustrações teológicas e propostas pastorais.

Situa em um marco fundamental a piedade popular em sua referência às celebrações da Igreja: o ano litúrgico, leito de todo o mistério do Senhor, da Virgem Maria e dos santos. Propõe nesse âmbito uma série de sugestões que em parte codificam e em parte propõem como soluções para uma série de exemplos vivos de tradições de toda a Igreja, sem que isto signifique acumular e fazer tudo o que se propõe.

Pouco a pouco, com um critério do percurso anual do mistério de Cristo celebrado pela Igreja, vão sendo percorridos os momentos do ano litúrgico que têm sua referência a tradições ou propostas novas da piedade popular: o domingo, o tempo do Advento e do Natal, o tempo da Quaresma, o Tríduo pascal, o tempo dos cinquenta dias da Páscoa até o Pentecostes e o tempo comum.

Por seu interesse especial, e embora muitas coisas tenham sido ditas no âmbito do ano litúrgico, fala-se de maneira concentrada da

LITURGIA E PIEDADE POPULAR À LUZ DO NOVO DIRETÓRIO

veneração da santa Mãe de Deus, recordando alguns princípios teológicos, os tempos e os meses que o povo de Deus dedica ao seu culto, a variedade de exercícios piedosos, entre os quais destacam-se o *Angelus* e o *Regina coeli*, o Rosário e o hino Acatisto. Com igual coerência, apresenta-se uma visão teológico-pastoral dos exercícios piedosos que têm como ponto de referência os santos e beatos. E conclui-se com uma série de sugestões sobre os sufrágios em favor dos defuntos.[8]

Outro parágrafo especial trata das orientações específicas para os santuários e as peregrinações, lugares e modos da vida do povo de Deus nos quais converge sua vida e sua piedade. De fato, os santuários são lugares do culto litúrgico e da evangelização, da caridade e da cultura, do ecumenismo. E nas peregrinações se concentram muitos elementos de grande valor, como a tradição bíblica e eclesial, a teologia da presença, as referências à vivência espiritual e as orientações pastorais, tão atuais hoje quanto ontem.

A partir de uma teologia da piedade popular

Os grandes temas teológicos e pastorais subjacentes

O *Diretório* difunde com muita sensibilidade e com uma orientação doutrinal segura, referendada pelo constante recurso ao Magistério da Igreja em nosso tempo, uma série de implicações teológicas e pastorais. Vamos resumir somente algumas orientações fundamentais, remetendo ao texto do *Diretório*.

---

[8] Sobre o tema do ano litúrgico e da piedade mariana e dos santos fazemos algumas colocações no livro já citado na nota 2, *Piedad popular y liturgia*, com os títulos: *El misterio de Cristo en el año litúrgico y en la piedad popular*, pp. 80-116; *La memoria de la Virgen María y de los santos en la piedad popular*, pp. 257-281.

LITURGIA E VIDA ESPIRITUAL

Um princípio fundamental que aproxima a liturgia da piedade popular é a consciência de que em ambas existe a profissão da própria fé e a celebração do próprio mistério da salvação, embora de formas diversas.

A liturgia acentua a referência à Palavra, à história da salvação, ao mistério de Cristo, à objetividade do dom, à mediação dos sacramentos, ao conjunto harmônico da celebração total desse mistério salvífico nos sacramentos, na oração das horas, no ano litúrgico e nos sacramentais. Afirma a dimensão eclesial-comunitária, a participação dos fiéis em virtude do sacerdócio batismal e a necessidade da vida teologal, que lhe dá valor e a fecunda.

A piedade popular destaca a alma do povo, a participação sentida dos fiéis, a inculturação e a criatividade, em gestos, palavras, cantos; o desejo de uma vivência arraigada em tradições culturais e em manifestações de tipo local.

Se olharmos bem, no entanto, e precisamente pelo primado da liturgia e sua dimensão eclesial, temos em ambas a mesma inspiração trinitária, a mesma ressonância popular-eclesial, a mesma referência a toda a pessoa humana, uma idêntica extensão para o social e para o cultural de cada povo. Daí o fato de se exigir uma ajuda mútua para a integração da fé e da vida cristã, pessoal, familiar e comunitária.

Encontramo-nos em ambas, com diversos matizes, já que a piedade, de certo modo, se inspira na liturgia e a prolonga, na celebração do próprio mistério da salvação, uma vez que Cristo, talvez mais que o Pai e o Espírito, está no próprio centro da piedade do povo, como o estão a Virgem Maria e os santos.

LITURGIA E PIEDADE POPULAR À LUZ DO NOVO DIRETÓRIO

No entanto, é próprio da liturgia que nela o tenhamos todo, que o celebremos sempre e em todo lugar. A liturgia da Igreja tem algumas notas de universalidade, de profundo sentido teológico, centrado no mistério de Cristo, de equilíbrio de todo o seu conjunto.

É característica da piedade popular a existência de ênfases e fragmentos do mistério de Cristo, da Virgem Maria e dos santos, momentos particulares para sua celebração, lugares e tempos peculiares, tradições locais arraigadas, uma facilidade de compreensão para o povo simples, uma capacidade de inculturação. Provam-no seus múltiplos textos e gestos, a variedade de formas espontâneas. É como uma "liturgia popular" que, a seu modo, o povo adaptou ao seu sentir, sobretudo em tempos em que a liturgia oficial ficava sob o mistério da língua latina e dos ritos clericais, para muitos incompreensíveis.

Valoriza a piedade popular, iluminada pelo mistério litúrgico, o fato de nela se exercer o mesmo sacerdócio batismal, cultual e profético. E brota da piedade popular o mesmo compromisso de vida cristã e a coerência ética e espiritual da vida cristã segundo a vontade do Pai celeste.

Certamente o critério da liturgia faz prevalecer aquilo que vem de Deus, a vida em Cristo e na Igreja, a graça dos sacramentos e as formas do culto divino, transmitidas pela Igreja desde os primeiros séculos, hoje simplificadas e esclarecidas para sua compreensão. Une com harmonia a celebração e o compromisso, o sacerdócio ministerial e o batismal. Centra a atenção na Palavra proclamada, na objetividade dos sacramentos, na ortodoxia das orações que vêm da grande tradição da Igreja e passaram pelo crivo da *lex credendi*.

Na piedade popular há, muitas vezes, ênfases pessoais, antropológicas e sociais, reminiscências culturais do povo; dá-se vazão à

LITURGIA E VIDA ESPIRITUAL

sensibilidade e manifesta-se o desejo de celebrar os acontecimentos da vida nos mesmos mistérios de nossa salvação; abundam textos espontâneos que nem sempre têm o valor e o equilíbrio da doutrina da Igreja.

O segredo da persistência da piedade popular, não obstante as quatro décadas transcorridas desde o princípio da reforma litúrgica pós-conciliar, reside no valor religioso-antropológico da piedade do povo na síntese conseguida por muitas práticas, como a via-sacra ou o rosário, a facilidade de assimilá-las e vivê-las. A piedade popular tem a sorte de ser uma síntese perfeita da fé proclamada, de ser preparação e quase comentário ritual dos mistérios do culto cristão celebrados na liturgia, desde a proximidade da experiência de um povo.

Aqui reside também a força da transmissão histórica da piedade popular. Junto à unidade com o *"ethos* popular" existem outros valores: a valorização do tempo cósmico, assumido nos tempos da celebração; as tradições culturais transmitidas de geração em geração; a participação total na festa popular (gestos e cantos, imagens e lugares, atos que se fazem no templo, na família, no âmbito social); a força plasmadora da memória coletiva; a capacidade de impregnar a experiência e de renová-la a cada ano com uma série de celebrações que constituem a trama de uma história na qual os fiéis são não somente partícipes, mas, como acontece com muita frequência, protagonistas, ministros, por assim dizer, da piedade popular. De fato, muito contribui para a persistência, para transmissão e para a renovação da piedade do povo a plena participação das pessoas, muitas vezes até dos que não praticam uma vida litúrgica e sacramental. É notável o protagonismo dos fiéis leigos, a participação ativa e entusiasta das mulheres, a força do sentimento e da sensibilidade, a apropriação do "popular" que vem da experiência e da concentração afetiva e simbólica em torno da imagem de um Cristo, da Virgem Maria, dos santos.

A força integradora do ano litúrgico

A chave orientadora do *Diretório*, em sua dimensão pastoral, é o acerto de propor as integrações possíveis do estritamente litúrgico e as formas da piedade no decorrer do ano litúrgico, celebração do mistério do Senhor e da obra da salvação, caminho da Igreja e do cristão, escola da espiritualidade eclesial e programação pastoral integradora da liturgia, válida para todos os povos e para todos os lugares da Igreja.

Há, portanto, uma obrigatória acentuação da liturgia, junto com uma complementaridade da piedade popular. Por razões históricas, antropológicas e sociais que criaram uma piedade eclesial orientada para o mistério e os mistérios do Senhor — situada, em seus modos de ser vivida, entre a liturgia e o prolongamento de ritos populares e a própria vida dos fiéis, entre o mistério celebrado e sua participação afetiva — há uma espécie de complementaridade conatural entre a "anamnese", mais própria do litúrgico como memorial dos fatos salvíficos na palavra e no sacramento, e a "mimese" ou imitação celebrativa na qual a piedade popular destaca o gestual, às vezes quase encenado, por seu desejo de imitar com gestos, procissões, cantos e participação total, o próprio mistério, prolongando o litúrgico no popular. Isto não é de hoje, nem da Idade Média, mas remonta, como prova o *Diretório* em sua exposição histórica, aos primeiros anos da vida da Igreja.

Cabe perguntar se a plenitude objetiva da celebração da liturgia o contém totalmente. Qual é a contribuição da piedade popular para o ano litúrgico como celebração do mistério do Senhor? Não é fácil responder. Na realidade, não há na visão global da Igreja, desde sua plena catolicidade, uma liturgia quimicamente pura. As Igrejas orientais têm em torno da celebração dos mistérios de Cristo e de Maria, e até mesmo dentro das celebrações litúrgicas, formas de piedade popular, gestos populares, que foram assumidos liturgicamente.

Enquanto na Igreja Católica não há, na realidade, um rito que celebre o enterro do Senhor na Sexta-Feira Santa, a liturgia bizantina possui uma bela celebração litúrgica que celebra a deposição do Senhor da cruz e seu sepultamento. Seria estranho perguntar a um oriental se o canto do hino Acatisto ou da Paráclise, tão populares nas Igrejas bizantinas como expressões devocionais em honra da Virgem Maria, é liturgia ou piedade popular.

Com o decorrer do tempo, a própria liturgia romana incluiu fragmentos de piedade popular em suas celebrações, desde as progressivas invocações que primeiro foram devocionais (o Sagrado Coração, por exemplo, ou a misericórdia divina, mais recentemente), até ritos que no princípio foram apenas piedade popular, como a procissão com o Santíssimo Sacramento na festa de Corpus Christi.

Certamente a piedade oferece para algumas celebrações uma dimensão visível e ritual popular dos mistérios; como as procissões, uma capacidade de participação social emotiva e coletiva, que arrasta e evangeliza. Parece que na piedade popular se vai dos sentidos aos sentimentos, do objetivo ao subjetivo, do estritamente marcado pelas linhas da ortodoxia e da ortopraxia ritual à criatividade e à capacidade de expressões mais vivas e inculturadas.

Sempre há, no entanto, uma série de convergências e contribuições mútuas entre a liturgia e a piedade, em uma boa interação fruto da sábia pedagogia da Igreja que enquadra tudo na riqueza do ano litúrgico, como leito e molde, fonte e cume, escola e arte da Igreja.

LITURGIA E PIEDADE POPULAR À LUZ DO NOVO DIRETÓRIO

O caminho ordinário da vida da Igreja é o ano litúrgico. A piedade popular nasceu e se desenvolveu nas pegadas das celebrações do ano do Senhor, com suas raízes cósmicas e antropológicas. Por isso, não pode haver alternativas excludentes, mas, como apontam as sugestões do *Diretório*, uma concreta interação integradora, na qual a liturgia tem o primado de direito e deve tê-lo de fato, com essa capacidade educativa e integradora do mistério do Senhor na vida da Igreja universal e local, que sempre teve as celebrações da Igreja e que agora pode tê-las de novo, com uma liturgia mais viva e participada e com uma piedade que se deixa educar, plasmar e renovar pelas próprias regras de ouro da liturgia.

Por isso, é preciso orientar-se para uma ação em favor de uma integração mútua, de uma renovação e de um progresso, de uma constante capacidade de vivificar a liturgia e a piedade popular, de fazer da liturgia um momento de forte e genuína piedade popular e da piedade popular uma verdadeira celebração, viva e bela, marcada pelos valores da liturgia, como culto espiritual do povo de Deus, em comunhão com a fé e a vida da Igreja, centrada no acolhimento da salvação que vem de Deus e no culto genuíno que se presta ao Pai por Cristo e no Espírito. Deve-se pretender, pois, uma integração adequada, sensível às exigências de nosso povo, da qual o *Diretório* é exemplo e estímulo. Com uma sadia educação litúrgica, uma catequese correta e uma celebração adequada, prolongamento coerente do mistério na piedade popular.

Orientações pastorais

Diante da persistência da piedade popular

Há várias décadas, os analistas do fenômeno religioso e os sociólogos da religião se perguntam o porquê da presença e da persistência da piedade popular na vida da Igreja. Qual é o segredo desta atualidade? Parece, inclusive, que o fato de a Igreja oferecer este *Diretório* pastoral nos albores do terceiro milênio é um sinal evidente da preocupação do Magistério, não por um tema secundário, mas por algo que está nas próprias entranhas do coração dos crentes, que, por serem tais, não somente creem, mas manifestam e celebram sua fé a seu modo, em uma boa harmonia — assim deveria ser e assim o propõe a Igreja — entre a liturgia oficial, que é sempre da comunidade, e a piedade do povo, que brota de sua fé católica.

Uma série de respostas convergentes parece justificar esta presença e persistência. Antes de tudo, o valor antropológico da piedade-religiosidade em sua expressão cristã e católica, que toca a mesma vida da fé, o caminho da experiência cristã no qual muitos cresceram e ainda vivem, pelo menos em algumas regiões; é notável a referência ao humano do mistério de Cristo, por exemplo a gama de devoções e atos piedosos em torno dos mistérios de seu nascimento e de sua paixão.

Por outro lado, deve-se destacar o valor religioso de uma vida, como a de tantos fiéis, ritmada na comunidade cristã em conexão com atos de piedade popular que marcaram as recordações da infância e da juventude, a experiência viva das pessoas em seu crescimento e em momentos-chave da vida, e alimentaram os núcleos profundos da fé cristã. Quanta fé viva se transmitiu por meio do sentido da paternidade de Deus, da referência ao mistério de Cristo, da profunda devoção filial à

LITURGIA E PIEDADE POPULAR À LUZ DO NOVO DIRETÓRIO

Virgem Maria. Quanto marcou tantas pessoas a veneração dos santos patronos, a partir das festas dos padroeiros, ou a respeitosa atitude de fé e esperança nos sufrágios pelos defuntos. É segredo da persistência da piedade a força da transmissão histórica de geração em geração, a dimensão cultural e social de suas festas, celebrações, imagens e cantos, vinculados a tempos e estações, a aspectos familiares e populares. E não é menor a importância do fato de que na piedade popular, mais que na liturgia, os fiéis são, de certo modo, os ministros protagonistas, os que preparam as festas e as animam, os que tomam decisões, os que mantêm vivos os costumes recebidos e transmitidos. Embora passem os diversos pastores da comunidade cristã, permanecem os fiéis com sua memória viva.

Têm força na transmissão da piedade a sensibilidade e o sentimento da fé encarnada, a plena participação ativa dos fiéis, mulheres e homens, o já referido protagonismo dos fiéis leigos, a integração no religioso, como síntese do humano, cristão e católico, em formas simples e expressivas de culto, testemunho de fé e de piedade sinceras. Daí, como já indicamos, o fato de se ter que caminhar para a integração, para superar, onde for preciso, situações conflituosas ou paralelas em favor de uma harmonização vital.

Para conseguir essa harmonização, convém, antes de tudo, fazer da liturgia cristã, ao longo dos domingos e festas, no molde do ano litúrgico e na vivência quotidiana, um momento de autêntica vivência popular, sentida e participada. A liturgia é o culto do povo de Deus, a santificação que Deus oferece a seu povo, com a Palavra e os sacramentos, e a resposta cultual do povo com sua oração e seus gestos, com seus cantos e sua vida. Devem ser evitados os dualismos perniciosos que marcam os caminhos paralelos e as exclusões (de atos e de pessoas) tanto na piedade como na liturgia, como se houvesse pessoas para as quais é suficiente a liturgia e são excluídas do popular, ou como se os devotos das procissões e dos atos piedosos estivessem excluídos ou eles mesmos se excluíssem da vida sacramental da comunidade cristã. Todos são e devem ser, enquanto batizados, partícipes do mistério de Cristo a partir de uma vivência popular plena, tradicional e moderna ao mesmo tempo.

Quando se favorece a integração fecunda, com tato pastoral, com atenção às pessoas e à sua sensibilidade, à identificação com formas e valores sadios que a Igreja acolhe, purifica e eleva, encontra-se uma força evangelizadora capaz de fazer chegar a todos a mensagem da fé. Até, inclusive, com essa rara virtude que têm certos momentos populares de ser uma fé que "comove" as pessoas, arranca lágrimas, embora só por alguns momentos; deixa, porém, marca no subconsciente, desperta o sentido religioso inato e os germes da fé cristã que estão escondidos no coração, inclusive nos que parecem mais distantes da prática da vida sacramental da Igreja.

Algumas anotações para os pastores e os fiéis

Por isso, em uma sadia programação pastoral, a piedade popular, com seus tempos e seus momentos, é ocasião propícia para a integração e equilíbrio de valores cristãos: a evangelização que com a palavra acompanha as celebrações; a caridade concreta, na qual devem desembocar muitos momentos da piedade coletiva; a ação social, à qual hoje são sensíveis muitos cristãos, inclusive afastados, sobretudo os jovens; a integração com heranças culturais que têm raízes cristãs; a criação de um verdadeiro sentido de irmandade em torno da comunidade cristã, sem exclusivismos nem esquecimentos, uma vez que, muitas vezes, a piedade popular e seus atos se conservam vivos pela forte coesão das pessoas, pela solidariedade dos compromissos e das ações que são capazes de programar e de realizar; com as festas e manifestações deste tipo que são também momentos de coesão social e de irmandade cristã. Não é à toa que muitas "confrarias" ou "irmandades" têm em seu nome a nobre referência aos cristãos que são "irmãos ou irmãs" em Cristo.

Tudo isto requer uma programação pastoral constante e renovada, para saber o que se celebra e como se celebra. Deve-se prestar verdadeira atenção a todos os momentos da piedade popular, para que se renove em suas fontes inspiradoras: a Palavra de Deus, a resposta da fé, as tradições autênticas de um povo peregrino que não deve renunciar às suas raízes.

Nota-se, hoje, uma necessidade de renovar com cuidado textos e gestos, com inventiva e criatividade, para que tudo esteja de acordo com a verdade da fé, com o humanismo cristão autêntico, com a fé adulta e iluminada dos fiéis, para que não haja uma dicotomia entre a doutrina que se ensina e a prática de devoções que ficaram paralisadas em tempos, formas, cantos e gestos de menor riqueza bíblica e litúrgica.[9]

Hoje se pede também uma atenção ao desejo das novas gerações, que não têm o mesmo sentido da piedade popular de outrora, diante da tremenda mudança de cultura hodierna que quebra as continuidades históricas. Hoje, os jovens têm outras formas de piedade, como o demonstram certas expressões da piedade juvenil ou os momentos das Jornadas Mundiais da Juventude. Além disso, diante de comunidades cristãs que envelhecem, uma iluminada pastoral da juventude deveria

---

[9]   Uma atenção especial para estes problemas pode ser encontrada na contribuição de Bernardo Velado. Los cantos de la piedad popular. Análisis de letra y música. In: *Piedad popular y liturgia*, op. cit., pp. 213-255.

saber integrar as novas gerações, com sua sensibilidade particular e com um desafio à responsabilidade e à renovação.

Tudo isto requer uma gestão eclesial da piedade popular e de suas formas para que seja verdadeiramente piedade (dom e fruto do Espírito Santo) e popular (do povo de Deus, sacerdotal, profético e real), e não simples tradição, folclore ou expressão cultural, contraposta às vezes à experiência e à transmissão da fé.

Daí o invocar a responsabilidade compartilhada de pastores e fiéis no estudo, na programação, nos compromissos; com uma catequese de preparação e de programação, de celebração e de continuidade pastoral.

Precisamos de uma piedade popular que seja expressão da comunidade eclesial, com uma força de testemunho e de compromisso digno para todos, inclusive para os afastados. Para eles, sobretudo, se requer que as formas e as celebrações tenham a dignidade da fé e do culto que Deus merece, a beleza e a satisfação do que se celebra e a expressão nobre de como se celebra, assim como a coerência entre fé e vida.

Observando algumas tentações nas quais se pode cair no momento atual, momento de revalorização do popular em outras perspectivas, deve-se salvaguardar a piedade popular de suas possíveis instrumentalizações.

Uma é, sem dúvida, a interpretação exclusivamente histórico-cultural que a reduz a folclore, a recordação do passado, a patrimônio histórico, mas sem profundidade de fé e de vivência cristã.

Outra ação pastoral necessária é o cuidado de preservar muitos momentos da piedade do povo fiel da distorção política das festas religiosas, apadrinhadas, às vezes, por associações leigas, que se apropriam de algumas manifestações com o perigo de criar divisões.

Não é estranho o perigo de uma manipulação econômica que quer tirar suas vantagens de lucro de muitas manifestações populares de piedade, que em sua entranha levam, com as festas dos pobres e dos simples, um profundo sentido de gratuidade e de gratidão diante do mistério de Deus, de Maria e dos santos. Instrumentalizar a piedade do povo com fins econômicos é simonia perigosa. A nota de gratuidade da liturgia e da piedade deve prevalecer, como jamais deve faltar a preocupação por aliviar os necessitados.

Espiritualidade e mística da piedade do povo

Algumas orientações a partir da espiritualidade cristã

Terminemos estas considerações com um ponto de vista integrador. Se observarmos bem as coisas, a piedade é dom e fruto da ação do Espírito Santo em sua Igreja. E também o é a piedade do povo de Deus, embora não isenta de imperfeições humanas e necessitada de elevação e de purificação.

É também uma realidade que, conforme demonstra o *Diretório* em sua visão histórica, faz parte da história da Igreja e de sua espiritualidade coletiva como história da piedade do povo de Deus ou, como diria H. Bremond, historiador da espiritualidade, é história do sentimento religioso da Igreja. De fato, admiramos, nas épocas progressivas da espiritualidade, a presença e a persistência da piedade, tanto no campo do progresso histórico como na expansão missionária da Igreja. A piedade gerou uma santidade de povo e de santos do povo de Deus, evangelizou continentes, como o da América Latina, forjou gerações de testemunhas e de apóstolos. Muitos dos santos canonizados são fruto dessa simples *pietas* de outros tempos, como os santos do futuro estarão marcados pela espiritualidade da Igreja de hoje, mais atenta a outros valores objetivos da Palavra e dos sacramentos, do caritativo e do social. E há místicos da piedade cristã como há mártires que ofereceram a Cristo sua vida levando no coração e expressando com seus lábios a profissão de fé e de amor de uma jaculatória ou uma invocação da piedade do povo de Deus.

Podemos até nos perguntar: Existe uma mística da piedade popular? De certo modo, sim, se por mística se entender, neste caso, o profundo sentido do mistério de Deus e dos mistérios de Cristo, de Maria e dos santos, tão presentes na consciência da fé e no sentido da fé do povo de Deus. É o sentido da mística objetiva, do Deus que nos precede, acompanha e dirige sempre, tão fortemente arraigado no sentido da piedade dos fiéis, de suas expressões, de seus cantos e de suas orações. Há uma mística da piedade popular quando considerada experiência coletiva e comunitária da fé e da vida cristã, vivida não só pessoalmente mas em comunidade, com manifestações comunitárias, com uma fé comum compartilhada que provoca o sentimento de povo de Deus em caminho, em companhia dos santos.

Há também uma necessária dimensão de ascese que purifica, guia e depura os sentimentos e atitudes do piedoso, do religioso que é elevado ao cristão, com a fé objetiva do Credo e com a fé vivida com o coração e com nobres sentimentos humanos. Há necessidade, por isso, de uma educação ascética sadia que aquilate os valores que não passam, que os leve ao essencial e os purifique em suas motivações; e crie esta necessária integração da piedade e da ética cristã, pessoal e comunitária, social, testemunhal, sem a qual não há verdadeira piedade, como já nos dizia são Tiago em sua Carta.

LITURGIA E PIEDADE POPULAR À LUZ DO NOVO DIRETÓRIO

Muitos cristãos percorreram caminhos de santidade pessoal e comunitária pela vereda humilde da piedade. Esta é a qualidade do encontro "religioso" com o mistério de Deus revelado em Cristo e o sedimento que a continuidade e a repetição vão deixando nas pessoas e nas comunidades, sob uma discreta mas decisiva ação do Espírito.

Para isto, é preciso um caminho de catequese bíblica, de educação litúrgica e de abertura ao compromisso concreto na comunidade cristã, capaz de fazer com que todos participem nos valores da festa e da celebração, e os integrem na programação de sua própria vida. O problema é que não deve faltar na liturgia um valor humanista e humano-evangélico, às vezes tão vivo no popular, que nem se pode nem se deve perder e que nada pode substituir.

Para um futuro reconciliado entre piedade e liturgia

O *Diretório da Congregação para o Culto Divino e a Disciplina dos Sacramentos* chega oportunamente para revitalizar a fé e a práxis cristã com uma boa dose de teologia, de pedagogia e de mistagogia litúrgica, de compromisso ético e espiritual do sentido da festa e da celebração da fé cristã que muitas vezes é a boa mistura alquímica de liturgia e piedade, agora que estamos, em cheio, na época da pós-modernidade. Uma época atenta ao religioso, mas incapaz, por vezes, de distinguir o genuíno. Aberta à experiência do divino, mas desconcertada diante da variedade das ofertas do religioso que existem no mercado das várias religiosidades antigas e das misturas da *new age* de nossa época.

Uma boa dose de liturgia viva e entusiasta, com uma boa integração de piedade genuína, pode ser uma boa oferta pastoral para nosso tempo, tão desejoso de experiência de Deus quanto desconfiado do que lhe é oferecido. Na fidelidade cristã ao divino e ao humano do Deus-homem e do homem chamado para a vida de Deus, poderíamos, inclusive, falar da piedade popular, simples e sentida, vivida e purificada, conservada em formas nobres e dignas, como uma reserva de humanismo cristão diante da manipulação da globalização.

Acontece que nela, como expressão da fé cristã, junto com a liturgia e subordinada a ela, temos esses quatro transcendentais que são a síntese madura da fé e da vida cristã: o valor da *verdade* da fé pregada e professada; o valor da *bondade* de Deus celebrada e acolhida na liturgia e em todo ato genuíno de piedade que nos faz bons; o encanto da *beleza* ou formosura de Deus que se manifesta em suas obras e no culto divino; a *alegria* que nasce da experiência cristã, participada e celebrada em comunhão, que é expressão da piedade popular vivida, autêntica "festa da fé" e dos pobres do Senhor que deixa a nostalgia da beleza infinita e da alegria sem ocaso.

Assim, por todos estes valores de fé e de espiritualidade cristã, o *Diretório* aposta na harmonia essencial da liturgia, com sua ortodoxia e sua ortopráxis em aliança com a ressonância vital-comunitária-popular da piedade cristã.

Bibliografia

ÁLVAREZ, R. *La religión del pueblo*; defensa de su valores. Madrid, BAC, 1976.

COMISIÓN EPISCOPAL DE LITURGIA. *Evangelización y renovación de la piedad popular*. Madrid, 1986.

EQUIPO SELADOC. *Religiosidad popular*; panorama de la teología latinoamericana. Salamanca, Sígueme, 1976.

MALDONADO, L. *Religiosidad popular*; nostalgia de lo sagrado. Madrid, Cristiandad, 1975.

LITURGIA E PIEDADE POPULAR À LUZ DO NOVO DIRETÓRIO

Secretariado Nacional de Liturgia. *Liturgia y piedad popular;* Directorio litúrgico-
-pastoral. Madrid, 1987.

Terrin, A. N. & Castellano, J. Religiosidade popular e liturgia. In: VV.AA. *Dicionário
de liturgia*, op. cit., pp. 1006-1021.

O tema já havia sido abordado antes da publicação do *Diretório*
em vários artigos de *Phase* reunidos em: Religiosidad popular y liturgia.
Cuadernos Phase, Barcelona, CPL, n. 39, 1992.

Uma apresentação do *Diretório* pode ser encontrada em:

González, R. *Piedad popular y liturgia* (Dossiers, CPL, 105). Barcelona, CPL, 2005.
366 pp.

VV.AA. La piedad popular y la liturgia. *Cuadernos Phase*, Barcelona, n. 134, 2003,
com estudos de: García, A. El culto mariano y de los santos en la piedad popular,
pp. 55-70; González, J. La piedad popular y el año litúrgico, pp. 43-54; Maggioni,
C. Directorio sobre piedad popular y liturgia; itinerarios del lectura, pp. 10-31;
Serra, R. Piedad popular, liturgia, vida cristiana, pp. 33-42.

VV.AA. *Piedad popular y liturgia.* Ponencias de las Jornadas Nacionales de Liturgia.
Madrid, Comisión Episcopal de Liturgia, 2002, com artigos de: Aldazábal, J. El
lenguaje verbal y no verbal de la piedad popular; lecciones de la piedad popular
a la liturgia, pp. 177-211; Álvarez, R. Directorio de la piedad popular y liturgia,
pp. 11-29. Castellano, J. El misterio de Cristo en el año litúrgico y en la piedad
popular, pp. 89-116; La memoria de la Virgen María y de los santos en piedad popular, pp. 257-281; Gómez, A. La liturgia y los ejercicios piadosos, pp. 117-176;
González, R. Valoración y renovación de la piedad popular, pp. 31-49; Llabrés,
P. J. Liturgia y religiosidad popular en la historia. Complementariedad y desen-
cuentros, pp. 51-87; Velado, B. Los cantos de la piedad popular; análisis de letra
y música, pp. 213-255.

Capítulo XIV
LITURGIA
E COMPROMISSO SOCIAL

Entre os temas sobre a relação existente entre vida cristã e liturgia, hoje ocupa o primeiro lugar o do compromisso dos cristãos para a transformação do mundo.

Por um lado, a espiritualidade cristã não pode ignorar sua dimensão social de testemunho e compromisso, com as ênfases especiais que este conceito pode ter segundo as circunstâncias sociais e políticas especiais de cada ambiente. Falar-se-á, então, de imersão no mundo, de testemunho cristão, de exigências de justiça social, de compromisso de libertação...

Por outro lado, a liturgia, enquanto anúncio evangélico do Reino de Deus com suas exigências sociais, celebração da vida da Igreja e da fraternidade cristã, não deve evitar a confrontação com esta realidade nova e estimulante que a atual reflexão teológica destacou. Tanto mais quando se leva em conta que uma das acusações nesse campo social vai diretamente contra o culto cristão como manifestação da "religião, ópio do povo".

415

A liturgia, certamente, não é um "refúgio escatológico" para fugir do mundo, das lutas e dos compromissos da vida quotidiana; é celebração, antecipação e compromisso da transformação social inerente ao Evangelho e ao mistério pascal. Se até algumas décadas atrás a Igreja era vista como uma comunidade que se reunia em torno do altar para celebrar a Eucaristia, hoje completamos sua visão, falando de uma Igreja que do altar se volta para o mundo, portadora das energias do Ressuscitado e de seu Espírito para ser, na sociedade, fermento de fraternidade e de justiça universal.

Uma nova sensibilidade diante da liturgia vivida

Não nos propomos aqui tratar das implicações difíceis e sutis que se referem ao sentido do compromisso no mundo, a relação entre libertação humana e cristã. Vai além de nossa finalidade. Veremos mais, neste capítulo, como estas realidades têm uma relação íntima com a liturgia e como são iluminadas por ela.

O tema que aqui propomos está afetado, na bibliografia utilizada, pela importância a ele atribuída ao longo das décadas posteriores ao Concílio Vaticano II. No entanto, trata-se de um tema que continua suscitando vivo interesse. Completamos aqui algumas perspectivas já enunciadas no segundo capítulo da primeira parte.

Compromisso cristão no mundo: dimensões da liturgia cristã

Desde o início de nosso estudo, fomos fiéis ao enfoque metodológico que se inspira no princípio de "levar a liturgia para a vida". Por

LITURGIA E COMPROMISSO SOCIAL

isso, em cada capítulo, sublinhamos a necessária continuidade entre a liturgia e a existência quotidiana.

O tema, porém, merece agora um tratamento mais esmerado. Hoje, enfatizamos este problema, na medida em que existe uma maior consciência das implicações sociais do Evangelho e das circunstâncias de injustiça nas quais se encontram nossos povos, nações, ambientes, pessoas; aí a Igreja tem que dar a resposta que Deus pede e que o mundo espera dos cristãos.

Sendo "fonte e cume" da vida da Igreja, a liturgia não pode deixar de refletir as ansiedades, os esforços e os compromissos da comunidade em sua projeção social. Surge, assim, uma nova consciência do sentido do culto cristão, com os inevitáveis riscos de exagero e até de deformação da própria liturgia, tanto no nível da teoria quanto no da prática. Problemas difíceis cujas soluções certamente não estão nas mãos dos liturgistas. Uma iluminação desta problemática pode vir, em sentido geral, da revelação, da tradição patrística e do Magistério eclesial. Eis nossa primeira contribuição.

Liturgia e justiça social: fundamento bíblico

Na liturgia bíblica do culto existe um princípio absoluto, que poderia ser enunciado com as seguintes palavras: na Bíblia do Antigo e do Novo Testamento não existe uma liturgia que não seja também justiça-caridade prestada a todos os outros, da mesma forma que não existe justiça-caridade prestada aos outros que não seja também liturgia. O Senhor que aceita a liturgia é sempre aquele que exige de seus próprios adoradores a justiça-caridade.[1]

---

[1] É a tese que encabeça a sugestiva exposição de Federici, T. Il giubileo bíblico. *Presenza Pastorale*, *44*: 13-49, 1974.

417

Estas duas realidades estão tão intimamente ligadas que se pode propor, no que se refere à liturgia do Antigo Testamento, toda uma série de obrigações respectivas que devem ser cumpridas na justiça-caridade com o próximo, seja este um irmão ou um escravo, um estrangeiro ou um trabalhador. Nesse contexto de relação indissolúvel entre culto a Deus e cumprimento de sua vontade, na caridade-justiça para com os irmãos, podemos compreender o porquê das terríveis diatribes proféticas contra o culto judaico. Como é que Deus, que ordenou a liturgia judaica, parece agora condená-la pela boca dos profetas? A resposta é evidente.

O povo, ou parte dele, não celebra a Aliança com o Senhor na dupla dimensão da relação com Deus e com o próximo; o povo certamente faz liturgia, mas se aproveita do culto para não cumprir as obrigações sociais inerentes à Aliança celebrada.

Nesse contexto, podem ser compreendidas as invectivas de Oseias 6,6; Isaías 58,6-14; Jeremias 7,4-7; Amós 5,12 e muitas outras. O fundamento desta doutrina está no conceito de aliança. Deus perdoa e salva; também o homem, por sua vez, tem de perdoar e desculpar, dar um desconto.

A terra é de Deus (Lv 25,23-24), os homens são de Deus (Lv 25-42); ninguém pode se apoderar irrevogavelmente de uma propriedade que antes ou depois não tenha que compartilhar com seus irmãos; somente Deus é Senhor absoluto. As celebrações litúrgicas diárias, semanais, anuais e jubilares são um momento oportuno para praticar a justiça nas relações entre os irmãos. Sem esta dimensão — Deus quer ser reconhecido em si mesmo, porém também nos homens criados à sua imagem e, portanto, seus — o Senhor não pode aceitar a liturgia que ele mesmo ordenou, senão vinculando-a também a obrigações precisas de justiça-caridade.

Eis o resumo proposto por T. Federici que em uma tríplice dimensão propõe o que no Antigo Testamento era a relação entre o culto dos tempos litúrgicos, as obrigações de caráter social e as ações litúrgicas correspondentes.

Cada dia: deve-se dar o salário ao trabalhador, a esmola ao pobre, terminar o dia sem ira; fazer as orações da manhã e da tarde, segundo a tradição judaica no templo, nas sinagogas ou na família.

No sábado: deve-se conceder o descanso aos trabalhadores, aos servos, aos animais, aos campos, com uma espécie de justiça pascal que abrange a todos; deve-se participar na liturgia sinagogal do *Shabatt*, além de fazer as orações de cada dia.

Cada ano: deve-se reservar o dom das primícias para os mais pobres, para os levitas do templo, para os estrangeiros e preparar o dízimo para os levitas que servem a Deus em seu templo; celebra-se solenemente a liturgia das primícias segundo Dt 26,5b-9, com atos de justiça e de caridade, além de celebrar as três festas anuais principais como liturgia do Senhor: Páscoa, Pentecostes e a festa dos tabernáculos (Ex 23,14-19).

A cada três anos: distribui-se o dízimo aos pobres, aos levitas, aos estrangeiros, aos órfãos, às viúvas; celebra-se a liturgia do dízimo e se realiza a plena confissão da fé em Deus (Dt 26,13-19).

A cada sete anos: no fim de uma semana de anos se celebra o ano sabático; dá-se um merecido descanso aos trabalhadores, aos servos, aos animais, aos campos, libertam-se os escravos e faz-se a remissão das dívidas; no fim do ano sabático celebra-se a liturgia com a qual se começa o ciclo de leituras bíblicas: Dt 31,9-13.

LITURGIA E VIDA ESPIRITUAL

A cada 50 anos: celebra-se o grande jubileu, momento especial do culto do Senhor com uma série de obrigações sociais e litúrgicas: restituem-se as propriedades adquiridas, libertam-se todos os escravos para que voltem a ser livres, dá-se liberdade e repouso também aos campos; a comunidade de Israel celebra a grande liturgia da purificação ou *Kippurim* com espírito de penitência e de conversão universal, com uma liturgia purificadora que marca o início de um novo ciclo no qual se volta ao princípio da total obediência a Deus e da fraternidade concreta e universal entre todos, inclusive a pacificação com a terra, porque de Deus é a terra e tudo lhe pertence (Lv 25).

Essa linha unitária aparece com clareza no NT, a partir do fato de que Jesus de Nazaré veio inaugurar um período jubilar definitivo (cf. Is 61,1-3, que nele se realiza: Lc 4,14-21), no qual devem reinar a justiça, o perdão, a comunhão dos bens, a pobreza prazerosa para todos que aceitam viver com ele, o Servo de YHWH. Pode-se afirmar que Jesus vive uma existência jubilar perpétua.

De modo semelhante, a comunidade apostólica vive perfeitamente essa realidade fiel a Cristo. Realiza desde o começo a comunhão dos bens espirituais e materiais; oferece um sinal evidente de santidade comunitária e social (At 2,42-47); não há entre eles nenhum pobre, porque tudo é de todos (At 4,34). Esta vida é um sinal tão poderoso que atrai a simpatia do povo (At 4,47). O reino de Deus já está presente no mundo — inclusive socialmente.

Desde o começo, a comunidade cristã vive, em dimensão social, o sinal e a causa da fraternidade, que é a Eucaristia; a comunidade e todos que a compõem pedem perdão àqueles que ofenderam e perdoam, como dizem no pai-nosso; apresentam a oferenda tendo primeiro se reconciliado com os irmãos (cf. Mt 5,23-34).

LITURGIA E COMPROMISSO SOCIAL

Os apóstolos insistem continuamente nesta interpretação que integra liturgia e vida social: cf. 1Cor 11,17-34; 2Cor 9,1-15 (a coleta para a Igreja de Jerusalém). O tema aparece com força outra vez na carta de são Tiago (2,1-23; 5,1-6) e em toda a temática de João, no evangelho e nas cartas apostólicas.[2]

Liturgia e comunhão dos bens: o exemplo da Igreja primitiva

Na liturgia primitiva manteve-se viva a consciência eclesial da necessidade de efetuar a comunhão dos bens e de se reconciliar sinceramente com os irmãos.

Os Padres da Igreja condenam as injustiças e os abusos. Vejamos alguns aspectos positivos e negativos.

É um princípio de comportamento cristão: sem viver a justiça não se pode participar na liturgia. "Aquele que está brigado com seu companheiro não pode juntar-se antes de se reconciliar, para que o sacrifício oferecido não seja profanado".[3]

Cipriano repreende assim uma rica matrona:

---

[2] Para todos estes pontos, pode-se ler com muito proveito a ótima síntese nos artigos vinculados de FEDERICI, T. op. cit., nota 1 e id. Il culmine della santità del popolo di Dio: i due anni santi biblici. *Rivista Liturgica*, pp. 682-709, 1974. Este tema foi tratado em várias publicações no tempo do Jubileu do ano 2000, seguindo as indicações de João Paulo na Carta Apostólica *Tertio millennio adveniente*, de 10 de novembro de 1994. Cf. algumas contribuições específicas no volume *Pellegrini alla porta della misericordia*, organizado por SODI, M. (Pádua, Messagero, 2000), com vários artigos bíblico-litúrgicos sobre o Jubileu. Como realidade lógica da vida de jubileu perene, temos a celebração da Eucaristia, presença do dom de Cristo e de seu Jubileu, sacramento de uma existência jubilar da comunhão de bens e da gratuidade absoluta. Pude expressar esta lógica por ocasião do Grande Jubileu do ano 2000: Eucaristia y Jubileo. *La Revista Católica,* Santiago de Chile, 4: 320-334, out.-dez. 2000.

[3] *Didaqué*, 14,2.

Não me admiro certamente por seres tu como és, mas por que não usas os teus bens para fazer obras de caridade. Teus olhos estão tão pintados e enegrecidos que te impedem ver o pobre e o necessitado. És rica e afortunada, e imaginas que celebras a ceia do Senhor, tu que vens à missa sem ter em conta o cesto das oferendas, tu que eliminas tua parte de sacrifício e comes o que o pobre trouxe.[4]

João Crisóstomo:

A Igreja não é um museu de ouro e prata, mas uma assembleia de anjos [...] Quereis honrar o corpo do Senhor? Não o desprezeis quando o virdes coberto de andrajos; depois de havê-lo honrado na igreja com roupas de seda, não o deixeis fora passando frio; não o deixeis na miséria. Quem disse "Isto é o meu Corpo", e quem garantiu com sua Palavra a verdade das coisas, também disse: [...] "O que recusastes fazer ao menor, o recusastes a mim mesmo".[5]

Em circunstâncias especiais de escândalos e injustiças públicas, os bispos da Igreja fechavam as portas do templo inclusive aos imperadores que haviam agido contra a paz e a vida das pessoas. Na realidade, vive-se a liturgia cristã na comunhão dos bens: "Compartilhe tudo com seu irmão e não diga que as coisas são apenas suas. Se vocês estão unidos nas coisas imortais, tanto mais estarão nas coisas perecíveis".[6]

Justino, em sua *Apologia* I, c. 67, testemunha como se desenvolvia na celebração eucarística também a "liturgia da caridade" que é a comunhão dos bens. Tertuliano, na *Apologeticum*, recorda a existência da caixa comum da comunidade.[7]

---

[4] *De opere et elem.* 15: PL 4, 222-223.

[5] *In Matth.*, 50, 3, 4: PG 57, 507-510.

[6] *Didaqué*, 4,8.

[7] *Apolog.*, 39, 1-20: PL 1, 468-478.

LITURGIA E COMPROMISSO SOCIAL

Agostinho tinha sua *domus caritatis* ao lado de sua catedral. Basílio Magno construiu a "Basilíade" em Cesareia, uma espécie de cidade da caridade cristã para acolher os necessitados. Essa vida social intensa, brotada da liturgia cristã, é fielmente descrita por A. Hamann,[8] que, resumindo, escreve:

> A história dos primeiros séculos demonstra até que ponto a Igreja, longe de se limitar a pregar o Evangelho da caridade, esforça-se para vivê-lo no clima fraterno de suas comunidades [...] Por todas as necessidades, os irmãos não se contentam em orar durante a assembleia litúrgica: comprometem-se também a tomar iniciativas, a prestar socorros materiais. Multiplicam as coletas ordinárias e extraordinárias, em um admirável movimento de solidariedade; inventam as refeições de caridade, às quais dão o nome de "ágapes" [...] O exercício da caridade ensina aos cristãos que Cristo rompeu as barreiras sociais entre ricos e pobres, homens e mulheres [...] Sua dignidade não provinha da situação humana, mas da escolha divina [...] As diversas iniciativas de caridade que encontramos na Igreja antiga querem expressar as exigências da fé e da liturgia [...] O movimento de solidariedade na Igreja antiga é como uma extensão da "fração do pão" [...] Quer descobrir e saciar a fome de justiça e de fraternidade do homem [...].[9]

---

[8] *Vie liturgique et vie sociale*. Desclée, Paris, 1968.

[9] Ibid. pp. 296-306. Em livros antigos, como a *Didascália dos Apóstolos* e os *Estatutos da Igreja Antiga*, leem-se frases como estas: "Não recebais nada dos que oprimem os pobres"; "É melhor morrer de fome que receber esmola dos malvados"; estes e outros textos citados por Castillo, J. M. La Eucaristía problema político. *Vida Nueva, 883*: 22-31, 1973. Cf., sobre este tema, também Sartore, D. Liturgia e carità nelle testimonianze della tradizione. *Rivista Liturgica*, n. 5, 1990. (Número monográfico sobre liturgia e caridade); Brox, N. "Hacer de la tierra un cielo". Diaconía en la Iglesia primitiva. *Concilium, 24* (218): 53-61, 1988. Sobre a importância do amor e do serviço dos pobres, cf. a impressionante documentação reunida por González Faus, J. I. desde os Padres da Igreja até nossos dias: *Vigários de Cristo*; os pobres na teologia e espiritualidade cristãs. São Paulo, Paulus, 1996; Aldazábal, J. *Eucaristía y fraternidad* (Emaús). Barcelona, CPL, 1993, 76 pp.

Liturgia e compromisso social: o ensinamento do Magistério

Sobre este tema, temos algumas afirmações gerais do Concílio. SC 10: "A liturgia [...] entusiasma e arrasta os fiéis para a urgente caridade de Cristo". PO 6: "Para esta celebração, no entanto, realizar-se de maneira sincera e plena, deve constituir-se da mesma forma em canal para as múltiplas obras de caridade e auxílio mútuo, para a ação missionária, como ainda para as várias formas de testemunho cristão". GS 21: "Esta fé deve manifestar a sua fecundidade, penetrando toda a vida dos fiéis, também a profana, impulsionando-os à justiça e ao amor, sobretudo para com os necessitados. Para a manifestação da presença de Deus contribui enfim sobremaneira a caridade fraterna dos fiéis, que, em espírito, unânimes colaboram para a fé do Evangelho e se apresentam como sinal de unidade". GS 43: "Este divórcio entre a fé professada e a vida quotidiana de muitos deve ser enumerado entre os erros mais graves do nosso tempo. Os profetas do Velho Testamento já denunciaram com veemência este escândalo. E no Novo Testamento, o próprio Jesus Cristo o ameaçava muito com graves penas". No contexto se condena aquela visão da vida cristã que consistiria "somente em atos de culto e no cumprimento de alguns deveres morais".

No Magistério da Igreja, depois do Concílio, merece destaque especial tudo o que o Sínodo de 1971 escreveu no Documento sobre a justiça no mundo, em relação com a liturgia:

> A liturgia, que é o coração da vida da Igreja e que é presidida por nós, pode ser de grande ajuda na educação para a justiça. De fato, é ação de graças ao Pai em Cristo, expressando de maneira viva, em sua forma comunitária, os vínculos de nossa fraternidade e recordando-nos incessantemente a missão da Igreja. A liturgia da Palavra, a catequese e a

LITURGIA E COMPROMISSO SOCIAL

celebração dos sacramentos nos ajudam muito a redescobrir a doutrina dos profetas do Senhor e dos apóstolos em relação à justiça. A preparação para o Batismo e o mesmo início da formação de uma consciência cristã. A prática da Penitência deve expressar a dimensão social do pecado e do sacramento. A Eucaristia, finalmente, constitui a comunidade e a coloca a serviço dos homens.

Uma bela frase de Paulo VI resume seu pensamento neste campo, frase que poderia ser contraposta à de Marx, "A religião é o ópio do povo": "Fazer da missa, agora mais do que nunca, uma escola de espiritualidade profunda e uma tranquila e ao mesmo tempo comprometedora palestra de sociologia cristã".[10]

João Paulo II disse o mesmo em várias ocasiões. Recordemos as expressões da *Sollicitudo rei socialis*, n. 31, que recordam a doutrina dos Padres da Igreja:

> Faz parte do ensinamento e da práxis mais antiga da Igreja a convicção de estar obrigada por vocação — ela mesma, seus ministros e cada um de seus membros — a sair ao encontro da miséria dos que sofrem, tanto próximos como distantes, não só com o "supérfluo", mas também com o "necessário". Diante dos casos de necessidade, não se deve preferir os ornamentos supérfluos das igrejas e as coisas preciosas do culto divino; ao contrário, poderia ser obrigatório alienar esses bens para dar pão, bebida, roupas e casa para quem não tem nada disto.

O papa cita, em nota, alguns textos de são João Crisóstomo, santo Ambrósio e Possídio na vida de santo Agostinho.

---

[10] Discurso na audiência geral: 26.11.1969. *Ecclesia* n. 1469, de 6 de dezembro de 1969, pp. 6-7. Com esse discurso de grande beleza e força pedagógica, Paulo VI exortava a acolher a reforma litúrgica da missa em língua vulgar.

LITURGIA E VIDA ESPIRITUAL

Essa sensibilidade para com a dimensão de compromisso cristão inerente à liturgia está presente em alguns documentos do episcopado mundial, de modo especial ao tratar os temas da justiça. Citamos, entre outros, os documentos de Medellín (1968), em que se sublinha a necessidade de uma integração e um compromisso pela justiça nos cristãos que vivem a liturgia. A mesma doutrina é encontrada nos documentos de Puebla e de Santo Domingo.[11]

É notável o documento do Episcopado francês sobre *Política, Igreja e Fé* (1972),[12] que aborda o delicado problema dos cristãos que, unidos na liturgia, se encontram lutando em diversas frentes no campo político. O documento do episcopado tarraconense, *Mistério pascal e ação libertadora*,[13] lança as bases de uma compreensão do problema partindo do mistério pascal e de sua celebração.

Os novos textos litúrgicos

Encontramos, finalmente, este mesmo problema nos novos textos litúrgicos de composição recente. Referimo-nos, em especial, aos "oficiais", posto que, nos de livre criação, este aspecto é abundante até demais.

No Missal Romano de Paulo VI encontramos diversos formulários de celebração eucarística "pela sociedade civil" e "pelas diversas circunstâncias da vida social", que refletem, como pedagogia da fé, a necessidade do compromisso cristão; cf. especialmente os textos da missa pelo progresso dos povos, pela justiça e a paz, pela santificação do

---

[11] Cf. CONFERÊNCIA DE MEDELLÍN, 9, 4-7.

[12] Edição italiana: Torino-Leumann, LDC.

[13] Texto original: *Misteri pasqual i acció alliberadora*. Edição italiana: Torino-Leumann, LDC.

trabalho humano etc.; as orações eucarísticas da reconciliação e também as de composição nova.[14]

No Ritual da Penitência, especialmente na Introdução doutrinal, alude-se ao sentido social do pecado, aos pecados sociais e à necessidade de uma satisfação proporcional às consequências deste pecado social.

Uma argumentação teológica variada e convincente

Nos últimos anos, a teologia, de diversos pontos de vista, enfrentou nosso problema, oferecendo um verdadeiro caleidoscópio de argumentos e de pontos de vista em apoio da coerência entre liturgia e vida social dos cristãos. Temos o prazer de apresentar alguns destes pontos.

A Igreja não se faz presente no mundo por sua "liturgia", mas, antes de tudo e sobretudo, por sua "diaconia"

É a formulação de Von Allmen. Certamente, a liturgia não é indiferente ao mundo, mas não é — em seu dado externo — uma forma de presença adequada ao mundo não crente. A presença verdadeira da Igreja no mundo, a apresentação de sua sacramentalidade, será feita por meio do serviço, da "diaconia", pelos gestos de amor e de justiça que são compreensíveis a todos; diaconia que brota e se confirma na participação na liturgia eucarística.[15]

Na realidade, uma releitura dos textos bíblicos sobre a comunidade cristã do NT nos faz ver que a comunidade de Jesus Cristo existe enquanto serviço. Seus membros, os cristãos, o são na medida em que se servem, reciprocamente unidos entre si, no serviço ao próprio Senhor.

---

[14] A oração eucarística "pelas diversas necessidades", ABCD, também reflete essas exigências.

[15] Cf. L'Eucharistie, l'Église et le monde. In: L'Eucharistie. Paris, Mame, 1970. pp. 177-178.

É a dimensão de uma diaconia da palavra e do amor, como a de seu Mestre.

Sem caridade fraterna vivida, o sentido da Eucaristia é reduzido

É a opinião já citada do padre Lyonnet, através da rigorosa exegese realizada sobre o sentido do culto no NT, com os textos citados anteriormente, no capítulo sobre a assembleia. Uma bela intuição deste famoso exegeta nos recorda que os capítulos 13-17 do evangelho de João, embora neles não se narre a instituição da Eucaristia, são profundamente eucarísticos em suas exigências de vida e, por isso, uma vida eucarística está iluminada pelo sentido do serviço do lava-pés, da promulgação do mandamento da Nova Aliança que é o mandamento novo do amor aos irmãos.[16]

A transformação eucarística exige a transformação do mundo.

A transformação eucarística do pão e do vinho no Corpo de Cristo integra a transformação do mundo pelo trabalho do homem no sacramento da união dos homens entre si, fundamentada na comunhão com Cristo. Portanto, Eucaristia significa, em si mesma, que a lei fundamental da transformação do mundo é o mandamento do amor cristão. Somente a instauração da verdadeira fraternidade pode incorporar o progresso científico, técnico e industrial, na construção de um mundo melhor, mais justo e mais humano [...].[17]

---

[16] Cf. La naturaleza del culto en el Nuevo Testamento. In: *La liturgia después del Vaticano II*, op. cit., pp. 450-454; Id. La nature du culte chrétien; culte eucharistique et promulgation du commandement nouveau. *Studia Missionalia, 23*: 213-249, 1974.

[17] ALFARO, J. Eucaristía y compromiso cristiano para la transformación del mundo. In: *Cristología y antropología*. Madrid, Cristiandad, 1973. pp. 513-527; texto citado na p. 525

A Eucaristia: festa e luta

Assim se expressava o Concílio dos Jovens, por meio de seu inspirador, Roger Schutz; na festa e na luta são formuladas as duas exigências extremas do viver a Eucaristia: "Celebramos Cristo Ressuscitado na Eucaristia [...] Celebramo-lo em nosso amor pela Igreja... Celebramos Cristo ressuscitado no homem nosso irmão...". Tudo isto exige um compromisso para eliminar tudo quanto impede os irmãos de estarem na "festa": opressão, fome, injustiça... são sinais de contradição, para que o homem não seja mais vítima do homem.[18]

Eucaristia: proclamação e realização da libertação

Toda Eucaristia autêntica, celebrada conscientemente, pode ser considerada gesto de protesto e de libertação mais radical e absoluto. Pois a Eucaristia [...] é a proclamação explícita do senhorio de Cristo, único libertador e único Senhor da história e do homem. Proclama-se aí, conscientemente — esse é o sentido da Anáfora — não apenas que Cristo é o único Senhor, mas que seu senhorio exclui qualquer outro senhorio sobre os homens, que nele se tornaram definitivamente livres [...] Sociologicamente falando, proclama-se que rejeitamos absolutamente qualquer tipo de opressão que impeça o homem de alcançar esse destino [...] Que ao rezar (celebrar) a Eucaristia nos comprometemos a remover as opressões políticas, sociais e ideológicas incompatíveis com tudo o que proclamamos.[19]

---

[18] Cf. VV.AA. *Una audaz aventura*; hacia el Concilio de los Jóvenes. Barcelona, Herder, 1974.

[19] Cf. GALILEA, S. *Espiritualidad de la liberación*. Santiago, ISPLAJ, 1973, no breve capítulo que tem por título: Eucaristia, fraternidade, libertação, pp. 116-119.

LITURGIA E VIDA ESPIRITUAL

Problemas novos e respostas provisórias

Até aqui, a resposta teórica não foi difícil. Porém, a partir deste momento, encontramo-nos diante de problemas novos que tentam propor, em questões concretas, a continuidade entre liturgia e compromisso social. Dizer que as respostas são totalmente claras seria presunçoso. É melhor dizer que se trata de respostas ainda provisórias.

A liturgia tem uma dimensão política?

Muitos se sentirão tentados a negar abertamente que a liturgia tenha uma dimensão política. O fato é que a liturgia foi e pode ser politizada de diversos modos. Um regime capitalista ou um governo opressor pode ver com bons olhos uma frondosa vida litúrgica, que se transformaria no "ópio do povo", a garantia da ordem constituída, o consolo do pobre e do oprimido. Porém, começa a se incomodar quando a celebração adquire todo o sentido de transformação da sociedade, mediante a caridade, com compromissos políticos precisos, vividos no sinal da comunhão dos irmãos. Um regime socialista autoritário proíbe e, no máximo, tolera a contragosto uma liturgia que se transforma no único lugar da verdadeira liberdade, de onde se pode desencadear a consciência de uma opressão da dignidade humana. É a experiência feita nos regimes comunistas antes de sua derrocada, na década de 1990, quando, partindo da vivência da liturgia, se recuperava a dignidade pessoal, o sentido da comunidade e de seus direitos, a liberdade dos filhos de Deus.

Um grupo revolucionário pode fazer da celebração eucarística um trampolim de lançamento ou uma conscientização para desencadear uma luta de libertação. Neste caso, porém, instrumentaliza a liturgia e a celebração para outra coisa e não se submete ao sentido da liturgia, à sua dimensão de paz e de reconciliação, de não-violência, de amor aos inimigos.

São exemplos contrastantes, certamente não utópicos, mas reais, das possibilidades de manipulação política da liturgia, contra a qual a instrução da Congregação para a Doutrina da Fé (1985), *Libertatis nuntius*, X, 16, nos alerta.

Não se pode negar que a oração e a liturgia tenham uma relação com a política como realidade global, porque sua celebração compromete indivíduos e comunidades em um certo modo de se comportar na sociedade, segundo o que se escutou, orou e celebrou. A liturgia é também o momento no qual, pela oração, pela leitura da Bíblia e em sua explicação, confluem as esperanças, os problemas urgentes dos que celebram e estão imersos em um mundo onde tudo é assumido pela política como realidade global. No-lo ensinam também as invocações e intercessões da Liturgia das Horas, até chegar, como fazem às vezes a liturgia bizantina e algumas orações eucarísticas orientais, a rezar "pelos que nos amam e pelos que nos odeiam", como encontramos nas intercessões da Anáfora de são Basílio.[20]

Em todo caso, a liturgia tem um modo de enfocar a "política" que se transforma em contestação de todos os sistemas, sinal de contradição para todas as opções parciais e partidaristas.

---

[20] Cf. o texto em nosso artigo: La Iglesia eucarística. Eclesiología de las plegarias eucarísticas orientales. In: VV.AA., *Iglesia y Eucaristía. Cuadernos Phase*, Barcelona, CPL, *199*: 23-43, 2001, texto citado na p. 33; em muitas dessas orações se expressa o desejo universal e aberto de salvação de todos, fruto da Eucaristia. Recordemos a opinião nada suspeita de um teólogo ortodoxo grego, Panayotis Nellas: "A liturgia eucarística, por ser fundamentalmente uma adoração e uma oferenda, é também uma reestruturação ativa e responsável do mundo por parte dos cristãos: tem uma dimensão fundamentalmente política. Pode restaurar o tempo, o espaço, as relações mútuas entre as pessoas e a relação do ser humano com a natureza [...]". Citação de sua conferência "Les Chrétiens dans un monde en création", pronunciada na Romênia, em setembro de 1976, por CLÉMENT, O. *La rivolta dello Spirito*. Milano, Jaca Book, 1980, p. 132.

Dividos na sociedade e irmãos na liturgia?

Um problema que é a concreção do primeiro. Hoje ele é muito sentido, embora durante séculos se tenha prescindido dele, como se não houvesse nada para esclarecer. Podem opressores e oprimidos participar da mesma mesa eucarística? — perguntávamo-nos em momentos precisos da vida social e eclesial. Podem comungar na mesma mesa os que na vida social se encontram em campos distintos ou contrários? Como posso rezar o pai-nosso se odeio meu patrão? Como posso celebrar a Eucaristia se não tiver o propósito de me comprometer na justiça pelos irmãos, se for responsável direto ou indireto por sua situação injusta?

Max Thurian observou com agudeza que a Igreja questiona a admissão à comunhão de um protestante que talvez confesse a mesma fé eucarística, mas ainda não se apresentou o problema de uma proibição da comunhão na mesma mesa de quem não esteja em uma relação concreta de caridade com o irmão ou que careça claramente de caridade e de justiça.

Houve, porém, casos recentes em que um bispo excluiu da participação nos sacramentos pessoas envolvidas na máfia.

Eis uma tentativa de resposta do padre Congar: a celebração revela a realidade concreta da comunidade, de algumas pessoas ou de um grupo. Nela convivem santos e pecadores: esta é a Igreja real. Cristo os acolhe a todos, mas exige que haja, em princípio, um desejo eficaz de penitência e de reconciliação, que se peça perdão e se retire o mal, especialmente quando os pecados são graves e escandalosos, embora ninguém possa se acreditar autorizado a atirar a primeira pedra. A união que Cristo realiza está acima dos motivos humanos de desunião.

LITURGIA E COMPROMISSO SOCIAL

A celebração exige um compromisso de conversão. Não existe conversão verdadeira senão por meio de uma mudança de vida, especialmente quando se trata de opressão ou de injustiça para com os irmãos. Deve-se, porém, compreender que a mudança da conversão às vezes exige um processo de conscientização, um itinerário de desapego, uma realização progressiva de passos que talvez não dependam apenas de uma pessoa, e que envolvem situações das quais é difícil sair de imediato. Isto não é uma desculpa, mas uma consideração das dificuldades reais que uma verdadeira conversão comporta.

Os conflitos devem gerar situações novas. Não é preciso que imediatamente, a todo custo, os conflitos e as tensões sejam superados. Às vezes, as situações de conflito na comunidade podem orientar para soluções novas. O importante é que todos se sintam envolvidos em um processo sincero de conversão.[21]

Eucaristia e libertação

Nas últimas décadas, a problemática do compromisso e da justiça se expressou com a palavra-chave "libertação", de amplas ressonâncias bíblicas e sociais. Não nos compete entrar na problemática específica de um termo e de uma teologia sobre os quais muito se escreveu e a Igreja ofereceu um discernimento oportuno.

Para as posições do Magistério sobre o tema, remetemos ao que foi autorizadamente escrito na *Evangelii nuntiandi*, 25-39, e no documento da Comissão Teológica Internacional sobre *Promoção humana e salvação cristã* (1977). Devemos também remeter às precisões feitas

---

[21] Sobre estas posições, cf. THURIAN, Max. L'intercommunion fruit d'une foi commune. In: VV.AA. *Vers l'intercommunion*. Paris, Mame, 1970. p. 18; CONGAR, Y. M. Réflexions sur l'assemblée liturgique. *La Maison-Dieu, 115*: 21-25, 1974.

pelo Magistério recentemente, em especial nas duas instruções da Congregação para a Doutrina da Fé — *Libertatis nuntius* (1984) e *Libertatis conscientia* (1986) — nas quais há indicações pertinentes também para uma visão genuína da sacramentalidade.

Por outro lado, estou convencido de que estes documentos não esgotam o tema e muito menos o resolvem nas implicações práticas que podem acontecer em determinadas circunstâncias. Com o mesmo sentido de provisoriedade, deixo que a liturgia proponha alguma reflexão ou traga um pouco de luz a este que me parece o problema crucial e mais importante da "ortodoxia" e da "ortopráxis" atuais diante do mundo.

A liturgia afirma a primazia da libertação espiritual

É esta nossa primeira afirmação. Dizer "espiritual" não significa evadir a responsabilidade, nem colocar a práxis libertadora em uma zona periférica ou insignificante, mas ir ao núcleo da questão, descobrir o sentido mais profundo da palavra "libertação". A liturgia é, desde o Batismo, a celebração de nossa libertação; renova-se na Eucaristia e na Penitência; expressa-se na oração e na vida. A experiência da graça de comunhão com Cristo e com os irmãos na Igreja é a experiência de uma verdadeira libertação, na qual o homem é afetado no mais profundo de seu ser, nas motivações e na vivência existencial em que se resolvem ou se produzem todas as escravidões e todas as opressões individuais e sociais.

T. Federici propôs, com muito realismo, o múltiplo papel libertador do Batismo, que deve ser levado para uma experiência concreta e que revela a multiforme escravidão existencial de cada homem, em que Cristo se faz libertador e o cristão "livre" na liberdade dos filhos de

LITURGIA E COMPROMISSO SOCIAL

Deus: libertação do pecado, libertação da lei, libertação da concupiscência, libertação da morte, libertação da existência fatalista.[22]

A liturgia é a celebração da libertação integral

A libertação batismal é celebrada e aprofundada por meio da celebração eucarística, no nível pessoal e comunitário. A liturgia é o lugar da liberdade-libertação; a comunidade cristã é o espaço onde se exerce e se experimenta a liberdade no amor de Deus e na caridade fraterna. Só o amor nos faz livres e, por sua vez, liberta (sob o influxo do pensamento cristão, os escravos chamam à liberdade *svoboda*, palavra que inclui o conceito de amor: somos livres porque nos sentimos amados). As palavras da liturgia, que com tanta insistência recordam o conceito de liberdade — redenção, salvação, justificação... — tornam-se reais na medida em que o cristão vive e aumenta sua experiência batismal. É dom de Deus e conquista pessoal. Uma vez liberto "de"..., o cristão torna-se livre "para"...

A vida cristã, compromisso de libertação

Desde o Batismo, com a graça da Eucaristia, o cristão se situa em uma existência conflituosa no meio do mundo. Interiormente livre, ele é capaz de lutar ativa e passivamente contra todas as ideologias de escravidão. Rejeitará a resignação passiva e o capitalismo consumista; rejeitará

---

[22] Cf. FEDERICI, T. Note sulla teologia del battesimo in San Paolo. In: VV.AA. *Il Battesimo*; teologia e pastorale. Torino-Leumann, LDC, 1971, pp. 52-56; e também nosso artigo: L'ascesi cristiana come evento pasquale. *Ascesi Cristiana*, pp. 271ss; cf. também FEDERICI, T. La liturgia luogo privilegiato della liberazione e della libertà. In: *Libertà, liberazione della vita morale*. Brescia, s.ed., 1968. pp. 99-117. João Paulo II quis propor um eco desta dimensão libertadora da Eucaristia no 46º Congresso Eucarístico Internacional, celebrado na Polônia, em 1997, sob o lema "Eucaristia e Liberdade. 'É para a liberdade que Cristo nos libertou' (Gl 5,1)", dada a circunstância de se tratar do primeiro Congresso Eucarístico celebrado nos países do Leste europeu depois da queda do muro de Berlim. O Documento preparatório, publicado em *Phase, 37*: 53-75, 1997, difundia esta perspectiva libertadora, precedida de uma apresentação minha, pp. 43-53, feita em Roma, em novembro de 1996.

a exploração criminosa, as teorias e as ações ditatoriais de qualquer sinal e o coletivismo indiscriminado e sem rosto ao qual são reduzidos os irmãos... Portanto, será sinal de contradição diante de todos os sistemas sociais e suas aplicações práticas inspirados em ideologia de morte e não de vida, e por isso opressores. Interiormente livre pela ressurreição de Cristo, o cristão tentará com todos os meios libertar interiormente as pessoas, criando espaços de liberdade, em comunidades autênticas, colocando-se ao lado de quem trabalha pelos mesmos ideais, na busca de uma libertação que seja também econômica, cultural, política, sem jamais perder de vista a verdadeira liberdade espiritual que não se vende a nenhum preço.

A utopia cristã celebrada pela liturgia

A liturgia cristã educa para a liberdade e ensina os caminhos absolutamente originais da libertação. A utopia cristã repete-se a cada dia na Eucaristia como libertação para todos por meio do dom da própria vida. Nisto a liturgia contesta todos os sistemas e não pode ser reduzida a nenhuma ideologia política.

"Para todos": em um equilíbrio difícil que não admite partidarismos definitivos nem enquadramentos opostos; é a utopia da fraternidade universal e do testamento de Jesus, que inclui o amor aos inimigos.

"Dando a vida": o gesto supremo da liberdade é dar a vida pelos outros, inclusive pelos inimigos, como Jesus Cristo. A libertação cristã exclui a violência contra os outros, quaisquer que sejam. Isto não é um freio para a luta, mas uma educação concreta para o método da luta que não pode acontecer senão no amor e na não-violência, expressão da libertação especificamente cristã, que sem dúvida supõe um dom contínuo e corajoso de si mesmo aos irmãos, em toda atividade de libertação, inclusive humana, em qualquer nível.

É esta a utopia da libertação humana, como transmitida e celebrada na liturgia eucarística, em uma contestação radical de todas as medidas humanas de liberdade e de libertação, mais além e mais aquém de qualquer teoria puramente humana. Com a esperança posta na libertação escatológica universal, o cristão vai mais além que os demais. Com o compromisso de viver a ressurreição de Cristo desde este mundo, o cristão caminha junto com todos os que trabalham pelos demais, mas sabe que seu conceito de liberdade-libertação é ainda mais profundo e mais concreto que aquele que todas as teorias humanas possam propor.

Assim, a liturgia se transforma, a cada dia, em escola, celebração e compromisso da vida cristã, inclusive em suas mais profundas exigências sociais, que são as da luta e da libertação. E a vida quotidiana se transforma no lugar e na prova da transformação que o cristão quer trazer como testemunha da ressurreição vivida na liturgia.

Temos a satisfação de terminar estas reflexões com um texto lúcido de um teólogo ortodoxo, leigo, fiel tanto à tradição dos Padres como à paixão por um cristianismo vivo e encarnado para nosso tempo:

O cristianismo relativiza a política e a eleva à altura das realidades espirituais, dando-lhe, deste modo, uma consistência que, mesmo sendo modesta em si, não é uma simples superestrutura. Rejeita ao mesmo tempo a sociedade do consumismo e do totalitarismo marxista, ambos nascidos do mesmo ateísmo, do mesmo prometeísmo, da mesma exasperação das necessidades e da negação de qualquer tipo de ascese. Esta dimensão espiritual enfatiza, em todos os níveis, a pessoa e a comunidade, e sua correspondência é uma eclesiologia de comunhão. Por ser realista, rejeita o sonho de uma convivência integral e prefere pôr todas as tentativas de realizá-la em tensão com as inevitáveis dimensões verticais. Colabora no exercício do poder, não apenas com a multiplicação de estruturas comunitárias, mas também com a luminosidade de presenças paternais, alheias a toda possibilidade de opressão, mas garantidoras da liberdade e da fecundidade do Espírito. Instaura com a natureza uma relação não apenas de domínio, mas de respeito, assombro, espiritualização vivificante. Somente um forte entrelaçamento que seja ao mesmo tempo espiritual e telúrico-terreno, ascético e profundamente enraizado, pode orientar a técnica a essa comunhão entre os homens e esse afloramento da matéria que têm seu fundamento e até sua expressão na Eucaristia.[23]

Por isso, a liturgia, e de modo especial a Eucaristia, que é sua fonte e vértice, celebra para os cristãos e para o mundo o sentido final da vida da história, dos compromissos e das esperanças, em um Reino que é antecipado e em uma esperança escatológica que é anunciada.[24]

Bibliografia

BOROBIO, D. *Dimensión social de la liturgia y los sacramentos*. Bilbao, Desclée de Brouwer, 1990.

CASTELLANO, J. Lavoro e liturgia. In: *Spiritualità del lavoro*. Roma, Teresianum, 1977. pp. 97-120.

_____. Orizzonti comunitari e sociali della riconciliazione. In: VV.AA. *Dimensioni sociali della riconciliazione*. Roma, Teresianum, 1983. pp. 211-239.

_____. "Eucaristia" pane della pace. In: VV.AA. *Sul monte la pace*; la preghiera e la pace. Roma, Teresianum, 1990. pp. 151-174.

CONCILIUM. Politica y liturgia. n. 92, 1974. Número monográfico.

---

[23] CLÉMENT, O. *La rivolta dello Spirito*, op. cit., pp. 131-132.

[24] Cf. FÈRET, H. M. La Eucaristía, pascua del universo. *Cuadernos Phase*. Barcelona. CPL, n. 142, 2004; CASTELLANO, J. Escatología. In: *Dicionário de liturgia*, op. cit., pp. 348-359.

LITURGIA E COMPROMISSO SOCIAL

Duquoc, C. Le repas du Seigneur sacrament de l'existence reconciliée. *Lumiere et vie*, *88*: 65-9, 1969.

Johanny, R. *Eucaristia, cammino di Risurrezione*. Torino-Leumann, LDC, 1977.

Lacambre, F. Liturgia e impegno. In: VV.AA. *Liturgia e vita spirituale*. Torino, Marietti, 1966, pp. 165-185.

Magrassi, M. Promoção humana e liturgia. In: VV.AA. *Dicionário de liturgia*. São Paulo, Paulinas, 1992. pp. 971-977.

Pistoia, A. Compromiso. In: VV.AA. *Dicionário de liturgia*. São Paulo, Paulinas, 1992. pp. 196-209.

Tillard, J. R. L'Eucharistie et la fraternità. *Nouvelle Révue Théologique*, *91*: 113-135, 1969.

Vannucchi, A. Liturgia e libertação. *Revista Eclesiástica Brasileira*, *35*: 576-592, 1975.

Sobre a relação entre liturgia e serviço, cf.:

Tillard, J. M. R. *Carne de la Iglesia carne de Cristo*; en las fuentes de la eclesiología de comunión. Salamanca, Sígueme, 1994. (Com belos textos patrísticos sobre a Eucaristia em chave eclesial de caridade e de fraternidade.)

VV.AA. *"Universa nostra caritas est Eucharistia"*; per una teologia dell'Eucaristia come teologia della comunione e del servizio. Bologna, Dehoniane, 1993.

Conclusão
POR UMA LITURGIA VIVA

O próprio princípio da espiritualidade litúrgica, entendida como vida espiritual que na liturgia se inspira, desenvolve e celebra, continua sendo uma liturgia viva e vivida. "Fonte e cume" da vida espiritual da Igreja, a liturgia deve sê-lo pelo fato de que, não somente no nível teórico, mas também na prática, cada fiel e cada comunidade encontra em uma liturgia a fonte e o vértice da vida espiritual. Por isso, no final de nossas reflexões, queremos acentuar este aspecto, indicando alguns princípios.

"Uma participação plena, consciente e ativa"

É a primeira e indispensável condição, o princípio tantas vezes recordado pela SC (nn. 14.19.21.41 etc.): "Aquela plena, cônscia e ativa participação nas celebrações litúrgicas, que a própria natureza da liturgia exige e à qual, por força do Batismo, o povo cristão..." (SC 14); "a ativa participação interna e externa dos fiéis, segundo a idade, condição, gênero de vida e grau de cultura religiosa..."; "O texto e as cerimônias devem ordenar-se de tal modo, que de fato exprimam mais claramente as coisas santas que eles significam e o povo cristão possa compreendê--las facilmente, na medida do possível, e também participar plena e ativamente da celebração comunitária" (SC 21).

Estes sábios princípios do Concílio, inclusive em sua formulação genérica, continuam sendo válidos e abertos, talvez mais além das próprias realizações conciliares e pós-conciliares hoje levadas a termo. Tudo deve ser feito para que se consiga esta finalidade do Concílio, não somente no nível da formação intelectual ou de simples celebração ritual, mas no nível da liturgia viva, que compromete toda a existência da comunidade, levando em conta as próprias condições dos participantes, como o Concílio especifica.

Celebrar o mistério de Cristo, celebrar a existência cristã

A liturgia celebra o mistério da salvação que se realiza em Cristo. Este é seu sentido específico. Porém, o mistério de Cristo é vivido e celebrado, é aplicado e comunicado a indivíduos e comunidades que vivem em determinadas circunstâncias históricas e sociais. Por isso, é também celebração da existência cristã. Se a memória litúrgica torna presente o mistério de Cristo e vislumbra sua realização escatológica, com isso o insere no hoje concreto da Igreja que celebra. Não devemos ver a liturgia como um espaço transcendente ou alienante em nossa vida quotidiana, mas como um pedaço de existência vivida, iluminado pela Palavra de Deus, santificado e potenciado pela presença de Cristo e pelo dom de seu Espírito.

Por isso, deve haver um lógico fluxo de vida desde a liturgia até a existência quotidiana, deve haver, logicamente, um refluxo da existência quotidiana com todos os problemas na liturgia. Assim, ela será celebração do mistério de Cristo nos cristãos.

Condições indispensáveis

Em primeiro lugar na celebração está a comunidade, que deve ser viva. Uma assembleia de fiéis comprometidos em uma experiência cristã, que vivem a dimensão comunitária também em outros níveis e não somente na liturgia.

Uma comunidade que aparece como tal, pelo fato de a celebração brotar de uma vida, de uma preparação esmerada, de uma participação variada, sem monopólios e sem invasões de campo, nem por parte dos fiéis nem por parte dos ministros. Cada um em seu lugar, em uma rica e ordenada colaboração de todos e entre todos.

Uma participação plena, adaptada também ao tipo de assembleia, mas capaz de arrastar todos, inclusive os tíbios e sonolentos no espírito.

Diversos ritmos e possibilidades de celebração

A liturgia oferece uma variada possibilidade de elementos para vivificar as celebrações. O ponto de partida é a assembleia. O tipo de assembleia condiciona ou deveria condicionar o tipo de celebração. O sacerdote deveria ter sempre presente o *sensus Ecclesiae*: não só o sentido da Igreja universal para salvaguardar a ortodoxia e a ortopráxis litúrgica, mas também o sentido concreto da assembleia celebrante, para adaptar e "fazer passar" a mensagem e a graça da celebração segundo o grau e a capacidade de compreensão. É aí que se encontra o princípio da criatividade litúrgica em palavras e em gestos.

Há também diversos elementos para uma completa catequese e mistagogia litúrgicas: sempre tudo, porém cada vez se deverá sublinhar algo da celebração. Os tempos litúrgicos, os momentos da comunidade eclesial, oferecem variadas possibilidades de ênfases.

Cuidar do ritmo das celebrações significa não saturar as mentes, não cansar, compreender que há ritmos de assimilação. Se a festa pode explodir apenas em certos momentos culminantes, a contemplação, o silêncio e a sobriedade podem garantir o frescor interior na celebração de cada dia.

Perseverança criativa

A "perseverança" e a fidelidade, junto com a unidade dos corações, são uma das notas da liturgia cristã desde o princípio (cf. At 1,14; 2,42); indicam a capacidade de recomeçar sempre com alegria, em qualquer circunstância: resposta de fidelidade ao Deus fiel da liturgia.

A criatividade nasce de todas as premissas propostas nos parágrafos anteriores. Inclusive, com os devidos limites, os livros litúrgicos promulgados estão abertos a uma criatividade confiada responsavelmente ou às Conferências Episcopais, ou aos celebrantes individuais. Sem incorrer em uma "criatividade selvagem", fica muito por fazer e são muitas as possibilidades abertas, que devem ser usadas com amplitude para uma celebração digna. O próprio Paulo VI, em ocasiões especiais, deu o exemplo de celebrações verdadeiramente vivas e criativas, em suas viagens apostólicas e em outros momentos solenes da vida da Igreja. E

CONCLUSÃO

João Paulo II é um verdadeiro e autêntico exemplo de um liturgo aberto às exigências da adaptação litúrgica, como se vê claramente em suas viagens apostólicas.

A vida eclesial como um todo deve ser assumida na liturgia, em especial como resposta cultual, que se presta a organizar celebrações vivas e plenamente participadas.

Uma comunidade em caminho

Celebração, interiorização e compromisso são dimensões da liturgia que não se improvisam. Requerem um caminho de experiência que deve ser exercida e animada pela própria liturgia. Para conseguir este fim, não resta senão o caminho da contínua osmose entre celebração e experiência cristã, tendo presente que a segunda constitui o contexto da primeira e lhe garante vitalidade. Em certo sentido, servem-se mutuamente, mas, em todo caso, é a celebração a que deve passar à experiência vivida, e não vice-versa.

Neste caminho, a liturgia transforma-se para cada crente e para a comunidade na passagem, na experiência do mistério que está no coração da liturgia: a Páscoa, realizada em Cristo e que deve ser realizada em cada um na comunidade e no mundo. Com esta certeza, a Igreja celebra e vive o mistério pascal na espera do dia bem-aventurado da Páscoa eterna.

* * *

LITURGIA E VIDA ESPIRITUAL

Da liturgia à vida, da vida à liturgia

"Quando três estão reunidos em meu nome, já formam uma Igreja. Protege os milhares de pessoas aqui reunidas: seus corações haviam preparado um santuário, antes que nossas mãos o construíssem para a glória de teu nome. O templo interior seja tão belo quanto o templo de pedras. Digna-te habitar num e noutro: nossos corações, como estas pedras, trazem impresso o teu nome.

A onipotência de Deus poderia edificar para si uma morada, assim como, com um gesto, deu existência ao universo. E, ao contrário, construiu o homem, para que o homem construa para ele. Bendita seja sua clemência que nos amou tanto!

Ele é infinito, nós somos limitados. Ele constrói o mundo para nós. Nós construímos para ele uma casa. É belo que o homem possa construir uma morada para aquele que está presente em todos os lugares... Ele habita no meio de nós com ternura. Atrai-nos em vínculos de amor. Fica entre nós e nos chama para que tomemos o caminho do céu para habitar com ele.

Deixou sua morada e escolheu a Igreja, para que nós abandonássemos nossas moradas e escolhêssemos o paraíso. Deus habitou no meio dos homens, para que os homens encontrassem Deus. Para ti, o Reino dos céus. Para nós, tua casa... Teu céu é alto demais para que possamos alcançá-lo, tu vens a nós na Igreja tão próxima..." (De uma oração siríaca antiga para a bênção de um templo).

* * *

CONCLUSÃO

"Aqui a fonte da graça lave nossas culpas, para que teus filhos morram para o pecado e renasçam para a vida em teu Espírito. Aqui a santa assembleia reunida em torno do altar celebre o memorial da Páscoa e se alimente no banquete da palavra e do Corpo de Cristo.

Aqui ressoe alegre a liturgia de louvor e a voz dos homens se una ao coro dos anjos; daqui suba para ti a oração incessante pela salvação do mundo.

Aqui o pobre encontre misericórdia, o oprimido obtenha liberdade verdadeira, e todos os homens gozem da dignidade de teus filhos, para que todos cheguem à alegria plena na santa Jerusalém do céu" (Rito de bênção de uma Igreja).

BIBLIOGRAFIA GERAL

NB. Indicamos os livros, verbetes de dicionários e artigos relacionados com o tema específico de nosso livro, e remetemos a outras obras de introdução à liturgia a bibliografia mais geral e abundante sobre a liturgia e sua celebração. Quando indicamos uma bibliografia de caráter geral é porque nela se encontram temas relacionados com nosso tema. No fim de cada capítulo, são indicados alguns livros e artigos de interesse.

Introdução à liturgia

ADAM, A. *Corso di liturgia*. Queriniana, Brescia, 1988.

AUGÉ, M. *Liturgia: historia, celebración, teología, espiritualidad*. Barcelona, CPL, 1995. [Ed. bras.: *Liturgia: história, celebração, teologia, espiritualidade*. São Paulo, Ave-Maria, 1996.]

AZCÁRATE, A. *La flor de la liturgia renovada*; teología y espiritualidad. Buenos Aires, s.ed., 1977.

BONACORSO, B. *Introduzione allo studio della liturgia*. Padova, Messaggero, 1990.

DALMAIS, I. H. *Iniziazione alla liturgia*. Torino, s.ed., 1964.

DELLA TORRE, L. *Corso di liturgia*. Brescia, Queriniana, 1965.

DE PEDRO, A. *Misterio y fiesta*; introducción general a la liturgia. Valencia, Edicep, 1975.

FLORES J. J. *Una liturgia para el tercer milenio*. Madrid, BAC, 1999.

_____. *Introdução à teologia litúrgica*. São Paulo, Paulinas, 2006.

GARRIDO, M. *Curso de liturgia romana*. Madrid, BAC, 1961.

DONGHI, A. *A lode della sua gloria*; il mistero della liturgia. Milano, Ancora, 1988.

GRILLO, A. *Introduzione alla teologia liturgica*. Padova, Messaggero, 1999.

KUNZLER, M. *La liturgia della Chiesa*. Milano, Jaca Book, 1996.

LÓPEZ MARTÍN, J. *A liturgia da Igreja*. São Paulo, Paulinas, 2007.

López Martín, J. *"No Espírito e na verdade"*; introdução teológica. Petrópolis, Vozes, 1996.

_____. *"En el Espíritu y en la verdad"*; introdução antropológica à liturgia. Petrópolis, Vozes, 1996.

Martimort, A. G., ed. *A Igreja em oração, 1-4*. Petrópolis, Vozes, 1988.

Schmidt, H. *Introductio in liturgiam occidentalem*. Roma, s.ed., 1959.

Vagaggini, C. *El sentido teológico de la liturgia*; ensayo de liturgia teológica general. 2. ed. Madrid, BAC, 1965.

Vandenbroucke, F. *Iniciación litúrgica*. Burgos, s.ed., 1965.

Verheul, A. *Introduzione alla Liturgia*. Milano, Paoline, 1967.

VV.AA. *Anamnesis*; la liturgia momento nella storia della salvezza. Torino, Marietti, 1974. [Ed. bras.: *A liturgia, momento histórico da salvação*. São Paulo, Paulus, 1986. (Anámnesis I.)]

VV.AA. *A celebração na Igreja*. V I-III. São Paulo, Loyola, 1993.

VV.AA. *Liturgia: etica della religiosità*; corso di morale. Brescia, Queriniana, 1986. v. 5. (Edição atualizada, 1995.)

VV.AA. *Scientia liturgica*; manuale di liturgia. Casale Monferrato, Piemme, 1998. 5 v.

VV.AA. *Nuevo Diccionario de Liturgia*. Madrid, Paulinas, 1987. Edição atualizada: *Dizionari San Paolo, Liturgia*. Cinisello Balsamo, San Paolo, 2001. [Ed. bras.: *Dicionário de liturgia*. São Paulo, Paulinas, 1992.]

Liturgia e vida espiritual

Subsídios bibliográficos

Augé, M. *Espiritualidad litúrgica y vida religiosa*; bibliografia. Roma, Regina Mundi, 1973. (Pro Manuscripto.)

Bibliographia Internationalis Spiritualitatis (BIS). Número anual a partir do ano 1969. Seção: Spiritualitas liturgica.

Devos, G. Liturgie et spiritualité (bibliographie). *Questions Liturgiques et Paroissales*, *33*: 190-193, 1952.

Orbis liturgicus. Roma, CLV/Edizioni Liturgiche, 1995. (Bibliografia dos principais autores de nosso tempo.)

RIVISTA LITURGICA. Bollettino bibliografico. Número anual de bibliografia litúrgica, a partir de 1970, com regularidade variada.

ROBEYNS, A. Spiritualité liturgique (bibliographie). *Questions Liturgiques et Paroissales*, *30*: 78-81, 1949.

SCHMIDT, H. *Introductio in liturgiam occidentalem*. Herder, Roma, 1960. pp. 88-97.

Livros e escritos sistemáticos sobre liturgia e espiritualidade

AUGÉ, A. *Spiritualità liturgica*. Cinisello Balsamo, San Paolo, 1998. [Ed. bras.: Espiritualidade litúrgia. São Paulo. Ave-Maria, 2004.]

BEAUDOUIN, L. *La piété de l'Église*. Louvain, s.ed., 1914.

_____. La piedad de la Iglesia. *Cuadernos Phase*, Barcelona, CPL, n. 74, 1996.

BOUYER, L. *Liturgical piety*. Indiana, Notre Dame, 1955.

_____. *Introduction a la vie spirituelle*. Tournai, s.ed., 1960.

BRASÓ, G. *Liturgia y espiritualidad*. Monserrat, s.ed., 1959. (Original em catalão; versão em italiano.)

CASEL, O. *El misterio del culto cristiano*. San Sebastián, Dinor, 1953.

_____. El misterio del culto en el cristianismo. *Cuadernos Phase*, Barcelona, CPL, n. 129, 2001.

CASTELLANO, J. *Liturgia y vida espiritual*. Madrid, Instituto de Espiritualidad a Distancia, 1984.

_____. *Liturgia y espiritualidad en el Catecismo de la Iglesia Católica*. Valencia, Siquem, 2005.

DUCASSE, Ignacio (ed.) *Liturgia: espiritualidad de la Iglesia*. Santiago de Chile, Seminario Pontificio de Santiago, 1994.

DUCHESNEAU, C. *La celebrazione nella vita cristiana*. Bologna, Dehoniane, 1977.

FESTUGIÈRE, M. *La liturgie catholique*; essai de synthèse suivie de quelques développements. Maredsous, s.ed., 1913. (Ed. recente em italiano por CATTELLA, A. & GRILLO, A. Padova, Messaggero, 2002.)

GUARDINI, R. *Vom Geist der Liturgie*. Freiburg im Brisg, s.ed., 1922.

450

BIBLIOGRAFIA GERAL

GUARDINI, R. El Espíritu de la liturgia. *Cuadernos Phase*, Barcelona, CPL, n. 100, 1999.

GUARDINI, R. El talante simbólico de la liturgia. *Cuadernos Phase*, Barcelona, CPL, n. 113, 2001.

LANG, O. *Spiritualità liturgica*; questioni e problemi scelti di spiritualità liturgica. Einsiedeln, s.ed., 1977.

LODI, E. *La liturgia, sinergia dello Spirito e della Chiesa*. In: *Liturgia della Chiesa*. Bologna, Dehoniane, 1981. pp. 84-134.

MARSILI, S. *Spiritualità liturgica*; appunti e note. Roma, S. Anselmo, 1972. (Pro Manuscripto.) Publicado também em *Los signos del misterio de Cristo*. Bilbao, Ega, 1993. Também em: Liturgia y vida espiritual. *Cuadernos Phase*, n. 52, pp. 55-67. [Ed. bras.: *Os sinais do mistério de Cristo*. São Paulo, Paulinas (no prelo).] Cf. CALLE, F. *Liturgia y espiritualidad en Salvatore Marsili*. Roma, Teresianum, 2002.

NEUNHEUSER, B. *De spiritualitate liturgica expositio quaestionum fundamentalium*. Roma, s.ed., 1967. (Pro Manuscripto.)

PASCUAL DE AGUILLAR, J. A. *Liturgia y vida cristiana*. Madrid, s.ed., 1962.

RATZINGER, J. *Uma introdução ao espírito da liturgia*. Lisboa, Paulinas, 2001.

SOLER CANALS, J. M. La liturgia, fuente de vida espiritual. *Cuadernos Phase*, Barcelona, CPL, 2000.

TRIACCA, A. M. *Spiritualità liturgica*; questioni fondamentali e principi. Roma, UPS, 1974.

_____. *Contributi per la spiritualità liturgico-sacramentaria*. Roma, PUG, 1979.

VAGAGGINI, C. *Problemi e orientamenti di spiritualità monastica, biblica e liturgica*. Roma, Paoline, 1961. pp. 501-584.

VON HILDEBRAND, D. *Liturgie und Persönlichkeit*. Salzburg, Pustet, 1933.

VV.AA. Formare la comunità nello spirito della liturgia. *Rivista Liturgica*, Padova, nn. 2-3, mar.-jun., 2002. Número especial.

VV.AA. Liturgia y vida espiritual. *Cuadernos Phase*, Barcelona, CPL, n. 52, 1994. (Com bibliografia.)

VV.AA. *Espiritualidad y liturgia*. Barcelona, Regina, 1998.

Verbetes de dicionários

CARUANA, E. Liturgia. In: *Dizionario di mistica*. Città del Vaticano, LEV, 1998. pp. 752-758; cf. *Diccionario de mística*. Madrid, San Pablo, 2002. pp. 1079-1087.

CASTELLANO, J. Liturgia. In: *Dizionario enciclopedico di spiritualità*. Roma, Città Nuova, 1990. pp. 1450-1468.

_____. Liturgia. In: *Diccionario de espiritualidad*. Barcelona, Herder, 1983. v. II. pp. 489-507.

IRWIN, K.W. Liturgia. In: *Nuovo dizionario di liturgia*. Città del Vaticano, LEV, 2002. pp. 399-406.

NEUNHEUSER, B. Espiritualidad litúrgica. In: *Nuevo diccionario de espiritualidad*. Madrid, Paulinas, 1987. pp. 676-702. Na nova edição atualizada encontra-se também a contribuição de TRIACCA, A. M. Liturgia. *Dizionari San Paolo*. Cinisello Balsamo, San Paolo, 2001. pp. 1915-1936.

RUFFINI, E. Celebración litúrgica. In: VV.AA. 2. ed. *Nuevo diccionario de espiritualidad*. Madrid, Paulinas, 1991. pp. 206-228.

SARTORE, L. Liturgia. In: *Dizionario di spiritualità dei laici*. Milano, O.R., 1981, pp. 427-442.

VV.AA. Liturgie et vie spirituelle. In: *Dictionnaire de spiritualité*, IX. Paris, Beauchesne, 1976. pp. 873-939; *Liturgia e vita*. Torino, Marietti, 1980.

Números monográficos de revistas

EDUCAZIONE alla preghiera. Istanze del movimento liturgico. *Rivista Liturgica*, Padova, n. 2, 1988.

LA MISTAGOGIA. 1. I principi. *Rivista di Pastorale Liturgica*, v. 1, n. 154, 1989.

LA MISTAGOGIA. 2. Le proposte. *Rivista di Pastorale Liturgica*, v. 4, n. 155, 1989.

LITURGIA, Catechesi, Spiritualità. *Rivista di Pastorale Liturgica*, v. 4, n. 149, 1988.

LITURGIA e spiritualità. *Rivista di Pastorale Liturgica*, n. 3, 1984.

LITURGIA e spiritualità. *Rivista di Pastorale Liturgica*, v. 4, n. 173, 1992.

LITURGIA: spiritualità nella Chiesa. *Rivista Liturgica*, Padova, n. 4, 1986.

LITURGIA y vida cristiana. *Communio*, 3: 211-267, 1993.

LITURGIA et spiritualité. *La Maison Dieu*, n. 154, 1983.

BIBLIOGRAFIA GERAL

LITURGIA et vie spirituelle (Congrés d'Angers 1962). *La Maison Dieu*, n. 69, 1962 ; n. 72, 1973.

LITURGY in the Spiritual Life. *Worship*, Oct. 1960.

LITURGY as a formative experience. *Studies in Formative Spirituality*, n. 3, 1982.

LITURGIA ni Garizin. *Revista de Espiritualidad*, n. 150, 1979.

NB. Desde o ano de 1993, a revista mensal *Oración de las Horas* traz como título e programa: *Liturgia y espiritualidad*.

Obras em colaboração

FERNÁNDEZ, Ciro García (org.) *Teología, liturgia y espiritualidad*; XL aniversario de la "Sacrosanctum concilium". Burgos, s.ed., 2004.

VV.AA. *Liturgia, spirito e vita*. Roma, CAL, 1983.

VV.AA. *Liturgie, spiritualité, cultures*. Roma, CLV, 1983.

VV.AA. *Liturgia, soglia alla esperienza di Dio?* Padova, Messaggero, 1982.

VV.AA. *Liturgia*; enciclopedia pastorale. Casale Monferrato, Piemme, 1988. v. 3.

VV.AA. *Liturgia e spiritualità*; atti della XX Settimana di Studio dell'Associazione Professori di Liturgia. Roma, CLV, 1992.

Outras contribuições importantes

BAROFFIO, B. *Liturgia e preghiera*; esperienza di Dio. Torino, Marietti, 1981.

BROVELLI, F. Liturgia e spiritualità; storia di un problema recente e dei suoi sviluppi. In: VV.AA. *Ritorno alla liturgia*; saggi di studio sul movimento liturgico. Roma, CLV, 1989. pp. 213-278.

CASTELLANO, J. Celebrazione liturgica ed esperienza spirituale. *Rivista di Pastorale Liturgica*, *149* (4): 55-66, 1988.

_____. In: VV.AA. *Il cammino nello Spirito*. Roma, Rogate, 1986. pp. 61-82.

_____. Liturgia e spiritualità; un binomio e un problema. *Rivista di Pastorale Liturgica*, *173* (4): 16-24, 1992.

CORBON, J. *Liturgia fundamental*; misterio, celebración, vida. Madrid, Palabra, 2001. [Ed. bras.: *Liturgia de fonte*. São Paulo, Paulinas, 1981.]

DANNEELS, G. La liturgia cuarenta años después del Vaticano II. *Liturgia y Espiritualidad 34*: 337-359, 2003.

LITURGIA E VIDA ESPIRITUAL

FAVALE, A. Movimenti di risveglio religioso e vita liturgica. *Rivista Liturgica*, Padova, 73: 449-468, 1986.

FEDERICI, T. La mistagogia della Chiesa. Ricerca spirituale. In: VV.AA. *Mistagogia e direzione spirituale.* Roma/Milano, Teresianum/O.R., 1985. pp. 163-245.

GARCÍA, C. Liturgia y espiritualidad; hacia una fecunda integración. *Burgense*, 45: 267-305, 2004.

GY, P. M. La liturgie entre la fonction didactique et la mystagogie. *La Maison Dieu*, 177: 7-18, 1989.

IRWIN, K. W. *Liturgy, prayer and spirituality*. New York, Paulist, 1984.

MARSILI, S. *La liturgia, experiencia espiritual cristiana primordial.* In: VV.AA. *Problemas y perspectivas de espiritualidad.* Salamanca, Sígueme, 1986. pp. 263-293. (Texto citado nas pp. 292-293.)

MAZZA, E. *La mistagogia*; una teologia della liturgia in epoca patristica. Roma, CLV, 1988.

SARTORE, D. La mistagogia, modello e sorgente della spiritualità cristiana. *Rivista di Pastorale Liturgica*, 73: 508-521, 1986.

SECONDIN, B. Liturgia e spiritualità: dialoghi incompiuti e imperfetti. *Rivista di Pastorale Liturgica*, 149 (4): 47-54, 1988.

TRIACCA, A. M. Per una definizione di "spiritualità cristiana" dall'ambiente liturgico. *Notitiae*, 25: 7-18, 1989.

_____. La riscoperta della liturgia. In: VV.AA. *La spiritualità come teologia.* Cinisello Balsamo, Paoline, 1993. pp. 105-130.

Evolução histórica

ARTUSO, L. *Liturgia e spiritualità*; profilo storico. Padova, Messaggero, 2002.

CAPRIOLI, A. Liturgia e spiritualità nella storia; problemi, sviluppi, tendenze. In: VV.AA. *Liturgia e spiritualità*; atti della XX Settimana di Studio, op. cit., pp. 11-25.

CASTELLANO, J. *Liturgia y vida espiritual.* Madrid, s.ed., 1984. pp. 43-66.

_____. *Teologia spirituale*; la teologia del XX secolo: un bilancio. 3. Prospettive pratiche. Roma, Città Nuova, 2003. pp. 214-219. (Sobre o movimento litúrgico no início do século XX.)

454

BIBLIOGRAFIA GERAL

García, C. *Corrientes nuevas de teología espiritual*. Madrid, Studium, 1971. pp. 219-227.

_____. *Teología espiritual contemporánea*; corrientes y perspectivas. Burgos, Monte Carmelo, 2002. pp. 225-248.

Llabrés, P. Lo litúrgico y lo no litúrgico; la superación de un binomio por la unidad del culto y de la vida cristiana. *Phase, 11*: 167-184, 1971.

Marsili, S. *Spiritualità liturgica*. Roma, s.ed., 1972. pp. 11-79.

_____. *Liturgie et vie spirituele*. In: *DSp.*, op. cit., pp. 884-923.

Neunheuser, B. Historia de la liturgia. In: VV.AA. *Nuevo diccionario de liturgia*. Madrid, Paulinas, 1987. pp. 966-996.

_____. Movimiento litúrgico. In: Ibid., 1365-1381.

Vagaggini, C. *Liturgia e storia della spiritualità*; un campo d'indagine. In: *Introduzione agli studi liturgici*. Roma, CAL, 1962. pp. 225-267.

Verheul, A. *Introduzione alla liturgia*. Roma, Paoline, 1967. pp. 215-222.

Witters, W. Liturgie et spiritualité; esquisse d'une histoire. *Parole et Pain, 2*: 626-638, 1965.

VV.AA. Líneas básicas del movimiento litúrgico. *Cuadernos Phase*, Barcelona, CPL, n. 64, 1995. (Com a carta de R. Guardini ao bispo de Magúncia, em 1940, sobre a crise litúrgica na Alemanha.)

Uma perspectiva oriental

Andronikoff, C. *El sentido de la liturgia*. Valencia, Edicep, 1992.

Clement, O. *Alle fonti con i Padri*; i mistici cristiani delle origini; testi e commento. Roma, Città Nuova, 1987.

Janeras, S. *Introducción a las liturgias orientales*; la liturgia celestial. *Cuadernos Phase*, Barcelona, CPL, n. 85, 1998.

Schmemann, A. *Introduction to liturgical theology*. London, Mowbray, 1966.

Rua Dona Inácia Uchoa, 62
04110-020 – São Paulo – SP (Brasil)
Tel.: (11) 2125-3500
paulinas.com.br – editora@paulinas.com.br
Telemarketing e SAC: 0800-7010081